题材投机

②

对手盘思维和底层逻辑

魏强斌　咏　飞　宁波钓鱼翁/著

经济管理出版社

ECONOMY & MANAGEMENT PUBLISHING HOUSE

图书在版编目（CIP）数据

题材投机 2：对手盘思维和底层逻辑/魏强斌，咏飞，宁波钓鱼翁著. —北京：经济管理出版社，
2024.4
ISBN 978-7-5096-9554-8

Ⅰ. ①题… Ⅱ. ①魏… ②咏… ③宁… Ⅲ. ①投资经济学 Ⅳ. ①F830.59

中国国家版本馆 CIP 数据核字（2024）第 020395 号

策划编辑：勇　生
责任编辑：勇　生　王　洋
责任印制：张莉琼
责任校对：陈　颖

出版发行：经济管理出版社
　　　　　（北京市海淀区北蜂窝 8 号中雅大厦 A 座 11 层　100038）
网　　址：www. E-mp. com. cn
电　　话：（010）51915602
印　　刷：唐山昊达印刷有限公司
经　　销：新华书店
开　　本：787mm×1092mm/16
印　　张：28
字　　数：533 千字
版　　次：2024 年 5 月第 1 版　2024 年 5 月第 1 次印刷
书　　号：ISBN 978-7-5096-9554-8
定　　价：128.00 元

读者赞誉

最重要的是意识到有一百万种不同的游戏可以玩，你必须找出适合你的游戏。很多投资者被绊倒是因为他们开始模仿电视上的某个人，也许是推特上的某个人，也许是他们自己家里的某个人，然后他们开始玩一个对他们来说是错误的游戏。

——摩根·豪斯（Morgan Housel）

在中国，成长为一路游资最快最有用的方法是牢牢搞定全新题材和超级题材。啥也别说，哪怕是错了，只要止损就行；如果对了，你就发大财。题材面永远大于技术面。炒的是人性，赚的是多数人的恐惧。应该选热点中的热点，紧跟热点，财富才离你最近。看重市场情绪，技术为辅。

——榜中榜

认知水平差从来都不是错，错的是连付出努力去提高都不肯，只会活在自己那主观且脆弱的世界里，错的是在你的意识里只会埋怨周遭的一切，并且躺平的力量已经战胜了那颗想变成更好的自己的心。

——佚名精仁

前 言

顺天应人，乘势借力当机的妙手

永远不要试图用战术上的勤奋，来掩饰你战略上的懒惰。

——雷军

在努力生活的同时，拥有一个长远的眼光和伟大的想法才可以改变生活。人生如棋，高手下棋至少要多思虑三步。如果你能够看得足够远，你就能走得足够远。很多时候，我们会因为手头的小问题或者贫穷而在不知不觉中陷入误区。但是，如果我们跳出来再看一眼，就会发现那一刻，前方总有值得我们关注的东西。只有做好这些事情，才能让我们"更有价值"地开始。

——奈先生

交易的本质是群体博弈，就是随时衡量场外持币者的资金数量和买入倾向与场内持筹者的数量和卖出倾向，当前者大于后者时就买入，当后者大于前者时就卖出。怀着坦诚和感恩的心，用科学的方法不断地研究，你的机会就会比别人多。虽然是做短线，但是看的是更大的局。

——炒股养家

绝大多数持续盈利的股票投机客在大多数时候都是小亏小赚，资金净值曲线处于横向波动状态，然后大赚一笔，资金上一个台阶。因此，常见的短线盈利之道并非一直大赚，而是在不利的市道当中控制仓位和亏损幅度，以便在有利的市道当中乘势借力而上。

如何做到乘势呢？指数周期和情绪周期就是"势"的具体衡量指标。指数处于上行阶段，情绪周期处于赚钱效应之中，这个时候去进行题材投机操作就能达到乘势的基本要求。

比如2022年5~6月（见图0-1），大盘走出一波上行，短期内不少个股股价翻倍，在此期间的操作绩效远远好于2022年其他时间的操作。如果有了大势的加持，

图 0-1 2022 年 5~6 月沪深 300 指数走势

资料来源：通达信，DINA。

许多操作手法都能收获甚多。

相反，如果你在 2022 年其他时间操作，即便手法再精湛、技艺再老练，也不会有太大的起色，甚至处于持续亏损的状态。"乘势"让我们处于风险报酬率和胜算率优异的格局之中，让我们处于有利的态势之中，这不就是《孙子兵法》强调的"先立于不败之地而后求胜""胜于易胜者"吗？

除指数周期外，短线投机还要关注情绪周期和赚钱亏钱效应的转化。格雷厄姆、邓普顿和巴菲特等价值投资大师反复强调"市场先生"情绪的周期性变化会带来重大的交易机会，这是中长期的情绪周期。对于股市投机客而言，我们更加关注情绪周期的短期变化。

这里我们强调了乘势与两个具体的周期有关，第一个是指数周期，第二个是短期情绪周期，或者说赚钱效应（亏钱效应）。即便你做交易，也需要关注指数周期，而非只关心赚钱效应。当然，如果你连赚钱和亏钱效应转化的短期情绪周期都不关注，则几乎不可能持续在股票投机中挣钱，特别是在打板交易中。

经常听到一些短线交易者指出投机的核心是情绪周期。著名经济学家凯恩斯的"选美理论"不全是情绪周期，而是讲市场人气和合力问题，属于后面讲的"借力"的范畴。为什么你建立了某种模式之后，一段时间持续赚钱，接着就是一段持续亏

钱的阶段，这就是周期的力量。对于短线交易者而言，这就是指数周期和情绪周期的魔力所在。

股票短线交易或者说股票投机为什么如此之难？为什么许多前辈花了十几年才悟到背后隐秘的成败关键？问题就在于周期波动让你对某种模式阶段性地有信心，接着又阶段性地失望和迷茫，处于一种"鬼打墙"的原地绕圈状态，要么在两种对立的交易哲学和模式中徘徊，要么步入过度优化的陷阱。其实，问题在于你被周期愚弄了。

没有意识到周期的存在，就失去了对格局的把握，自然也就无所谓大局观了。没有了大局观，那么就容易陷在细节里面死抠，穷其一生也把握不住关键，时常觉得悟到了什么，时常怅然若失，归纳出来的模式或者总结出来的交易策略一时有效，一时无效。

其实，指数周期和情绪周期搞清楚了，大局观就有了。如果周期处于主升阶段，那么绝大多数战法和策略都会有效，都能挣钱，这就是"乘势"。相反，如果周期处于主跌阶段，那么绝大多数战法和策略都是"旱地划船"，亏钱是必然的，赚钱则会艰难。顶尖高手可能在冰点轻仓抢个反弹，赚点小钱，但整体不景气的情况下，没有谁能够独善其身。

A股市场的单边主升阶段所占时间段并不长，指数周期上的机会并不充分，因此短线的情绪周期就变得弥足珍贵了。因此，指数周期是天时，情绪周期就是地利。乘势就要从天时地利入手，而借力则是人和。

龙头战法这十来年风靡一时，蔚为壮观，做股票投机的言必称"龙头信仰"。那么，如何落地呢？龙头战法的预期收益率是翻倍，试问有几个人知道龙头战法的要点在于"乘势"呢？

打最强板，敢于连板接力似乎成了龙头战法的标配，但其实这些都是战术上的鲁莽而已。龙头战法的核心，或者说**龙妖战法的核心在于指数周期和情绪周期起点的确认**。指数周期开始上升时，我们要重仓买，指数周期开始下降时，我们要空仓或者轻仓。

首板战法需要看周期吗？当然需要。

接力战法需要看周期吗？当然需要，连板指数是我们在接力的时候需要关注的一个指标，如果不关注接力情绪氛围和周期，只是看驱动逻辑和技术结构，那就有悖于"乘势"的根本原则。有些人认为当时市场最高板就是龙头，龙头战法和接力战法就是追着最高板打。其实，这种策略在接力氛围好的周期阶段里面赚钱是很快

的，但是在退潮阶段，亏钱效应逐步扩散的阶段，很容易亏钱，"吃大面"。

不管是龙头战法还是接力战法，技术上的买点只能算得上是"当机"和"借力"，最为紧要的是知道"乘势"。如果一个战法没有考虑指数周期和情绪周期的判断，那么绝不是一个持续盈利的策略。

大多数股票投机理论都关注选股问题，这其实是"借力"和"当机"的关注点，但最为重要的是，再好的题材和人气以及技术形态，都要天时地利来展开，在指数和情绪上升阶段，许多板块和题材都能大放异彩，但是在下降阶段，市场风险则会吞没所有此前强势的板块和个股。

总而言之，"乘势"乃股票投机的第一要义！

什么是乘势，我们已经具体指出来了。那么，什么是"当机"呢？"当机"中的"机"指的是时机，买卖的时机，加减仓的时机。情绪周期中的冰点和沸点是一种较为重要的时机，但是更为常见的时机则与重要点位有关。进场时机主要有见位、破位和败位，出场时机主要有同位、后位和前位。见位进场就是回调后进场，破位进场就是向上突破后进场，败位进场就是空头陷阱后进场，或者说新低回升后进场。当然，对于超级短线客而言，进场时机则有另一套术语体系：低吸、半路、打板……

当机与筹码有关，与点位有关。点位属于技术分析的范畴，纯粹的技术分析有种明显的局限性，因为它独重结构，而忽视了逻辑和周期。为什么说它忽视了逻辑呢？因为同一个技术形态结构，由于基本面不同、驱动因素不同、逻辑链条不同、玩家群体心理不同，本质千差万别，后续走势自然也大相径庭。

为什么说它忽略了周期呢？因为同一只股票的技术形态结构，放在不同的指数和情绪运行阶段，有着截然不同的结局。同样是涨停板，在指数主升段开始和结束的参与价值完全不同。

绝大多数的股票投机教程都关注的是"当机"，也就是买卖的时机，但实际上"乘势"比"当机"更为重要。天下大势，浩浩荡荡，顺之者昌，逆之者亡。如果我们逆势而为，忽略了趋势，甚至与趋势对抗，那么虽有智力巧工也无法做到持续盈利。

"乘势"是大智慧，"当机"是小聪明。要想成为一个成功的甚至顶尖的股票投机客，就必须先修炼大智慧，小聪明则不练自得。如果我们反其道行之，先追求小聪明，则很容易迷失在其中而十几年不得其门而入。心宽，才能见周期，才能有大智慧，才能在金融市场达到天地宽的自由境界。

那么，什么是"借力"？借力是借"对手盘"的力，你要了解对手盘的需要和心态，对手盘受到情绪的影响，容易高买低卖或者低买更低卖。当你买入的时候，他们是卖家；当你卖出的时候，他们是买家。你赚钱的时候，他们是亏钱或者少赚了；当他们赚钱的时候，你是亏钱了或者少赚了。天下熙熙，皆为利来；天下攘攘，皆为利往。在什么样的情况下，对手盘才能做出不符合自己利益的行为呢？在什么样的情况下，才会助力你的利益呢？在什么样的情况下，才会借力给你呢？只有在对手盘非理性的情况下才会。

在什么样的情况下，对手盘会出现非理性行为呢？这个问题是每个致力于在交易场上持续获利的玩家必须深思的。行为金融学会给我们一些启发，但是更多的有价值的结论需要我们自己去发掘。

作为卖家的对手盘的非理性需要是什么？作为买家的对手盘的非理性需要是什么？他们的非理性需要制造了丰厚的利润机会，你怎么去利用这一点，这是你需要思考的，也是任何一个大资金在发动行情前需要深入思索的。

你是买家的时候，其他买家是你的对手盘吗？

你是卖家的时候，其他卖家是你的对手盘吗？

除交易对手外，跟自己买卖操作方向一致的玩家，也属于对手盘。当你买入的时候，同时买入的买家跟你是竞争关系，他们会增加你买入的难度和成本；当你卖出的时候，同时卖出的卖家跟你也是竞争关系，他们会增加你卖出的难度和成本。这就好比赌博的时候你必须找一个输家，如果你找不到，那么你就是那个输家。

因此，只要参与了游戏，都是对手盘。进到股市，所有参与者都是你的对手盘，谁也不愿意自己亏钱。曾国藩有一句话："久利之事勿为，众争之地勿往。"这句话对于对手盘的这类情形也适用。因此，要想在股市中赚钱，除研究持筹者外，还要研究持币者；除研究同一阵营的玩家外，还要研究对立阵营的玩家。也就是说：如果当下你是持币者，一个潜在买家，那么你除了研究持筹者，也要研究持币者；如果当下你是持筹者，一个潜在卖家，那么你除了研究持币者，也要研究持筹者。你最忠实的盟友只有你的资金和你的策略，其他任何因素，不论是格局还是玩家，都只能利用，而不能依靠。这就是交易者需要面对的孤独现实。

只有考虑并且利用了对手盘的非理性需要，才能借力，才能做到下面说的"合力"。

借力是借众人之力，是为"合力"，藏风聚气是为风水之要诀。投机也要讲究聚气，这就是"人气之聚"。只有人气形成巨大的合力，才能风生水起。人气是风，财富是水，风生才能水起。桂林的靖江王府和南京的玄武湖堪称风水学的两大典

范，这两个地方我都去过，那真是藏风聚气、风生水起的好地方。交易者求财有道，财富在传统术数中属于水，晋代学者郭璞认为"风水之法，得水为上"。而对于交易者而言，盈利之道在于"乘风最要"！这个"风"可以是趋势，但最为贴合的解释还是"人气"。借力就是借对手盘之力，借众人之合力。合力怎么去分析、怎么去预判？量能是一个关键点！

从我们个人的经验而言，乘势、当机、借力之中，乘势最为关键，其次是借力，最后是当机。乘势的反面是逆势，当机的反面是背时，借力的反面是斗力。如果一个股票投机客逆势且斗力，就算当机也无济于事，巧妇难为无米之炊。正如鲁迅在《两地书》中所言："无米之炊，是人力所做不到的。能别有较好之地，自以从速走开为宜。"

我们一直强调格局和玩家两个博弈要素，周期分析的是格局，人气分析的是玩家。乘势讲的是选择格局，借力讲的是利用对手，简言之就是"顺天应人"。

气势重于主力，自然界有优胜劣汰，金融界也是如此。越是有智慧的主力越是懂得"顺天应人"的底层逻辑和根本法则。在人气合力和周期情绪起来了，而且将持续一段时间的情况下，哪个主力会傻到主动去砸盘？即便有这样的主力也会很快被淘汰，但凡在这个市场上能够存活下来的主力都没违背"顺天应人"的"根本天条"。

无论是价值投资，还是题材投机，严格遵守"顺天应人"这一根本原则，从"乘势、借力、当机"三个方面入手，不用追求完美的技术细节，由博返约，化繁为简，你就能在股市当中游刃有余，成为大赢家。如果一味追求技术细节上的完美，则容易陷入过度拟合的陷阱。

通盘的妙手不在于完美的细节，而在于恪守顺天应人的原则，落实乘势、借力、当机三个要素。

本系列教程会介绍乘势、借力、当机的理论和实务，特别是一些具体的战法。从学习的角度来讲，你可以在掌握根本原则和原理的基础上，先浏览一遍所有战法，然后选择一个比较适合自己的具体战法，深入下去，**把亏损交易一笔一笔地研究清楚，"错题集"才是成功的通行证**。为什么绝大多数人不能成功？因为他们总是把时间花在寻找一举成功的方法上，而不是静下心来研究失败的地方、障碍最大的地方，实质能力永远提升不上去，原地踏步。

完美的理论不能代替有实际产出的能力。进入股票市场的门槛非常低，拿起手机就能玩，凭什么你能赚别人口袋里面的钱？

　　万法归宗，所有的股票短线战法都可以溯源到"顺天应人"这个根本宗旨上，无论你先专注哪种战法，其实都能接触到这一宗旨的实质精神。更为重要的是，专注减少了情绪干扰，通过市场反馈不断修正自己的具体认知以便更加接近现实真相，提高具体战法的胜算率和风险报酬率，也就是期望值。战略让你做出取舍，以便在最大化收益的方向上专注推进。短线战法名目繁多，想要样样精通也是不可能的，时间精力和资本都是有限的，必然要用在效用最大化的一点上，或者说用在机会最小的一点上。

　　从一个具体的战法入手，深入其中，从小资金开始做起。这个小资金是相对于你自己的情况而言，当然也要考虑市场和个股的情况。百万元以下级别的资金，操作方式非常多，难以胜数。千万元级别以上的资金，不可避免地有溢出效应和回波效应，因此投机中分仓是不可避免的。资金大了之后的分仓是被迫的，因为资金达到一定程度就会产生回波效应，进场的时候没有完全成交，价格就已经飙升上去了；离场的时候，还没有完全卖出，价格就已经跌了一大截了，亏损比预期多好几个百分点。小资金用技术分析，行情走势是独立于你的操作的，但是大资金和短期行情走势交互影响，影响程度有多大取决于资金的规模层级。因此，随着资金规模的增长，策略也会显著地变化，但是基本的原理是一样的，比如凯利公式对任何资金规模的仓位管理都是有指导意义的。

　　短线交易可以快速给出反馈，如果你能专注于当时的最大障碍点则可以比价值投资进步速度更快。我们每个人都有具体的局限性，突破一个具体的局限性，就能上一层台阶，心宽了，格局更大了。在这个专注深入的过程中，量化不是一个很好的选择，因为更加容易证伪，更加容易迭代升级，更具操作性，但是过度量化往往意味着过度优化。许多人十几年炒股都进不了大门，往往就是因为钻牛角尖了，战术上过于勤奋，战略上抓不到关键，陷入"战略沼泽"之中。

　　极少数人四年左右得窥门径，掌握这门技术，获得相应的盈利能力。为什么四年左右呢？最小经济周期是基钦周期，一般就是四年左右，股市一轮牛熊差不多也是这个时间长度。技术是能力和心态的基础，技术练成了，能力就上去了，心态跟着能力波动。能够持续稳定盈利了，心态自然就会平和了。老是亏钱，心里完全没有确定性，那么心态就不会好，即便好也是站不住脚的。不能靠心态，要靠技术和能力。

　　修炼只有在跌宕起伏中才能进行，交易能力的获得也需要周期的历练。亏损提供了反馈，指引你避开错误的方向，寻找正确的方向。反馈用来迭代升级既有的策

略。投资的周期比较长，反馈的时滞也会长达四年以上。投机的周期比较短，反馈的时滞就很短，有时候就一天以上。方法有没有效果、范式的绩效如何很快就能知道答案。因此，短线策略的修正与迭代升级更快。

短线投机需要的资金量更小，能够容纳的资金量也更小，停损更小，当然承担的风险也就更小，对于学习者而言成本更小。

那么，短线投机是不是就可以忽略风险了呢？学习风险低是一方面，管理风险的要求和能力是另一方面。短线投机的高效学习路径就是通过尽量低的学习成本最快速地学到盈利之道，其中必然包括风险控制的技术。重仓能够快速改变命运，产生质变和飞跃，但绝不是在学习阶段去重仓。对于重仓出击单只个股的投机者，我们可以从中汲取勇气，但是却不能妄图复制，稳健增长的复利才是投机客的安身立命之本。当然，场外资金管理可以降低整个资产的风险，通过让场内资金承担更大风险来博取暴利，高收益必然增加高风险，如何权衡收益和风险，这个需要看个人资产配置情况和风险承受能力。

股市是一个梦想容易升起的地方，也是一个梦想容易被粉碎的地方，如何能够浴火重生、凤凰涅槃呢？还是要基于科学的精神，实验的方法，归纳的方法，演绎的方法，可证伪的思路，等等，凡是只讲艺术的，只讲玄学的，只讲哲学的，最后都很难在实践中成功。

最终，我们要明白一条人类世界认知的根本规律：实践是检验真理的唯一标准。无论理论有多么美妙和炫酷，都是片面的，都是阶段性和局部有效的。市场生态会随着交易者群体的演化而演化，此前有效的方法，随着群体和系统进化的发生，现在可能不那么有效了，甚至还会亏钱，这个时候我们只能通过实践的不断反馈来谋取与时俱进。

我们要通过持续不断的实践和反思，才能不断趋近真相和真理。

无论是价值投资，还是题材投机，只有实践是神圣的，任何偶像最终都不可避免地会坍塌。

魏强斌

目　录

　　我向来强调市场情绪,情绪传递自然是盘口和走势,优秀的短线选手能在集合竞价时间里判断出情绪的强弱和导向。通过对标杆股和热点股的走势分析,能够看出竞价强弱、情绪变化、持币者和持股者的博弈。专业的短线投机者要在这十五分钟的时间内做出决策,甚至是完成交易,所以这十五分钟至关重要,也是最紧张、最忙碌的交易时间。

　　如何发现潜在龙头?平时如何复盘、如何选票?板块分歧日敢于挡刀者,气质也!一般在什么情况下,会去切换做补涨龙头股?龙头股高位滞涨或者分歧横盘……疾风知劲草时,指数杀跌优选逆势主动拉升和抗跌品种,今天开仓的两个品种都是早盘指数单边下跌时比较强势的,一个逆势主动拉升……早盘指数单边下跌时抗跌,分批低吸。

分歧与放量、充分换手有关；一致与缩量、加速上涨有关。风险报酬率和胜算率高的个股通常都是换手率高的个股，冲板前换手充分的个股更不容易炸板，当然也不能是天量。昨日的盈利筹码是否得到了置换和消化与炸板率关系密切，换手充分，则炸板率相应就要低一些。

如何在不同的生态系统里面找到优势策略获取超额收益，是每一个想要成功的投资者制胜的关键。那么，今天我们要想在 A 股市场上获得超额收益的话，就应该更多地对散户的情绪变化做一个研究和了解。在这个基础上，你才有更多的机会获得一个超额收益……好的股票。主力是散户，而所谓的庄家反而是跟风的……好的操作策略应该借助市场情绪，而不是被自己的情绪所主导。

股票就是筹码交换的游戏。所谓的逻辑和基本面，就是用来骗取更多接力筹码的"吹票"手段。我们看透本质的唯一做法，只能是在接力的时候，一定要看这个故事是否有更多的人来接盘。股票本质就是讲故事，然后卖给信故事的人。小资金讲小故事，大资金讲大故事。有的周期短，有的周期长而已。本质没有多大区别，循环往复，旦古不变。

第一课

精通集合竞价之道

夫风生于地，起于青蘋之末，侵淫溪谷，盛怒于土囊之口。

——宋玉

故兵以诈立，以利动，以分合为变者也。

——孙武

我向来强调市场情绪，情绪传递自然是盘口和走势，优秀的短线选手能在集合竞价时间里判断出情绪的强弱和导向。通过对标杆股和热点股的走势的分析，能够看出竞价强弱、情绪变化、持币者和持股者的博弈。专业的短线投机者要在这十五分钟的时间内做出决策，甚至是完成交易，所以这十五分钟至关重要，也是最紧张、最忙碌的交易时间。

——炒股养家

盯盘的重点在于，有什么最新的涨停，最新的涨停股票是哪个方向的，盯住这些就能理解这个市场资金，在关注哪些热点，在进入哪些板块。回流也好，进入也好，一旦打出涨停的那个板块，是会有资金关注的。

——华东大导弹

第一节　集合竞价基础和流程

本课的核心内容是集合竞价，而本节内容是本课的基础内容和前置知识。为什么要掌握集合竞价的相关知识呢？因为早盘集合竞价的走势强弱在相当大的程度上决定了开盘后的走势。打开个股的分时走势图，你会发现许多个股早盘集合竞价的走势往往预示着该股当天的整体走势。简而言之，正如后面章节强调的那样：集合竞价的多空较量和博弈具有很强的短线风向标意义。

竞价，就是竞相出价，或者说竞价就是通过竞争的方式来确定股票交易价格的过程。而**集合竞价是指对一段时间内接收的买卖委托一次性集中撮合的竞价方式**。集合竞价是集中竞价的一种。所谓的集中竞价，一般是指两个以上的买家和两个以上的卖家通过公开竞价形式来确定标的价格的方式。在这种形式下，既有买家之间的竞争，也有卖家之间的竞争，买卖双方都有比较多的参与者。而上交所与深交所均采用集中竞价的证券交易方式，交易所的集中竞价包括早盘集合竞价、盘中连续竞价以及尾盘集合竞价三个部分。

有关集合竞价的一切分析和策略技巧都是建立在本节基础上的。本节包含三个内容：第一，**集合竞价的流程和时段**；第二，**集合竞价图的构造**；第三，**集合竞价的原理**。

下面我们就先从集合竞价的流程和时段开始介绍（见图 1-1）。早盘和尾盘都有集合竞价，分别是早盘 9：15~9：30 和尾盘 14：57~15：00 这两个时段。除上述两个时段外，其他时段被称为连续竞价，具体就是 9：30~11：30

连续竞价则是实时地对买卖委托连续分别撮合的竞价方式。

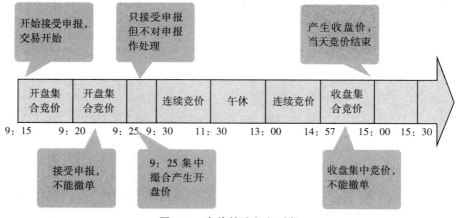

图 1-1 竞价的流程和时段

和 13：00~14：47，连续竞价将在本教程的第二课介绍。

本节我们将介绍的是 9：15~9：30 的早盘集合竞价阶段。早盘竞价阶段也可以进一步划分为三个子阶段：

第一个子阶段是 9：15~9：20。**这是一个可以委托下单，也可以撤单的五分钟阶段。**委托下单包括买入和卖出的订单，也可以将单子撤掉。因为可以自由撤单，因此这个阶段是一个"群魔乱舞"的零成本表演时段。许多大单或许都是虚晃一枪，所谓"兵以诈立"，**"能而示之不能，用而示之不用"**。想要吸筹或者拉升，但是却故意利用大卖单压低竞价，制造恐慌；想要减仓或者卖出，然而却故意利用大买单抬高竞价，酿造乐观。当然，这类做法也会露出马脚，故布疑阵的大资金会在接近 9：20 的时候撤单。

第二个子阶段是 9：20~9：25。**这五分钟仍旧可以委托下单，买入或卖出的单子都是可以递进去的，但是却不能撤单了，**这个阶段的成交意愿要远远高于 9：15~9：20 时段。**如果说此前一个子阶段是"反向解读"，那么这个子阶段则是"正向解读"。前面一个阶段的行为更可能与意图相反，而后面一个阶段的行为则更可能与意图一致。**有些 A 股投机客认为后面一个阶段比前面一个阶段更为重要，其实这只看到了"正向解读"的价值，而忽略了"反向解读"的价值。真正的高手必然是将正反结合起来观察和分析的。

第三个子阶段是 9：25~9：30。这个阶段你可以委托，但是券商在 9：30 之后才会将你的委托递到交易所参与连续竞价撮合。这个阶段的委托和撤单其实是分步上传的。举个实例来理解，比如你 9：27：00 委托买入一只股票，接着又在 9：27：15 撤单了，这个时候你的股票交易软件客户端上显示的是"已报待撤"。然而实际上，券商服务器是分别收到了两笔委托：第一个委托是买入，第二个委托是撤单。券商服务器会在 9：30：00 的时候，分两步上传你的委托，所以第一笔上传成交后，那么第二个撤单的委

金融交易是一个彻底的零和游戏，竞争是主线和持久的，合作则是插曲和暂时的。产业链投资则合作是主线，一个非零和游戏。

9：15~9：20 这个时间段，你可以委托，也可以撤单。但是，9：20 之后就需要谨慎下单了，因为这之后是无法撤单的！另外，14：57~15：00 的尾盘集合竞价过程和 9：20~9：25 这个阶段的基本一样。

A 股玩家里面有一种说法，9：15：01 代表市场惯性；9：20：01 代表获利盘态度；9：25：00 代表主力态度；9：30：01 代表市场态度。这种说法有道理吗？

托会失败。

本节第二个内容是"集合竞价图的构造"。集合竞价图是分时页面的一部分,我们以最常用的三种股票软件为例来示范集合竞价图是如何打开和查看的。第一种是通达信,第二种是同花顺,第三种是东方财富。

先来看通达信的集合竞价图是如何打开的。第一步是打开个股的分时走势(见图1-2),我们以天房发展为例。分时走势的左边是早盘集合竞价区域,其颜色与竞价阶段存在差别。最右侧则是尾盘集合竞价,14:57之前并不会显示尾盘竞价,要等到14:57~15:00以及收盘后才会显示。

通达信可以自定义大量的指标,基本上所有其他股票软件的指标都可以兼容。还可以利用 DLL 进行拓展,调用 Python、JavaScript、Matlab 等语言编写的指标代码。横截面动量指标 RPS 也可以在通达信当中实现。这是通达信行情软件的巨大优势之一。A 股量化和算法交易者应该对通达信进行深入的研究,参考《股票算法交易的 24 堂精品课》。

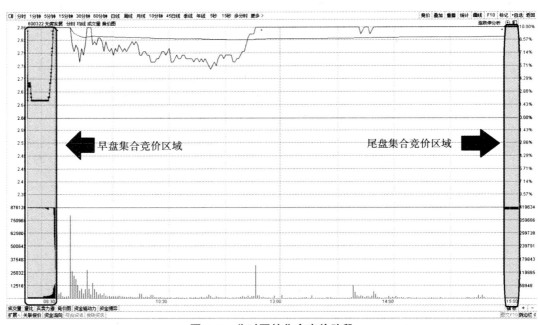

图1-2 分时图的集合竞价阶段

资料来源:通达信,DINA。

双击集合竞价区域,其区域就会放大(见图1-3),而中间的连续竞价区域则会缩小。再次双击集合竞价区域的话,则此区域缩小,而中间的连续竞价区域则会放大。

接着,我们来看同花顺软件。在个股分时走势界面的左上角有一个"竞"字按钮,点击后初选一个下拉式菜单,

同花顺的最大优势有两个:一个是"问财",基本上是有问必答,新题材可以通过"问财"及时把握。另一个是"超级盘口",对于 A 股短线客而言,可以很好地完成盘口动态博弈的推演。

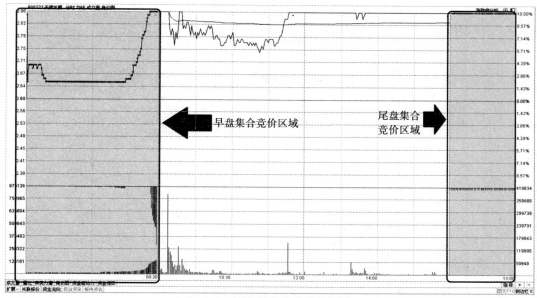

图1-3 双击放大集合竞价区域

资料来源：通达信，DINA。

共有四个子选项："智能开启""保持开启""保持关闭"以及"查看竞价分析"。

同花顺软件默认集合竞价是"智能开启"状态（见图1-4），集合竞价将会在每一个交易日的9：15~9：25和14：57~15：00自动开启，其余时间保持关闭。

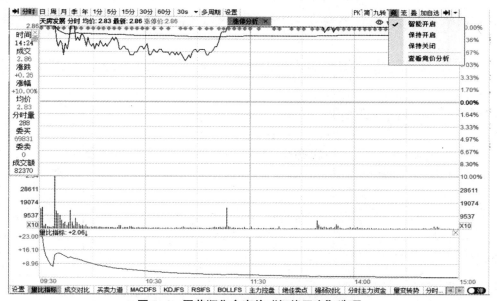

图1-4 同花顺集合竞价"智能开启"选项

资料来源：同花顺，DINA。

当软件使用者选择"保持开启"选项（见图 1-5）时，集合竞价界面就会打开，在分时图的左侧与右侧各多出一段分时图形来，并且一直维持打开状态。

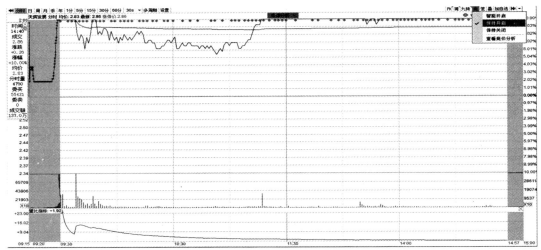

图 1-5　同花顺集合竞价"保持开启"选项
资料来源：同花顺，DINA。

同花顺行情软件与通达信行情软件在分时走势界面上的区别之一是开启集合竞价时早盘集合竞价与尾盘集合竞价是同步打开与关闭的，双击集合竞价，早盘集合竞价与尾盘集合竞价也是同步展开与收缩的。同样地，使用者用鼠标双击集合竞价区域，则两个集合竞价区域会进一步扩展开来（见图 1-6），再次双击该区域两者

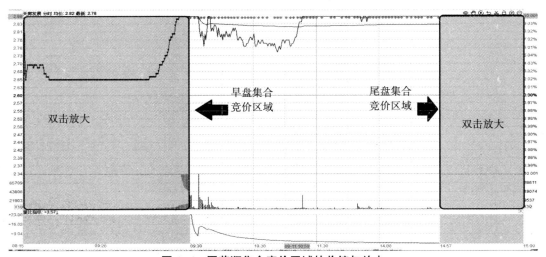

图 1-6　同花顺集合竞价区域的收缩与放大
资料来源：同花顺，DINA。

又会收缩回去。

当软件使用者选择"保持关闭"选项时,则集合竞价将一直保持关闭状态(见图 1-7)。

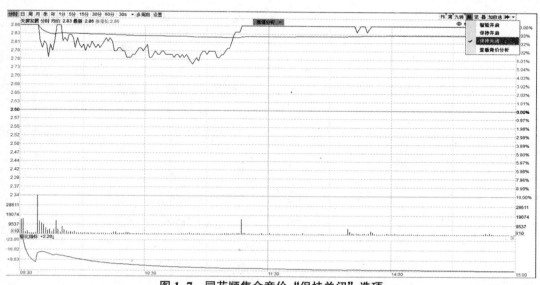

图 1-7 同花顺集合竞价"保持关闭"选项

资料来源:同花顺,DINA。

第四个选项是"查看竞价分析",点击后出现多页面综合界面,也可以直接点击同花顺软件上面栏目条的"竞价"选项(见图 1-8)。

图 1-8 同花顺"竞价"选项("查看竞价分析"选项)

资料来源:同花顺,DINA。

题材投机 2——对手盘思维和底层逻辑

同花顺"竞价"界面有许多子栏目："大盘早盘竞价""个股早盘竞价""板块热点预测""早盘竞价监控"和"昨日涨停"等（见图1-9）。

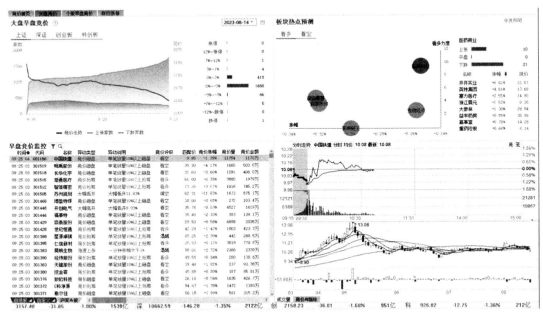

图1-9　同花顺"竞价"界面

资料来源：同花顺，DINA。

在"个股早盘竞价"（见图1-10）和"早盘竞价监控"（见图1-11）中列出的个股有两个特征值得关注：一个是"异动类型"；另一个是"竞价评级"。当然，这些是比较机械的标注，可以参考，帮助我们快速扫描，然后再根据自己的策略系统进行人工分析。

如果想要查看历史分时走势中的集合竞价情况，也可以使用同花顺的"超级盘口"功能。该功能对于分析集合竞价以及连续竞价的买卖盘非常方便，还可以看到龙虎榜席位的进出情况。如果收盘后想要查看某只股票的集合竞价情况，就可以利用"超级盘口"的功能，当然也可以用它来分析连续竞价时的动态博弈情况，这是我们在第二课要详细展开的主题。

我们演示一下如何打开超级盘口。先在同花顺客户端点击"分析"下拉菜单，其中有一个"超级盘口"的子选项（见图1-12），点击就打开了相应的功能。也可以在个股走势界面去打开（见图1-13）。个股K线图走势的右侧有一个竖立的菜单，最下面一个就是"超级盘口"。

#	代码	名称	匹配价	竞价涨幅	异动类型	竞价评级	竞昨成交比	24分内涨幅	19分内涨幅	竞价换手	竞价量
1	301372	N科净源	80.01	+77.80%	竞价抢筹	看多	—	+5.00%	+0.00%	2.37%	3853
2	300917	特发服务	35.72	+11.63%	竞价抢筹	看多	4.48%	+6.34%	+0.00%	0.73%	6317
3	603778	乾景园林	6.01	+10.07%	大幅高开	看多	181.32%	+0.00%	+0.00%	2.88%	18.50万
4	000006	深振业A	5.83	+10.00%	大幅高开	看多	5.35%	+0.00%	+0.00%	0.52%	70746
5	600322	天房发展	2.86	+10.00%	大幅高开	看多	7.54%	+2.14%	+0.00%	1.30%	14.38万
6	000011	深物业A	11.28	+9.41%	竞价抢筹	看多	4.63%	+3.49%	+0.00%	0.13%	6878
7	600191	华资实业	8.00	+7.38%	大幅高开	偏多	11.43%	-2.44%	+0.00%	0.97%	47249
8	001299	美能能源	18.72	+7.34%	大幅高开	偏多	34.15%	-2.40%	+0.00%	4.25%	19916
9	603716	塞力医疗	14.05	+6.36%	竞价砸盘	偏空	13.04%	-1.95%	+0.00%	1.34%	26891
10	300844	山水比德	51.06	+5.67%	竞价抢筹	看多	1.87%	+3.15%	—	0.67%	1122
11	600655	金科股份	2.33	+5.43%	竞价抢筹	看多	3.77%	+2.64%	-0.44%	0.54%	28.91万
12	000029	深深房A	12.48	+5.41%	急速上涨	—	3.01%	+2.21%	+0.00%	0.04%	3849
13	000752	*ST西发	7.90	+5.05%	涨停试盘	—	18.36%	+0.00%	+0.00%	0.64%	16959
14	000620	*ST新联	2.08	+5.05%	买一剩余大	看多	40.35%	+0.00%	+0.00%	0.10%	18614
15	002433	*ST太安	2.29	+5.05%	买一剩余大	看多	7.58%	+0.00%	+0.00%	0.04%	3054
16	301429	森泰股份	28.23	+4.98%	竞价抢筹	看多	3.28%	+3.29%	-2.88%	0.90%	2518
17	301505	苏州规划	63.30	+4.92%	—	—	2.21%	+1.77%	-2.44%	0.83%	1641
18	600684	珠江股份	4.63	+4.75%	急速上涨	偏多	1.09%	+5.23%	-0.23%	0.05%	4076
19	301281	科源制药	49.73	+4.65%	急速下跌	—	3.05%	-1.74%	-7.47%	1.89%	4867
20	002451	摩恩电气	6.98	+4.33%	急速上涨	偏多	6.11%	+2.65%	+1.06%	0.13%	5745
21	000961	中南建设	2.08	+4.00%	竞价抢筹	看多	4.26%	+2.46%	+1.51%	0.16%	62413
22	000014	沙河股份	14.56	+4.00%	竞价抢筹	看多	3.58%	+2.03%	+0.50%	0.22%	5290
23	002719	麦趣尔	14.08	+3.99%	涨停试盘	—	4.16%	-1.47%	-1.95%	0.83%	13475
24	600159	大龙地产	3.52	+3.83%	—	—	3.34%	+0.57%	-1.69%	0.17%	13891
25	600743	华远地产	2.18	+3.81%	—	—	1.51%	+2.83%	+0.00%	0.06%	13263
26	300295	三六五网	15.00	+3.73%	竞价抢筹	看多	1.60%	+4.90%	-0.14%	0.22%	3675
27	688143	长盈通	30.68	+3.58%	竞价抢筹	看多	5.12%	+3.58%	—	0.09%	245
28	000838	财信发展	4.37	+3.55%	竞价抢筹	看多	1.15%	+3.31%	+0.00%	0.07%	7507
29	600903	贵州燃气	9.64	+3.54%	急速下跌	—	5.74%	-2.13%	+0.00%	0.20%	22897
30	002146	荣盛发展	2.66	+3.50%	竞价抢筹	看多	2.60%	+2.31%	+0.00%	0.20%	79871
31	600609	中迪投资	5.62	+3.49%	竞价抢筹	看多	0.98%	+3.12%	+0.00%	0.14%	4015
32	301119	正强股份	27.40	+3.40%	大卖单试盘	—	4.06%	-0.94%	-9.55%	0.58%	1572
33	300418	昆仑万维	36.99	+3.35%	竞价抢筹	看多	1.34%	+1.68%	-0.05%	0.09%	10074
34	300414	中光防雷	9.56	+3.35%	—	—	7.22%	+1.40%	+0.00%	0.07%	2085
35	000903	云内动力	2.91	+3.19%	竞价砸盘	偏空	45.37%	-6.13%	+0.00%	0.64%	12.36万

图1-10　同花顺"个股早盘竞价"

资料来源：同花顺，DINA。

早盘竞价监控

时间	代码	名称	异动类型	异动说明	竞价评级	匹配价	竞价涨幅	竞价量	竞价金额
09:25:04	688651	盛邦安全	竞价抢筹	单笔放量10%以上抢筹	看多	51.42	+0.16%	451	231.8万
09:25:03	301518	长华化学	竞价抢筹	单笔放量10%以上抢筹	混战	35.11	-4.07%	1742	611.6万
09:25:03	301515	港通医疗	竞价抢筹	单笔放量10%以上抢筹	看多	43.03	-1.53%	3293	1417万
09:25:03	301503	智迪科技	竞价抢筹	单笔放量10%以上抢筹	看多	37.32	-0.48%	1164	434.4万
09:25:03	301488	豪恩汽电	竞价抢筹	单笔放量10%以上抢筹	看多	81.40	-0.18%	184	149.8万
09:25:03	301487	C盟固利	竞价砸盘	单笔放量10%以上砸盘	看空	46.99	-5.26%	8486	3988万
09:25:03	301456	盘古智能	竞价抢筹	单笔放量10%以上抢筹	看多	40.90	-0.15%	1767	722.7万
09:25:03	301448	开创电气	竞价砸盘	单笔放量10%以上砸盘	偏空	37.55	+2.74%	6685	2510万
09:25:03	301439	泓淋电力	竞价砸盘	单笔放量10%以上砸盘	偏空	18.45	+0.11%	781	144.1万
09:25:03	301429	森泰股份	竞价抢筹	单笔放量10%以上抢筹	看多	28.23	+4.98%	2518	710.8万
09:25:03	301428	世纪恒通	竞价抢筹	单笔放量10%以上抢筹	看多	46.00	-2.13%	1471	676.6万
09:25:03	301408	华人健康	竞价抢筹	单笔放量10%以上抢筹	看多	18.75	+0.70%	836	156.8万
09:25:03	301399	英特科技	竞价抢筹	单笔放量10%以上抢筹	看多	51.10	-1.14%	225	115.0万
09:25:03	301396	宏景科技	竞价砸盘	单笔放量10%以上砸盘	偏空	35.77	+0.34%	360	128.8万
09:25:03	301383	天键股份	竞价砸盘	单笔放量10%以上砸盘	看多	39.38	-0.56%	420	165.4万
09:25:03	301380	挖金客	竞价抢筹	单笔放量10%以上抢筹	看多	49.99	+0.95%	251	125.5万
09:25:03	301378	通达海	竞价砸盘	单笔放量10%以上砸盘	看空	62.00	-0.90%	150	93.00万
09:25:03	301376	致欧科技	竞价抢筹	单笔放量10%以上抢筹	看多	25.80	+0.00%	980	252.8万
09:25:03	301373	凌玮科技	竞价砸盘	单笔放量10%以上砸盘	偏空	35.29	+0.66%	816	288.0万
09:25:03	301372	N科净源	竞价抢筹	单笔放量10%以上抢筹	看多	80.01	+77.80%	3853	3080万

图1-11　同花顺"早盘竞价监控"

资料来源：同花顺，DINA。

图 1-12 打开同花顺"超级盘口"功能（1）

资料来源：同花顺，DINA。

右侧菜单栏

图 1-13 打开同花顺"超级盘口"功能（2）

资料来源：同花顺，DINA。

打开"超级盘口"功能后，界面上显示蓝色竖线，此时可以通过移动鼠标，来查看当天任何时点的交易情况，包括集合竞价的情况。当然，盘中走势的龙虎榜席位进出也是一目了然（见图1-14）。

席位的基础知识和分析指南将在本书下篇"席位"中展开介绍。

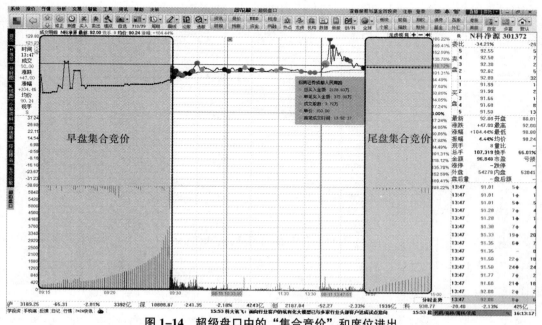

图1-14　超级盘口中的"集合竞价"和席位进出

资料来源：同花顺，DINA。

当然，如果你购买了level 2数据，那么在超级盘口中还可以同时查看买卖队列的微观动态变化趋势（见图1-15）。观察超级盘口买卖档，盘中某个档位的单子是怎样变化的，看看大小资金谁在排队，是否存在垫单、压单、撤单、扫板之类的异常动作。如果是免费版本的用户，那么同花顺软件下方，将没有买卖队列的显示。"超级盘口"这个功能主要是为短线投机服务的，尤其是超短。如果不是题材投机，那么这个功能用处就不大。

如果使用者要退出"超级盘口"界面，那么可以按"Esc"完成退出。

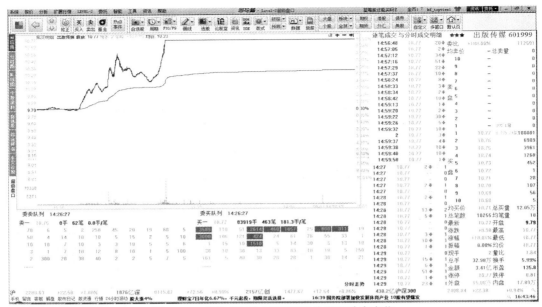

图 1-15 超级盘口与买卖队列的微观动态变化
资料来源：同花顺，DINA。

最后，我们来看东方财富软件的集合竞价界面和基本使用。在东方财富上打开个股分时走势（见图 1-16），早盘集合竞价就在分时走势最左侧。右上方有一个"竞价"按键（见图 1-17），点击后出现下拉式菜单，有三个选项："开盘前显示，

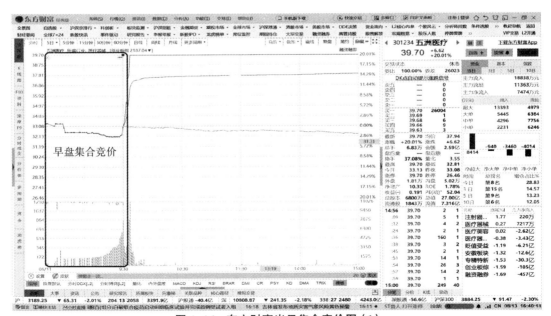

图 1-16 东方财富当日集合竞价图（1）
资料来源：东方财富，DINA。

图 1-17　东方财富当日集合竞价图（2）
资料来源：东方财富，DINA。

开盘后隐藏""始终隐藏"和"始终显示"。默认的设置是"始终显示"。

上面介绍的是查看当日的集合竞价走势，那么如何在东方财富上查看过往的集合竞价走势呢？我们可以利用东方财富的"历史分时"功能（见图1-18）。在个股

图 1-18　东方财富历史分时
资料来源：东方财富，DINA。

K 线走势上点击右键，在弹出菜单中选择"开始分时"子项。

点击"历史分时"成功以后，会弹出一个浮窗显示的分时走势，可以利用前后键变换日期，也可以在日 K 线上点击右键选择"历史分时"，这样就可以查看选定日期的历史分时和集合竞价了。在分时浮窗的右上方有一个按键"超级复盘"（见图 1-19）。

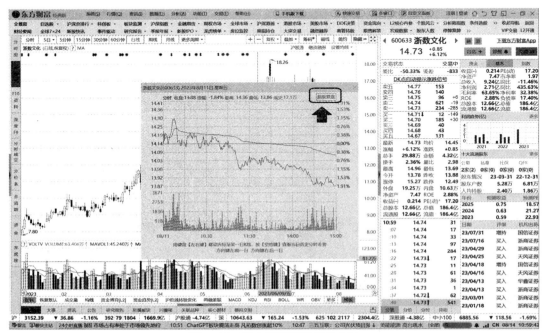

图 1-19　东方财富超级复盘（1）

资料来源：东方财富，DINA。

点击"超级复盘"后，出现相应的界面，你可以看到包括早盘集合竞价的分时走势和分笔成交回放。你可以在界面上方选择"日期""播放/暂停""进度"和"倍速"等（见图 1-20）。

上述三个软件都可以查看集合竞价，各有所长，最好能够搭配两三种软件一块儿使用。下面我们以同花顺软件的早盘分时走势图为例解构和说明集合竞价图中的各个要素。

在分时走势图的左上侧是一些基本的信息资料，如竞价所处的阶段和状态，是"集合竞价"还是"连续竞价"，是否"闭市"；后面接着的是股票名称、均价和最新价格等（见图 1-21）。

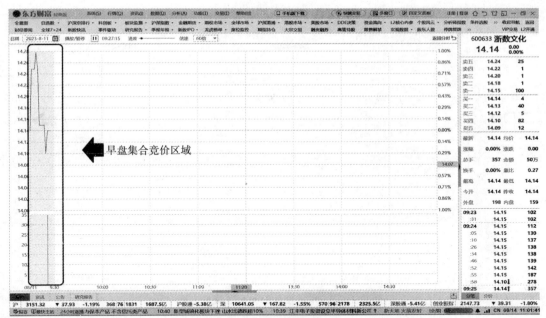

图1-20 东方财富超级复盘（2）

资料来源：东方财富，DINA。

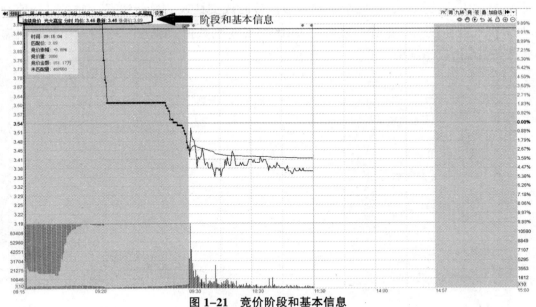

图1-21 竞价阶段和基本信息

资料来源：同花顺，DINA。

最左侧的竖轴是价格，横轴对应的价格是"昨日收盘价"，最上面是涨停价，最下面是跌停价；最右侧的竖轴是涨跌幅度百分比（见图1-22）。

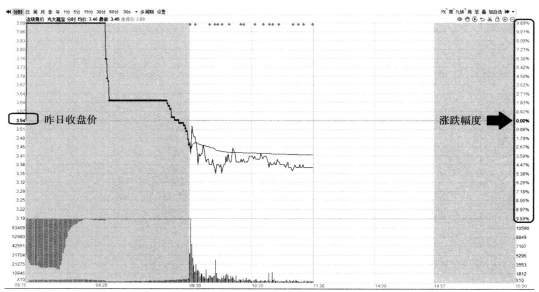

图 1-22　昨日收盘价和涨跌幅度坐标

资料来源：同花顺，DINA。

分时走势图的右下角是"集合竞价量能档位"，系统会依据一个确定的量能值，平均分成不同的档位，以便于直观地显示分时成交柱线的量能情况。如果量能值过大，右下侧会显示"×10"或者"×100"等特别数值，表示左侧的成交量数据需要扩大 10 倍或 100 倍（见图 1-23）。

图 1-23　量能档位

资料来源：同花顺，DINA。

分时走势图最下方的横轴是时间轴，从 9：15：00 开始。开始这一秒钟的量能体现了隔夜委托单的情况（见图 1-24），对于衡量人气具有一定的指示意义。

那么，如何查看隔夜单呢？第一种方法是查看通达信软件行情列表中的"封单额"。9：15：00 这个时点上显示的"封单额"就是对应的隔夜单金额，你可以降序排列，从最大封单额看起，也可以查看目标个股的封单额。如果你的通达信默认设置看不见"封单额"，则可以在表头位置点击"编辑栏目"选项，添加"封单额"选项，并且将其顺序前移。当然，"封单额"只会显示涨停和跌停股票对应的数值，而且只有 9：15：00 显示的数值是隔夜单，此后就可以当日委托了，显示的就是实时的涨跌停封单额了。

第二种方法是去分时图上查看。分时图上当日第一根分时量柱，也就是 9：15：00 这根分时量柱可以看到隔夜单，将匹配量和未匹配量叠加起来，这个是看委托数量而非金额。

隔夜单只是一种参考，因为 9：20 之后可能会撤掉。可以将今日隔夜单与昨日隔夜单进行比较，增加就是竞价量能增强可能性较大。更为重要的是观察"撤单"情况，后面章节会专门分析这个问题。"撤单"体现了大资金的一些"小心思"，我们研究对手盘不能不考虑这些。但是，**就题材投机而言，我们只研究重要个股的重要对手盘**。

隔夜单体现了隔夜的逻辑和热点影响力。热点题材经过一夜消息发酵，必然使聪明资金的态度和大众的预期都在第二天集合竞价盘口显露出来。但是，任何结论都还要结合大盘和板块来分析与研判。

我们曾提出过一个框架 AIMS，其中 A 是个股的优势（Advantage），这个优势在关键几个时点有所体现，是不是弱转强或者超预期，第一个重要时间节点是 9：15：00；**而 I 就是大资金的动向（Institutional Inflow and Outflow）；M 是大盘态势和指数周期（Market Cycle and Dynamics）；S 是板块、题材、主线和情绪周期（Sector，Story and Sentiment Cycle）。所谓"藏风聚气"，"风"是指数周期和情绪周期，而"气"则是个股的人气。**

怎么看人气？关键时点的个股表现是重要一环。**如果一只个股的买卖盘挂单都特别大，则往往意味着该股人气很旺，会出现大波动；如果一只股票在集合阶段挂单稀疏，那么当天往往没戏。**

第二个重要时间节点是 9：20：00，因为集合竞价在此之前是可以撤单的，在此之后是不能撤单的。9：20：00 之后的委托买卖订单必须等待集合竞价结束集中

9：15到9：20既可以挂单也可以撤单；9：20到9：25都只能挂单，不能撤单；9：25到9：30可以挂单也可以撤单，但单子不会报到交易所竞价系统，9：30后才能进入连续竞价。

匹配成交。撮合的订单就不能撤单了，没能撮合的订单则自动地在开盘之后继续参与连续竞价，这时候才可以撤单。

第三个重要时间节点是9：30：00。早盘集合竞价在9：25结束，9：30集中成交，因此9：30：00的成交量能就是整个早盘集合竞价的一次性成交。在9：25和9：30之间存在5分钟过渡时间。

早盘集合竞价期间基本上是每隔9秒钟会有一次撮合结果显示出来，但是这个结果是动态变化的，显示的是匹配成交量，而非实际成交量。每个小白点显示的是最新一次撮合匹配的价格情况，用线连接起来形成早盘集合竞价的分时走势。早盘集合竞价图中的每个白点代表一个竞价，**白点越多越密集，说明竞价积极，表示这个股票越活跃**。集合竞价显示的价格走势是匹配订单的虚拟成交，非匹配订单的价格情况不会体现在分时走势中。

其间比较特殊的时点有两个：第一个是9：19：57，它下一时间点是9：20：00，间隔只有3秒；第二个是9：24：57，它距离最后一个时间点9：25：00，间隔同样

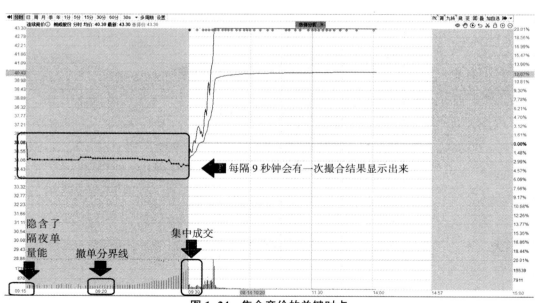

图1-24 集合竞价的关键时点

资料来源：同花顺，DINA。

也是 3 秒。梳理一下，早盘集合竞价第一阶段 9：15：00~
9：20：00，一共 5 分钟共计 300 秒，拆分为 33 个 9 秒的
间隔，计 297 秒，外加一个 3 秒的间隔；第二阶段 9：20：
00~9：25：00 同样也是 5 分钟 300 秒，同样是 33 个 9 秒
间隔加一个 3 秒间隔。归纳起来，9：19：57 与 9：20：00、
9：24：57 与 9：25：00 这两个阶段都是间隔 3 秒。

撮合的密集程度体现出了个股集合竞价的人气和情绪，
如果人气比较冷清，那么可能间隔好几个 9 秒，才有一个
小白点，也就是一次撮合匹配的价格。在集合竞价的分时
图形上，小白点间隔的时间越长则表明人气越不足，肯定
不是短线投机的好标的。相反，人气充足的集合竞价，撮
合匹配的价格点就会显得密集，更适合短线投机。还是那
句话，**我们追求在"藏风聚气"之中的"寻龙点穴"**。

早盘集合竞价的量能走势图有上下两部分，上方悬挂
的是未能成功撮合和匹配的委托量柱，单位是"手"（见图
1-25）。红色柱线是买入委托没能匹配撮合的订单累计，也
就是委托买入价格低于撮合价格的买单；绿色柱线是卖出

"未匹配量"是指集合竞价参考价位上的不能按照集合竞价参考价虚拟成交的买方或卖方申报剩余量。

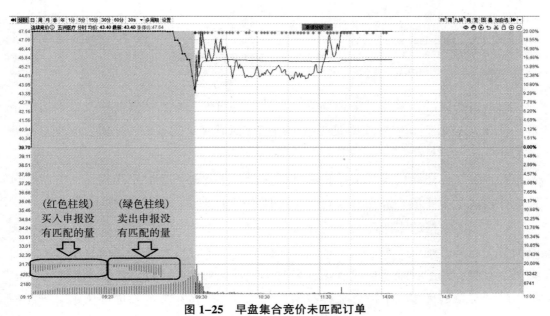

图 1-25 早盘集合竞价未匹配订单

资料来源：同花顺，DINA。

委托没能匹配撮合的订单累计，也就是委托卖出价格高于撮合价格的卖单。多空博弈的某些特征可以从这两类未匹配订单的动态变化推测出来。

我们来看两种极端的情况：第一种极端情况是早盘集合竞价一字跌停股票的未匹配订单情况。跌停价格附近大量的委托卖单由于无法撮合匹配到足够的买单，上方悬挂密集的绿色柱线。第二种极端情况是早盘集合竞价一字涨停股票的未匹配订单情况。涨停价格附近大量的委托买单由于无法撮合匹配到足够的卖单，上方悬挂密集的红色柱线（见图1-26）。

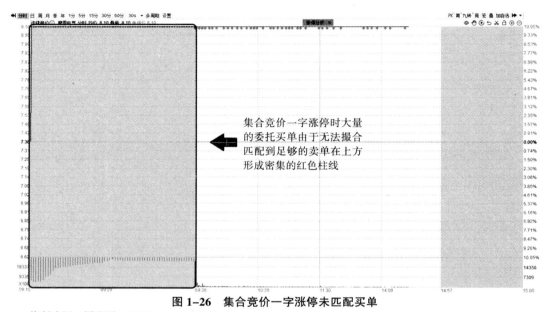

集合竞价一字涨停时大量的委托买单由于无法撮合匹配到足够的卖单在上方形成密集的红色柱线

图1-26　集合竞价一字涨停未匹配买单

资料来源：同花顺，DINA。

在上面我们已经讲到了集合竞价走势的量能图中上方悬挂着的柱线是当前价格未匹配量，那么下方的柱线则是当前价格的虚拟成交量或者说匹配撮合成交量（见图1-27）。

下方的红色柱线代表买入委托撮合成交量，且此时买盘大于卖盘；下方的绿色柱线代表卖出委托撮合成交量，且此时买盘小于卖盘。

如果当前价格的未匹配量是委托买单，则上下都是红色柱线；如果当前价格未匹配量是卖单，则上下都是绿色柱线。换言之，红色柱线意味着当前价格有额外的买单没有撮合匹配；绿色柱线意味着当前价格有额外的卖单没有撮合匹配。没有撮合匹配的买单量体现为上方红色柱线的长度，下方红色柱线的长度则体现了当前价位全部已经匹配完的买卖单；没有撮合匹配的卖单量体现为上方绿色柱线的长度，

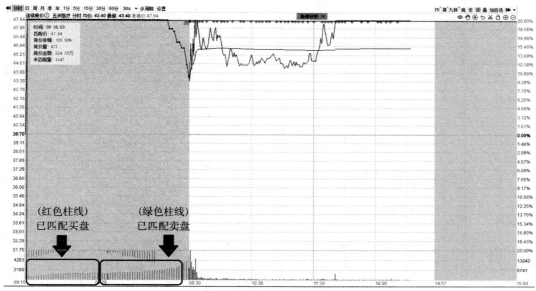

图1-27 早盘集合竞价已匹配订单

资料来源：同花顺，DINA。

下方绿色柱线的长度则体现了当前价位全部已经匹配完的买卖单。

上方和下方红色柱线的总和，代表着当前价位及以上的买单总和；上方和下方绿色柱线的总和，代表着当前价位及以上的卖单总和。如果上下方是红色柱线，则委托买单就等于上方红色柱线加上下方红色柱线，委托卖单则等于下方红色柱线；如果上下方都是绿色柱线，则委托卖单等于上方绿色柱线加上下方绿色柱线，委托买单则等于下方绿色柱线。这就是集合竞价的整体买卖情况或者说对手盘对比。

在早盘集合竞价时段，交易所系统在不断动态撮合和匹配，因此无论是上方的柱线还是下方的柱线，其长度和颜色都会不断地变化，直到早盘集合竞价阶段结束。

我们首先假设竞价不变，竞价柱线是红色柱线，意味着有未匹配的多余买单。那么，红色柱线的变化存在四种基本情况：

如果上方红色柱线在集合竞价过程中变长了（见图1-28），

这里探讨的影响柱线长短的因素中，为什么撤单都是9：20之前？

021

图1-28 上方红色柱线变长

资料来源：同花顺，DINA。

那么可能有两个因素：第一个因素是9：20之前低价卖单撤了；第二个因素是高价买单增加了。

如果上方红色柱线在集合竞价过程中缩短了（见图1-29），那么可能有两个因素：第一个因素是9：20之前高价买单撤了；第二个因素是低价委托买单增加了。

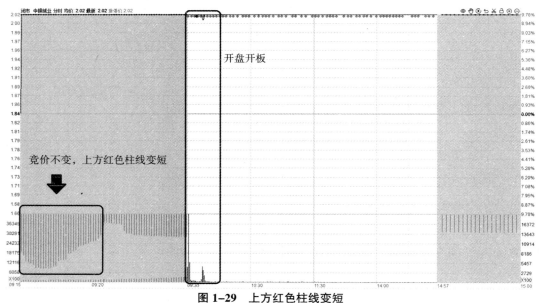

图1-29 上方红色柱线变短

资料来源：同花顺，DINA。

在价格不变的情况下，上方红色柱线变短，说明抛压增加了（见图1-30）。

如果下方红色柱线在集合竞价过程中变长了（见图1-31），那么可能有两个因素：第一个因素是9：20之前高价买单撤了；第二个因素是低价委托买单增加了。

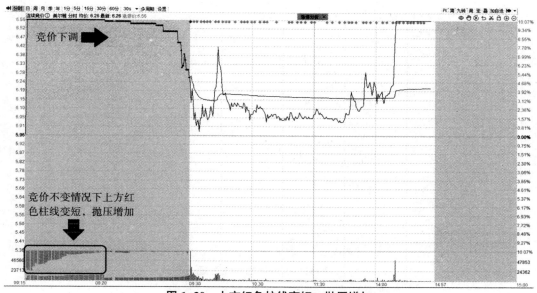

图1-30 上方红色柱线变短，抛压增加

资料来源：同花顺，DINA。

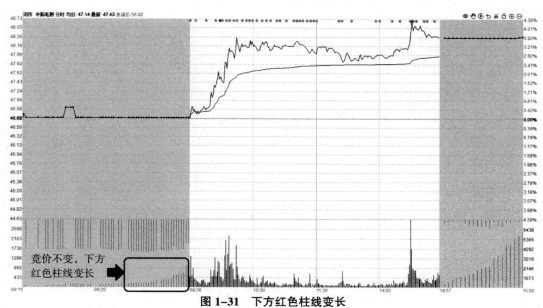

图1-31 下方红色柱线变长

资料来源：同花顺，DINA。

如果下方红色柱线在集合竞价过程中变短了（见图 1-32），那么可能有两个因素：第一个因素是 9：20 之前低价卖单撤了；第二个因素是高价买单增加了。

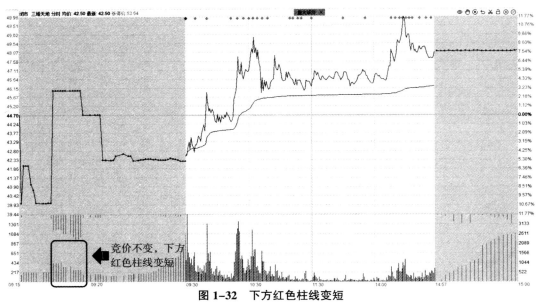

竞价不变，下方红色柱线变短

图 1-32　下方红色柱线变短

资料来源：同花顺，DINA。

我们仍旧假设竞价不变，竞价柱线是绿色柱线，意味着有未匹配的多余卖单。那么，绿色柱线的变化存在四种基本情况。

如果上方绿色柱线在集合竞价过程中变长了（见图 1-33），那么可能有两个因素：第一个因素是低价委托卖单增加了；第二个因素是高价委托买单在 9：20 之前撤了。**在价格不变的情况下，上方绿色柱线变长，说明抛压增加了**（见图 1-34）。

一般而言，下方的绿色柱线代表多头承接力和消化空单的能力，上方的绿色柱线则代表着抛压。上方绿色柱线变长，表明抛压显著增加，而下方绿色柱线长短基本不变，则意味着承接能力不变（见图 1-35）。一方面，多头承接能力不变，有效消化空单的能力没有变化；另一方面，空单不断增加，那么竞价只能下调来平衡多空力量。

还有另外一种常见的情况：下方绿色柱线在变短，这表明多头消化空头的能力在显著下降，承接能力在下降；上方的绿色柱线在变长，表明抛压在增加（见图 1-36）。多头比上面的例子中更加虚弱，因此竞价需要回调来平衡多空力量。

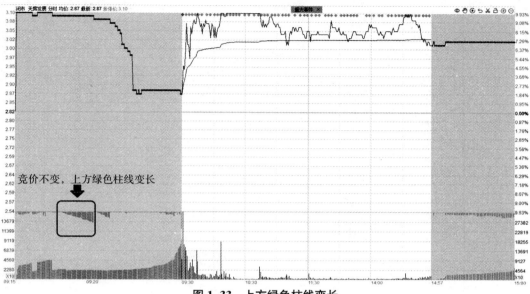

图 1-33　上方绿色柱线变长

资料来源：同花顺，DINA。

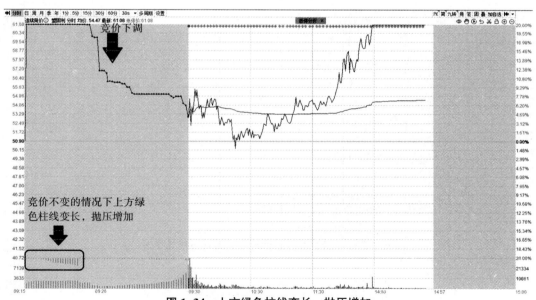

图 1-34　上方绿色柱线变长，抛压增加

资料来源：同花顺，DINA。

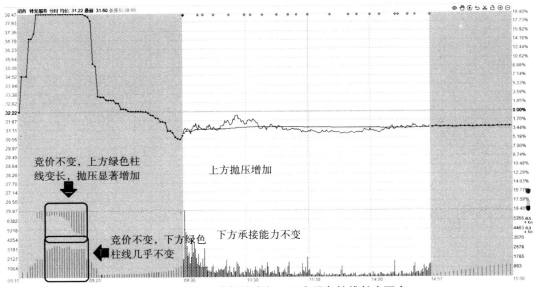

图 1–35　上方绿色柱线变长，下方绿色柱线长度不变
资料来源：同花顺，DINA。

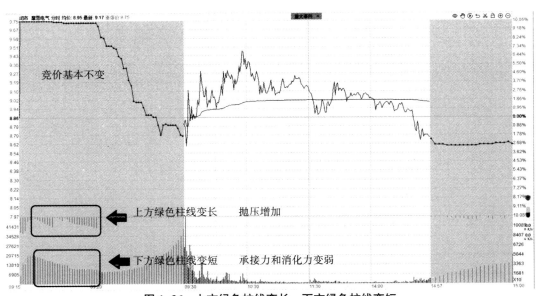

图 1–36　上方绿色柱线变长，下方绿色柱线变短
资料来源：同花顺，DINA。

　　如果上方绿色柱线在集合竞价过程中变短了（见图 1-37），那么可能有两个因素：第一个因素是低价委托卖单在 9：20 之前撤了；第二个因素是高价委托买单增加了。

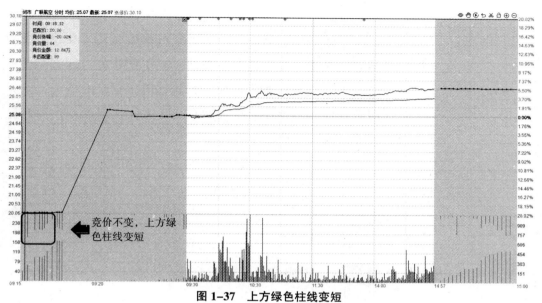

图 1-37　上方绿色柱线变短

资料来源：同花顺，DINA。

如果下方绿色柱线在集合竞价过程中变长了（见图 1-38），那么可能有两个因素：第一个因素是低价委托卖单在 9：20 之前撤了；第二个因素是高价委托买单增加了。

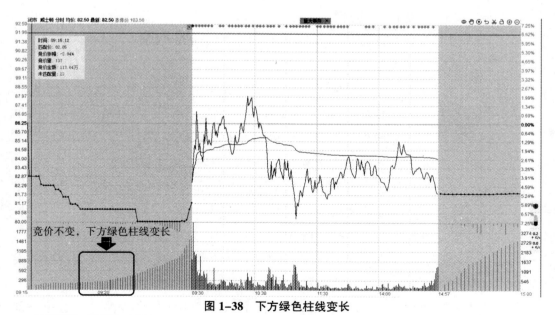

图 1-38　下方绿色柱线变长

资料来源：同花顺，DINA。

因此，如果上方绿色柱线不变，而下方绿色柱线变长则并不是抛压越来越大。**下方绿色柱线变长意味着匹配和撮合的买卖单越来越多，既然匹配了那就说明既有买单也有卖单，说明承接力增加了，能够消化更多的单子；上方绿色柱线基本不变，则表明买卖单是同比增加的，因此抛压并未变大**（见图1-39）。

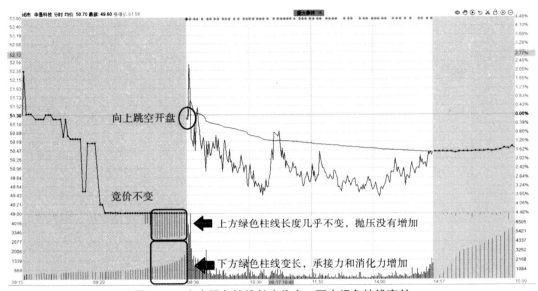

图1-39　上方绿色柱线长度稳定，下方绿色柱线变长

资料来源：同花顺，DINA。

如果下方绿色柱线在集合竞价过程中变短了（见图1-40），那么可能有两个因素：第一个因素是低价委托卖单增加了；第二个因素是高价委托买单在9：20之前撤了。承接抛压的能力减弱了，多头消化空头的能力下降了。

本节第三个主题涉及集合竞价的原则。集合竞价的原则主要有如下五个：

第一，在有效价格范围内选取成交量最大的价位。

第二，高于成交价格的买进委托与低于成交价格的卖出委托全部成交。

所谓的"数量优先原则"就是同一价格、同一时间，申报成交量大的会优先成交。

第三，与成交价格相同的买卖单较少的一方必须全部成交。

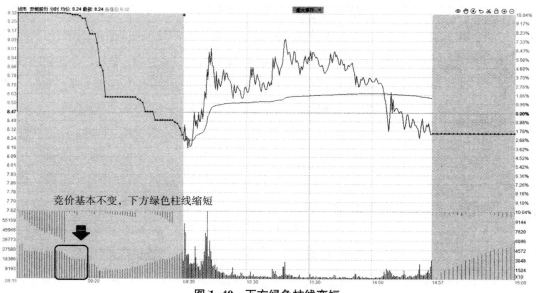

图 1-40　下方绿色柱线变短

资料来源：同花顺，DINA。

第四，优先撮合原则，包括价格优先原则、时间优先原则和数量优先原则。我们着重介绍一下前两个原则。

所谓的"价格优先原则"就是较高价格买入申报优先于较低价格买入申报，较低价格卖出申报优先于较高价格卖出申报。

所谓的"时间优先原则"就是买卖方向、价格相同的，先申报者优先于后申报者。先后顺序按交易主机接受申报的时间确定。

综合起来说就是先看价格，再看时间，价高者得；报价相同的情况下，申报时间早的优于申报时间晚的。因此，如果 A 股交易者想要及时买入的话，则可以直接挂涨停价申报成交；同理，如果想要及时卖出的话，则可以挂跌停价以确保成交。这就是利用价格优先原则，其实还可以进一步利用时间优先原则，这就涉及隔夜委托的利用了。

所谓的隔夜单，是指在当日交易时间（15：00）结束后、在次日集合竞价（9：15）前下达的委托申报单，也就是 A 股交易者可以在 T 日参加 T+1 日的交易委托服务。具

时间优先是指，买卖方向、价格相同的，先申报者优先于后申报者。先后顺序按交易所主机接受申报的时间确定。决定证券交易所主机接受申报时间的，并非投资者挂单的时间，而是证券经纪商向交易所报送的时间。

体的隔夜委托开放时段在券商之间存在差异，部分券商在当日交易所系统清算完成后就可以申报，比如 17：30 之后就可以申报；部分券商则需要等到 23：00 之后才能申报。具体的隔夜委托申报时间需要仔细地咨询自己的券商。例如，光大证券规定 A 股、新股申购隔夜委托时间从 T 日的 20：00 开始，B 股、信用交易隔夜委托时间从 T 日的 22：00 开始。而银河证券规定，隔夜委托服务时间为 T 日的 17：30 开始至 T+1 日（下一交易日）的 9：15 止，但交易系统清算时间与系统初始化时间除外。当然，券商们也会对各自的开放时段进行调整，具体还是要以经纪商们的官方规定为主。

某只股票隔夜可能涨停或者跌停，那么交易者想要在涨停的强烈预期下买入或者在跌停的强烈预期下卖出就可以采纳隔夜单进行委托，利用"时间优先原则"。

隔夜委托的价格，对于非主力而言，肯定要选择所买卖的股票涨停或者跌停的价格挂单，如果以其他价格进行挂单操作，其委托单就缺乏实际意义了，因为我们要同时利用"价格优先原则"。

隔夜委托除考虑时间和价格优先原则外，还要考虑通道的差别。交易的通道就是投资者申报下单到这个指令传送到交易所进行撮合成交的过程。通道的节点包括席位、交易单元和交易服务器等。

作一个形象的比喻，交易所如果是商场，那么席位就是商家铺面，而交易单元就是铺面的营业窗口。

那么，从专业的角度讲，什么是席位呢？席位原来是指证券经纪商在交易所的固定工位，实际上是券商在交易所的交易资格，券商的席位至少有一个，券商可以向交易所申请购买多个席位，券商之间也可以相互转让席位。

什么是交易单元呢？交易单元是指券商向交易所申请设立的参与证券交易的业务单元，它是一个交易权限的载体，券商可以向交易所申请多个交易单元。

当交易者次日集合竞价发现不符合预期时，可以在 9：15~9：20 这段时间把隔夜委托撤单。

交易单元可以简单划分为普通交易单元、VIP 交易单元和独立交易单元。

普通交易单元非常拥挤，排队的规则就是价格优先，时间优先。VIP 交易单元是少量交易者共同使用的，通常几十个交易者共同使用一个 VIP 交易单元，它可以避免像普通交易单元那样拥挤和排队，成交效率要高出普通交易单元很多。

独立交易单元则仅供单一交易者使用，费用非常高，但成交效率也是最高的。

什么是通道呢？股票交易者的委托指令先到开户的券商营业部，接着集中到券商的交易单元，然后通过券商的服务器，最终经过券商席位传送到交易所的服务器进行撮合交易。

有些普通交易者虽然在隔夜委托申报时排名第一，但是仍旧无法出现在次日的个股委托队列中，这是因为在通道中采用的交易单元处于劣势。隔夜委托不但要在券商这里排队，还要在交易所排队，而那些 VIP 交易单元和独立交易单元则排在你前面。所以那种预期一字涨停的个股，普通交易者就算采用隔夜委托也很难成交，尤其是那些未开板的新股，普通交易者基本上可望而不可即。

除交易单元等因素影响通道外，光纤速度和服务器效率也有影响，甚至与交易所的物理距离都会影响报单的速度，从而影响隔夜委托和打板的成功率。因此，很多游资会选择与沪深交易所非常靠近的证券营业部，比如著名游资欢乐海岸就选择了与深圳证券交易所仅隔一条街道的华泰证券深圳益田路荣超商务中心营业部。

第五个集合竞价原则是集合竞价的所有交易以同一价格成交，集合竞价未成交的部分，自动进入连续竞价。

如果存在两个以上价位符合上述集合竞价原则的，上海证券交易所规定以未成交量最小的申报价格为成交价格。若仍有两个以上申报价格符合条件，则取其中间价为成交价格。深圳证券交易所取距前收盘价最近的价位为成交价。

当然，集合竞价的最首要原则是"成交量最大原则"——开盘价要形成最大撮合成交量。我们来看一个具体的实例（见表 1-1），当进入集合竞价的时候，所有

表 1-1 集合竞价示范

卖出订单数（手）	委托价格（元）	买入订单数（手）	可以撮合的订单数（手）
1000	9.99	200	200
300	9.98	300	500
400	9.97	200	700MAX
200	9.96	100	500
300	9.95	500	300

报上去的价格，交易所电子撮合系统会进行由高到低的排序，价格两边对应的是该价格申报的买单、卖单数量。另外，还有一个总买单和总卖单的统计，总买单的统计是从已申报的最高买价对应的买单开始累加，总卖单是从已申报的最低卖价对应的卖单开始累加。当然，这个累计我们这里就省略了。

9.95 元这一档价格，有 300 手卖出委托订单和 500 手买入委托订单。虽然在此价位上累计愿意买入的手数是 1300 手，但是愿意在此价位卖出的手数却只有 300 手，因此假如在这个价格水平撮合，那么**竞价撮合成交的手数是 300 手**。为什么在 9.95 元这个价位愿意买入的累计手数是 1300 手呢？因为那些高于 9.95 元也愿意买入的交易者，理性的情况下也愿意以更低的价格买入。

在 9.96 元这一价格水平上委托的卖出订单是 200 手，买入订单是 100 手。低于 9.96 元的卖单是 300 手，那么愿意在 9.96 元卖出的总订单数就是 500 手；高于 9.96 元的买单是 700 手，那么愿意在 9.96 元买入的总订单数就是 800 手。因此，**如果在 9.96 元撮合的话，那么成交的手数是 500 手**。

在 9.97 元这个价格水平上委托的卖出订单是 400 手，买入订单是 200 手。低于 9.97 元的卖单是 500 手，那么愿意在 9.97 元卖出的总订单数就是 900 手；高于 9.97 元的买单是 500 手，那么愿意在 9.97 元买入的总订单数就是 700 手。因此，**如果在 9.97 元撮合的话，那么成交的手数就是 700 手**。

在 9.98 元这个价格水平上委托的卖出订单数是 300 手，买入订单数是 300 手。低于 9.98 元的卖单是 900 手，那么愿意在 9.98 元卖出的订单总数就是 1200 手；高于 9.98 元的买单是 200 手，那么愿意在 9.98 元买入的订单总数就是 500 手。因此，**如果在 9.98 元撮合的话，那么成交的手数就是 500 手**。

在 9.99 元这个价格水平上委托的卖出订单数是 1000 手，买入订单数是 200 手。低于 9.99 元的卖单是 1200 手，那么愿意在 9.99 元卖出的订单数就是 2200 手；高于 9.99 元的买单是 0 手，那么愿意在 9.99 元买入的订单总数仍旧是 200 手。因此，**如果在 9.99 元撮合的话，那么成交的手数就是 200 手**。

根据集合竞价的成交量最大规则，在上述例子当中 9.97 元作为开盘价能够实现最大的撮合成交量 700 手。从上面这个简单例子，我们可以发现一个规律：**高于开盘价的买单和低于开盘价的卖单必须全部成交，等于开盘价的买卖单较少的一方必须全部成交**。以 9.97 元作为开盘价的话，那么低于 9.97 元的卖单是 500 手，高于 9.97 元的买单也是 500 手，这些单子是要全部成交的。而在开盘价附近的卖单是 400 手，买单是 200 手，则这 200 手买单是要全部成交的。在集合竞价阶段，如果委托的单子越大就越能影响开盘价的位置。

　　如果想要拉升开盘价，则可以通过在现有价格之上的任何一个价位挂足够的买单来实现；相反，如果想要打压开盘价，则可以通过在现有价格之下的任何一个价格挂足够的卖单来实现。**9：15~9：20 可以通过挂单和撤单来影响撮合价格，而 9：20~9：25 则只能通过挂单而非撤单来影响撮合价格。**

　　早盘集合竞价撮合成功的成交量体现在 9：30 的那一根量柱上，而非集合竞价期间所有量柱的综合。9：30 开始进入连续竞价阶段，此后的量柱都是真实且成功的成交量，而集合竞价期间只有 9：30 这最后一根量柱是真实且成功的成交量。而 9：30 之前的量柱仅仅是撮合匹配量，并非真实成交量。9：31 显示的成交量柱则包含了 9：30：00~9：31：00 连续竞价产生的成交量。

　　我们来看一个实例（见图 1-41），这是华资实业在 2023 年 8 月 11 日的早盘分时成交，可以看到 9：25 之前处于集合竞价的动态撮合阶段，"成交价"和"手数"是变化的，到了 9：25 集合竞价真实成交就出来了，成功撮合成

> 所有在集合竞价成交的委托，无论委托价格高低，其成交价均为开盘价，所有高于开盘价的买入委托和低于开盘价的卖出委托均可成交，与开盘价相同的部分委托也可成交。

> 在东方财富等股票软件上 9：24：59 之后就是 9：30 了。

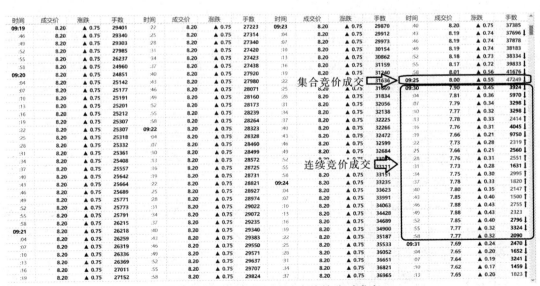

图 1-41　集合竞价与连续竞价的分时成交

资料来源：东方财富，DINA。

交了 47249 手，这个量柱一般标注为 9：30。从 9：30：00 开始连续竞价。比如 9：30：04 实际成交了 5970 手，这样一直到 9：31：00 在分时量柱上就标记为 9：31。

关于集合竞价的基本知识我们已经了解了，下面将讲解如何利用集合竞价来厘清交易对手和主流资金的动向。

第二节　四大风向标

为什么我们要关注早盘的集合竞价呢？因为早盘集合竞价是"短线投机的风向标"：

它是热点和题材的逻辑风向标。隔夜的一些消息需要在集合竞价阶段集中消化和吸收，逻辑需要曝光和发酵，集合竞价过程体现了各类市场玩家分析隔夜热点和题材后的选择。

它是大盘和大势强弱与周期阶段的风向标和定位仪。大盘和指数所处的周期阶段，大盘和指数短线的强弱，在集合竞价阶段就会"显山露水"。隔夜美股等全球资本市场的变化也会体现在 A 股开盘集合竞价阶段的指数变化上。

它是玩家情绪和活跃资金的风向标，集合竞价对于绝大多数资金而言都是焦点阶段，也是主力资金把握主动、引导大众的黄金窗口期。一个超预期强势的竞价会直接吸引全市场的资金，因此很多主力资金倾向于在集合竞价阶段运作氛围和预期。早盘竞价几千万元到上亿元的资金就可能造成一个弱转强的超预期走势，进而吸引市场短线资金来接力，相当于花较少的钱来提高全场的曝光度，最终影响成交额高达几十亿个股的走势。

所以，能不能吸引人气、影响预期、聚集资金、兑现操作，很大程度上要看主力资金在集合竞价阶段的操作。这个阶段的成败关系着全天的判断和操作，因此好的开端就是成功的一半。

它是个股强弱的风向标，目标个股竞价的强弱有助于交易者甄别"弱转强"或者"强转弱"，而相应的竞价量能则可以帮助交易者进一步确认个股强和弱判断的置信区间。我们将在第三节讨论集合竞价对个股强弱的判断思路。

集合竞价阶段除提供了众多"风向标"外，也提供了许多黄金买入点，因为它往往是短线回调转上涨的临界点。因此，对于很多个股而言，竞价阶段往往就是

买点。这个我们会在后面章节展开讲解。

我们先来看集合竞价的**"逻辑风向标"**价值。隔夜外围与国内都有一些新闻和事件出现，这些热点中的极少数会成为 A 股炒作的主线。因为现在 A 股实行的是 T+1 的交易制度，所以收盘之后这些政策或消息会促使市场的参与者们去分析和思考。同时，由于 A 股不存在夜盘，所以这些逻辑基本会集中体现在次日 10 分钟的集合竞价时间进行集中发酵，早盘集合竞价往往也成了全天对手盘博弈最激烈的时期。

一则重要发酵的逻辑，会导致市场资金集中于某个板块上，具体表现就是在集合竞价阶段该板块可能就会有多只个股涨停，成为全场的焦点。早盘集合竞价确定的焦点往往会成为开盘后资金博弈的核心。隔夜逻辑发酵后形成的这个焦点在开盘之后，就会进一步引导跟随资金去更多的关注与寻找符合这个逻辑的标的进行操作。相反，如果隔夜某个催化剂和逻辑发酵后，在早盘集合竞价阶段并没有多少资金认可，逻辑相关个股仅仅只有一些散单在支撑，9：20 以后大幅撤单了，所以从这个早盘集合竞价盘面就可以判断市场资金对昨晚发酵的逻辑并不认可，那么得到这个反馈之后就应该及时地将相关逻辑排除。

怎么具体判断资金对逻辑的认可程度呢？可以从竞价成交额分布来分析。具体来讲，就是**观察成交额排名靠前个股的板块分布情况**。通常而言，竞价成交额排名靠前的个股大多属于市场主力资金关注的逻辑焦点。通过早盘集合竞价的成交额排名判断大概能够得出当日主力资金博弈的逻辑方向，比如当特定逻辑板块的个股竞价成交额占据榜首时说明市场比较认可这个逻辑催化剂。

那么就题材投机而言，我们就应该围绕这个逻辑去参与。从集合竞价的个股成交额排名就能大致看懂市场认可的逻辑和主流。这就是早盘集合竞价对于题材投机的重要指南，对逻辑有效性的判断和确认！这就是早盘集合竞价

关于超预期和"弱转强"的全面透彻探讨，请参考《题材投机 4：超预期之业绩跃升和弱转强》这本讲义。

对集合竞价的盘面逻辑和热点表现了解之后，就大概知道当天的板块主攻方向了。例如，某个板块集合竞价有 3 只以上个股涨停且封单很大，而其他板块没有或者很少。那么，这个板块是今日主流逻辑的概率就非常大了。这就是板块集合竞价涨停家数作为逻辑风向标的常用思路之一。

的逻辑风向标作用。

逻辑与板块之间的关系总是非常紧密的，市场资金的偏好连接了两者。你可以通过长期累积的盘感掌握这种偏好，也可以通过算法来量化这种偏好。市场资金的偏好持续一定时间就是主线：主线比较强的情形下，也就是板块空间高度高、涨停个股数量多、跟风个股多、板块容量足够大，那么当日竞价的时候就要重点观察主线延续、主线修复和主线内补涨的机会。主线比较弱或者不明朗的情形下，也就是板块空间低、涨停个股数量少、跟风个股少、板块容量小，那么当日竞价的时候就要重点观察板块轮动机会、新题材试错机会。市场资金的偏好是什么，市场情绪周期是什么，逻辑是什么，这些都与主线强弱关系密切。早盘集合竞价的时候首先看到的是隔夜单，集中在哪些个股呢？涨停封单和跌停封单都集中在哪些个股、板块和逻辑方向呢？封单大小怎么样？

"封单额"是指涨停或跌停时，买一的金额或卖一的金额。"封成比"是指涨停或跌停时，封单量（买一量或卖一量）除以当前的已成交量。

板块指数竞价情况怎么样？将板块按照涨停个股数从高到低排列，同时观察板块竞价涨幅，结合隔夜重要题材和事件，就可以大致确认当天的逻辑风向和市场偏好。对于初学者而言，有一个比较傻瓜的方法可以用来确认当天的最可能主线板块和逻辑，这就是同花顺的"竞价"功能。点击菜单栏最上方中央的"竞价"功能，进入专门页面，在"竞价首页"右侧有一个"板块热点预测"（见图 1-42），早盘集合竞价 9：25 可以查看一下相应的热点是什么板块与隔夜逻辑结合起来，当天资金的主攻方向就八九不离十了。

2023 年 9 月 6 日晚上到次日开盘前比较重要的板块逻辑如下：

◆ 光刻机和芯片半导体：ASML 称，最大限度保证中国用户的光刻机订单 ASML，已经获得荷兰官方的允许，在 2023 年底前向中国客户出口其部分先进工具。ASML 首席执行长 Peter Wennink 表示，ASML 预计今年公司销售额将

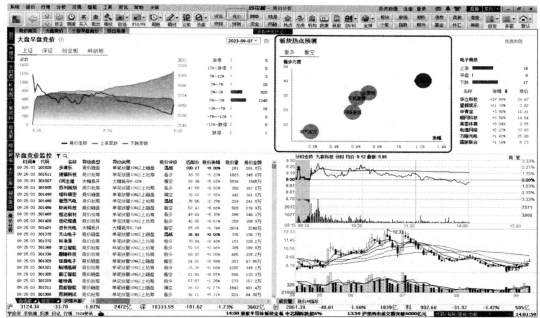

图1-42 板块热点预测与逻辑风向标

资料来源：同花顺，DINA。

增长30%。华为Mate60芯片麒麟9900S疑似使用国产7nm工艺。2023年9月5日盘后消息，据媒体报道，中国即将推出大基金第三期，计划融资3000亿元。

◆ 光刻胶：国产替代，中国多家晶圆厂开始加速验证导入本土厂商的KrF光刻胶。

◆ 卫星导航：据报道，苹果iPhone15系列手机支持卫星通信，据悉，iPhone15卫星通信服务提供商是Globalstar。

◆ 掩膜版：光学掩膜版是光刻工艺必备的半导体材料，也是GPU核心材料之一。

◆ 腾讯大模型：腾讯全球数字生态大会将于9月7日开启，根据官方推文，腾讯AI聊天机器人或于当日公布。

◆ 房地产：融创北京一号院项目开盘，正好受益于政策放开，目前开盘去化达到六七成，反响较好。

◆ 食糖：全球最大食糖贸易商Alvean预计，国际市场将出现连续第六年的供不应求。

◆ 电子竞技：国际奥委会宣布成立电子竞技委员会。近年来，虚拟和模拟体育已经成为体育界越来越重要的一部分。

◆ "一带一路"：作为第六届中国—阿拉伯国家博览会的重要活动之一，2023

网上丝绸之路大会将于 9 月 21 日至 22 日在宁夏省银川市举办。

◆ MR 头盔：预计 Meta 将在 9 月 27 日的 Connect 大会发布其 Quest3MR 头盔，其有望成为第一款销量较大的消费级 MR 头盔。

如果你要提前埋伏的话，逻辑涉及的板块可能太多，仓位分不过来。我们可以通过 7 日早盘集合竞价的"板块热点预测"从上述逻辑中找到市场资金的实际偏好。2023 年 9 月 7 日早盘集合竞价结束时，也就是 9：25，可以看到电子竞技等游戏概念板块是竞价的热点，无论是涨幅还是量能都靠前，这就是资金表态，选择了隔夜众多逻辑中的一条逻辑——"国际奥委会宣布成立电子竞技委员会"。**同花顺的"板块热点预测"就是最直观和最容易入手的"逻辑风向标"。**

在集合竞价阶段，有两只个股在电子竞技这个板块中是排前两位的：第一只个股是华立科技（见图 1-43），集合竞价结束时涨幅为 4.77%；第二只个股是星辉娱乐（见图 1-44），集合竞价结束时涨幅为 4.09%。竞价涨幅都在合理范围之内。虽然隔夜由于美股重挫和人民币贬值，使 A 股情绪也受到拖累，但是这两只个股在当日还是非常强势的，华立科技快速涨停后封板 20%。

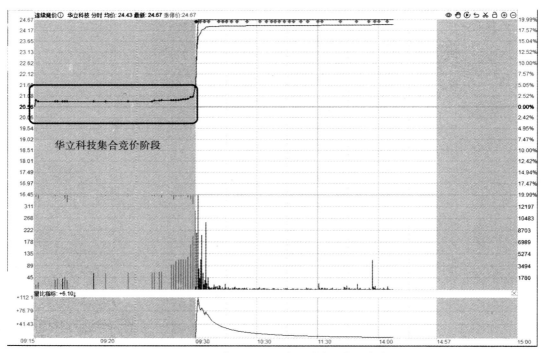

图 1-43　2023 年 9 月 7 日华立科技早盘集合竞价
资料来源：同花顺，DINA。

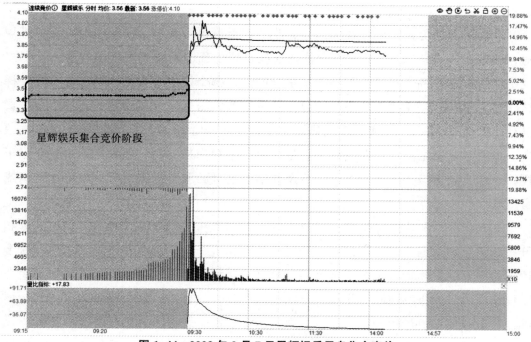

图1-44 2023年9月7日星辉娱乐早盘集合竞价

资料来源：同花顺，DINA。

在上述过程中，我们当然也要预防两个风险：**第一个风险是开盘即高潮**。整个市场开盘就上涨超过4000家，而隔夜各种媒体和"小作文"一致看好某个板块，该板块集合竞价阶段就许多一字涨停股。当然，不是说一字就一定是板块高潮。后面我们会提到如何利用一字观察逻辑和板块热点风向。**第二个风险是指数周期和情绪周期处于主跌阶段**，这个阶段热点轮动快、持续性差，同时主线晦暗不明，这种情况下热点往往一日游，次日开盘闷杀的可能性大。

在查看"板块热点预测"之前，我们首先要对隔夜的财经事件和逻辑有所了解。对于短线投机客而言，这是重要的功课。因此，我们需要在集合竞价阶段之前对国际和国内的热点有所了解。比如，隔夜欧美金融市场的涨跌情况和热点板块、重大国际事件、美联储动向、新加坡富时A50指数期货走势、先行开盘的韩日股市和中国香港股市情况、国内重要新闻和政策，等等。这些逻辑和热点必须在早盘集合竞价之前就要浏览和分析完成，抓住最重要的逻辑。**到了集合竞价阶段，就可以结合盘面来看，市场重视哪些逻辑，这些逻辑对应的板块和个股才值得短线投机客关注和操作**。你先有一些逻辑，然后等待市场告诉你，它做了什么选择，这就是"选美理论"。你列出候选人，市场来投票。集合竞价就是一个体现投票分布的抽样

过程。

早盘集合竞价就是市场在提醒你，哪些逻辑值得去参与，哪些逻辑应该选择规避，哪些逻辑应该忽略。**9：25 竞价情况确定后，我们就要观察板块龙头和市场总龙头竞价如何？各个板块的涨停竞价量能如何？哪个板块的竞价涨幅最大？涨停梯队 3 进 4、2 进 3、1 进 2 的溢价情况，通过这些数据可以大概预判出市场资金逻辑是什么？**逻辑是一个预期，盘面则提醒交易者实际情况可能是超预期还是不及预期。**盘面和逻辑之间的预期差往往就是阻力最小的交易方向：超预期就是盘面强于逻辑，那么就应该买入或者加码；不及预期就是盘面弱于逻辑，那么就应该卖出或者减仓。**

每天盘后，专业的交易者会对当天的盘面和操作进行归纳与总结，同时阅读和分析新消息和数据，最终制订次日的交易计划，这个交易计划就是某种逻辑。这个逻辑与次日的实际走势是否相符合，从早盘集合竞价阶段就会反映出来。如果集合竞价表现出来的市场实际与复盘得出的逻辑有较大的偏差，那么就必须对交易计划进行修正；如果市场走势符合逻辑，则交易计划就应该实施，甚至是加码实施。

除利用同花顺的"板块热点预测"来观察"逻辑风向"外，**我们还可以通过板块的早盘集合竞价涨停个股数量作为当日的"逻辑风向标"。**在早盘集合竞价阶段，可以按照涨停板数量对板块指数进行降序排列，然后通过集合就涨停个股数量快速定位当日的"逻辑风向"。

我们来看一个具体的例子。2019 年 3 月，边缘计算和 4K 高清屏是两个并行的题材逻辑和概念热点。刚开始的时候，4K 概念板块的逻辑和走势似乎更强一些，但是后来边缘计算逐渐走强。两个逻辑相互竞争和淘汰，如何在早盘集合竞价的时候看出谁更强势，谁是真正的主线呢？我们可以在早盘集合竞价的时候比较两者的涨停板数量。2019 年 3 月 5 日早盘集合竞价结束时，4K 高清屏板块有 7 只涨停个股，分别是东信和平、创维数字、和晶科技、万隆光电、联合光电、大恒科技和东方网络；而边缘计算板块则有 6 只涨停个股，分别是：京蓝科技、剑桥科技、汉得信息、朗源股份、安控科技、高升控股。

等到了 3 月 6 日早盘集合竞价的时候，4K 高清屏板块还是 7 只涨停个股：东信和平、创维数字、和晶科技、数码科技、飞乐影响、四川长虹和东方网络。而边缘计算则增加到了 10 只集合竞价涨停个股：网宿科技、剑桥科技、汉得信息、依米康、慈星股份、高升控股、广东榕泰、浪潮软件、宁波建工、海得控制。

简单理一下，3 月 5 日和 3 月 6 日，4K 高清屏逻辑下早盘集合竞价涨停的个股数量稳定在 7 只。这表明市场资金已经开始逐渐不认可 4K 高清屏这个逻辑了。但是边缘计算的早盘集合竞价涨停个股数量却由 6 只增加到了 10 只。这表明市场资金开始逐渐重视边缘计算这个逻辑了，板块仍旧在发酵过程中，逻辑比 4K 高清屏更受市场资金认可。

如果你的对手盘思维足够，作为一个题材投机客，那么在 2019 年 3 月 6 日集合竞价结束的时候已经知道边缘计算逻辑驱动力比 4K 高清屏强很多了。这个时候你就清楚了当日的"逻辑风向标"，短线资金主攻方向是边缘计算，开盘就可以部署仓位，而不是等待收盘时才当事后诸葛亮。从竞价涨停个股数量的横向比较可以看出板块之间的界面强弱，从竞价涨停个股数量的纵向比较则可以看出板块时序上的强弱。**通过板块的竞价涨停个股数量这个"抓手"，我们可以看出"市场资金偏好和逻辑风向"的边际变化。**

除利用"集合竞价涨停个股数"来预判当日资金偏好的逻辑外，还可以利用"集合竞价涨停个股封单量的时序比较"来预判当日资金偏好逻辑的边际变化。早盘集合竞价涨停的个股之间其实是存在差异的，虽然竞价涨幅基本一样，但是量能却有巨大的差异。竞价连板的个股往往与日内最硬的逻辑有关，特别是竞价封单增加的个股。

我们来看一个具体的实例，2019 年 5 月 19 日华为概念板块爆发，许多个股涨停。次日，也就是 5 月 20 日该逻辑驱动下的个股大量竞价涨停，开盘一字板，许多个股两连板，板块出现高潮。当天收盘涨停的个股有：星星科技、北京君正、泰晶科技、兴森科技、力源信息、华天科技、诚迈科技、新亚制程、康强电子、宏达电子、捷荣技术和三川智慧。这 12 只股票 5 月 19 日和 20 日都涨停了，也就是两连板，其中三川智慧最弱，因为它在 5 月 20 日的时候最晚涨停，到了 10：30 左右才上板。

到了 5 月 21 日早盘集合竞价阶段，该板块出现分歧，正所谓高潮次日容易分歧。当日集合竞价的时候，只有星星科技、北京君正、力源信息、诚迈科技、三川智慧 5 只股票涨停了。

从集合竞价涨停个股封单量的时序比较来看，星星科技 5 月 20 日竞价封单是 100 万手，21 日下降到了 55 万手，虽然竞价涨幅一致，但是竞价量能却下降了许多，这是强转弱；北京君正 5 月 20 日竞价封单是 34 万手，21 日大幅下降到了 2 万手，量能强转弱非常明显；力源信息 5 月 20 日竞价封单是 44 万手，5 月 21 日大幅下降到了 20 万手，竞价量能下降超过一半；诚迈科技 5 月 20 日和 5 月 21 日的竞价封单都是 18 万手，只能说强势延续。竞价涨停个股封单量的时序比较都走弱了，这表明华为概念的逻辑驱动力下降了，市场资金的偏好减弱了。

但是，三川智慧这只股票却弱转强了。从上板时间来看，5 月 20 日的时候，开盘后直到 10：30 左右才上板，是板块内涨停个股中最晚上板的。但是，到了 5 月 21 日早盘集合竞价阶段就涨停了，封单有接近 40 万手。这就是我经常强调的"异常值"最有价值了，一个强转弱的板块内出现一只弱转强的个股意味着什么呢？很大的可能性是因为"逻辑风向"变化了，三川智慧弱转强并非因为华为概念，而是因为稀土概念，因为三川智慧当时参股了一家稀土材料公司——中稀天马新材料股份有限公司，这家公司要从事回收处理钕铁硼废料的稀土资源综合利用业务。异常之后必有重大真相等待揭露，这就是早盘集合竞价的"逻辑风向标"，表明市场资金的偏好从华为这个逻辑转向了稀土这个逻辑，今天市场主流资金炒作稀土的逻辑很强。如果你在 2019 年 5 月 21 日这天早上从竞价涨停封单的边际变化看出了"逻辑风向"的变化，那么就能放弃华为概念，转而进攻稀土概念，参与当日稀土板块的龙头英洛华。

> "大势风向标"重点看市场量能（人气），可以大致认为与"指数周期"有关；"情绪风向标"重点看板块主线（主流），可以大致认为与"情绪周期"有关。

我们接着来看集合竞价的**"大势风向标"**价值。早盘集合竞价对于全天市场整体态势具有指示和参考价值，可以通过早盘集合竞价情况来大致判断整体市场的强弱和幅度。

我们来看一个具体的例子。2022 年 8 月 24 日，A 股大跌，上证指数大跌 1.86%（见图 1-45 和图 1-46），深证成指大跌 2.88%（见图 1-47 和图 1-48）。大跌之后是继续下跌，还是因为跌幅过大而有所反弹呢？

次日大势会如何呢？大盘逻辑和指数周期是 8 月 24 日收盘后我们重点考虑的因素，不可或缺的是在 8 月 25 日早盘集合竞价阶段对此复盘得出的结论进行确认。8 月 25 日早盘集合竞价对大势的一个重点观察指标就是当时的市场核心标的宁德时代。前一日，也就是 8 月 24 日，该股股价大跌 5.91%（见图 1-49 和图 1-50）。

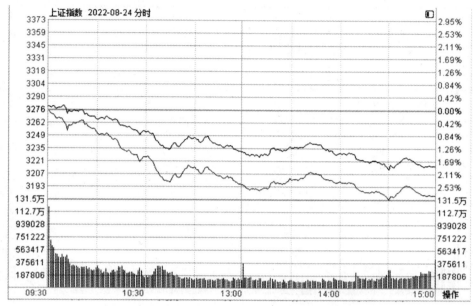

图 1-45　2022 年 8 月 24 日上证指数大跌 1.86%（1）
资料来源：通达信，DINA。

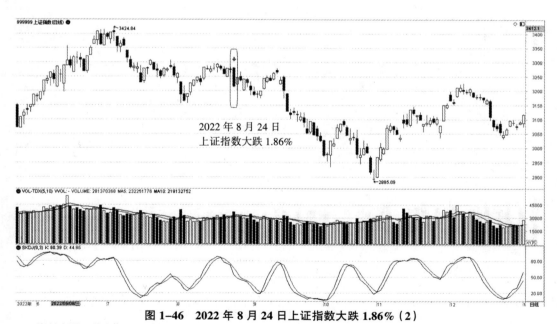

2022 年 8 月 24 日
上证指数大跌 1.86%

图 1-46　2022 年 8 月 24 日上证指数大跌 1.86%（2）
资料来源：通达信，DINA。

图 1-47　2022 年 8 月 24 日深证成指大跌 2.88%（1）

资料来源：通达信，DINA。

图 1-48　2022 年 8 月 24 日深证成指大跌 2.88%（2）

资料来源：通达信，DINA。

图 1-49　2022 年 8 月 24 日宁德时代大跌 5.91%（1）
资料来源：同花顺，DINA。

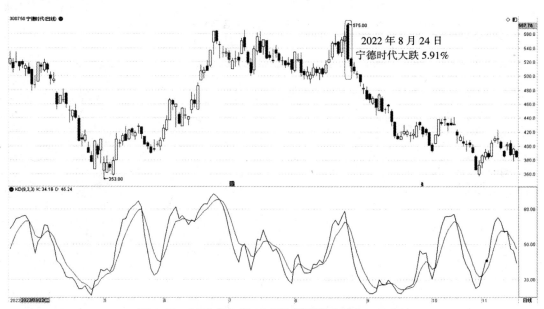

图 1-50　2022 年 8 月 24 日宁德时代大跌 5.91%（2）
资料来源：通达信，DINA。

8月 24 日宁德时代早盘集合竞价成交额是 6.43 亿元（见图 1-51），观察 8 月 25 日早盘集合竞价成交额是 4069 万元（见图 1-52）。基本上是平开的，但是集合竞价成交额却大幅下降了，人气龙头都提不起玩家们的兴趣，那么也预示着整体市

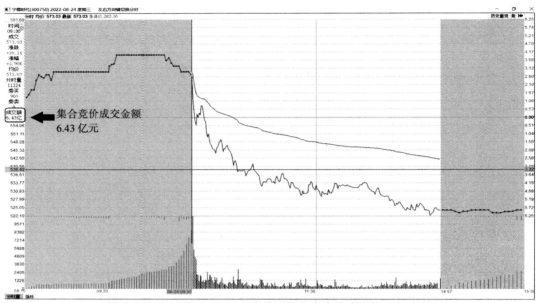

图 1-51　2022 年 8 月 24 日宁德时代集合竞价成交额 6.43 亿元
资料来源：同花顺，DINA。

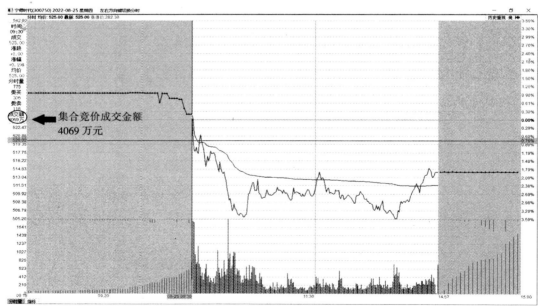

图 1-52　2022 年 8 月 25 日宁德时代集合竞价成交额萎缩到 4069 万元
资料来源：同花顺，DINA。

场量能比较弱。大盘量能弱，人气差，赚钱机会就少了许多。

大盘量能对情绪周期和赚钱效应有重大的影响。当大盘量能较低时，热点散乱、持续性差，连板高度被压制在很低的程度，短线投机客很容易"被核按钮"和"吃大面"，"天地板"层出不穷，防不胜防，追高很容易被套。大盘量能较高时，主线突出，持续性强，赚钱效应好，连板高度打开题材投机的向上空间，追涨杀跌是最佳操作。

当时的市场高标个股是神雾节能，高度是 5 个涨停板，8 月 25 日早盘集合竞价平开，弱于预期（见图 1-53）。结合当时的市场背景是此前多只高标股在 5 板的时候"断板"了，说明市场情绪高度在 5 板的地方面临绝对压力，追高承接的意愿严重不足。

观察大盘的早盘竞价量能，通常是基于上证指数和创业板指数，也可以基于沪深 300 指数。通常而言，在本讲义修订期间的市场容量下，以创业板指数为例，则早盘集合竞价的成交额在 20 亿元以下算低量能水平，在 25 亿元以上算高量能水平。低量能水平，只能"高抛低吸"，高量能水平则适合"追涨杀跌"。整体来讲，高量能格局下，题材投机客的胜率和赔率更高，因为此时是最有利的格局和周期，赚钱效应好，容错空间大。

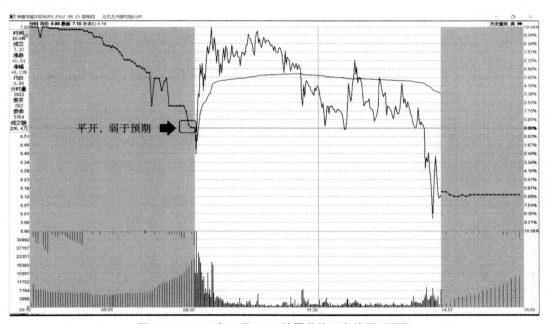

图 1-53 2022 年 8 月 25 日神雾节能开盘价弱于预期

资料来源：同花顺，DINA。

2022 年 8 月 25 日，早盘集合竞价无论是人气龙头宁德时代，还是空间龙头神雾节能，表现都弱于预期，这预示着当天大势不妙啊。当然，我们还可以直接比较大盘指数在集合竞价阶段的量能表现，这种方法更加直接简单。

同花顺软件的"竞价"栏目点击进入后在"竞价首页"有一个"大盘早盘竞价"（见图 1-54）。另外，在"竞价首页"后面有个"大盘竞价"（见图 1-55），这

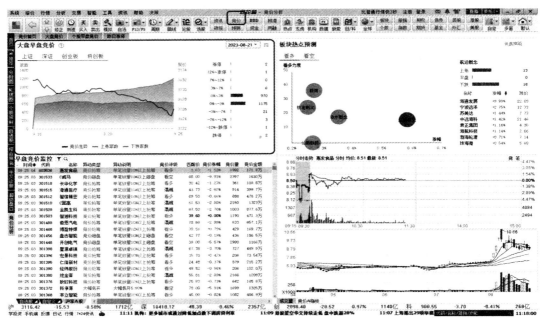

图 1-54　大盘早盘竞价

资料来源：同花顺，DINA。

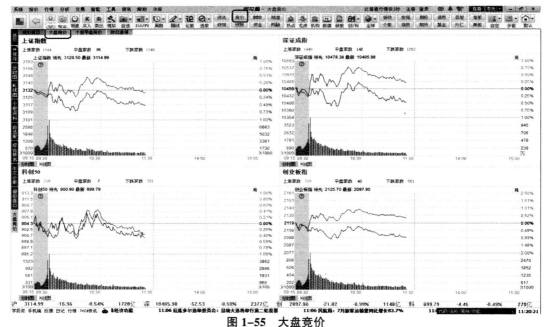

图 1-55　大盘竞价

资料来源：同花顺，DINA。

些栏目有助于直观地感知"大势风向标"。

早盘集合竞价除作为"逻辑风向标"和"大势风向标"外，还是**"情绪风向标"**。如果说"大势风向标"体现了指数周期，那么"情绪风向标"则体现了情绪周期。上面我们讲的神雾节能，其实就与情绪风向标有密切关系，这就是空间高度板对情绪周期的指示意义。集合竞价可以观察的"情绪风向标"有许多，主要有下列指数：昨日连板指数（见图1-56、图1-57和图1-58）、昨日涨停指数（见图1-59、图1-60和图1-61）、昨曾涨停指数（见图1-62、图1-63和图1-64）、昨日跌停指数（见图1-65）、昨曾跌停指数（见图1-66）、昨日上榜指数（见图1-67）、昨日首板指数（见图1-68）等。除上述指数外，还有一个应该重点观察的指数是"次新股指数"。为什么要观察它及其成分股呢？**次新股往往是衡量情绪周期和赚钱效应的一个重要指标**，如果你发现当日早盘集合竞价时，次新板块存在几只个股跌停，那么往往意味着当日的情绪风向很差，因此

"昨曾涨停"又被称为"昨日炸板"或者"昨日触板"，软件和个人定义不同。

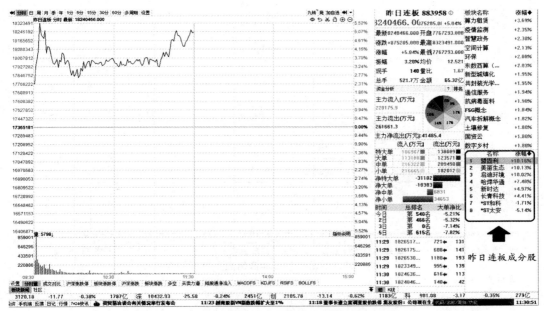

图1-56　同花顺"昨日连板指数"及当日成分股
资料来源：同花顺，DINA。

题材投机 2——对手盘思维和底层逻辑

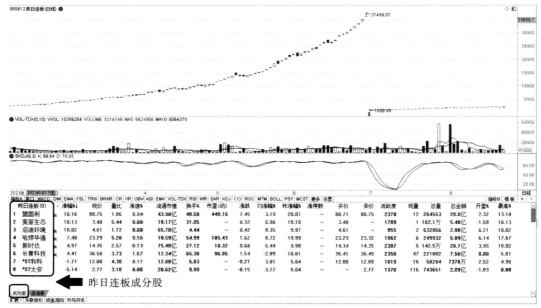

图 1-57　通达信"昨日连板指数"及当日成分股
资料来源：通达信，DINA。

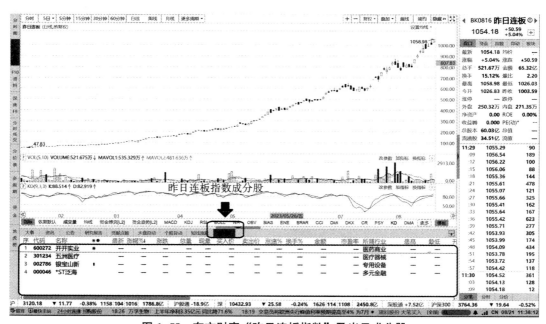

图 1-58　东方财富"昨日连板指数"及当日成分股
资料来源：东方财富，DINA。

050

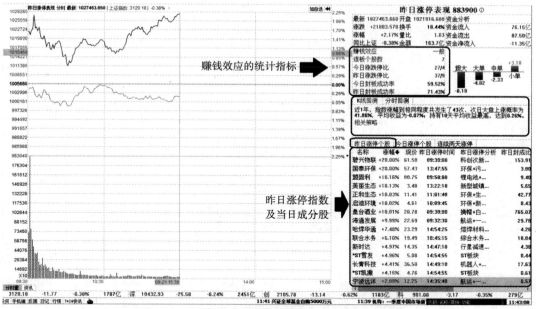

赚钱效应的统计指标 ➡

昨日涨停指数
及当日成分股 ➡

图1-59　同花顺"昨日涨停指数"及当日成分股

资料来源：同花顺，DINA。

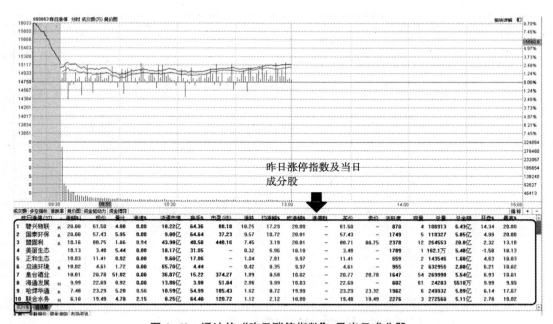

昨日涨停指数及当日
成分股 ⬇

图1-60　通达信"昨日涨停指数"及当日成分股

资料来源：通达信，DINA。

图 1-61 东方财富"昨日涨停指数"及当日成分股

资料来源：东方财富，DINA。

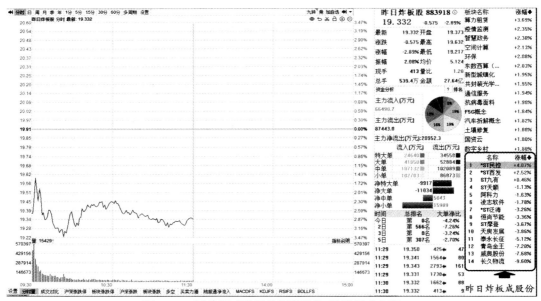

图 1-62 同花顺"昨日炸板指数"及当日成分股

资料来源：同花顺，DINA。

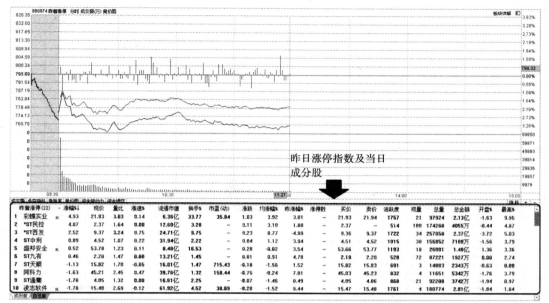

图1-63 通达信"昨曾涨停指数"及当日成分股

资料来源：通达信，DINA。

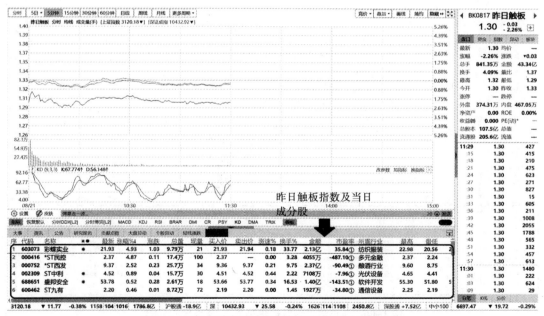

图1-64 东方财富"昨日触板指数"及当日成分股

资料来源：东方财富，DINA。

題材投机 2——对手盘思维和底层逻辑

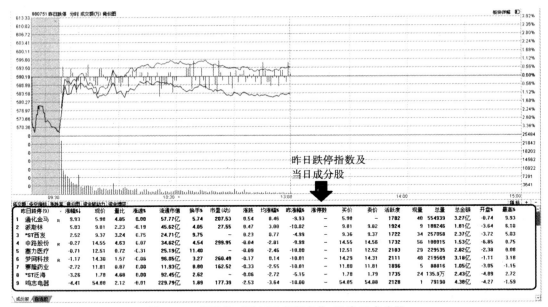

图 1-65　通达信"昨日跌停指数"及当日成分股
资料来源：通达信，DINA。

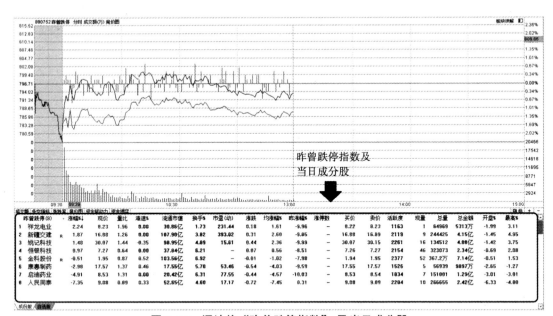

图 1-66　通达信"昨曾跌停指数"及当日成分股
资料来源：通达信，DINA。

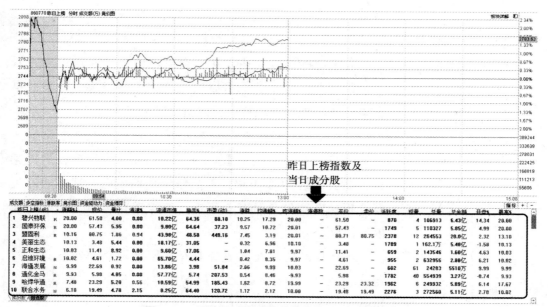

图1-67 通达信"昨日上榜指数"及当日成分股
资料来源：通达信，DINA。

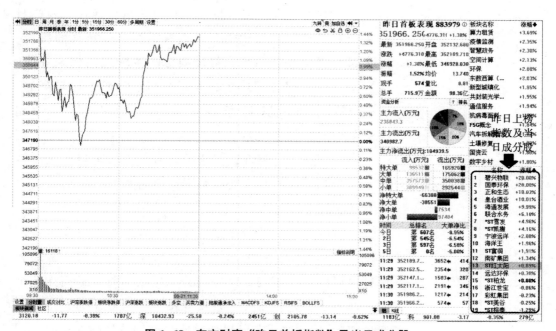

图1-68 东方财富"昨日首板指数"及当日成分股
资料来源：东方财富，DINA。

绝对不要在开盘和盘中买入，因为在这样的格局下，赚钱效应很差，胜率和赔率都不利于你的买入。

上述这些指数往往要在集合竞价结束的时候才能查看当日的情况，因此**我们可以通过追踪这些指数成分股的早盘集合竞价表现来观察当日的情绪动向。**

除观察情绪外，昨日连板指数及其成分股在龙头战法和接力打板交易中具有重要的指示意义，因为**连板强势竞价可能会带起一个板块，新的情绪周期可能开启。通过观察连板梯队竞价是否有一字板、核按钮，确定当日情绪高度和周期。**

昨日涨停指数及其成分股经常用来观察赚钱效应，同花顺软件也专门在其昨日涨停指数界面开辟了"赚钱效应"栏目。

昨曾涨停（昨日炸板、昨日触板）指数及其成分股则可以用来观察"弱转强"机会。**投机客可以通过观察昨日炸板指数的成分个股竞价，来查看是否有弱转强的机会，这个过程当然需要结合大势风向标和逻辑风向标来寻找。**实际上，**烂板或者回封板的胜算率和报酬率是比较高的**，可以查看《题材投机 4：涨停板、主流与寻龙点穴》一书相关章节给出的数据。

昨日跌停指数和曾跌停指数及其成分股可以用来观察超跌反弹机会；昨日上榜指数和昨日首板指数则可以用来观察活跃股动向和初选目标股。

上述指数当中排名比较靠前的成分股在早盘竞价阶段可以用来作为"情绪风向标"以便观察当日指数、板块和标杆个股的情绪动向。这些成分股里面的昨日最高连板个股、昨日次高连板个股、板块龙头个股可以作为"正向情绪风向标"；这些成分股里面的昨日跌停前最高连板股、昨日跌停板块龙头股等可以作为"负向情绪风向标"。这些重点个股需要在前一个交易日收盘后放入自选股或者"风向标板块"中，第二日早盘集合竞价的时候就要观察它们的

许多资深短线客也会通过下列市场标识个股来判断单日的情绪风向和整体溢价情况：第一，市场总龙头；第二，主流板块龙头。许多股票软件和App，以及自媒体会对这些标识个股进行归纳和标定，我们只需要跟踪它们即可。这类标示个股不仅充当了市场情绪风向标，而且也会直接影响目标个股的强弱和承接力，所以需要一起观察。

竞价表现，相对此前一天是更强还是更弱，要比较量能和竞价涨幅，等等。如果早盘集合竞价的时候，这些个股整体偏弱，那么当天市场的情绪就比较差，赚钱效应也就比较弱，对于短线客而言，格局就不太有利了，要么空仓，要么轻仓，才是明智之举。

比如 9：25 的时候，一看上述情绪风向标自选股，大多"水下低开"，那么就不能早盘买股了，至少等待盘中冰点出现之后再动手。**人气看相对量能，情绪看相对涨跌**。相对量能可以从时序去看，例如当日与昨日比较，也可以横向看，个股之间比较，板块之间比较；相对涨跌可以从时序看，比如今日竞价与昨日竞价比较，也可以横向看，个股之间比较，板块之间比较。

又比如昨日市场大分歧中主线板块个股集体跌停调整，那么此后主线是选择延续调整还是选择修复呢？如果延续调整，甚至步入退潮期，那么龙头个股当日早盘集合竞价应该是没有太强的承接力。而当日的盘面却强于预期，情绪风向标表明市场资金选择做强修复，表现在盘面就是大资金在集合竞价阶段就大举买入了，奠定了全天强势修复的格局。这折射出早盘集合竞价的情绪风向标作用，是对情绪周期的一个预示和确认！

早盘集合竞价是"逻辑风向标""大势风向标"和"情绪风向标"，但在操作中具体还是要落实到板块和个股的，而板块就是整个分析和操作的枢纽所在。**短线客非常注重情绪周期和赚钱效应，而情绪周期和赚钱效应其实就是板块的情绪周期和板块的赚钱效应**。早盘集合竞价的**"资金风向标"**主要就是看板块。热点逻辑（热点题材）、板块、资金流向三者是紧密联系的，在某种程度上用"三位一体"来形容也不错。主流的股票行情软件都非常重视板块资金流向的呈现，我们要在这些软件的基础上构建自己的日常观察基础。

同花顺软件项目栏里面有一个"资金"（见图 1-69），点击进入后可以看到下面有五个具体的子栏目：资金流向、大单排名、主力增仓、板块资金和板块增仓。

同花顺软件还有一个"热点"栏目（见图 1-70），这个对于观察资金流向更加有效。当然，这个项目更加适合盘中持续竞价阶段。其中的"热点概览"可以很好地观察当日的板块领涨和轮动情况。

同花顺软件有一个"板块"栏目（见图 1-71），这个更加适合板块资金流向分析。

通达信软件菜单栏有"市场"一项，进入后点击左边列表"沪深板块"（见图 1-72），里面的"板块联动"和"板块轮动"可以用来观察资金动向。

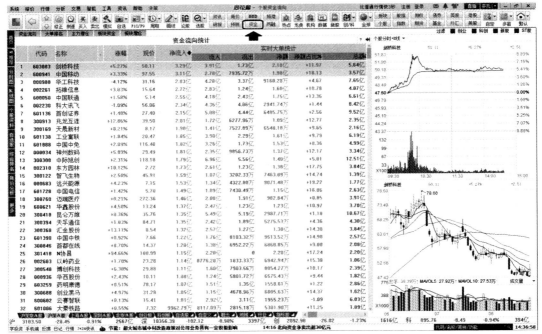

图 1-69　同花顺的"资金"界面

资料来源：同花顺，DINA。

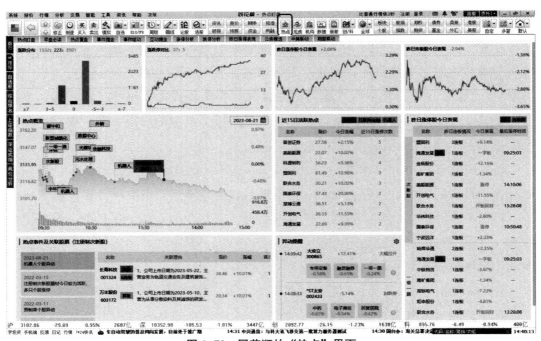

图 1-70　同花顺的"热点"界面

资料来源：同花顺，DINA。

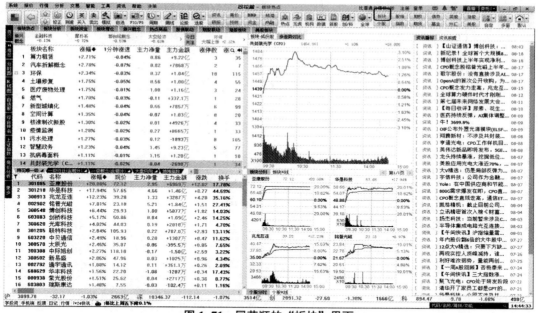

图 1-71 同花顺的"板块"界面
资料来源：同花顺，DINA。

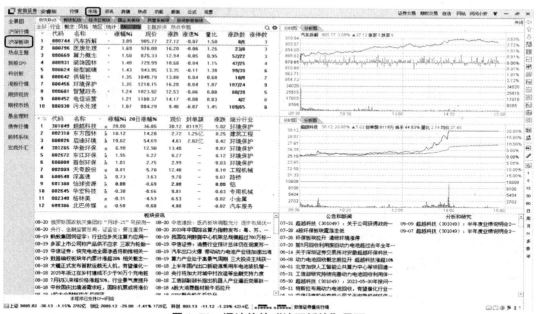

图 1-72 通达信的"沪深板块"界面
资料来源：通达信，DINA。

通达信软件还有一个"热点"菜单，点击进去后左侧列表有一个"板块解读"项目（见图 1-73），可以观察一些与板块有关的动态。这个栏目一般在盘后更新，

可以帮助我们在早盘集合竞价阶段有所侧重。

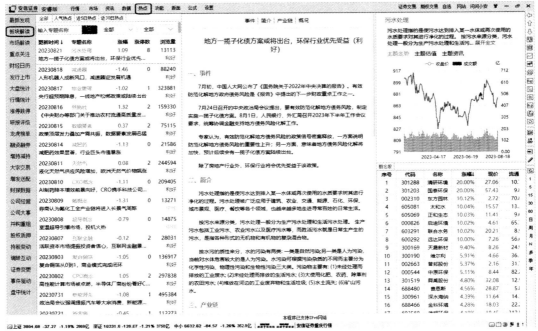

图1-73 通达信的"热点"界面

资料来源：通达信，DINA。

东方财富软件有一个"板块监测"栏目，子栏目里面则有"板块监测""板块异动""板块星空图""增仓排名""资金流向"和"DDE决策"等，这些也可以有选择地根据自己的需要和经验对资金动向进行观察（见图1-74）。

上述这些功能栏目有些可以在早盘集合竞价的时候使用，有些则只能在盘中连续竞价的时候使用，但最终目标是通过这些数据功能观察到资金在板块间的动向。

本节最后我们要强调一些观察早盘集合竞价的最主要目标透过四大风向标和备选个股强弱入手操作。本节我们介绍了四大风向标，下一节则要介绍通过早盘集合竞价洞悉个股承接力和强弱变化。

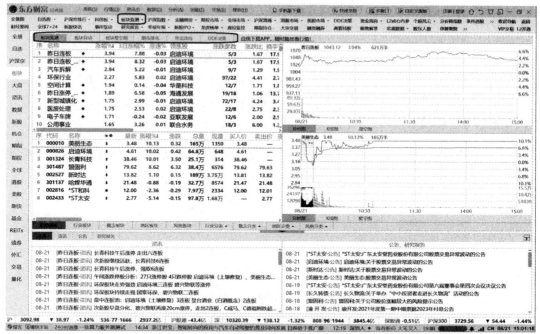

图 1-74 东方财富的"板块监测"

资料来源：东方财富，DINA。

第三节 个股承接力和强弱

透过"四大风向标"，我们在早盘集合竞价阶段对大盘和板块有了超过一般参与者的认识，但我们是操作个股而不是 ETF，因此还需要对目标个股进行分析。早盘集合竞价阶段也是对目标个股进行分析的重要阶段，但这个分析是在隔夜分析基础上展开的，相当于进一步确认，缩小选择范围或者增减计划仓位。

几千只个股，集合竞价的时候我们不可能都去观察，这就涉及目标个股选择的问题了。对于每一个题材投机客而言，相对整个市场的资金而言，任何个体的资金都是非常有限的。资金有限还不是问题的关键，因为从几万元本金几年做到"几个小目标"的投机客的大有人在，比如作手新一、方新侠、赵老哥的校友余岳桐等。

问题的关键是什么呢？是我们精力非常有限，注意力稀缺是最大的现实制约和一切策略的前提。哪怕你是搞高频量化，也面临一个注意力约束问题：在探索新策略和优化利用旧策略之间分配精力。因此，对于题材投机客而言，在集合竞价阶段就个股承接力和强弱观察而言，集合竞价只对短线、近期热点起到风向作用，对于非人气个股波动的参考预判价值不大。集合竞价阶段主要观察人气个股和近期强势个股的弱转强或者分歧转一致的竞价买点，以及强转弱或者一致转分歧的竞价卖点。不那么严谨的说法是"买在分歧"和"卖在一致"，也就是通常所说的"分歧转一致的时候买入"，"一致转分歧的时候卖出"。但这种说法其实是将"调整"等同于"分歧"了，并不严谨。事实上，行情是在分歧中持续的，在一致中调整或者反转。

不可能关注超过 10 只股票，那么我们在早盘集合阶段重点关注哪些目标个股呢？

第一类是市场人气股和强势股。什么是市场人气股？几大股票软件和门户网站，比如东方财富、韭菜公社等都会列出十大人气股。什么是市场强势股？即最近 3 日、10 日、20 日涨幅靠前的个股。

人气股和强势股是所有顶尖题材投机客夜以继日揣摩分析的目标个股。市场和板块高标、分支龙头、连板个股、首板个股等基本都处在这个范围之内。我最喜欢讲"藏风聚气"，人气股就是"藏风聚气"的个股，也是我们的目标股最重要来源之一。凯恩斯讲选美理论，大家也讲选美理论，但怎么落实呢？怎么入手呢？众说纷纭，莫衷一是，我们这里给出了可操作的路子。

第二类是利好公告和热点逻辑发酵方向的受益个股。产品大幅涨价、大订单、产品热销、管理层重组、科技革命和突破、重大政策、行业大洗牌、业绩大增等都属于强大的股价催化剂。当日收盘后，我们就要把这些过一遍，提前把可能受益的个股放在自选股板块内，**次日早盘集合竞价的时候就要查看相关逻辑是否被市场资金偏好，个股是否强势**。

在任何时候，我们这个 A 股投机流派都不会只通过早盘集合竞价来筛选操作个股，集合竞价分析必须要与个股优势和强势（A）、大势（M）、题材热点和逻辑（S）以及聪明资金（I）等因子结合起来思考。早盘集合竞价代表对隔夜逻辑的部分预期，并不完全决定当日的具体走势，因此不是所有的集合竞价抢筹都意味着当天能涨停。所以，**在早盘集合竞价阶段，投机客判断目标个股强弱和承接力的时候，一定要结合个股的炒作逻辑、预期差、整体情绪的强弱、板块效应等因素**。比如昨日收盘后出的新消息有没有发酵？哪些个股强于预期，哪些个股弱于预期？巨量一字封单的个股题材是否存在预期差？强势个股的逻辑有

什么逻辑发酵了？是否在大众昨日盘后舆情的预期之外？这个非常关键。昨天大众高度一致看好的逻辑，今天要么直接高开低走，要么不温不火。

哪些？哪个逻辑的个股普遍最强？投机客昨日复盘选出来的目标个股是否强于预期，其效应的逻辑是否发酵？否则，仅仅是观察和分析个股早盘集合竞价的态势是片面的，缺乏大局观。

竞价阶段观察个股走势的核心要点是什么呢？

核心一在于"强势"！竞价的强势有三种：第一种是比预期强；第二种是比昨天强；第三种是比其他强。第二种强是时序上的，第三种强是截面上的。强不仅体现在竞价幅度上，更重要的是量价配合，特别是量能最为重要。

核心二在于"逻辑"！如果说"强势"是超短之术，那么"逻辑"是超短的道。比如目标个股巨量高开，无论是预期维度还是时序和截面都体现出了"强势"的表现，那么"逻辑"呢？逻辑要新而大，这是重中之重。所以，我们在竞价阶段判断个股强弱，除价量表象外，一定要看题材，也就是反复强调的股票背后的上涨逻辑。

我们接着深入谈谈个股强势判断思路。一是延续性如何；二是强弱转变特征是否出现。短线投机的备选个股在整体上是呈现强势的，这种整体强势可以看作周尺度上的强势，但是落实到日尺度上则存在两种可能：第一种可能是日尺度也强势；第二种可能是日尺度上弱势，或者说"负反馈""分歧""调整""修正"。

对于第一种情况，我们进行短线交易之前就必须搞清楚**强势的延续性**，如果昨天走强，今天是不是还会走强，明天开盘有无溢价。这种短期强势或者说时序动量的延续性存在不确定性，否则题材投机就变得极其简单了。如果只存在动量延续，没有动量反转，那么这个市场一天也没办法存在下去，赢家远远多于输家，利益分配无法持续下去。

筹码和资金都是稀缺的，一个赢家多于输家的市场怎么运作下去？因此，市场不可能像许多炒股理论家简单化宣称的那样——"趋势的转折点只有一个，除这个点外追涨杀跌都是对的"。但实际情况的复杂性在于行情以 N 字形式

A 股投机客们通常称为"分歧"的现象在严格意义上并不能称之为"分歧"，他们所谓的"分歧"很多时候其实只是"调整"的另一种说法。实际上，"分歧"与"放量"关系密切，多空双方对"合理价格"的看法激烈对立，这才有了足够大的成交量。如果双方对"合理价格"的认识非常"一致"，则持筹者不会卖出，因为没有高估，持币者不会买入，因为没有低估。因此，我们不能简单地将价格下跌认为是分歧，将价格上涨认为是一致。分歧与放量有关，分歧程度越大，成交量越大；一致与缩量有关，成交量越小，则一致程度越高。如果股价缩量上涨，这种情况下可以称之为"一致加速上涨"。如果价格放量上涨，这其实是"在分歧中上涨"，一般称之为换手上涨。简单区分一下，分歧与一致和成交量有关。

波动上升或者下降，除非你买在每次波动的谷底附近，否则短期面临的风险报酬率都是极其糟糕的。但是，群体情绪很容易让我们买在每次波动的峰值附近，卖在每次波动的谷底附近，因此面临极其糟糕的风险报酬率。

因此，判断短期行情的延续性非常复杂，面临许多不确定性。指数周期和情绪周期（赚钱效应）为什么比个股选择还重要呢？原因就在前面这番分析当中。忽略了这些周期，忽略了题材和逻辑，我们很容易选对股但是踏错节奏，在动量反转效应主导的时候，也就是退潮期，追高买入。

对于第二种情况，我们进行短线交易之前就必须先弄明白日尺度上的弱势是不是会转强，在早盘竞价阶段就着重考量"弱转强"迹象。这个"弱"通常指的是昨日之"弱"，这个"强"则往往是指今日早盘集合竞价之"强"。当然，也可以用来指整个早盘的弱转强，不过这种运用相对较少。

如何定义昨日之"弱"？"烂板"就是一种常见的形态。昨天盘中涨停的个股，尾盘烂板了。但是，今天早盘集合竞价走强了。这就是弱转强的一种常见类型。昨天烂板，放量了，说明有分歧，分歧中走跌，这是弱势。今天早盘集合竞价放量上涨，表明下跌的风险在昨天释放得差不多了，现在又恢复强势了。

早盘集合竞价的核心技术面标准在于两条：第一条，昨日强势是否延续；第二条，昨日弱势是否反转。这两条都有一个前提，该股近期是人气强势股。如果是非人气股、近期截面动量（RPS）排不到前 200 名，那么就没有必要关注了。绝大多数股票投机者，看了许多年的早盘结合竞价，试过无数的套路和手段，但其实并未把握上述两个要旨。

每天收盘之后，我们都要为次日准备一个观察名单，**这个观察名单必须是近期人气强势股和重大催化剂受益股，数量最好限定在 10 只以内。**通常而言，这些人气强势股在题材或者业绩上面具有某些优势（Advantages）。

对于涨停个股的强势延续性或者溢价的判断需要勤加练习才能提高。每天要把人气强势和重要公告个股加自选，勤加分析和观察得出预判，再将自己的预判和实际走势进行对比，当胜率高于 50% 的时候，就是作为题材投机客的功力大增的时候。

东方财富人气股前 200 名或者 100 名作为初选个股。RPS 则可以在通达信上面实现，也可以简单地按照最近 N 日涨幅从高到低排列，取前 200 名或者 100 名。N 可以取 3 日、10 日、20 日或者 60 日。

对于题材投机而言，业绩也是一种特别的题材或者催化剂，我们要尤其关注一些业绩大幅预增的个股，如果叠加题材则会成为短线爆发个股。比如 2023 年 7 月 14 日，政府出台刺激消费的政策，新零售成为当时市场的一个热点。与此同时，中央商场发布业绩大幅预增的公告："预计公司 2023 年 1~6 月归属于上市公司股东的净利润为 600 万~900 万元，与上年同期相比变动幅度为 22.4%~83.61%。扣非后净利润 685 万~985 万元，**与上年同期相比变动幅度为 538.68%~730.80%**。"（见图 1-75）

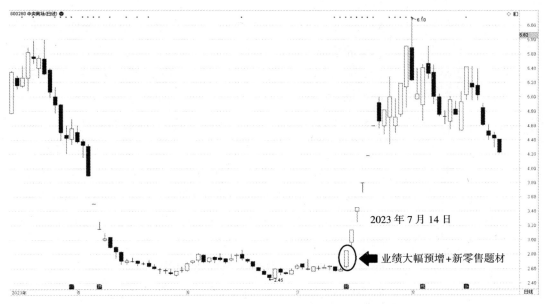

图 1-75 中央商场"业绩大幅预增"叠加新零售题材
资料来源：通达信，DINA。

业绩大增，股价跳涨，可能成为某些炒家所定义的"净利润断层"机会。**无论是"净利润断层"还是"弱转强"，其实都是某种"超预期"**，我们会在《题材投机4：超预期之业绩跃升和弱转强》中深入探讨这两种胜率和赔率都很高的优势机会。当然，广义上的"弱转强"并不仅仅局限于早盘集合竞价。

对题材投机客而言，业绩也是一种催化剂，因此业绩大幅预增或者超预期当然也是一种可以用来聚集人气的题材，只不过投机客是从风险偏好而非业绩的角度来利用这些催化剂而已。

复盘时，逻辑、周期和日线结构都是重点。**复盘的成果体现为股票池，而股票池就是次日早盘集合竞价观察的对象了。看个股昨日强势能否延期或者是昨日弱势**

"预期差"的"预期"来自复盘。复盘和实盘存在预期差，这个预期差就是"弱转强"和"强转弱"的来源。昨日涨停个股，今日是否存在有效预期差，这就是理解和利用市场的一个过程，当你能够很好地把握"预期差"的时候，就离题材投机的成功很近了。

能否反转。

昨日强势的具体特征不用多说大家都知道，强势人气股的昨日强势主要体现在大涨和封板。强势人气股的昨日弱势则主要体现在烂板或者下跌。

今日强势，昨日强势，则是延续强势；今日强势，昨日弱势，则是弱转强。当然，大前提一定不能忘了，股票池里面的个股一定是人气强势股。不是人气强势股，不是市场头部的 100 只个股，顶级的题材投机客是基本不考虑的。正如资深量化私募人士汪沛所说："A 股市场里，每日 50%的成交额，由不到股票总数量 8%的活跃大股票提供，资金集中的头部效应明显，二八行情中，这种成交额的集中度将更强。"市场资金对人气个股的集合竞价态度也会影响到整个板块。人气所在，才是短线盈利的最佳潜在标的。

那么，今日的集合竞价强势有哪些特征呢？竞价涨幅是我们最容易想到的强势特征，许多选股理论认为竞价涨幅越高越好，比如至少 3%以上，在大盘下跌趋势中至少也要 1%的涨幅。但实际上，单纯看竞价涨幅其实是最不靠谱的做法。低开高走，涨停竞价高开后砸盘的情况比比皆是。而**真正强势的龙头股在上涨途中的关键节点往往都会有看似不强的竞价平开，甚至小幅低开**。反而是某些非龙头个股会抢在"真龙"赚钱之前高开，试图"卡位"或者"掩护"。龙头股或者妖股的换手率都是非常充分的，但是大幅高开却不利于充分换手。

来看一个具体的实例。2018 年 8 月指数周期和情绪都处于下行状态，连板高度一直被压制在 3 板，赚钱效应不佳，直到 8 月 20~24 日德新科技走出 5 连板，打开了空间高度，赚钱效应才被激发出来。9 月 4 日德新科技反包涨停开启新一波涨势，9 月 5 日早盘集合竞价涨幅为 −1.97%（见图 1-76），低开后逐步换手后尾盘涨停（见图 1-77）。

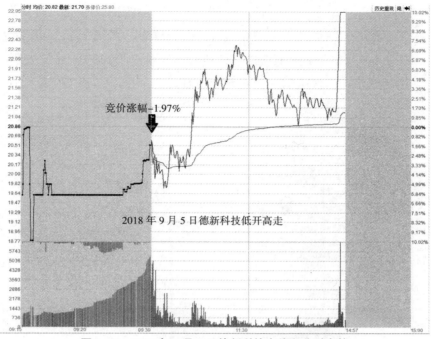

竞价涨幅-1.97%

2018年9月5日德新科技低开高走

图1-76　2018年9月5日德新科技竞价和分时走势

资料来源：东方财富，DINA。

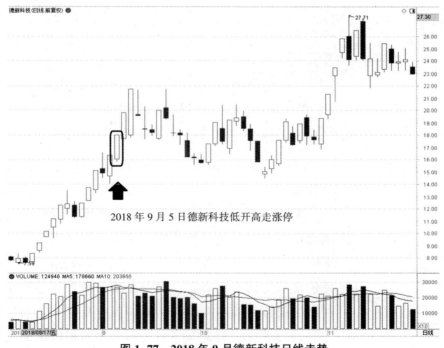

2018年9月5日德新科技低开高走涨停

图1-77　2018年9月德新科技日线走势

资料来源：通达信，DINA。

当时有一些短线客认为金鸿控股将成为新龙头，该股 9 月 5 日竞价直接高开 7.32%，直接引发持筹者大举派发（见图 1-78），高开低走，最终形成一个放量大阴线，跌幅高达 10%（见图 1-79）。

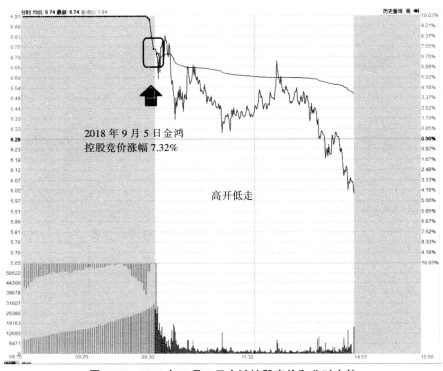

图 1-78　2018 年 9 月 5 日金鸿控股竞价和分时走势
资料来源：东方财富，DINA。

因此，竞价涨幅是集合竞价阶段判断个股强势与否的非首要因素。

那么，竞价金额呢？竞价换手率呢？竞价成交占昨日成交量比率呢？竞价换手率同比呢？竞价成交占昨日成交量同比呢？这些指标在判断个股竞价强势方面更具有优势。**竞价量能的核心就是看主力资金或者说大资金愿意为个股付出的代价和成本有多高。**比如只有几百万元的早盘竞价高开，少一点的资金都能够做到，并不足以体现其意愿和能力。但是，一个几千万元上亿元的高开则更能表明个股

这些指标基本都可以在同花顺软件上面调出来。

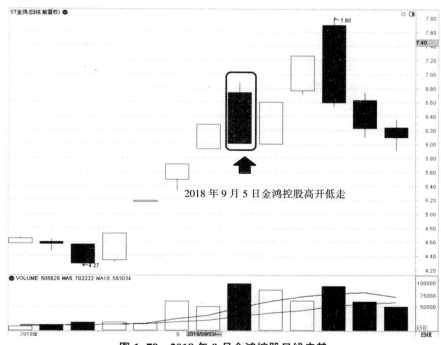

2018 年 9 月 5 日金鸿控股高开低走

图 1-79　2018 年 9 月金鸿控股日线走势

资料来源：通达信，DINA。

强弱和承接力。因为大资金也是花费了极大代价的，资金花费代价的大小体现了大资金的能力和意愿。

　　整体而言，量比价更为重要，价反过来佐证了量的判断。**投机讲个"风生水起"，而"风"指的是"人气"，"水"指的是"资金"。无论"风"还是"水"都体现在成交量和换手率上。**

　　有些人认为连板高位股高开属于竞价强势；有些人认为低开属于换手充分的竞价强势。有些人则认为这类股票风险都太高，应该避免；另一些人则认为这属于强势股，强者恒强，无论竞价情况怎样都容易延续强势。这些都属于刻舟求剑，情况并没有这么简单。聪明资金或者说游资的进出对于个股题材投机和炒作非常关键，而它们在集合竞价阶段的表现比持续竞价阶段更为重要。因此，在集合竞价阶段成交额和换手率其实要比涨幅重要不少。

　　有些人认为量在价先，另一些人则认为价在量先。其实，**价量是相互影响的，而大量或者说脉冲量却有画龙点睛的意义。**竞价大幅高开，是天量好，还是缩量好？竞价大幅高开，天量出现，说明持币者买入的意愿很强，同时持筹者卖出的意愿也很强；竞价大幅高开，成交量显著萎缩，说明持币者买入的意愿很强，但是持

筹者卖出的意愿却很弱。比较之下，你觉得哪种情况下个股承接力更大，走势更强，后续溢价更高？竞价涨幅显示的是在特定价格的买卖意愿，越靠近这个价位买卖意愿越强。但是，**持币者的买入意愿和持筹者的卖出意愿在不同涨幅高度上的分布是具有不同的意义的，暗示着不同的未来溢价。**

那么，集合竞价阶段的个股承接力和强弱分析是否存在类似"圣杯"一样的东西呢？如果有"圣杯"的话，也只是暂时的，因为这时一个玩家处在博弈状态，市场也处在进化之中。无论是玩家还是市场都处于"学习"状态，任何具体模式目前持续有效的时间越长，则采纳该模式的玩家就会较长时间处于"拥挤"状态，直接结果就是该模式此前持续多长时间盈利，此后往往就会持续多长时间亏损，直到拥挤度显著下降之后，然后再度有效。**某种特定模式、因子、策略和战法在市场上的渗透率和拥挤度与其效率成反比，渗透率越高、拥挤度越高则其竞争优势越低、盈利期望值越低。**这里就存在三个因素：**市场、玩家和策略。**也就是说早盘集合竞价是一个窗口，隔夜单、竞价涨幅、竞价换手率、竞价成交额、匹配量、未匹配量、资金流向、个股风向标等都是其中一个个具体的个股元素，但是你不能只关注个股。孤立地观察一个股票的竞价表现，不考虑市场、玩家和策略的因子，那么就无法对"氛围"和"时机"有足够的把握，当然也就无法真正搞清楚个股的强势与否了，胜率和赔率就会被拉低许多。

市场存在周期，就投机角度而言存在指数周期、情绪周期等；就投资角度而言存在估值周期、景气周期等。研究集合竞价的时候，要关注市场的周期规律。

比如题材的发酵和渗透，也存在一定周期。**题材和逻辑在周末的发酵空间较大，周五强势涨停个股的溢价大多数情况下会大于周四和周三，因此在周五有辨识度的个股更容易走出持续行情来。**

又比如，就情绪周期而言，市场经过分歧之后进入修复，**修复日的竞价强势个股往往具备很高的溢价。而高潮日和高潮次日的竞价选股就容易被表面的强势所欺骗，这个时候的竞价高开往往存在很大的风险，高开低走是常态。**

再比如，高位连板个股和首开板新股的早盘集合竞价分析，要特别重视情绪周期所处的阶段，退潮期这类个股就算在集合竞价阶段强势，其胜算率和赔率也比较低，要多看少动。

因此，在集合竞价阶段甄别个股承接力和强弱程度时，我们要充分考虑到情绪周期和指数周期的影响。

那么具体如何考虑呢？更进一步讲，如何在情绪周期当中考虑竞价幅度的强弱和合理性呢？

在情绪上行周期，赚钱效应比较好，那么竞价可以比较高，超过 5% 也是可以接受的。指数和情绪上行周期叠加的时候，持筹者惜售，而持币者蜂拥而入，筹码供不应求。这种格局下，竞价涨幅越高越强势，越是前排个股，标识度越高的个股越容易高开，只有在上行周期快要结束的高潮点才会存在风险。

来看一个实例，2018 年第四季度"创投概念"引领情绪周期上行，赚钱效应强大。2018 年 11 月 14 日是"创投概念"板块起涨点，当天涨停的个股有西安旅游、鲁信创投、综艺股份、高新发展、欣龙控股、九鼎投资、海泰发展、赫美集团 8 只个股。次日竞价（见表 1-2）表现参差不齐。

表 1-2　2018 年 11 月 15 日"创投概念"板块

2018 年 11 月 15 日								
创投概念股	西安旅游	鲁信创投	综艺股份	高新发展	欣龙控股	九鼎投资	海泰发展	赫美集团
竞价涨幅（%）	9.99 涨停	7.92	3.15	0.85	0.6	-1.81	-2.44	-4.19
收盘涨幅（%）	9.99 涨停	10.55 涨停	3.85	-1.04	1.01	10.46 涨停	0.16	-0.15

资料来源：通达信，同花顺，DINA。

11 月 15 日集合竞价，最强的是西安旅游，直接竞价涨停。该股前日（11 月 14 日）涨停的时候其实算弱的，因为是下午涨停且烂板（见图 1-80），但是 15 日竞价涨停，超预期了，相当于"烂板转强"。西安旅游此后连续涨停（见图 1-81）。

11 月 15 日集合竞价，次强的是鲁信创投，大幅高开 7.92%，开盘后迅速上板，此后连续涨停（见图 1-82）。

当时指数和情绪周期都处在上行状态，竞价涨幅越高越好。

在情绪下行周期，赚钱效应一般，甚至比较差，那么竞价涨幅就不要求那么高了，竞价涨幅在 -3%~5% 都还算不错，但是不能低于 -5%，除非是强势股竞价低吸大长腿这类特殊策略。指数和情绪下行周期叠加的时候，持筹者急于卖出，而持币者则作壁上观，筹码供过于求。这种格局下，竞价涨幅就不能要求太高了。在情绪周期下行的时候，高开太多反而容易引发筹码松动和抛压，持筹者逢高抛售，而持币者则不愿追高接力。情绪一般的情况下，在零轴附近开盘更便于持币者进场和持筹者持仓，筹码不容易形成断层，可以充分换手，自然也就容易走高涨停了。

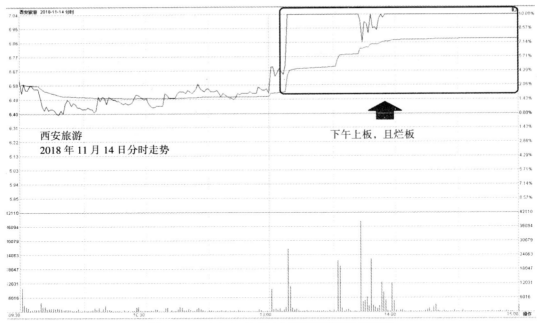

图 1-80　2018 年 11 月 14 日西安旅游分时走势

资料来源：通达信，DINA。

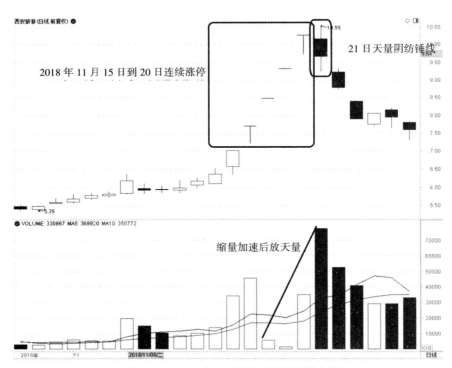

图 1-81　2018 年 11 月中旬西安旅游走势

资料来源：通达信，DINA。

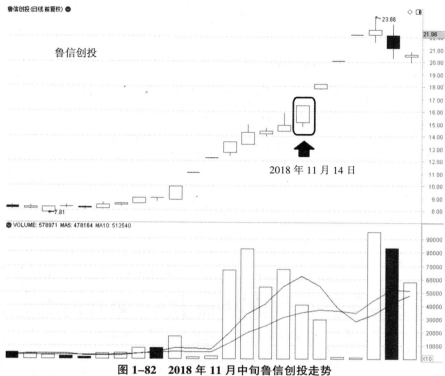

鲁信创投

2018 年 11 月 14 日

图 1-82　2018 年 11 月中旬鲁信创投走势

资料来源：通达信，DINA。

我们来看一个具体例子。2023 年 9 月，A 股处于成交量持续萎靡当中，热点持续性很差，被戏称为"电风扇行情"，因为热点散乱，轮动过快，涨停接力性很差，追高很容易"吃大面"。我比较喜欢观察沪深 300 指数，因为成分股盘子适中，可以兼顾整个市场的量能和情绪。当时沪深 300 指数持续缩量，赚钱效应肯定不好（见图 1-83）。在这种格局下，个股大幅高开很容易引发沉重的抛压，比如 2023 年 9 月 15 日的华东数控（见图 1-84 和图 1-85）。竞价涨幅适中的个股则容易从低位逐渐换手上去，比如 2023 年 9 月 15 日的莱美药业（见图 1-86 和图 1-87）。

除你之外的玩家就是对手盘，对手怎么想？对手是理性的还是非理性的？是否处在极端非理性状态？当大多数对手盘处于非理性状态时，绝佳的交易机会就出现了，这就是"胜于易胜的对手"。集合竞价的时候，个股涨幅很高，甚至直接涨停，那么竞价换手率是不是同比萎缩了呢？竞价一字涨停，同时竞价换手率和成交量非常高，这说明对手盘是理性的还是非理性？是过度亢奋了吗？这样的非理性状态下，存在什么交易机会？

图 1-83　沪深 300 指数 2023 年 1~9 月的量能态势

资料来源：通达信，DINA。

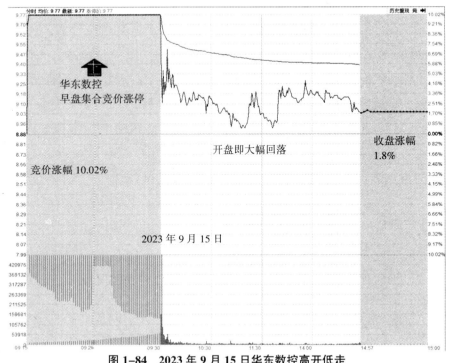

图 1-84　2023 年 9 月 15 日华东数控高开低走

资料来源：同花顺，DINA。

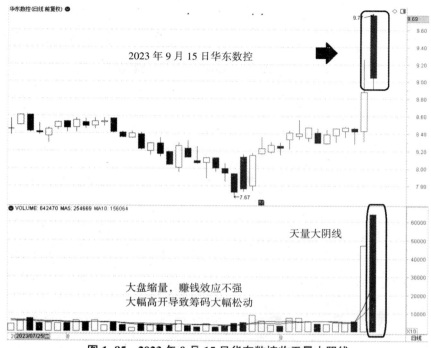

图 1-85　2023 年 9 月 15 日华东数控收天量大阴线

资料来源：通达信，DINA。

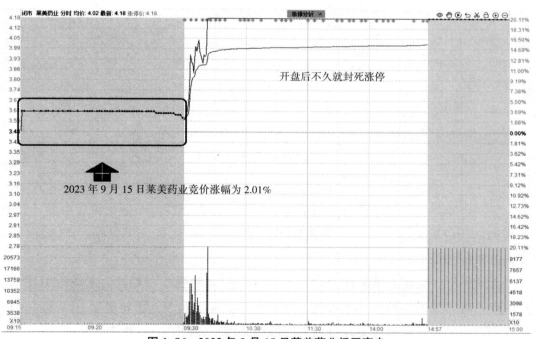

图 1-86　2023 年 9 月 15 日莱美药业低开高走

资料来源：同花顺，DINA。

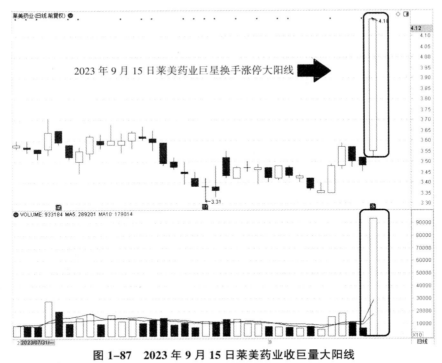

图1-87　2023年9月15日莱美药业收巨量大阳线

资料来源：通达信，DINA。

　　在集合竞价阶段，特定策略的渗透率和拥挤度是我们关注的重点。近年来，量化私募和主观私募在集合竞价阶段存在"相爱相杀"的关系，其实这并未触及问题的实质，策略拥挤度才是关键。正常人的思维都是线性的，一个策略有效或者使用的时间越长、流传越广泛，则越是习惯于这种策略或者模式。但是，股市中的顶尖高手绝对是以发散思维为主，也就是查理·芒格所谓的"格栅"模型，善于从一个更加宽广和长远的视角去看待事物的发展。

　　在量化打板盛行的时代，当某种走势经常出现的时候，我们要关注策略拥挤度问题。什么股票算强势？所谓的强势就是那些存在溢价的情形，如何预知是否存在溢价呢？这就是对强势的预判。**某个竞价因子在过去一段时间存在显著溢价，但随着采纳的玩家越来越多，因子拥挤度提高了，则这个竞价因子可能就不存在溢价了，甚至成为反向指标。**

　　由此看来，**在集合竞价阶段研判个股的承接力和强弱需要同时考虑市场周期、对手盘思维和策略拥挤度三个维度，这三个维度持续处于进化和演变中，这就决定了我们采用的模式如果想要维持效率的话也必须与时俱进，不断迭代升级。**

　　集合竞价的个股研判思路和模式要与市场周期匹配，指数主跌阶段的个股集合竞价强势特征与主升阶段存在什么区别？这就是一种赢家思维。情绪周期试错阶段和退潮期的集合竞价有什么要点？这也是一种赢家思维。

针对不同周期阶段，有着不同的关键问题，问对了问题，你就迈进了成功的大门。**对手盘思维处在市场周期之中，深受市场周期的影响，因此所谓的对手盘思维也可以简化为情绪周期。因为受到情绪的影响，因此大多数对手盘的策略会出现与市场周期的错配。**根源在于格局决定了玩家，而不是玩家决定了格局。绝大多数人花了全部精力对个股次日走势做预判，而真正的高手则会花费大部分精力对次日市场情绪阶段和格局做出预判，因为个股走势受到了市场环境和周期的影响与制约。

竞价阶段是一日之中最早的博弈阶段，先声夺人和先发制人经常可以让我们处于主动优势之中。对手盘的思维在集合竞价阶段的动向是我们关注的焦点之一。越是靠近题材发酵的起点，越是靠近股价引爆点，则我们相对于对手盘的先手优势越明显，溢价越久越大。因此，低位股叠加好的题材时，如果在竞价阶段有大资金介入，那么胜率和赔率就会很高，这也是一种先手优势。强者恒强，是一种接力思维，这个时候就缺乏先手优势了。**集合竞价时个股的强势特征在起涨阶段与接力阶段存在明显差异，搞清楚其中的关键所在就可以帮助我们避免许多麻烦。**相对于对手盘具有先手优势，这就相当于立于不败之地了。

在集合竞价阶段研判个股的承接力和强弱有三个维度或者说视角：市场周期、对手盘思维和策略拥挤度，这是着眼点。那么入手点呢？也有三个入手点：竞价额、竞价量、竞价涨幅。竞价额和竞价量与大多数情况的研判价值类似。所有竞价的技术强势判断都离不开量能，量能也是整个竞价的技术面核心。那么，在竞价阶段多少竞价额或者竞价量表明个股是强势呢？就绝对量而言，短线圈内并没有一个公认一致的固定标准，比如今天竞价成交量是昨

今天早盘集合竞价的成交量与昨天全日成交量的比值在同花顺软件上简称为"竞昨比"。

天全天成交量的 2.5%~10%，同时比较这个指标的时序变化。但是，如果昨天是极端天量或者地量，就不能简单与昨天比较了，需要与近期的平均竞价量能比较。如果今天竞价成交量比昨天全日成交量显著小于 2.5%，意味着竞价和开盘买入的机会很大可能不存在，但是并不否定盘中出现半路或者打板等买入机会。

我们来看一个具体的例子，说明如何分析集合竞价的量能。君正集团在 2020年 8 月期间是一只热门强势股，8 月 5 日早盘集合竞价（见图 1-88）的成交量是31.68 万手，竞价涨幅是-6.55%。这个竞价的价量强势吗？毕竟竞价涨幅有点低，能不能水下低吸呢？竞昨比是 2.84%，大于 2.5% 这个最低要求（见图 1-89）。与最近 8 日的竞价成交量相比，今天的竞价量能也不算低，这意味着承接力还可以，不算弱（见图 1-90）。

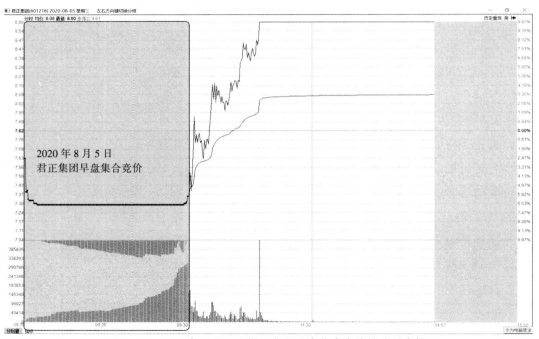

图 1-88　2020 年 8 月 5 日君正集团早盘集合竞价的分时走势
资料来源：同花顺，DINA。

上面展示了竞价量能分析的大致思路。当然，分析它们的时候最好采用比率指标的形式，比如竞价换手率、竞价成交占昨日成交量比率等。**我们经常采用同花顺的"竞价换手率"和"竞昨比"两个指标结合竞价涨幅来观察个股集合竞价的强弱**（见图 1-91）。"竞价换手率"是早盘集合竞价成交量与流通盘的比率。"竞昨比"是

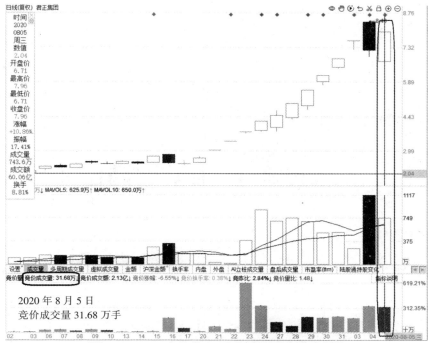

2020 年 8 月 5 日
竞价成交量 31.68 万手

图 1-89　2020 年 8 月 5 日君正集团的竞价成交量

资料来源：同花顺，DINA。

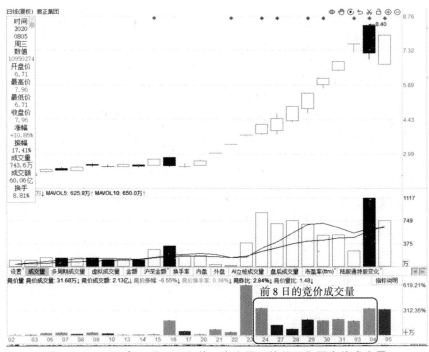

前 8 日的竞价成交量

图 1-90　2020 年 8 月 5 日之前 8 个交易日的君正集团竞价成交量

资料来源：同花顺，DINA。

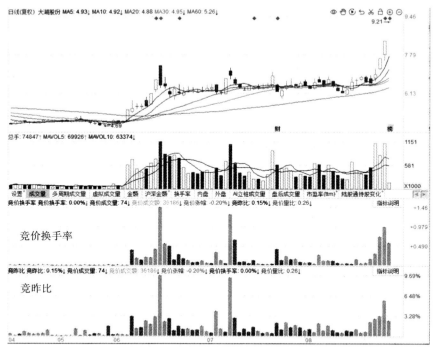

图 1-91　竞价换手率和竞昨比指标

资料来源：同花顺，DINA。

通达信也有一些本质一样但是叫法不同的指标。"开盘金额"指的是当前股票早盘集合竞价的成交金额。"开盘抢筹"则是指"（开盘价-最后一次集合竞价的匹配价）/最后一次集合竞价的匹配价×100"。"开盘昨比"指的是"开盘金额/昨成交金额×100"。"开盘换手Z"指的是"当前股票集合竞价成交量/自由流通"。通达信的"开盘换手Z"具体计算方式是"流通股本中减去占5%以上股份的部分为基数，然后计算开盘时的换手率"。通达信代码为"DYNAINFO（15）/OPEN/FINANCE（46）×100"；持股5%的股东是不能随便减持这部分股份的，通达信巧妙地引入了这个概念。

早盘集合竞价成交量与昨日成交量之比。这两个指标上方的数据标签当中还给出了"竞价成交量""竞价成交额""竞价涨幅"和"竞价量比"等数据。但是，"竞价换手率"指标的柱线只代表了"竞价换手率"；"竞昨比"指标的柱线只代表了"竞昨比"。

仅查看竞价涨幅，并不能判断出个股是真强势还是诱多。为了真正利用好竞价涨幅的信息，我们除从三个维度和视角出发去解读外，还需要做到如下两点：第一，立足于竞价成交来解读竞价涨幅；第二，比较竞价涨幅同比。

截面和时序比较是一个很重要的思路。

截面比较就是横向比，与整个市场比，比如今天竞价换手率的排序如何（见图1-92）、今天竞昨成交比的排序如何（见图1-93）、今天竞价涨幅的排序如何（见图1-94）等，还可以查看竞价量、竞价金额、未匹配量和匹配量的排序。这个截面比较，其实有利于我们做个股选择。**整体**

而言，竞价换手率和竞昨成交比在第一版面的个股大涨的可能性要远远大于后面的个股，上不了这一版面的个股基本上与强势股无缘。但是，按照竞价涨幅从高到低排序，在第一版面的个股，并不意味着机会，因为当日的赔率实际上已经比较低，因为有涨停限制，如果个股竞价涨停的话，其实当日已经没有盈利空间了，但是亏损空间却打开了。因此，竞价涨幅排序并不是越靠前越好。**资深投机客最擅长的竞价弱转强，是一种涨幅和形态的时序比较，而非截面比较**。截面比较可以帮助你筛选相对强势的个股，而时序比较才能帮你确认个股是否真的强势，是否有客观的溢价。

“竞价涨幅”表示当天竞价结束时的开盘涨幅；“竞价换手率”表示当天竞价结束时的开盘换手率；“竞昨比”表示当天竞价结束时，竞价量与昨日成交量的比值；“竞价量比”表示当天竞价结束时，竞价量与前五日竞价平均值的比值；“竞价成交量”表示当天竞价结束时的成交量，以手为单位；“竞价成交额”表示当天竞价结束时的成交额，以元为单位。

时序比较就是今天与昨天比，甚至昨天与前天比。今天的竞价换手率与昨天比怎么样（见图 1-95）、今天的竞昨成交比与昨天比怎么样（见图 1-96）等，当然还可以将今天的竞价量比（见图 1-97）、竞价成交额（见图 1-98）、竞价成交量与昨天进行比较（见图 1-99）。但实际上有了竞价换手率和竞昨成交比与前一日的比较就差不多了。

通常情况下，竞价换手率与竞价成交量的柱线高低变化是一致的；而竞昨成交比与竞价量比的柱线高低变化是一致的。思考一下是什么原因呢？

竞价首页 大盘竞价 个股早盘竞价 昨日涨停

	代码	名称	涨幅	竞价涨幅	竞价换手	竞昨成交比	匹配价	异动类型	竞价评级	24分内涨幅	19分内涨幅	竞价量	竞价金额	未匹配量	未匹配额	现价
1	601065	江盐集团	-4.17%	+0.12%	4.18%	6.12%	17.28	竞价抢筹	看多	+0.12%	-4.53%	64864	1.12亿	3644	629.6万	16.54
2	603220	中贝通信	-10.00%	-10.00%	3.91%	17.00%	22.06	大幅低开	看空	+0.00%	+0.00%	13.05万	2.88亿	25746	5680万	22.06
3	605398	新炬网络	-9.99%	+0.19%	2.51%	14.85%	37.60	竞价抢筹	看多	-3.09%	-0.36%	9501	3572万	147	55.40万	33.78
4	301396	宏景科技	-14.97%	-4.19%	2.39%	4.42%	40.00	大买单试盘	–	+0.00%	+0.77%	6554	2622万	300	120.0万	35.50
5	688591	N泰凌微	+30.90%	+33.43%	2.23%	–	33.33	急速上涨	–	+9.85%	+0.00%	11613	3871万	176	58.50万	32.70
6	301228	实朴检测	+11.23%	-4.99%	2.13%	3.71%	24.19	大卖单试盘	–	-1.14%	-0.16%	11693	2829万	405	97.97万	28.32
7	301169	零点有数	-14.96%	-2.88%	1.82%	2.82%	71.49	竞价抢筹	混战	+1.97%	-4.40%	5110	3653万	118	84.36万	62.60
8	300941	创识科技	+16.41%	+5.14%	1.77%	9.25%	28.00	竞价砸盘	偏空	-3.05%	-3.00%	15053	4215万	18	51548	31.00
9	000752	*ST西发	-4.98%	-4.98%	1.70%	13.28%	7.82	跌停试盘	–	+0.00%	+0.00%	44754	3500万	17836	1395万	7.82
10	605069	正和生态	-10.01%	-10.01%	1.68%	2.88%	13.67	大幅低开	看空	+0.00%	-12.04%	14154	1935万	7438	1017万	13.67
11	301299	卓创资讯	-1.73%	-4.02%	1.43%	2.18%	90.01	竞价抢筹	混战	+4.54%	-1.01%	2148	1933万	154	138.6万	92.16
12	603137	恒尚节能	-10.00%	-1.15%	1.43%	2.79%	24.03	急速上涨	–	-1.11%	-1.94%	4576	1100万	26	62478	21.88
13	300172	中电环保	+5.14%	-1.22%	1.41%	2.82%	7.30	竞价砸盘	看空	-2.67%	+0.00%	73915	5396万	2592	189.2万	7.77
14	300094	国联水产	-1.54%	+7.99%	1.40%	3.80%	7.70	大幅高开	偏多	-1.28%	-1.84%	15.43万	1.19亿	16927	1303万	7.02
15	003007	直真科技	+10.02%	+1.99%	1.38%	2.65%	28.71	竞价抢筹	看多	+0.74%	+0.00%	5330	1530万	342	98.19万	30.97
16	001314	亿道信息	-1.91%	+0.00%	1.35%	10.56%	40.33	竞价砸盘	混战	-3.70%	-0.02%	4744	1913万	1615	651.3万	39.56
17	301159	三维天地	-6.72%	-6.36%	1.30%	2.41%	64.14	大幅低开	偏空	+2.17%	-2.34%	4242	2721万	150	96.21万	63.90
18	301137	哈焊华通	-8.36%	-2.73%	1.25%	2.40%	17.45	大买单试盘	–	+0.29%	+0.00%	5663	988.2万	146	25.48万	16.44
19	301337	亚华电子	-17.30%	-8.43%	1.23%	1.83%	38.69	大幅低开	偏空	+4.48%	-14.90%	3029	1172万	34	13.15万	34.94
20	002333	罗普斯金	+9.94%	+0.30%	1.14%	17.06%	6.76	竞价抢筹	看多	+0.30%	+0.00%	45767	3094万	4832	326.6万	7.41
21	301428	世纪恒通	-10.25%	-4.72%	1.11%	2.76%	44.24	急速上涨	混战	+2.88%	+0.00%	2596	1148万	288	127.4万	41.67
22	301203	国泰环保	-7.65%	-7.66%	1.09%	1.36%	57.00	大幅低开	看空	+0.00%	+0.00%	1867	1064万	2	8778	57.01
23	301295	美硕科技	-6.07%	-4.76%	1.08%	2.63%	37.80	大买单试盘	–	+1.34%	+0.00%	1852	700.1万	21	79380	37.28
24	300541	先进数通	-4.32%	-4.97%	1.00%	2.49%	16.06	竞价抢筹	混战	+3.08%	+0.13%	25562	4105万	207	33.25万	16.17
25	300169	天晟新材	+7.48%	-2.72%	0.96%	2.21%	8.58	竞价抢筹	混战	+0.70%	-1.54%	28833	2474万	1792	153.8万	9.48
26	301148	嘉戎技术	-10.56%	-11.11%	0.95%	1.67%	32.00	大幅低开	看空	-3.03%	+0.00%	3627	1161万	342	109.4万	32.20
27	002696	百洋股份	+3.75%	+6.07%	0.94%	4.26%	8.21	大卖单试盘	–	-2.49%	-0.35%	32149	2639万	3279	269.2万	8.03
28	301372	科净源	-7.12%	-7.94%	0.89%	1.19%	78.00	竞价砸盘	看空	-0.13%	-0.03%	1444	1126万	27	21.06万	78.78
29	301316	慧博云通	-6.24%	-6.61%	0.88%	1.31%	40.68	大幅低开	看空	-0.05%	-1.04%	3236	1316万	51	20.75万	40.84
30	002178	延华智能	-9.91%	-5.30%	0.85%	3.64%	4.11	大幅低开	看空	+2.75%	+0.00%	60301	2478万	1961	80.60万	3.91
31	300955	嘉亨家化	+1.42%	+6.27%	0.83%	7.02%	24.73	竞价砸盘	混战	-1.63%	-12.25%	3721	920.2万	7	17311	23.60
32	300875	捷强装备	-6.18%	+2.21%	0.77%	2.14%	46.79	竞价砸盘	偏空	-0.04%	+0.00%	3537	1655万	54	25.16万	42.95
33	002902	铭普光磁	-10.01%	-7.61%	0.74%	1.82%	22.34	竞价砸盘	看空	-2.74%	-0.09%	11109	2482万	1	2234	21.76
34	301421	C波长	-15.49%	-2.92%	0.73%	1.06%	61.94	大卖单试盘	–	+2.35%	+2.50%	2009	1244万	1	7371	53.92
35	600467	好当家	-0.35%	+2.84%	0.73%	5.10%	2.90	竞价砸盘	偏空	-2.03%	+0.00%	10.66万	3092万	40724	1181万	2.81

图 1-92　竞价换手率从高到低排序（截面比较）

资料来源：同花顺，DINA。

题材投机 2——对手盘思维和底层逻辑

图 1-93　竞昨成交比从高到低排序（截面比较）
资料来源：同花顺，DINA。

图 1-94　竞价涨幅从高到低排序（截面比较）
资料来源：同花顺，DINA。

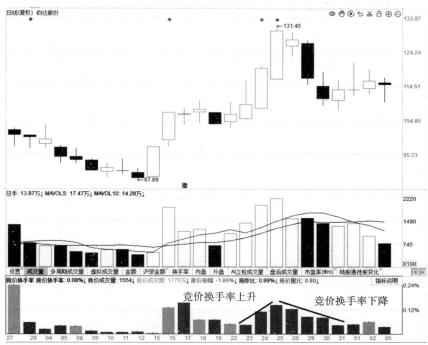

图 1-95　竞昨比的时序比较

资料来源：同花顺，DINA。

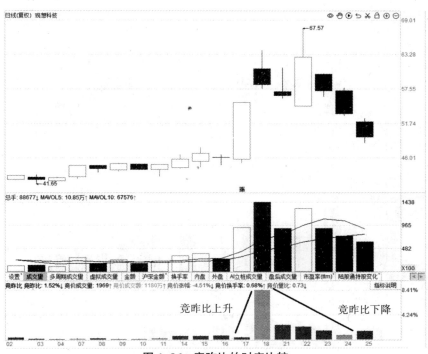

图 1-96　竞昨比的时序比较

资料来源：同花顺，DINA。

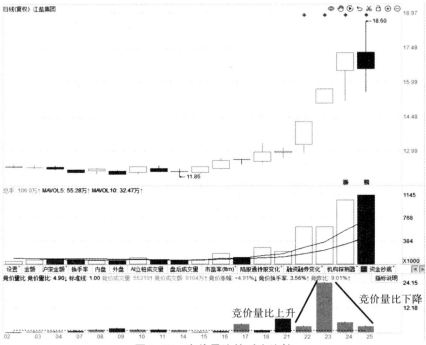

图 1-97　竞价量比的时序比较

资料来源：同花顺，DINA。

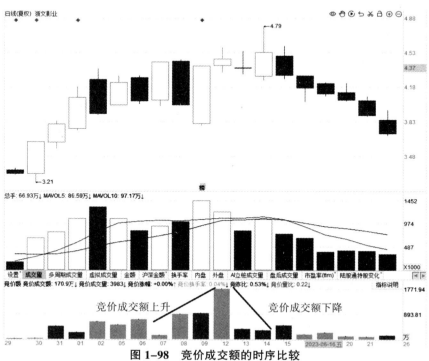

图 1-98　竞价成交额的时序比较

资料来源：同花顺，DINA。

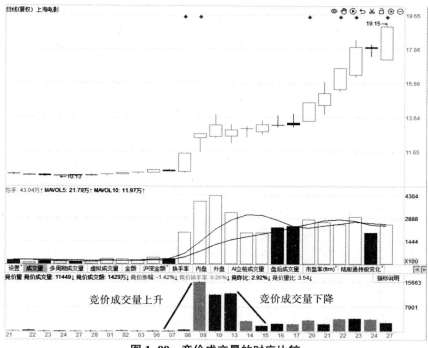

图 1-99　竞价成交量的时序比较

资料来源：同花顺，DINA。

竞价量能的时序比较可以分为两种最基本的情况：

第一种是竞价量能下降。比如昨天竞价成交额是 6000 万元，当日涨停。但是，次日竞价成交额只有 2500 万元，而竞价涨幅在零轴之下，这就意味着竞价接力资金显著下降了，个股承接力下降了，转弱迹象比较明显。我们讲求"藏风聚气"，才能"风生水起"。一个股票在竞价涨幅合理的时候，参与的资金越多表明人气在延续和加强，但是如果集合竞价量能萎缩，竞价涨幅也并不高，则表明在赔率和胜率比较合理的情况下参与资金都减少了。个股的吸引力在下降，市场合力不足，对手盘继续接力玩下去的概率大大降低了。

第二种是竞价量能上升。比如昨日竞价换手率是 1.1%，今日竞价换手率升到了 2%，承接意愿增强了，当然是合力范围内的增强，上升太多，则容易后继乏力。比如，竞价换手率直接升到 40%，虽然上升了，但是这个竞价换手率远远超出了合理范围，反而成了主力出逃的特征。

一般而言，**超过 7% 以上的竞价涨幅，竞价量能指标的时序比较最好是下降的，而在正常范围内的竞价涨幅则要求竞价量能指标的时序比较是上升的。竞价涨幅的正常范围是多少呢？通常我们定义为（-3%，5%）这个区域内。**

竞价涨幅在 8%~9% 这个高位的个股要谨慎分析，因为这种个股看起来似乎很强势，但是在逻辑链条上存在矛盾：如果真的强势，为什么不涨停？如果并不强势，为什么又高开这么多？就差那么一点，这就比较矛盾了。这种个股最好看其能不能形成"回封板"，这样胜率更高一些，不然容易落入追涨陷阱。

我们反复强调的一点是不能单看竞价涨幅来判断个股的强弱和承接力，哪怕个股是弱转强或者超预期，也不能简单地看竞价涨幅，要结合竞价量能，否则很容易被主力对手盘欺骗。

但无论竞价涨幅如何，我们要选择个股的竞价量能指标都要求在截面比较的时候排在前面，一般是排在当日前十名左右。但是，也不是越高越好，正常范围是多少呢？**通常优选竞换手率在（1%，2%）内的个股**（见图 1-100），少数时候也可以放大到（0.7%，2.5%）。就竞昨比而言，则**优选（2.5%，10%）的个股**（见图 1-101），少数时候也可以放大到（2%，20%）。

我们来看一些具体的实例，以便理解时序比较的要点。第一个实例是通化金马（见图 1-102），竞价涨幅是 0.99%，这个涨幅在合理范围内，不高，因此竞价放量有助于推动个股开盘后继续上扬。竞价换手率和竞昨比相较于前日都出现上升，这就符合我们竞价涨幅与量能时序比较的要求。竞价量能在时序上是符合的，但是截面上却不符合。

第二个实例是中马传动（见图 1-103），竞价涨幅是 4.25%，在合理范围（-3%，5%）区域内。相应的竞换手和竞昨比是上涨的，符合竞价量能时序比较的要求，但是不符合截面比较的要求。

第三个实例是智洋创新（见图 1-104），竞价涨幅是 14.47%，在合理范围之外。这种情况要求追高或者打板，就要求竞价量能是走低的，但是这里却是走高的。为什么大幅高开最好不要竞价量能走高呢？竞价高开且量能太高，

竞换手、竞昨比和竞涨幅三者要结合起来选择个股。这个一般在 9：25 集合竞价结束时开始，在 9：30 之前完成，可以利用同花顺的组合条件选股功能。

	代码	名称	涨幅	竞价涨幅	竞价换手◆	竞昨成交比	竞价评级
1	301169	零点有数	-7.39%	-2.46%	2.47%	4.35%	混战
2	000666	经纬纺机	+2.03%	+1.58%	2.19%	24.93%	偏空
3	301128	强瑞技术	+4.69%	+3.99%	2.07%	6.34%	-
4	688651	盛邦安全	+20.01%	+6.82%	1.86%	6.60%	-
5	301261	恒工精密	-0.96%	-0.59%	1.83%	3.30%	看多
6	603190	亚通精工	+0.58%	-2.82%	1.80%	3.26%	混战
7	300885	海昌新材	-12.57%	-10.78%	1.74%	3.03%	看空
8	688191	智洋创新	-0.60%	+14.47%	1.66%	39.75%	看多
9	688602	康鹏科技	+12.22%	-2.43%	1.52%	3.42%	-
10	688592	司南导航	+3.10%	-1.06%	1.47%	2.91%	看多
11	300514	友讯达	+0.81%	+4.13%	1.29%	12.00%	混战
12	000609	中迪投资	-9.57%	-6.38%	1.26%	3.21%	偏空
13	300097	智云股份	+20.02%	+6.88%	1.24%	7.18%	-
14	688671	碧兴物联	+2.92%	-0.07%	1.05%	1.50%	看多
15	688291	金橙子	+7.81%	+8.59%	1.03%	9.65%	看多
16	301083	百胜智能	-0.16%	+0.00%	0.97%	2.34%	偏多
17	300541	先进数通	+1.74%	-2.96%	0.95%	1.75%	混战
18	300231	银信科技	-2.70%	+1.62%	0.89%	3.25%	-
19	688591	C泰凌微	+1.55%	-2.29%	0.84%	1.21%	-
20	300904	威力传动	+1.68%	-1.46%	0.83%	1.42%	-
21	300045	华力创通	+3.32%	+1.69%	0.83%	2.20%	-
22	301469	恒达新材	-4.20%	-3.04%	0.82%	1.36%	-
23	688035	德邦科技	+3.45%	+4.63%	0.82%	4.26%	-
24	002699	*ST美盛	+0.60%	+1.80%	0.81%	181.63%	-
25	603220	中贝通信	+7.91%	+1.99%	0.81%	4.10%	看多
26	688316	青云科技-U	+3.36%	+1.69%	0.81%	3.97%	看多
27	600753	庚星股份	+18.00%	+5.93%	0.80%	18.05%	-
28	002261	拓维信息	+3.80%	+4.23%	0.79%	9.62%	混战
29	688135	利扬芯片	+1.74%	+2.97%	0.79%	10.63%	-
30	301255	通力科技	+3.53%	-0.72%	0.79%	1.52%	-
31	002587	奥拓电子	-0.98%	+0.84%	0.78%	14.24%	偏空
32	301137	哈焊华通	+1.47%	-0.99%	0.74%	1.54%	-
33	605069	正和生态	+1.69%	+0.08%	0.73%	2.36%	-
34	301421	波长光电	+9.39%	-2.92%	0.72%	1.17%	看空
35	301013	利和兴	-0.25%	-0.06%	0.69%	2.08%	看多

图 1-100 优选竞换手率在（1%，2%）内的个股

资料来源：同花顺，DINA。

	代码	名称	涨幅	竞价涨幅%	竞价换手	竞昨成交比◆	现价
11	688135	利扬芯片	+1.74%	+2.97	0.79%	10.63%	23.33
12	002261	拓维信息	+3.80%	+4.23	0.79%	9.62%	16.94
13	600530	*ST交昂	+2.83%	+5.19	0.14%	9.22%	2.18
14	603025	大豪科技	-5.16%	+0.00	0.32%	9.15%	15.98
15	000046	*ST泛海	+5.08%	+3.39	0.15%	8.26%	1.86
16	600877	电科芯片	+0.59%	+1.83	0.17%	8.12%	13.75
17	603315	福鞍股份	-1.83%	+4.25	0.13%	7.85%	11.78
18	300097	智云股份	+20.02%	+6.88	1.24%	7.18%	9.77
19	688651	盛邦安全	+20.01%	+6.82	1.86%	6.60%	78.64
20	301128	强瑞技术	+4.69%	+3.99	2.07%	6.34%	40.89
21	603256	宏和科技	+10.06%	+5.21	0.08%	5.08%	9.08
22	301169	零点有数	-7.39%	-2.46	2.47%	4.35%	73.30
23	688035	德邦科技	+3.45%	+4.63	0.82%	4.26%	60.81
24	603220	中贝通信	+7.91%	+1.99	0.81%	4.10%	27.16
25	002613	北玻股份	-3.62%	-2.41	0.52%	4.09%	4.79
26	688602	康鹏科技	+12.22%	+2.43	1.52%	3.42%	15.24
27	002362	汉王科技	+0.62%	-0.78	0.36%	3.29%	24.41
28	002077	大港股份	-0.82%	-1.01	0.30%	3.28%	15.75
29	300231	银信科技	-2.70%	+1.62	0.89%	3.25%	10.81
30	002222	福晶科技	+3.20%	+1.55	0.32%	3.10%	28.04
31	603131	上海沪工	-0.22%	-1.94	0.23%	3.06%	13.86
32	600136	*ST明诚	-2.03%	-2.70	0.06%	2.94%	2.90
33	000766	通化金马	+10.01%	+0.88	0.21%	2.92%	7.47
34	000620	*ST新联	-0.61%	-1.82	0.08%	2.88%	1.64
35	000670	盈方微	-1.87%	+0.00	0.24%	2.84%	6.29
36	002896	中大力德	-1.00%	+0.16	0.25%	2.58%	36.62
37	002995	天地在线	-2.10%	+0.00	0.35%	2.29%	25.59
38	603662	柯力传感	+2.23%	+1.01	0.15%	2.20%	30.31
39	002089	*ST新海	-1.68%	+0.00	0.08%	2.07%	1.17
40	002432	九安医疗	-0.74%	-0.05	0.18%	1.95%	37.33
41	603515	欧普照明	+0.42%	+1.37	0.02%	1.74%	21.30
42	000615	*ST美谷	+4.75%	+1.66	0.08%	1.41%	1.41
43	603000	人民网	-1.40%	-4.89	0.18%	1.35%	41.55
44	603559	ST通脉	+0.73%	+0.15	0.05%	1.18%	6.94

图 1-101 优选竞昨比在（2.5%，10%）内的个股

资料来源：同花顺，DINA。

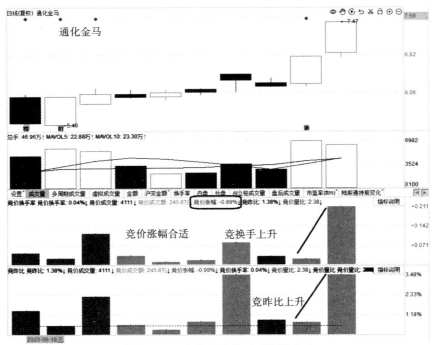

图 1-102　竞价量能的时序比较（1）

资料来源：同花顺，DINA。

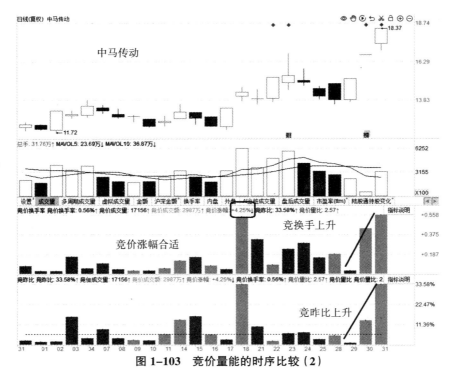

图 1-103　竞价量能的时序比较（2）

资料来源：同花顺，DINA。

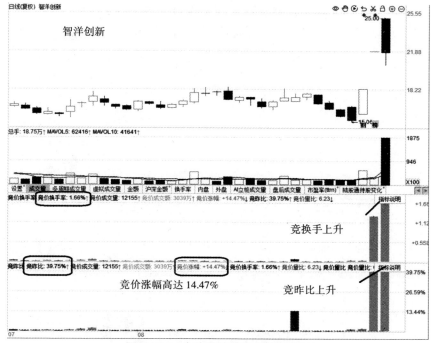

图 1-104　竞价量能的时序比较（3）

资料来源：同花顺，DINA。

意味着获利抛盘太重。竞价高开，量能萎缩，则表明惜售。**竞价高开时，不一定比前一日量能低，至少要求竞价量能不是近期最高的。**

我们来看一个比较连贯的例子，将时序比较与合理参考范围结合起来。这个例子是开开实业，2023 年 8 月 10 日该股早盘集合竞价阶段的涨幅是 2.71%，属于比较合理的涨幅（见图 1-105）。相应的竞价换手率为 0.84%，在常用的合理范围（1%，2%）之外，但在扩大的合理范围（0.7%，2.5%）之内。竞昨比为 9.52%，在常用的合理范围（2.5%，10%）之内。从时序比较来看，竞换手高于前一日，最近几日阶梯式上扬；竞昨比也高于前一日，最近几日也呈逐日上涨状态。早盘集合竞价的整体情况表明该股承接力不错，单从竞价来看值得参与。当然，情绪周期和题材逻辑也是需要首先考虑的，指数周期和个股日线价量结构也需要分析。

第二天，也就是 2023 年 8 月 11 日，开开实业早盘集合竞价涨幅为-3.73%，在合理竞价涨幅范围（-3%，5%）之外。竞价换手率为 0.74%，在扩大的合理范围（0.7%，2.5%）之内；竞昨比为 2.97%，在合理范围（2.5%，10%）之内。开盘竞价涨幅稍微有点偏弱，不过从时序来看量能是萎缩的——无论是竞换手还是竞昨比都比前一日显著下降，因此从这点来看下跌动能不足，个股承接力还是可以的（见

图 1–106）。单单从早盘集合竞价来看，是可以开盘买入的。

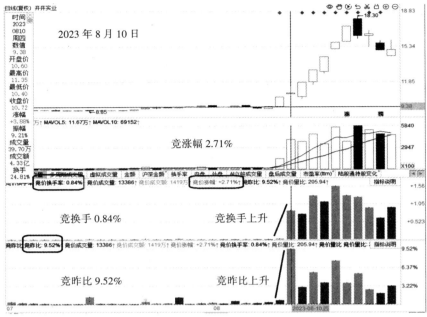

图 1–105　开开实业竞价量能（1）

资料来源：同花顺，DINA。

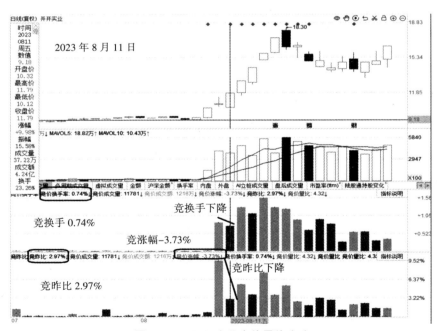

图 1–106　开开实业竞价量能（2）

资料来源：同花顺，DINA。

2023 年 8 月 14 日，早盘集合竞价涨幅为 0，完全在合理范围之内。一般而言，竞价涨幅越高则胜率越高，但是赔率越低；竞价涨幅越低则胜率越低，但是赔率越高。靠近零轴，则相当于平衡了胜率和赔率。竞换手为 1.27%，在合理范围（1%，2%）之内；竞昨比为 5.44%，在合理范围（2.5%，10%）之内。时序比较，竞换手和竞昨比都在走高（见图 1-107）。因此，从早盘集合竞价量能来看，个股承接力不错。

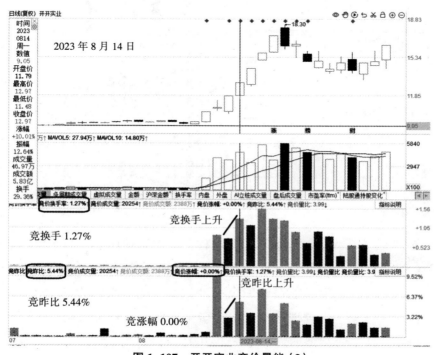

图 1-107　开开实业竞价量能（3）

资料来源：同花顺，DINA。

2023 年 8 月 15 日，开开实业早盘集合竞价涨幅-1.46%，在合理范围之内。竞换手为 1.09%，在合理范围（1%，2%）之内；竞昨比为 3.73%，在合理范围（2.5%，10%）之内。就绝对值而言，早盘集合竞价的量能和涨幅都在合理范围之内。就时序比较而言，竞换手和竞昨比却是萎缩的。因此，当日的承接力不算太好，只能算一般。不过，竞价涨幅提供的开盘胜率和赔率却比较平衡（见图 1-108）。

2023 年 8 月 16 日，早盘集合竞价涨幅为 5.19%，稍微超出了合理范围（-3%，5%）之上限，相比此前一日竞价有弱转强的态势。竞换手为 1.56%，在合理范围（1%，2%）之内；竞昨比为 7.39%，在合理范围（2.5%，10%）之内，竞价量能合

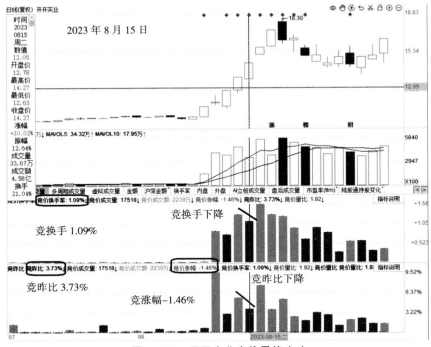

图 1-108　开开实业竞价量能（4）

资料来源：同花顺，DINA。

股价涨幅越是亢奋，那么量能就越不能过高，亢龙有悔嘛。

理。竞换手创出新高，竞昨比相比前一日上升，但仍旧显著低于近期最高水平。时序比较来看，在竞价高开的情况下量能没有完全过度亢奋。竞价涨幅为 5.19%，也并未超出合理范围上限太多，因此当日竞价承接力还不错，个股强势明显（见图 1-109）。

2023 年 8 月 17 日开开实业，集合竞价涨幅为 0.25%，这是一个比较平衡的开盘幅度。竞换手为 1.27%，在合理范围（1%，2%）之内；竞昨比为 3.61%，在合理范围（2.5%，10%）之内。单从时序来看，竞换手和竞昨比都从最高点下降了。竞价涨幅合理，赔率不错，胜率也不错，但是参与集合竞价的意愿反而下降了，上升量能有走弱的迹象（见图 1-110）。这种情况下，个股承接力其实是走弱了，如果要参与只能快进快出，次日集合竞价就要卖出。

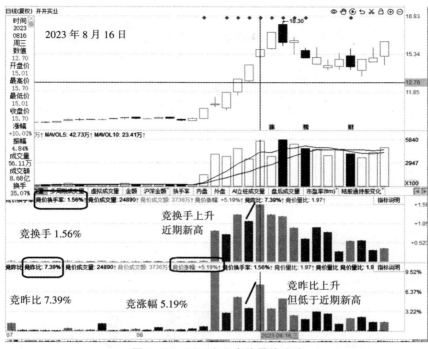

2023 年 8 月 16 日

竞换手上升
近期新高

竞换手 1.56%

竞昨比 7.39%

竞涨幅 5.19%

竞昨比上升
但低于近期新高

图 1-109　开开实业竞价量能（5）

资料来源：同花顺，DINA。

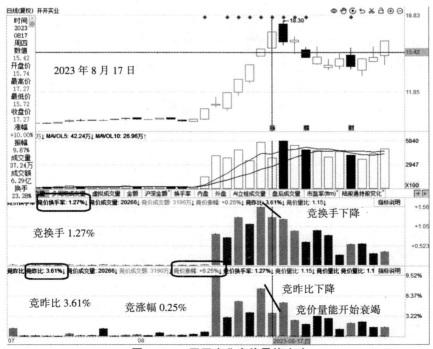

2023 年 8 月 17 日

竞换手下降

竞换手 1.27%

竞昨比 3.61%

竞涨幅 0.25%

竞昨比下降

竞价量能开始衰竭

图 1-110　开开实业竞价量能（6）

资料来源：同花顺，DINA。

2023 年 8 月 18 日，开开实业早盘集合竞价涨幅为 4.23%，光看这一点似乎相对前一日的竞价是弱转强，但还要看集合竞价的量能才能判断个股的承接能力。竞换手为 1.22%，在合理范围（1%，2%）之内；竞昨比为 5.23%，在合理范围（2.5%，10%）之内，集合竞价的量能好像不错。但是从时序来看，竞昨比和竞换手都显得萎靡不振。竞价涨幅不错，但是参与集合竞价的意愿却不高，弱势无疑（见图 1-111）。

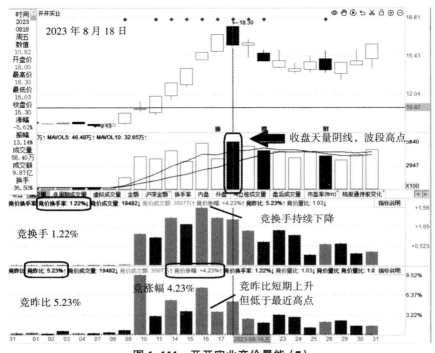

图 1-111　开开实业竞价量能（7）

资料来源：同花顺，DINA。

8 月 18 日开开实业收盘后，天量阴线出现，调整甚至见顶的迹象无疑。

从早盘集合竞价阶段通过竞换手、竞昨比结合竞价涨幅观察和剖析个股的承接力与强弱势是一种定量思维，还有一种非常重要的定性思维就是基于"强弱转换"。这种思维主要是将集合竞价的情况与此前一个交易日的交易情况进行比较，我们这里简单地介绍一下，详细的思路参考专著《题材投机 4：超预期之业绩跃升和弱转强》相关专题。在不考虑大盘和板块的前提下，如果昨日涨停，且是一字板或开盘秒板的，那么第二天正常预期高开 5% 以上，竞价涨幅低于 5% 就是强转弱。

更进一步，如果是一字连板涨停的情况呢？怎么分析这类个股的集合竞价情况，判断其强弱和承接力呢？有一种短线战法叫"一字首开"，具体来讲就是连续一字涨停后的首次开板后介入的策略。当个股因为强大逻辑和题材而连续一字涨停后，第一次开板就成了一个关键的博弈窗口。开板当日有没有机会？胜率和赔率高不高？从早盘集合竞价可以看出一些端倪。**经验法则是竞价成交量至少等于前面几个连续一字板成交量总和。为什么这样要求呢？**因为这意味着市场资金在早盘集合竞价阶段就把前面连板获利筹码承接了，说明了主力资金所谋空间不小。通常，当日K线就是放大量的实体大阴线，但次日往往就会突破此大阴线的高点。

竞价成交量可以很方便地在同花顺日线走势上调出来，放在副图位置上。

如果昨日涨停，且是10：00前涨停的，那么竞价涨幅高开4%左右是延续强势，超过5%就是超预期；如果昨日涨停，且是11：30前涨停的，那么竞价正常预期高开3%左右，超过3%以上，则是弱转强；如果昨日涨停，且是午后涨停的，则竞价涨幅在-2%~2%是符合预期的，涨幅超过2%则是超预期，可以看作弱转强。

许多人在接触竞价多年后仍旧没有一个核心来统帅一切，感觉因素和指标太多，抓不住重点，不知道从何处下手。处于这种困境的交易者可以先从弱转强入手，特别是从昨日烂板今日转强的个股入手。竞价弱转强的胜率相对高一些，比起强势延续，更有优势。如果竞价转弱，那么很容易买入就遭遇抛压。如果早盘集合竞价的时候是不及预期，或者说呈现弱势，那么集合竞价到开盘这段时间就不能作为买点，而是关注盘中持续竞价是不是给转强的信号，这就属于盘中买点或者尾盘买点，而不是早盘竞价买点了。

对于昨日烂板，今日看是否存在弱转强机会是非常重要的操作，因为就整体的统计而言，烂板的胜率和赔率显著高于涨停板，这是有统计依据的，具体还是参考《题材投机4：超预期之业绩跃升和弱转强》这本专题讲义。如果昨日是烂板，那么次日竞价涨幅超过2%就是弱转强。能够符合预期和超预期，一个是与竞价涨幅有关，另一个关键是量能。量能不足或者量能太大都是危险的。对于昨日烂板，今日胜率和赔率较高的集合竞价要求是，竞昨比为 5%~10%，竞价涨嗝为 3%~5%。要想提高自己在集合竞价阶段的研判能力，必须将竞价量能结合竞价涨幅放在整个大局中去考虑，指数周期、情绪周期、板块竞价情况以及个股趋势等都是需要考虑清楚的。同时，市场和玩家也在不断发展，上述合理范围需要不断更新，我们只是给了一个便于你入手的起点，而非终点。

我们以新疆交建为例来说明。2023 年 8 月 31 日（星期四），该股涨停，题材逻辑是"一带一路"，事件驱动是金砖国家会议举行和扩容。9 月 1 日（星期五）这个交易日，该股并未如市场预期一样走强（见图 1-112）。早盘集合竞价阶段，有过涨停动作，但是盘中毫无上冲的表现。当时整个股票市场处于悲观弥散的状态，虽然当日 PMI 数据好转，并且国家也出台了不少经济和金融市场支持措施，但是市场仍旧萎靡不振，成交量萎缩。但是，大背景是更多的经济刺激政策有望推出。

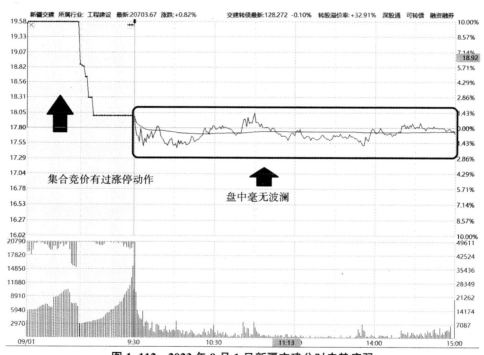

图 1-112　2023 年 9 月 1 日新疆交建分时走势疲弱
资料来源：东方财富，DINA。

8 月 31 日新疆交建涨停，9 月 1 日分时横盘整理，但是成交量却非常大（见图 1-113）。

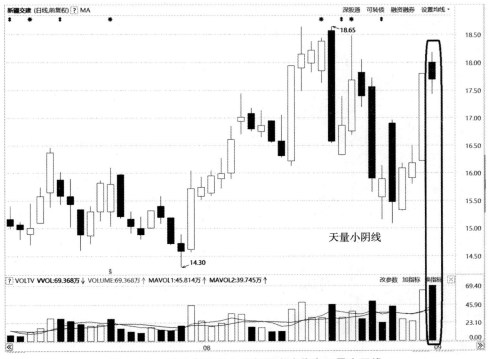

图 1-113　2023 年 9 月 1 日新疆交建收出天量小阴线

资料来源：东方财富，DINA。

　　成交量巨大，说明分歧巨大。那么，如果我们在下一个交易日，也就是 9 月 4 日（星期一），观察是否该股"弱转强"，具体的观察因子有哪些呢？第一，如果是低开，那么低开幅度不能超过-3%，而且在开盘之后 5 分钟内快速上穿零轴，才算弱转强；第二，如果早盘集合竞价高开，那么应该放量，也就是竞换手和竞昨比要在合理范围之内，竞价量能要合理放大，这也是弱转强；第三，所在板块"一带一路"在早盘集合竞价的时候要体现强势，**板块指数竞价涨幅应该在 0.4%** 以上，这就是板块强势助推概念龙头弱转强了。

　　那么，2023 年 9 月 4 日，新疆交建的早盘竞价情况如何呢？是否表现了弱转强特征呢？

　　从个股集合竞价的强弱和承接力来看，9：20~9：25 这个窗口之内，竞价不变的情况下，未匹配量变化不断，而匹配量则显著增加，显示承接力不错，临近开盘有抢筹行为。开盘时直接从零轴"水下"向上跳空，穿越零轴，但是涨幅微弱（见图 1-114）。

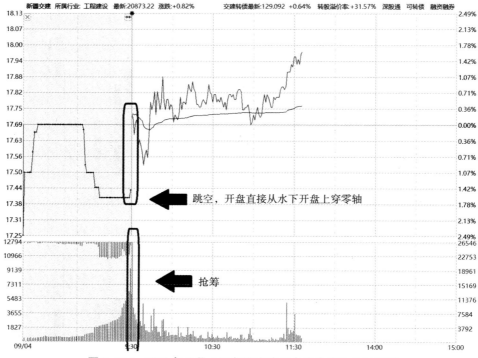

图 1-114 2023 年 9 月 4 日新疆交建早盘集合竞价分时走势

资料来源：东方财富，DINA。

再来看新疆交建的竞价量能情况（见图 1-115）。竞换手 0.2% 对于短线强势而言显得不够，竞昨比 1.83% 在合理范围之内，还可以。但是，竞换手和竞昨比在竞价涨幅仅为 0.17% 的情况下却是下降的，显示竞价量能较差，当日个股整体较弱。

再来看当天板块竞价情况，首先我们查看同花顺"竞价"栏目，在该栏目首页右侧有一个"板块热点预测"（见图 1-116）。其中的看多板块并未出现"一带一路"及相关板块。反而出现了与房地产产业链关系密切的"租售同权""房地产服务"以及"非金属材料"，这暗示了当日的重点方向不是"一带一路"，而是房地产产业链。

我们来看板块竞价涨幅情况。"一带一路"板块指数竞价涨幅不到 0.3%（见图 1-117），低于 0.4% 的阈值，成为当日强势板块的可能性较低。

当日竞价涨幅排在前列的板块是：家具用品板块，早盘集合竞价涨幅为 0.79%（见图 1-118）；工程机械板块，早盘集合竞价涨幅为 0.47%（见图 1-119）；物业管理板块，早盘集合竞价涨幅为 0.46%（见图 1-120）。从板块竞价涨幅也可以看出来房地产产业链是当日资金主攻方向，"一带一路"板块当日爆发的概率较低。

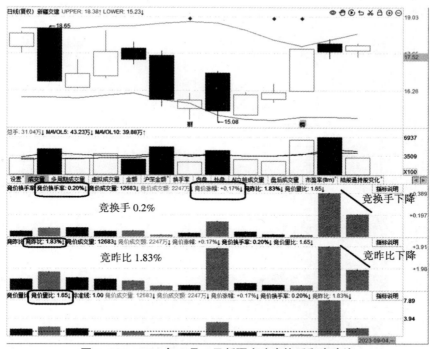

图1-115　2023年9月4日新疆交建竞换手和竞昨比

资料来源：同花顺，DINA。

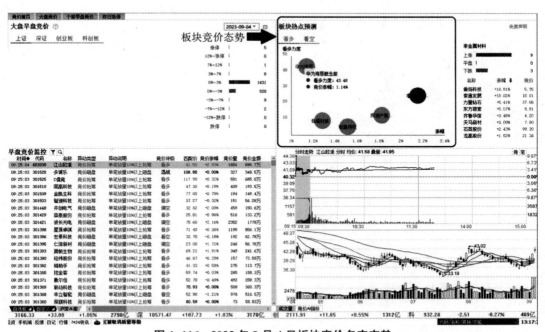

图1-116　2023年9月4日板块竞价多空态势

资料来源：同花顺，DINA。

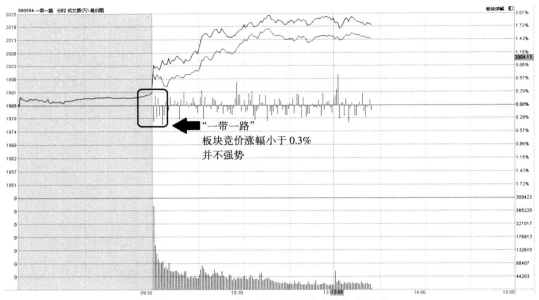

图 1-117 2023 年 9 月 4 日板块竞价多空态势

资料来源：同花顺，DINA。

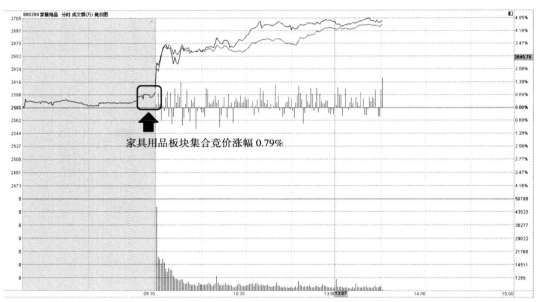

图 1-118 2023 年 9 月 4 日"一带一路"板块早盘集合竞价涨幅

资料来源：通达信，DINA。

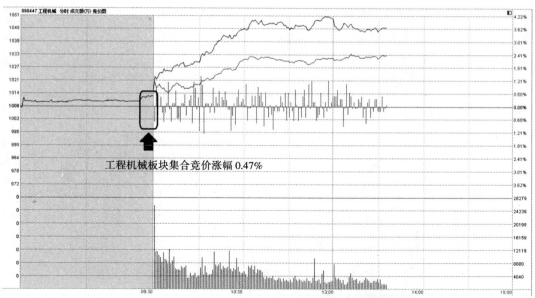

图 1-119　2023 年 9 月 4 日工程机械板块早盘集合竞价涨幅
资料来源：通达信，DINA。

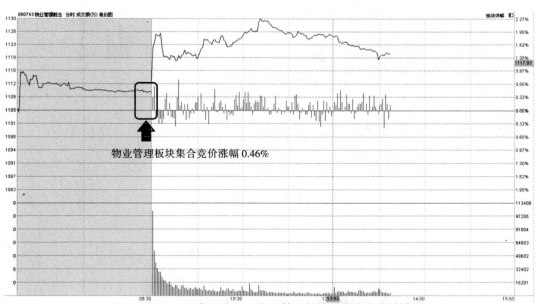

图 1-120　2023 年 9 月 4 日物业管理板块早盘集合竞价涨幅
资料来源：通达信，DINA。

因此，从板块和个股的强弱角度来看，新疆交建都不
是当日的操作优选标的。最终，该股以 1.53% 涨幅收盘
（见图 1-121），而当日沪深 300 指数的涨幅都有 1.52%，家

涨跌家数可以作为情绪冰
点和沸点的分界线。

具用品板块涨幅 5.08%。当日上涨家数高达 4197 家（见图 1-122），当天情绪是比较亢奋的，即便在这种情况下新疆交建的表现也非常一般。

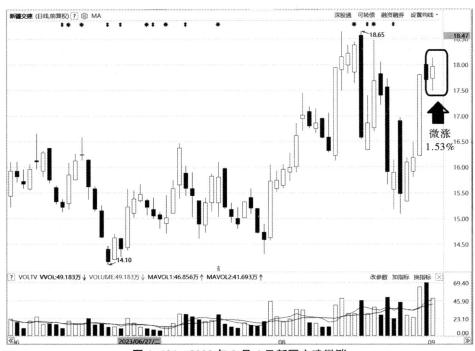

图 1-121　2023 年 9 月 4 日新疆交建微涨

资料来源：东方财富，DINA。

📈 **盘面解析** 09-04已收盘

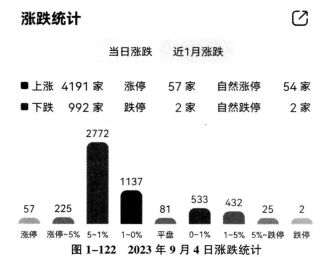

图 1-122　2023 年 9 月 4 日涨跌统计

资料来源：东方财富，DINA。

从当日大盘分时走势的热点概览中可以发现早盘"一带一路"板块曾经有所表现（见图1-123），这个板块有四只个股涨停，分别是三湘印象、阳煤化工、建设机械和中润资源。

通过开盘后的分时走势截面比较，就可以很快厘清新疆交建的个股强弱，自然也就可以进一步确认其缺乏短线交易价值。

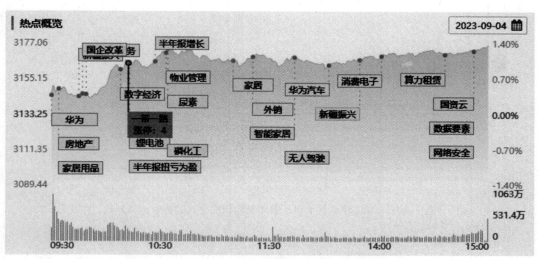

图1-123　2023年9月4日板块热点与大盘分时走势

资料来源：同花顺，DINA。

首先来看三湘印象和新疆交建当天的分时走势对比（见图1-124）。开盘后不久三湘印象就快速拉升，在同一时间窗口内新疆交建却震荡走低。如果在早盘集合竞价阶段你还对新疆交建"弱转强"抱有幻想的话，那么开盘后十分钟的对比表现足以打消你的期待。

阳煤化工开盘后波浪走高，低点越来越高，高点也越来越高，相应的新疆交建却基本上原地踏步（见图1-125）。阳煤化工从零轴附近开始上涨，涨到5%的这段时间，两者的强弱已经非常明显了。即便要"半路"介入，阳煤化工也是比新疆交建更明智的选择。10：00左右，阳煤化工涨停，而新疆交建还踌躇不前，弱势可见一斑。

建设机械开盘后迅速拉升，而新疆交建却小幅下跌，一涨一跌，强弱立判（见图1-126）。此后，建设机械在高位横盘震荡了一段时间，10：30左右封涨停板，这期间新疆交建在1.5%涨幅左右横盘整理，连跟风的表现都没有，自顾自走。建设机械10：30之前这段高位震荡是强势整理，对于短线交易者而言是不错的进场窗口。

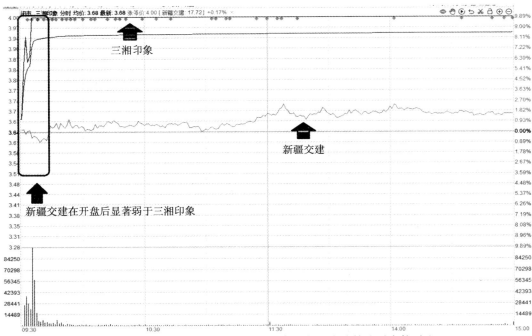

图 1-124 2023 年 9 月 4 日三湘印象和新疆交建的分时走势对比
资料来源：同花顺，DINA。

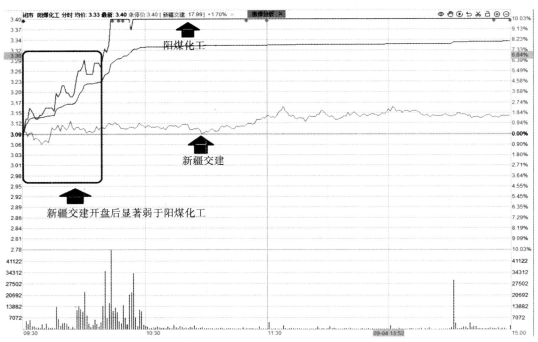

图 1-125 2023 年 9 月 4 日阳煤化工和新疆交建的分时走势对比
资料来源：同花顺，DINA。

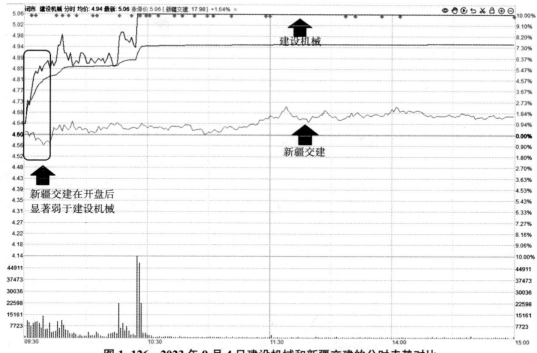

图1-126　2023年9月4日建设机械和新疆交建的分时走势对比
资料来源：同花顺，DINA。

在开盘之后，中润资源与新疆交建不分伯仲，强弱难辨（见图1-127）。但是10∶15左右，中润资源快速拉升，而新疆交建还是不温不火，这就表明资金在两者间选择了中润资源，10∶30之后中润资源涨停，是"一带一路"板块中最后一只涨停的个股。即便中润资源上板了，新疆交建还是不为所动，当日弱势无疑。

当日"一带一路"并非前排的板块，家居等板块涨停更多。整个市场都很火热，但是新疆交建无论是在集合竞价阶段还是10∶00之前都表现弱势，完全不符合"弱转强"的表现，自然也就被剔出了操作清单。

在集合竞价阶段除观察"竞价换手率"和"竞昨比"两个指标外，我们还有一些其他手段或者指标用来辅助判断和分析个股的承接力和强弱延续或者转换。

第一个手段是"撤单"。我们此前已经提到一点，那就是早盘集合竞价能撤单的时间段为交易日的9∶15~9∶20的5分钟窗口期。这个窗口期的一些异常能够给我们带来一些有价值的信息，用来判断对手盘的一些意图，进而推断出个股强弱的延续性。在早盘集合竞价的时候会有很多涨停个股，但是稍后在9∶25开盘价出来的时候涨停却少了很多，说明很多大额委托都撤掉了。撤单与撮合、匹配量、未匹

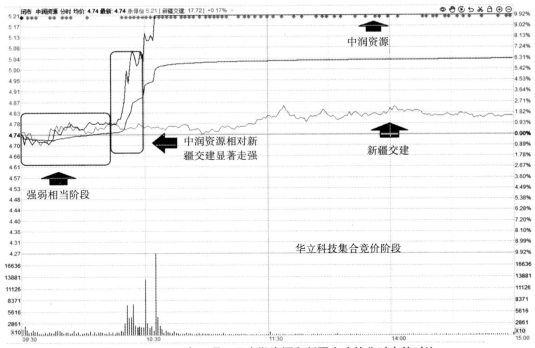

图 1-127　2023 年 9 月 4 日中润资源和新疆交建的分时走势对比
资料来源：同花顺，DINA。

配量的关系是需要掌握清楚的，不太清楚的学员可以查看前面部分，弄明白了再继续看这部分。

　　早盘集合竞价的撤单到底如何去观察和解读呢？一个最简单最基础的路径是**通过观察早盘集合竞价图的未匹配量的变化来判断主要玩家的撤单动向**。

　　比如，在 9：15~9：20 这个窗口期之内，倘若匹配价格没有变化，但是未匹配的量柱却由长变短，则表明有资金撤单了（见图 1-128）。

　　那么，如果竞价上涨或者下跌导致上方量柱缩短呢？也就是早盘集合竞价阶段，价格上涨或者下跌，未匹配量柱缩短甚至消失了，这类情况是不是撤单呢？这就比较复杂了，可能是撤单了，但更可能是撮合竞价变化引发了可匹配量和未匹配量变化。

　　如果上方未匹配量柱缩短的同时，下方匹配量柱变长了。那么就更可能是未匹配量被撮合了，变成了匹配量，这是主要原因。撤单可能就变得不那么重要了，不是玩家和对手盘的主要动作了，不是主要矛盾，考虑的价值就不大了。

　　从这点就可以初步理解，并非所有撤单都能从早盘集合竞价图上看出来。那么，在早盘集合竞价过程中哪些撤单是可以看到的，哪些不能看到呢？

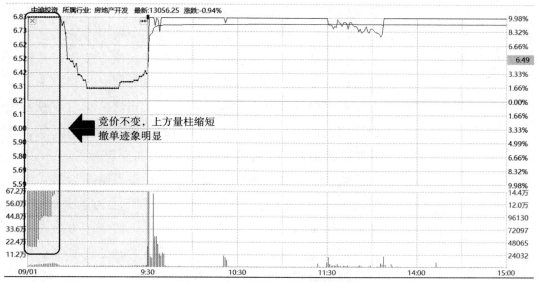

图1-128 早盘集合竞价撤单动作

资料来源：东方财富，DINA。

在9：15~9：20这个窗口期当中，我们下单委托。如果委托订单的报价没能撮合成功，那么你的撤单是不会在集合竞价图上显示的。如果下单委托的报价恰好符合匹配价，但委托订单规模很小，且该股是热门股，成交量很大，那么这种情况下的撤单也在竞价图上看不出来，因为是微不足道的变化。所以，除非是非常冷门的股票，否则一般散户的撤单在集合竞价走势上是体现不了的，只有大资金或者群体的撤单行为会体现在走势图上。

对于题材投机客或者短线打板客而言，一般在早盘集合竞价涨停或者早盘集合竞价跌停的时候关注撤单动作。当然，人气股是核心，人气股怎么看？东方财富、同花顺、通达信、韭菜公社、雪球、财联社和选股宝等行情软件及网站都会提供人气股更新，大家可以自己动手都去浏览一遍，看哪几家比较适合自己平时的阅读和分析习惯。

相比集合竞价跌停撤单，我们更关注涨停撤单的情况。涨停绝大多数情况下不是小资金能搞出来的，集合竞价涨停也是同理。大资金无论是游资还是基金，**为什么要在早盘集合竞价的时候挂到涨停然后又撤单呢**？动机是什么？思维是什么？他们是什么意图呢？他们是怎么想的呢？

在可以撤单的这五分钟窗口期内，主力挂涨停分四种情况：**第一种情况是吸引关注，聚集人气**。涨停是最显眼的个股运动，因为集合竞价涨停会使得个股出现在

对于一个此前无人问津的个股而言，造势是最关键的，建仓之后如何聚集人气关系着后面能不能风生水起。

涨幅列表前列和各种消息推送中。许多短线客重点关注集合竞价涨停个股的异动，因此这是一种吸引市场关注的手段。只有关注了，才会进入操作阶段。没有关注，躲在角落里面的个股，大众是不会去逐利参与的。**人气有了，就好比有了网红流量，变现才有可能。当然，热门个股的生命周期往往也是从聚集人气开始的。只有聚集了人气，有了初步的流量，才有后续的测试人气和变现问题。**

第二种情况是为了测试人气，看跟风情况如何。如果跟风不错，个股承接力很强，那么游资主力就继续做多；如果跟风不行，个股承接力较弱，那么游资主力就要考虑及时离场了。所谓知己知彼，百战百胜，通过涨停竞价来测试跟风力度，这就是主力对散户心理和动向的揣摩。

第三种情况是为具备足够人气个股的继续拉升做铺垫，提高换手率，制造预期之外的升势。提高换手的主要手段就是调整，通过涨停撤单进行"诱空"是一种比较常见的做法，涨停后撤单，竞价走低，让散户们出现看跌的错觉，抛出筹码。开盘后股价迅速拉升，引诱另一部分散户追高，这样就提高了整个市场的平均持仓成本，有利于股价进一步走高。

第四种情况是主力通过竞价涨停来诱多，吸引高位接盘者。在 9：15~9：20 这个窗口期，主力挂单制造涨停，借助于"小作文"和热点引诱买盘。然后主力在临近 9：20 的时候迅速撤单，让追高委托买进的散户措手不及。常见的撤单手法是竞价涨停靠近 9：20 时，突然大幅撤单，即便靠近 9：25 有抢筹行为，大概率也是诱多（见图 1-129）。因此，倘若交易者只考虑竞价涨幅的话，很容易被引诱上当，踏入多头陷阱。主力习惯于在集合竞价阶段诱多做连板股接力的玩家，早盘集合竞价阶段看似撮合量很大，竞价涨幅也很高，其实主力资金的真实意图是通过集合竞价出货，让急于上车做接力的"后知后觉资金"在高位挡做了接盘侠。

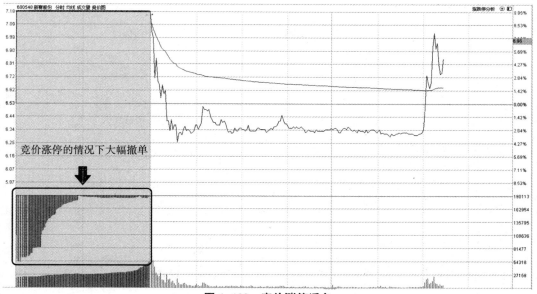

竞价涨停的情况下大幅撤单

图1-129　竞价涨停诱多

资料来源：通达信，DINA。

第二个用来辅助判断和分析个股的承接力和强弱延续或者转换的手段是"竞价均笔成交"，具体来讲就是早盘集合竞价最终成交的笔数和成交量。同花顺有一个"均笔成交"指标，可以放在日K线上，这个指标可以通过输入"JBCJ"找出来（见图1-130），据说这是一个隐藏指标。

日K线均笔成交的最大值往往与底部或者顶部对应，你可以自己去摸索规律。

当然，我们这里讲的是早盘集合竞价结束时的均笔成交。人气股肯定是人气旺的个股，意味着参与的玩家众多，游资愿意参与的个股必然是人气旺的个股，短线投机客也偏爱这类个股。与人气股相对应的则是庄股和冷门股。庄股是筹码非常集中的个股，人气显得不足；冷门股则是筹码分散，交投冷清的个股。庄股人气不足，筹码过于集中；人气股则相反。**对于题材投机客而言，我们要寻找藏风聚气的个股，那就是参与人数众多、筹码分散的热门股。**直观来讲，我们要寻找集合竞价均笔成交相对较小的热门个股。

不过大资金在热门个股的起涨点和高潮点有着明显的痕迹，均笔成交峰值是典型特征之一。

竞价均笔成交是一个比较有用的指标，可以用来分析人气，也就是参与玩家数量的情况。"吃独食"就是均笔成交极高的个股，而"人气旺"则是均笔成交比较大但合理

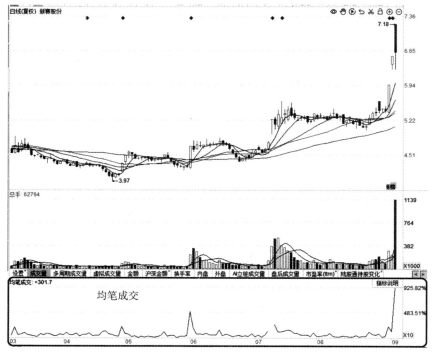

图 1-130　"均笔成交"指标

资料来源：同花顺，DINA。

的个股，**众人拾柴火焰高，换手高、玩家多的个股才具有上涨高度和持续性。**

　　网红时代，流量越高，变现价值才越大。题材投机，量能越大，操作价值才越大。**筹码过度集中，则对手盘很少，流水才能生财，一潭死水，哪里来的机会呢？**

　　藏风聚气，生财之道，人气个股，大家都有机会分一杯羹，大资金就很难吃独食。曾几何时，大型量化高频基金几乎垄断了融券资源，这就使可融券标的成了短线交易风险最高的标的，道理还是那个道理，客观规律使然。

　　当然，人气龙头个股不仅有散户参与，也有游资和机构参与，这就是一种对手盘之间平衡的状态。**玩家越是具有多样性，则个股的生命力越是强大。**因此，竞价均笔成交要显著高于平常无人问津的时段，这就是人气，同时不能大资金独大，这就要求这个数值不能太高。庄股则缺乏这种多样性，缺乏足够的对手盘，人气不振，主力自拉自唱，没有充足的对手盘可以利用。但如果一只个股基本都是散户参与交投，缺乏大资金，那么即便上涨也是短线跟风角色，难成大器。

　　因此，竞价均笔成交不能太高，也不能太低。低位起涨时竞价均笔成交要足够大，接力阶段则要求均笔成交不大，这就是人气接力的表现，"后继有人"。大幅上涨之后，如果竞价均笔成交出现峰值，那么大资金出货的概率就很高了，风险提示标志。

9：25 集合竞价结果出来了，就可以通过日线指标查看均笔成交了，当然也可以自己手工计算目标个股的竞价均笔成交。我们以 2023 年 9 月 5 日广信材料早盘集合竞价数据（见图 1-131）为例说明如何计算竞价均笔成交。9：25 这一行列出的数据就是早盘集合竞价的相关数据，成交了 1758 手，共计 145 笔，那么竞价均笔成交大约就是 1758/145=12.124。

× 300537 广信材料　分时成交明细　　Up/PageUp/滚轮 前翻 Down/PageDown/滚轮 后翻

时间	价格	成交			时间	价格	成交			时间
09:25	15.50	1758		145	09:32	15.36	55	B	18	09:34
09:30	15.49	1502	B	192	09:32	15.36	134	B	23	09:34
09:30	15.49	1102	B	111	09:32	15.36	90	B	16	09:34
09:30	15.40	123	S	29	09:32	15.37	59	B	15	09:34
09:30	15.48	418	B	38	09:32	15.38	12	B	2	09:34
09:30	15.35	202	S	42	09:32	15.38	92	B	13	09:34
09:30	15.40	47	B	14	09:32	15.40	31	B	7	09:34
09:30	15.41	85	S	24	09:32	15.40	160	B	10	09:34
09:30	15.42	99	B	15	09:32	15.41	85	B	20	09:34
09:30	15.48	75	B	27	09:32	15.43	18	B	9	09:34
09:30	15.45	133	S	25	09:32	15.41	39	S	18	09:35
09:30	15.47	54		28	09:32	15.44	11	B	5	09:35
09:30	15.50	291	B	105	09:32	15.43	56	S	23	09:35
09:30	15.51	416	B	53	09:32	15.44	53	B	11	09:35
09:30	15.49	377	S	50	09:32	15.45	80	B	13	09:35
09:30	15.51	35	B	12	09:33	15.44	48	S	13	09:35
09:30	15.51	174	S	19	09:33	15.43	405	S	70	09:35
09:30	15.52	416		19	09:33	15.38	530	S	98	09:35
09:30	15.52	490	S	74	09:33	15.36	304	S	44	09:35
09:30	15.54	108	S	23	09:33	15.34	29	S	11	09:35
09:31	15.54	262	S	38	09:33	15.33	125	S	16	09:35
09:31	15.51	56	S	16	09:33	15.33	129	S	47	09:35
09:31	15.48	377	S	72	09:33	15.33	47	B	14	09:35
09:31	15.43	122	S	16	09:33	15.31	24	S	3	09:35
09:31	15.41	222	S	51	09:33	15.31	92	S	12	09:35
09:31	15.37	31	S	8	09:33	15.31	32	S	6	09:35
09:31	15.39	102	B	48	09:33	15.35	218	B	34	09:35
09:31	15.40	455	B	75	09:33	15.34	27	S	2	09:35
09:31	15.44	125	B	24	09:33	15.36	36	B	9	09:35
09:31	15.43	106	S	57	09:33	15.34	13	S	3	09:35
09:31	15.42	122	S	20	09:33	15.38	41	B	4	09:36
09:31	15.44	133	B	50	09:33	15.37	13	S	5	09:36
09:31	15.44	158	B	56	09:33	15.38	14	S	8	09:36
09:31	15.45	96	S	23	09:33	15.41	6	B	1	09:36
09:31	15.43	137	S	29	09:34	15.41	117	B	21	09:36
09:31	15.40	169	S	24	09:34	15.38	85	S	23	09:36
09:31	15.39	228	S	40	09:34	15.42	57	B	22	09:36
09:31	15.36	178	S	49	09:34	15.43	230	B	40	09:36
09:31	15.34	46	S	20	09:34	15.43	63	B	5	09:36
09:31	15.35	21		8	09:34	15.44	36	B	4	09:36
09:32	15.34	125		30	09:34	15.43	55	S	13	09:36
09:32	15.36	118	B	21	09:34	15.43	47	B	5	09:36
09:32	15.34	152	S	35	09:34	15.44	29	B	11	09:36
09:32	15.36	142	B	28	09:34	15.43	16	S	4	09:36

图 1-131　广信材料早盘分时成交明细（2023 年 9 月 5 日）

资料来源：通达信，DINA。

笔数与玩家数量有关，成交量则代表玩家资金实力。如果笔数变大，则意味着玩家的数量更多，也就是人气比较旺的表现；如果笔数变小，则意味着玩家的数量更少，也就是人气不济的表现。如果竞价均笔成交比较大，则表明大资金参与力度比较大，这种情况在低位起涨点附近是不错的，但在接力上涨阶段，则不希望均笔成交出现峰值。通常而言，竞价均笔成交在 10 左右，如果超过 50 则认为有大资金在早盘集合竞价阶段介入。在 50~100 这个范围之内，我们认为属于人气比较旺，同时个股承接力比较强的个股，适合跟进。

我们来看一个具体的实例，2023 年 7 月 28 日太平洋集合竞价结束时，成交量为 257927 手，成交笔数为 3013 笔（见图 1-132），那么竞价均笔成交就是 257927/3013=85.6。从竞价均比成交来看，这是一只人气热门股，但是还不至于亢奋，因此有参与价值。

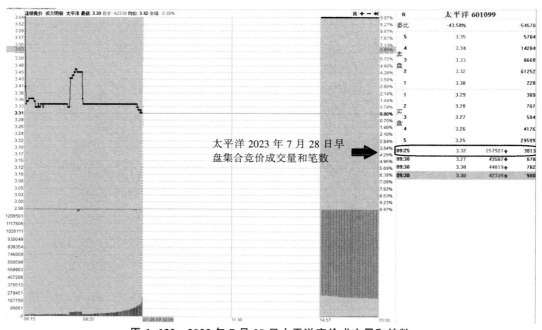

太平洋 2023 年 7 月 28 日早盘集合竞价成交量和笔数

图 1-132　2023 年 7 月 28 日太平洋竞价成交量和笔数
资料来源：同花顺，DINA。

可以看到 2023 年 7 月 28 日这天 K 线在太平洋整个走势中的位置（见图 1-133）。低位一字板之后出现一个 T 字板，然后换手。7 月 28 日这天竞价涨幅在零轴附近，竞价均笔成交量能强劲且合理，大资金介入了，也有人气，适合短线操作。

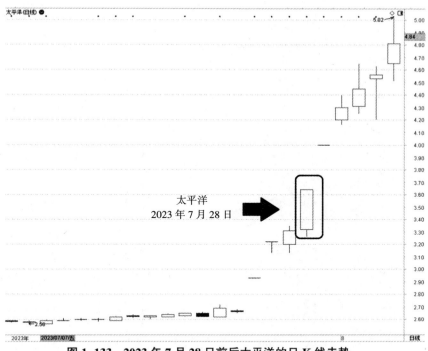

图 1-133　2023 年 7 月 28 日前后太平洋的日 K 线走势

资料来源：通达信，DINA。

在早盘集合竞价阶段，我们会关注竞价均笔成交。收盘后，我们也会关注日 K 线上的均笔成交，可以看出 7 月 28 日这天的日均笔成交并不高，未形成峰值，这就表明这个位置主力并未出逃，大资金主要在早盘集合竞价阶段介入（见图 1-134）。这里简单归纳一下：集合竞价阶段均笔成交主要是看有无人气，大资金是否介入了；日线上看均笔成交主要与股价最近高低位结合起来，看大资金是在抢筹还是派筹。

既然讲到了竞价均笔成交，那么日线上的均笔成交也顺便谈一下。股价在低位，也就是没有持续上涨超过 20%，这个时候出现日线上的均笔成交峰值，那么大资金低位吸筹的可能性很高，特别是如果当时该股处于新题材板块之中。比如 2022 年 10 月 19 日，西安饮食就在低位出现了均笔成交峰值（见图 1-135），大资金吸筹的特征非常明显，至少应该在单日收盘后结合当日指数周期、情绪周期和热

通达信称"均笔成交"为"每笔均量"，也就是"成交总量/分时成交笔数"。

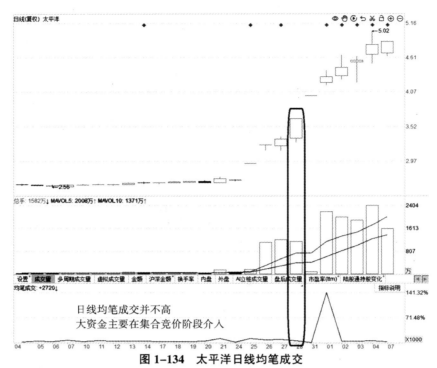

图 1-134　太平洋日线均笔成交

资料来源：同花顺，DINA。

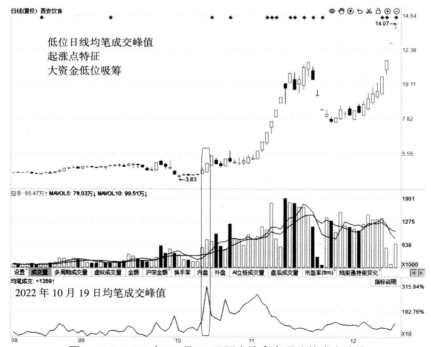

图 1-135　2022 年 10 月 19 日西安饮食出现均笔成交峰值

资料来源：同花顺，DINA。

点逻辑，以及该股的技术结构好好地剖析一下大资金为什么要在这个位置介入，它是怎么想的？动机是什么？主要对手盘是怎么想的？均笔成交这么大，肯定是大资金有动作，这个时候还引不起你的注意，那么就很容易错失潜在的大机会。

再来看第二个例子，天正电气2023年4月28日从最低点附近向上跳空涨停，成交量放大了超过两倍，因此是典型的"倍量阳线"。当日均笔成交出现显著的峰值（见图1-136），这么低的位置如此大的资金介入，会是什么样的对手盘呢？为什么会在这里大举介入呢？此前持筹的人会怎么想？现在底部一个涨停，他们想要卖出还是继续持筹呢？这个大资金次日就会卖出吗？它的平均成本大概是多少？它的成本是不是接近涨停价？该股的逻辑和大盘指数周期是否支持更大的上涨空间？

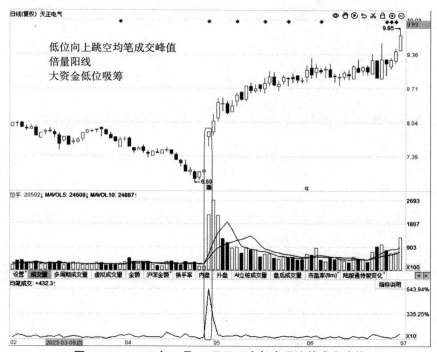

图1-136　2023年4月28日天正电气出现均笔成交峰值
资料来源：同花顺，DINA。

当我们看到均笔成交峰值的时候，就应该想一下：介入的大资金是少数主力所为，还是群体性的亢奋？在这里是吸筹，还是派筹？周期和逻辑支持该股继续上涨吗？里面持筹者怎么想？外面持币者怎么想？

如果股价大幅上涨后出现均笔成交峰值，那么可能是大资金来接力，也可能是大资金出逃了。我们来看一个例子，华丰股份2023年6月30日出现了均笔成交峰

值（见图 1-137），此前的上涨幅度已经超过 20% 了，显然不能算是低位。那么，此次高位大换手到底是接力还是派筹呢？天量大阴线如果不能在次日被吞没，那么大资金出逃的概率就非常高了。

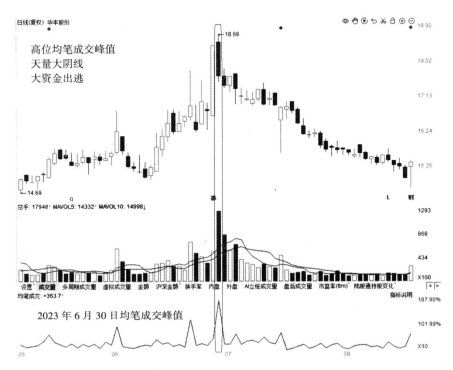

图 1-137　2023 年 6 月 30 日华丰股份出现均笔成交峰值叠加天量大阴线
资料来源：同花顺，DINA。

在本节，我们主要介绍了早盘集合竞价阶段如何甄别目标个股的强弱态势和承接能力，主要从竞价量能、竞价涨幅、撤单动向、竞价板块间和板块内涨幅截面比较以及竞价均笔成交等几个指标去验证和修正自己的判断。当然，这里面有更多可以扩展的内容，比如竞价强势加速和弱转强等，我们会在其他专题讲义中更加全面深入地展开介绍。任何战法或者说策略都是在特定格局和对手盘构成中实现其价值最大化的，因此也应该与时俱进，不断演化。足够的经验和高效的反思在其中扮演了重大的角色。

个股强弱应该放在周期、逻辑和日线结构上进行整体分析，指数周期、情绪周期、赚钱效应、日线量能都是不能忽略的重要方面。如果只根据个股竞价弱转强入手去投机操作，长期下来胜率和赔率并不会让你满意，因为题材投机是一项系统间的比拼，胜出者并非靠一招一式，而是基于一个系统的特定战法。**系统之间的竞争**

优势，才是终极的制胜之道。

第四节 集合竞价买入和卖出策略

在集合竞价阶段对大势、逻辑、板块和个股如何分析与把握，我们已经做了深入的介绍。在本节我们将展开如何基于竞价对强势股和热门股进行买卖操作。

在集合竞价快要结束和刚刚开盘的时候买卖一般称为"竞价买卖"，这是题材炒家常见的操作之一。大多数短线高手都会在9：45之前结束当天的操作，当然也有尾盘买卖的，但主要还在9：20~9：45完成操作。特别是在9：20~9：30，基于集合竞价的情况，做出持股或者买卖的决定，这个时候的操作一般算作"竞价买卖"。

竞价买卖基本上是开盘就干脆利落地下单了，杀伐决断，讲求果断和速度，一个字——"狠"。所谓的"核按钮"经常出现在这个时候。除竞价买卖外，有时候也会选择盘中操作，这时候就有"低吸""追涨"的简单区分了。

但是，对于题材投机客而言，盘中和收盘时的操作相对要少一些，大部分还是竞价和开盘的时候就解决了。低吸需要耐心等待，不受情绪影响，等待股价在分时上跌到一个关键的支撑位置。如果低吸是等待位置，那么追涨就是等待趋势。我们讲求"势、位、态"，低吸重在一个"位"字，而追涨则重在一个"势"字。指数和板块盘中的态势也会影响个股的分时态势，所以追涨也需要重视大势、板块与个股的共振。对于短线客而言，追涨是冲着个股涨停去的，如果当日不涨停，次日不高开，那么追涨的赔率和胜率都不划算了。追涨可能是"半路"也可能是"扫板"，这个就需要对龙头战法和涨停打板有深入了解了。感兴趣的读者可以进一步研习《题材投机5：涨停板、主流与寻龙点穴》这本讲义。

总之，选择竞价买卖或者盘中低吸、追涨主要还是看怎样操作胜率和赔率更高。当然，也跟个人的性格有关系。**你选择怎样的模式，最终还是要落实到绩效上来比较，与自己比较，与别人比较，优胜劣汰。在人世间做事，除讲求一个兴趣和天赋外，重要的还是要考虑一个效率，横向的效率和纵向的效率。**

竞价买卖可以获得当日的先手，至于这个先手能否真正成为一个优势，根本还在于你的竞价研判能力。不大的资金可以直接挂涨停价买入或者跌停价卖出，但是如果是大资金的话，则会影响盘面。比如大资金挂跌停价卖出，那就是所谓的"核

按钮"了。

竞价涨幅和量能是我们关注的两个要素，其中量能重于涨幅，甚至可以说量能是竞价在技术层面的核心。下面我们就详细介绍三类竞价买点和三类竞价卖点。

竞价的时候，**价量超预期是所有竞价买点的基础**。我们给出三类代表性竞价买点用以启发思路，分别是：昨日烂板今日转强、预判反核、竞价抢筹。

第一类代表性买点是"烂板转强"。"烂板"贯穿整个题材投机系列讲义，本课会讲，本书后面还会讲，到了《题材投机 4：超预期之业绩跃升和弱转强》和《题材投机 5：涨停板、主流与寻龙点穴》还会从其他角度结合实际操作展开讲，由此可见它的意义和价值。昨天烂板，今天却量能十足地高开，这是价量超预期的典型表现之一。**为什么许多"妖"和"龙"在爆发拉升之前都会出现烂板？但许多烂板却真的"烂下去"了？关键在于烂板之后是延续弱势，还是转为强势。**烂板是典型的弱，前日弱，涨停曲折体现了抛压很重，封板资金态度也不坚决。**抛压沉重体现了持筹者的态度；封板犹豫体现了持币者的态度。**

昨日烂板表明打板资金分歧严重，信心不足，抛压不轻。无论是持币者还是持筹者都表现出了看跌预期，因此次日走势一般看跌，这就是大众预期。隔夜，大资金也在思考，或许因为有了新的信息发酵，又或许是逻辑上存在大众盲点，这就存在一个大资金与大众的预期差了。该低开，该"摆烂"，这是大众的一致预期，但是大资金却有了不同的看法，放量高开不一定高开很多，但是已经表明了竞价超预期了，这就是"烂板转强"买点。

我们来看几个"烂板转强"的实例。

第一个"烂板转强"实例是银宝山新。2021 年 4 月 19 日该股出现了分时烂板（见图 1-138）走势，K 线上是大长腿涨停（见图 1-139）。烂板次日大多走弱，在集合竞价阶段的表现就是低开。次日，也就是 4 月 20 日，集合竞价却是高开 7% 左右（见图 1-140），并且量能也很强，竞昨比大增，并且出现了后面会介绍的"竞价抢筹"现象（见图 1-141）。简单而言，银宝山新在集合竞价阶段就出现了"烂板转强"特征，此后卡位主流板块老龙头北汽蓝谷成了新的龙头。

第二个"烂板转强"实例是京山轻机。2022 年 6 月 24 日（星期五）竞价涨幅不到 1%，盘中上涨非常犹豫，直到 14：30 左右才打了一下板，很快回落，最终在收盘前才封板（见图 1-142）。这是两种弱势板的组合"尾板+烂板"，K 线上虽然是涨停（见图 1-143），但本质却很弱。第二个交易日，也就是 6 月 27 日（星期一），竞价涨幅超过 5%（见图 1-144），竞价成交额是 7372 万元，而 6 月 24 日的

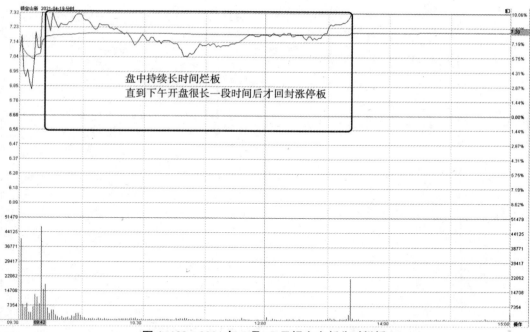

盘中持续长时间烂板
直到下午开盘很长一段时间后才回封涨停板

图 1-138 2021 年 4 月 19 日银宝山新分时烂板

资料来源：通达信，DINA。

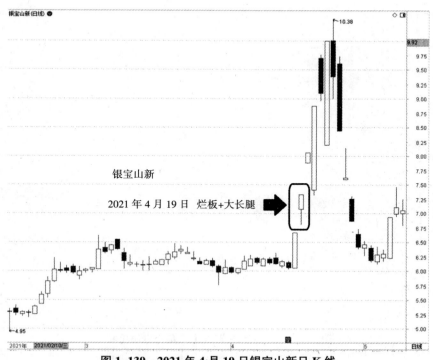

银宝山新

2021 年 4 月 19 日 烂板+大长腿

图 1-139 2021 年 4 月 19 日银宝山新日 K 线

资料来源：通达信，DINA。

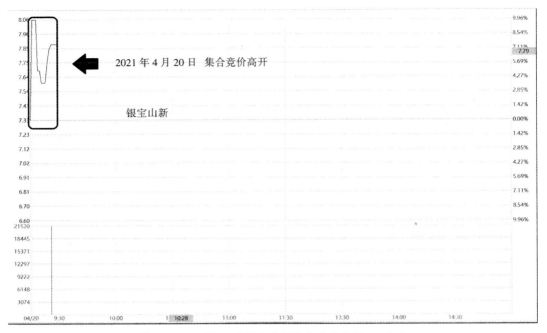

图 1-140　4 月 20 日银宝山新集合竞价高开 7% 左右
资料来源：东方财富，DINA。

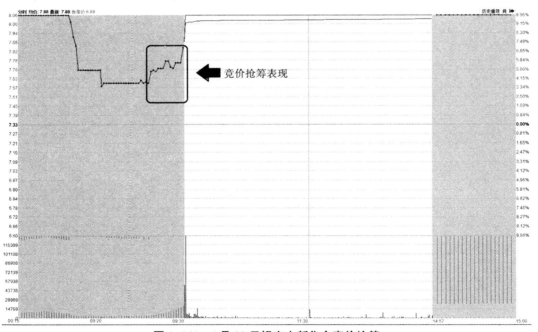

图 1-141　4 月 20 日银宝山新集合竞价抢筹
资料来源：同花顺，DINA。

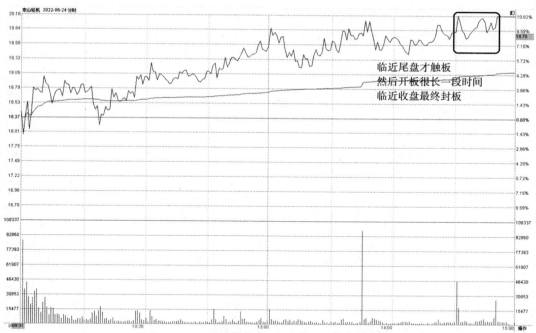

图 1-142　2022 年 6 月 24 日京山轻机分时烂板

资料来源：通达信，DINA。

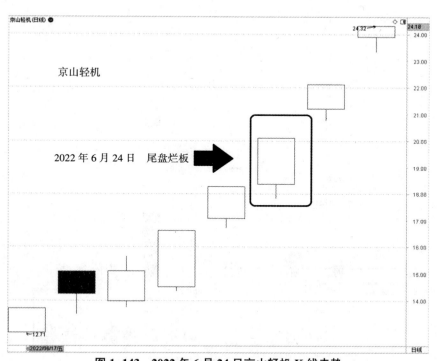

图 1-143　2022 年 6 月 24 日京山轻机 K 线走势

资料来源：通达信，DINA。

竞价成交额则是 3861 万元，竞价成交额时序增加了（见图 1–145）。这是典型的昨日烂板，今日竞价放量转强，这就是一个胜率和赔率都比较高的竞价买点。

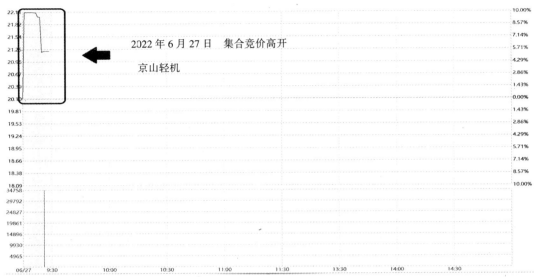

图 1–144 2022 年 6 月 27 日京山轻机集合竞价高开 5.5%
资料来源：东方财富，DINA。

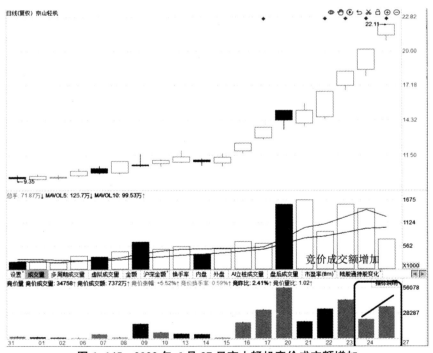

图 1–145 2022 年 6 月 27 日京山轻机竞价成交额增加
资料来源：同花顺，DINA。

第三个"烂板转强"实例是我乐家居。2023 年 8 月 28 日该股首板，开盘后不久涨停，但是开板，接着回封，分时走势上形成一个烂板（见图 1-146）。当日 K 线则是一个 T 字板（见图 1-147）。**下影线较长的涨停板其实蕴藏着许多弱转强的机会**，后面我们还会反复提及。次日，也就是 8 月 29 日，早盘集合竞价高开 7.61%（见图 1-148），同时竞价成交额增加，2023 年 8 月 28 日竞价成交额为 72.78 万元，8 月 29 日竞价成交额为 297 万元（见图 1-149），这就是昨日烂板今日竞价转强的买入信号。

弱转强和加速的量能要求不一样，这点要区别，**弱转强可以高开放大量，但是连板股高开放大量风险就要高许多。昨日强势涨停，今日大幅高开，如果量很大的话，则意味着持筹者并不惜售。昨日弱势烂板或者炸板、断板，而今天放大量高开，则意味着持币者抢筹。**所以，要与前面提到的竞价合理涨幅和量能做区分。

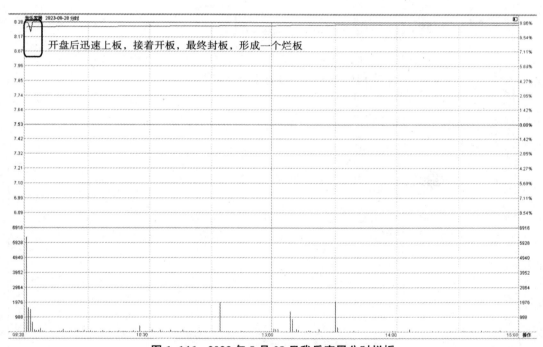

图 1-146　2023 年 8 月 28 日我乐家居分时烂板
资料来源：通达信，DINA。

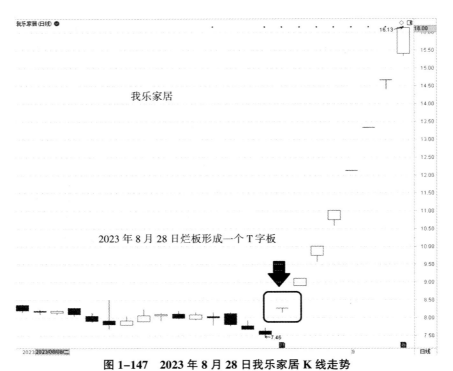

图 1-147　2023 年 8 月 28 日我乐家居 K 线走势

资料来源：通达信，DINA。

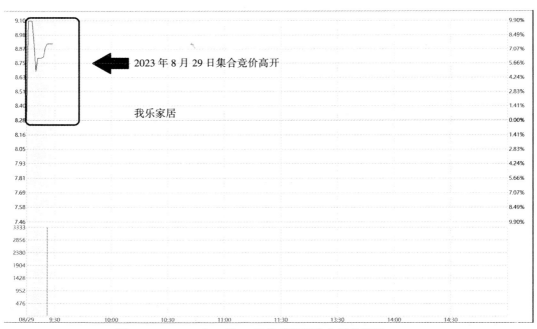

图 1-148　2023 年 8 月 29 日我乐家居集合竞价高开 7.61%

资料来源：东方财富，DINA。

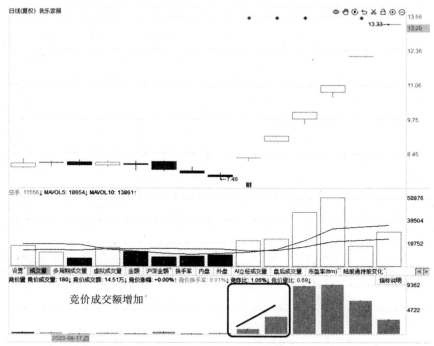

图1-149　2023年8月29日我乐家居竞价成交额增加

资料来源：同花顺，DINA。

除烂板转强外，还有类似的炸板转强、尾板转强、断板转强等，买点逻辑和思路类似，这里不再赘述。这些买点是不是可以撇开周期、逻辑来单独使用呢？这肯定是不行的。**任何买点都不能离开周期和逻辑来使用，任何弱转强都是立足于情绪周期和题材逻辑的，绝不能与系统对抗。**

第二类代表性竞价买点是"预判反核"。在A股短线投机中，所谓的"核"或者说"核按钮"通常指的是大资金或者群体在竞价或者开盘时大举抛售，导致股价大幅下跌或者跌停。所谓的"反核"通常指的是在大幅下跌后有大资金抄底。

一旦我们预判到可能出现反核，那么就可以在竞价结束或者开盘不久买入。前一天如果比较弱，比如炸板或者断板，那么今天竞价开盘的时候有些资金可能会导致恐慌性砸盘，经常导致竞价"核按钮"。但是，如果"穷极必反"，再有人气加持，那么个股承接力就会很强，抛压一次

> 任何股票短线交易策略的根本，都在于对市场情绪的彻底揣摩和顺应。

性充分释放后往往会出现暴涨，这就是"反核"。

"反核"的前提是：**第一，要求是人气股，龙头最好，或者近期是强势股，市场地位和号召力昭彰**，也就是"藏风聚气"这条不能缺，有了这条才能"风生水起"。暴跌的时候，下方承接力要强，量能要大，如果量能不足，缺乏人气，则反核的可能性就很小。当然，竞价量能比竞价涨幅重要，但是逻辑比量能更为重要，有时候竞价量能萎缩，跌幅也不深，这个时候市场情绪和逻辑起了"反核"的作用。

第二，必须是该股的首次回调买点，俗称"首次分歧买点"。第二次分歧甚至更靠后的分歧，反核的胜率和赔率都会低很多。大众通常将"分歧"等同于"调整"或者"下跌"，其实并不准确。严格来讲，"分歧"与"显著放量"等同，而"一致"与"显著缩量"等同。这个回调买点的回调幅度越大越好，也就是竞价涨幅越低越好，开盘越低越好。

常见的"首次分歧买点"有哪些呢？比如"龙头首阴""次新首开板"等。

我们来看具体的例子——金健米业，2020 年 4 月初该股有一波强劲的上涨，然后出现横盘整理，到了 4 月 13 日大跌，走势非常疲软。到了 4 月 14 日早盘集合竞价，直接被"核按钮"，跌停开盘（见图 1-150），但是临近开盘时匹配量大增，而未匹配量大减，同时竞换手和竞昨比都爆出了巨量（见图 1-151）。从对手盘思维的角度来思考，谁会在跌停盘处大举接筹码呢？什么样的持币者这么有信心？他的逻辑是什么？这些异常点足以让我们"预判反核"。当日，该股以跌停开盘，以涨停收盘，好一个地天板！

第三类代表性买点是"竞价抢筹"。集合竞价的时候就把单子匆忙敲进去是为了尽快成交，这是因为盘前的信息已经足以做出高赔率和高胜率的买卖决策了。但是，对于短线投机客而言，这还不够，因为往往需要次日开盘前的一个确认，确认逻辑，确认情绪，确认对手盘的动向。因此，许多职业短线客倾向于在 9：25 竞价结束后 9：30 开盘时才下单，而一些游资则倾向于在临近 9：25 的时候才

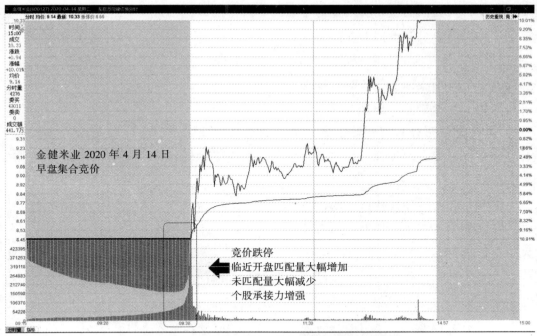

图 1-150　2020 年 4 月 14 日金健米业早盘集合竞价

资料来源：东方财富，DINA。

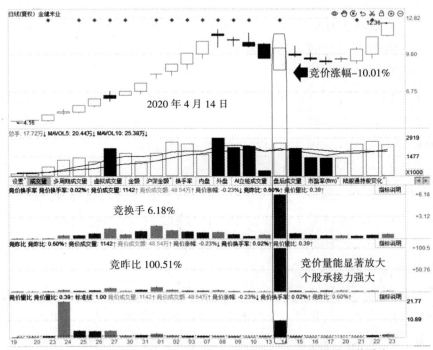

图 1-151　2020 年 4 月 14 日金健米业早盘集合竞价量能显著放大

资料来源：同花顺，DINA。

采取行动，因为他们也要看其他对手盘的底牌。所以，临近 9：25 的异动是早盘集合竞价时段当中最有价值的时间窗口。

"竞价抢筹"买点信号往往就出现在这个窗口当中。当然，同花顺软件在竞价阶段也对某些个股标注了"竞价抢筹"或者"竞价砸盘"等标签，但是与我们这里要介绍的"竞价抢筹"还是有很大区别的。

"竞价抢筹"有两种典型走势：第一种是撮合价格先走低，临近 9：25 拐头向上，这是抢筹买入的表现；第二种是撮合价格先横盘较长一段时间，临近 9：25 加速上扬。

技术上可以提升其胜算率的特征是缺口。竞价结束和开盘之间存在向上跳空缺口，可以增加其"竞价抢筹"的有效性。也有一些短线客将开盘向上跳空缺口定义为"竞价抢筹"。当然，我们首先有一个股票池，然后去里面寻找"竞价抢筹"的个股，非人气股、非强势股、非最新大题材股，即便出现了"竞价抢筹"信号我们也不会考虑的。"竞价抢筹"相当于确认了隔夜你看好的个股，这只是一个技术行为确认，如果没有逻辑和周期这些前提，只凭技术信号无脑买入肯定是不行的。

我们来看一些具体的"竞价抢筹"的技术性案例。第一个实例是菲菱科思，2023 年 9 月 11 日这天该股早盘集合竞价 9：20 阶梯式走低，临近 9：25 开始拉升（见图 1-152），这属于竞价抢筹第一种典型走势。该股首先属于当日热点，逻辑风向上有支持，早盘集合竞价抢筹相当于确认了该股的逻辑发酵属于市场资金偏好，最终该股当日涨停（见图 1-153）。

第二个实例是铭普光磁，2023 年 9 月 11 日早盘集合竞价在水下不深处长时间横盘整理，临近 9：23 时拐头向上，但是不明显。开盘向上跳空，一个小缺口凸显了"竞价抢筹"动作（见图 1-154）。最终，当日涨停收盘（见图 1-155），次日继续涨停。

第三个实例是金固股份，2023 年 9 月 11 日早盘集合竞价在 9：20 之前跌停，但在可撤单之前撮合价到了零轴之下不远处，临近 9：25 时拐头上行，并且向上跳空开盘，典型的"竞价抢筹"动作（见图 1-156）。最终，金固股份大幅上涨报收，形成一根大阳线（见图 1-157）。

第四个实例是华映科技，2023 年 9 月 12 日早盘集合竞价就跌停，不过上下红柱越来越长，临近 9：25 的时候突然翘板，9：30 向上跳空开板（见图 1-158），抢筹迹象明显。下午盘看后快速封板（见图 1-159），形成一个准"地天板"。**人气股早盘集合竞价快要结束的时候撬开跌停，开盘向上跳空，这种类型的竞价抢筹是捕**

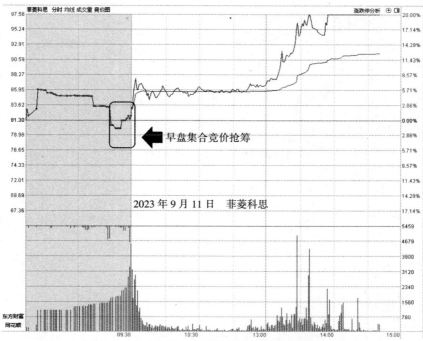

图 1-152　2023 年 9 月 11 日菲菱科思"竞价抢筹"

资料来源：通达信，DINA。

图 1-153　2023 年 9 月 11 日菲菱科思单日涨停

资料来源：通达信，DINA。

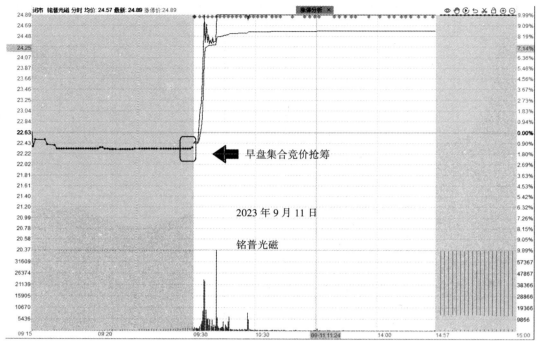

图 1-154　2023 年 9 月 11 日铭普光磁"竞价抢筹"

资料来源：同花顺，DINA。

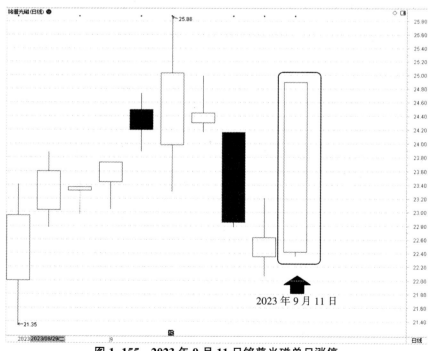

图 1-155　2023 年 9 月 11 日铭普光磁单日涨停

资料来源：通达信，DINA。

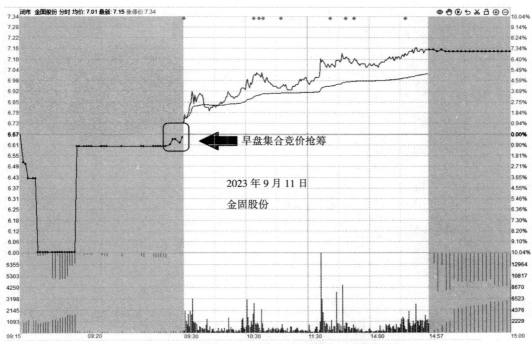

图 1–156　2023 年 9 月 11 日金固股份"竞价抢筹"

资料来源：同花顺，DINA。

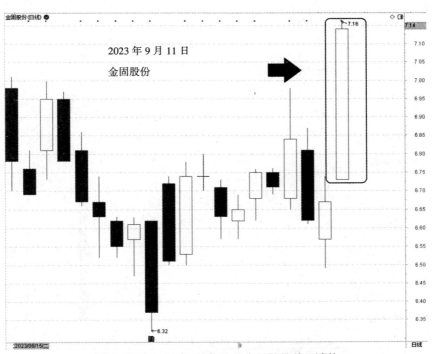

图 1–157　2023 年 9 月 11 日金固股份单日涨停

资料来源：通达信，DINA。

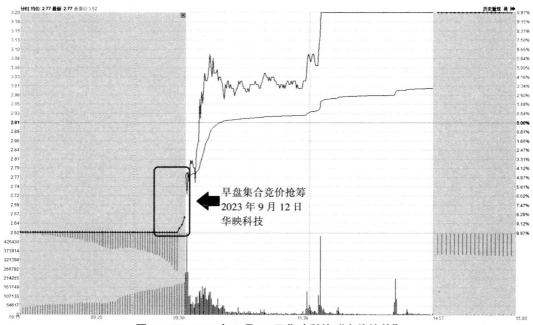

图 1-158　2023 年 9 月 12 日华映科技"竞价抢筹"

资料来源：同花顺，DINA。

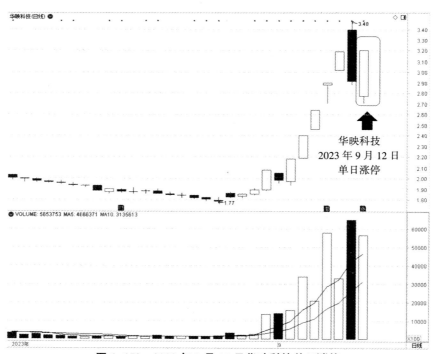

图 1-159　2023 年 9 月 12 日华映科技单日涨停

资料来源：通达信，DINA。

捉"地天板"的高效信号。9月13日早盘集合竞价，华映科技再次出现了非典型的"竞价抢筹"，开盘与集合竞价之间出现了向上缺口（见图1-160），开盘后迅速封板涨停。

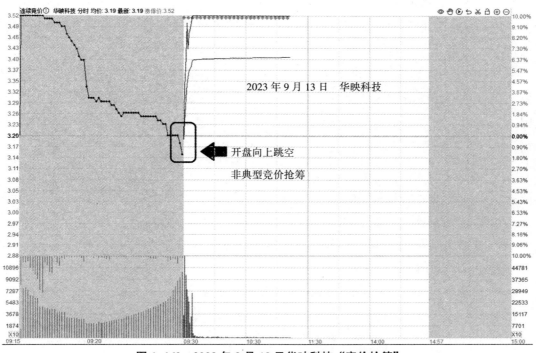

图1-160 2023年9月13日华映科技"竞价抢筹"

资料来源：同花顺，DINA。

我们已经介绍了三种竞价买点，"烂板转强"属于昨日弱转今日竞价强；"预判反核"和"竞价抢筹"则大致属于竞价弱转开盘价。从中可以看出"弱转强"是竞价买点的关键，后面我们还会探讨"弱转强"。但这些技术面的工具必须与逻辑和周期，还有更大的将技术结构结合起来，毕竟只有少数异动真正有价值。**我们可以利用异动来确认自己的预判，利用异动来挖掘预期差，但是却不能利用异动来机械无脑买卖。**

接着，我们介绍三类代表性竞价卖点，分别是：弱于预期、缩量加速、人气不振。

第一类代表性卖点是"**弱于预期**"。"弱于预期"又被称为"不及预期"。题材投机圈里面有一句口头禅："**竞价弱于预期，核按钮，此后盘中弱转强，买回来；竞价符合或者超预期，继续持仓，此后盘中强转弱，核按钮。**"在讲第一类卖点之前，还要澄清一点的是我们这里讲的任何卖点都是讲的买对之后的卖点，你要搞清楚自

己的主要症结到底是买的问题，还是卖的问题。不要将买的问题，归结为卖的问题。

这里弱于预期的个股是主流板块内的主线，而非分支或者冷门。如果是分支或者冷门，俗称"杂毛"，那么就根本不应该买入，所以也不存在卖出的问题了。如果介入了非主流和跟风个股，那么很容易在竞价的时候被大资金挂跌停，按核按钮了，这种风向就非常大了。所以，主流和主线搞不清楚，介入个股的前提缺失，那么再怎么追求卖出技巧，也是"无米之炊"。

"弱于预期"意味着溢价低于预期，要么是我们的预判与市场不符，这种差异要么源自我们此前对市场的研判存在盲区，某个被忽略的因素影响了个股，要么是因为新的因素出现了。弱于预期意味着竞价卖点出现了，对于短线而言应该立即卖出。此后，如果弱转强，那么又可以根据具体情况再买回来。

那么，"弱于预期"具体的标准是什么呢？一个是竞价涨幅，另一个是竞价量能。竞价涨幅弱于预期的标准是昨日涨停且周期向上的情况下，根据昨日涨停时间建立一个预期基准：

◆ 昨日一字板或开盘秒板的，那么第二天符合预期的竞价涨幅在5%以上，低于5%就是弱于预期；

◆ 如果昨日 10：00 前涨停的，第二天正常预期高开 4%左右，低于 4%就是弱于预期；

◆ 昨日 11：30 前涨停的，第二天正常预期高开 3%左右，低于 3%就是弱于预期；

◆ 昨日午后涨停的，第二天预期竞价涨幅为-2%到 2%，低于 2%就是弱于预期；

◆ 昨日烂板，第二天预期竞价涨幅为-2%到 0，低于 0 就是弱于预期。

如果指数周期和情绪周期下行，则上述预期基准就要下调。除结合周期外，还有结合逻辑和催化剂的有无新变化。另外，还可以看逐日竞价涨幅是递增还是递减，变动幅度如何。

虽然我们操作个股，但是在关注个股竞价涨幅和竞价量能的同时，还需要关注相应板块的竞价涨幅和竞价量能。当指数和情绪周期处于上升态势时，我们对竞价涨幅的要求要高一些，量能也是；当指数和情绪周期处于下降态势时，我们对竞价涨幅的要求就要低一些，量能也是。比如，在周期向上的格局下，我们可以允许个别强势股竞价涨幅超过 5%，但是在周期向下的格局下，我们则不会允许竞价涨幅超过 5%。当然，5%作为一个阈值，并不是那么机械死板，因为市场和玩家都在持续进化中。

我们来看一些有关"弱于预期"卖点信号的具体实例。第一个实例是科森科技。2023 年 9 月 11 日，科森科技一字涨停，此前已经上涨一段时间了，这个涨停板是缩量的，表明加速一致，情绪非常亢奋（见图 1-161）。一字板之后的早盘集合竞价必须非常强势才表明涨势延续可能性高。通常而言，昨日一字板或开盘秒板的，且指数和情绪周期上行，那么第二天符合预期的竞价涨幅在 5% 以上。次日，也就是 9 月 12 日早盘集合竞价从涨停位置大幅撤单，临近 9：25 时竞价涨幅迅速下跌到零轴附近（见图 1-162），竞价弱于预期，强势并未延续，弱转强显露无遗。

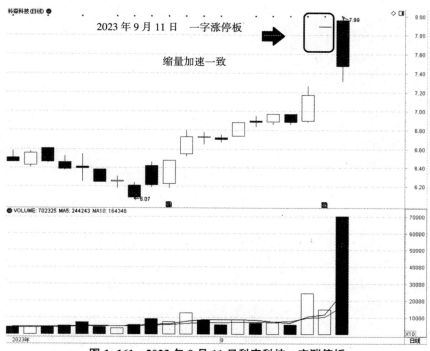

2023 年 9 月 11 日 一字涨停板

缩量加速一致

图 1-161 2023 年 9 月 11 日科森科技一字涨停板

资料来源：通达信，DINA。

弱于预期与弱转强买点相反，个股该强不强就是弱，那么早盘集合竞价和开盘就是一个及时的卖点。因为经过隔夜的消化，个股在竞价阶段的表现，不管是竞价涨幅还是量能都不及预期，那就表明可能有大众忽略的负面因素影响着个股，这个时候对于短线交易者而言就要考虑竞价卖出了，有时候这个卖出点往往就是当日股价的最高点，比如下面奥普光电这个例子。

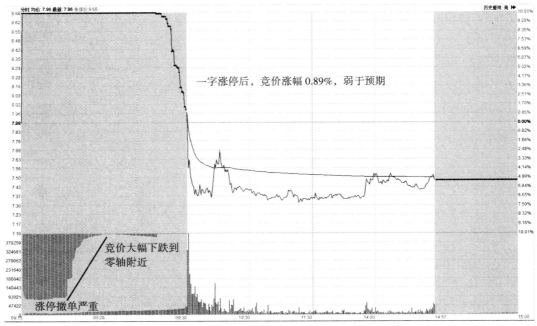

图1-162　2023年9月12日科森科技集合竞价大幅走弱
资料来源：同花顺，DINA。

　　第二个"弱于预期"的实例是奥普光电。2023年9月8日（星期五），该股竞价涨幅为0.05%，9月11日（星期一）早盘竞价涨幅为0.56%，竞价走强（见图1-163）。通常而言，早盘集合竞价的涨幅逐渐递增，属于符合预期，集合竞价涨幅跃升则属于超预期。当某一天集合竞价的涨幅或者说开盘高开幅度显著不如上一个交易日时，就可以看作弱于预期，卖出股票提醒信号就出现了，激进的投机客甚至在集合竞价时就要果断卖出。到了9月12日，早盘竞价涨幅为-4.93%，大幅走弱，典型的"弱于预期"，开盘后迅速跌停，中间有撬板行为（见图1-164），但很快又再度封死跌停。

　　题材投机客一旦在早盘集合竞价阶段发现持有的个股弱于预期，会有两种具体的卖点选择：如果指数周期和情绪周期还比较好的话，就可以等开盘后冲高卖出。如果指数周期和情绪周期也走差了的话，就在集合竞价时卖出。有时候，即便持有个股集合竞价的时候表现强势，但是周期变差了，也需要卖出，这就是后面将提到的第三种卖点。

　　第二类代表性卖点是"缩量加速"。缩量代表一致，而高开甚至一字涨停意味着加速，一致加速上涨往往意味着情绪高潮。那么是不是缩量加速就一定是大跌征

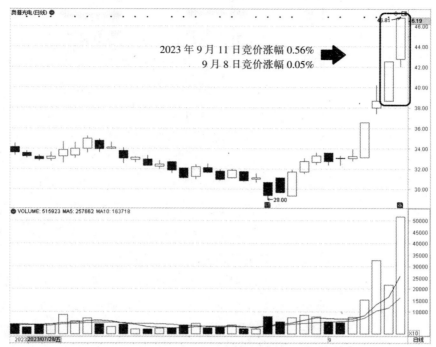

2023 年 9 月 11 日竞价涨幅 0.56%
9 月 8 日竞价涨幅 0.05%

图 1-163 2023 年 9 月 11 日奥普光电早盘集合竞价走强
资料来源：通达信，DINA。

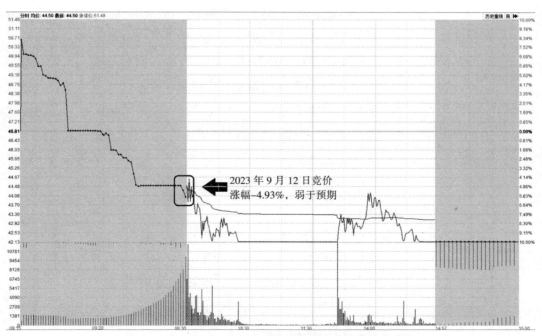

2023 年 9 月 12 日竞价
涨幅 -4.93%，弱于预期

图 1-164 2023 年 9 月 12 日奥普光电早盘集合竞价走弱
资料来源：同花顺，DINA。

兆呢？

要看三个判别条件：第一，是不是人气龙头？人气龙头的首次加速并不是见顶大跌迹象。但是非人气龙头就容易在第一次缩量加速后见顶。对于"妖股"和"龙头股"而言，首次缩量加速并不是见顶迹象，但是第二次、第三次加速则比较危险了。因此，人气龙头或者妖股第一次缩量加速可以继续持仓，但是不加码买入。第二次缩量加速开始减仓，第三次缩量加速则无条件全部平仓。这是对于题材投机而言，如果是业绩成长股的投资则另当别论。

第二，指数周期和情绪周期如何？如果周期进入下行，那么个股缩量加速就很容易见顶大跌。

第三，个股位置是高还是低？高位缩量加速比低位缩量加速更容易见顶大跌。个股的缩量加速往往都是在最后阶段、情绪高亢之时，也就是高位之时。高位股缩量加速往往意味着接近高潮点，随着缩量加速持续，天地板的风险越来越高。

因此，在周期下行时高位个股缩量加速就应该减仓或者平仓，特别是非龙头人气个股。

我们来看一些具体的例子，第一例子是东方通信。2019年2月25日，该股走了一个缩量T字涨停板（见图1-165），分时走势上非常强势，开盘打开了一下涨停板，但是很快就封住了（见图1-166）。缩量代表一致，加速体现在了竞价和开盘涨幅上。2月25日这天，东方通信缩量加速特征非常明显，而且是长时间大幅上涨后处在高位时，风险不言而喻。

次日，也就是2月26日，东方通信早盘集合竞价一字涨停，这是再度加速的迹象，未匹配量显著大于匹配量，这就是一个典型的"缩量加速"竞价卖点（见图1-167）。当日收盘时，该股一个光头大阴线，可以说是"准天地板"（见图1-168）。

其实什么时候空仓对于短线投机而言非常重要，可以减少许多不必要的亏损，从而大幅提高整体收益率。所谓的"龙空龙战法"就是秉承和实践了这一宗旨，我们会在《题材投机5：主流与寻龙点穴》专门解析其哲学和策略。

什么情况下容易出现"地天板"？什么情况下容易出现"天地板"？

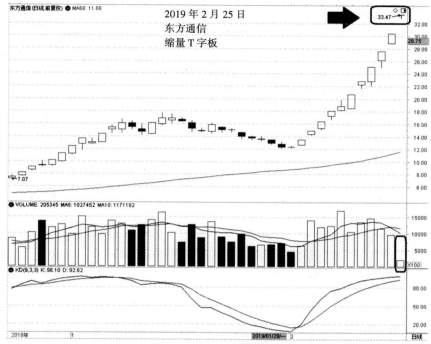

图 1-165　2019 年 2 月 25 日东方通信缩量 T 字涨停板
资料来源：通达信，DINA。

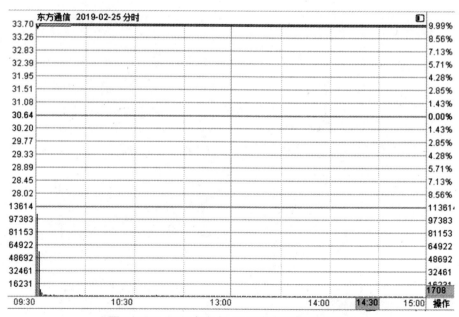

图 1-166　2019 年 2 月 25 日东方通信分时走势
资料来源：通达信，DINA。

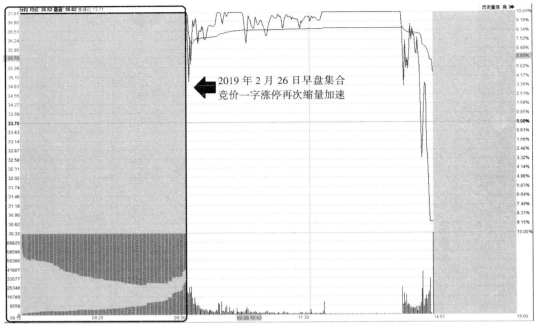

2019 年 2 月 26 日早盘集合
竞价一字涨停再次缩量加速

图 1-167　2019 年 2 月 26 日东方通信集合竞价一字涨停板

资料来源：同花顺，DINA。

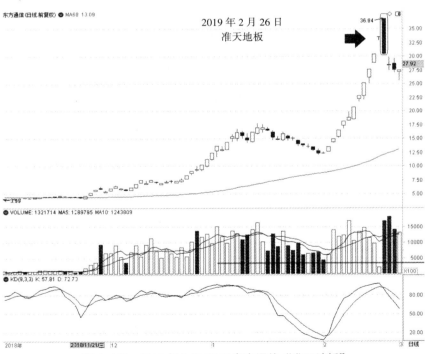

2019 年 2 月 26 日
准天地板

图 1-168　2019 年 2 月 26 日东方通信"准天地板"

资料来源：通达信，DINA。

第二个"缩量加速"的实例是以岭药业。2020年4月16日，该股形成了一根准T字涨停K线，同时伴随着缩量，典型的缩量加速特征（见图1-169）。实际上，仔细往前看，4月15日的时候，该股就在缩量涨停了，4月15日当日竞价涨幅也比前一日更高，也是缩量加速。那么，4月16日就是第二次缩量加速了，从分时走势也可以看出当日很强势（见图1-170）。

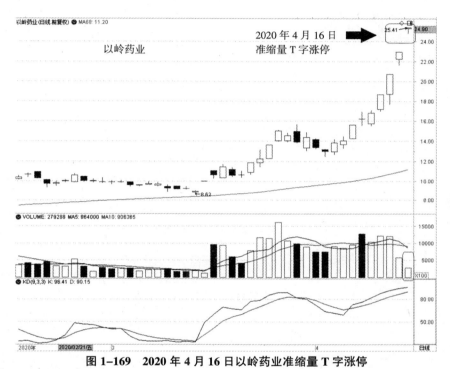

图1-169 2020年4月16日以岭药业准缩量T字涨停

资料来源：通达信，DINA。

2020年4月17日，早盘集合竞价以岭药业一字涨停，这又是加速的特征（见图1-171），此前两度加速，现在一字涨停，属于竞价缩量加速卖点。股价开盘后暴跌，形成"准天地板"走势（见图1-172）。

第三个"缩量加速"的实例是惠程科技。2022年概念龙头赣能股份"断板"之后，惠程科技成为补涨龙头。7月18日开始涨停，次日即7月19日烂板。7月20日竞价超预期，相当于"烂板转强"。

7月20日和21日该股都缩量加速涨停。7月20日是T字涨停板，7月21日是一字涨停板（见图1-173）。到了7月22日（星期五），早盘集合竞价打开涨停下落，这是一致加速后转弱的迹象，是一个卖点。不过开盘后又迅速上板，这就是通

图 1-170 2020 年 4 月 16 日以岭药业分时走势

资料来源：通达信，DINA。

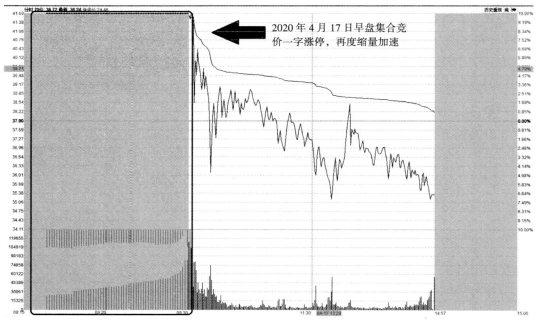

2020 年 4 月 17 日早盘集合竞价一字涨停，再度缩量加速

图 1-171 2020 年 4 月 17 日以岭药业早盘集合竞价一字涨停

资料来源：同花顺，DINA。

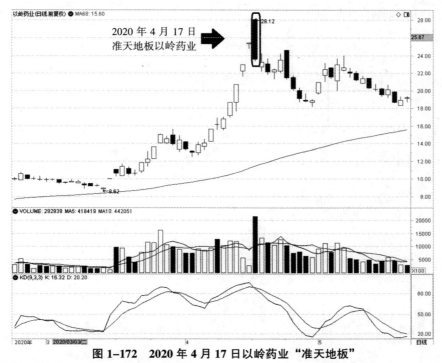

2020 年 4 月 17 日
准天地板以岭药业

28.12

8.62

图 1-172　2020 年 4 月 17 日以岭药业"准天地板"

资料来源：通达信，DINA。

常所说的盘中分歧转一致。严格来讲就是盘中完成调整，弱转强（见图 1-174）。从技术层面来看，该股 22 日竞价是缩量加速的卖出时机，因为强转弱。那为什么当天又盘中反转走强呢？因为该股有充电桩的逻辑在，而 22 日这天光伏和储能题材是热点，因此本该走弱却被当日热点带起来了。但是到了 25 日（星期一），指数周期向下、题材情绪周期向下，惠程科技当日早盘集合竞价直接一字涨停（见图 1-175）。周期走弱，逻辑走弱，该股却不合时宜地走强，典型的"加速卖点"。

从惠程科技这个案例可以看出，如果周期和逻辑走弱，那么缩量加速上涨往往是卖出的时机，因为这是"逆流"。指数周期和情绪周期下行，短线资金接力的意愿就比较低，加速上涨加剧了获利兑现意愿，这个时候卖出往往可以避免"天地板"的厄运。

第三类代表性卖点是"人气不振"。对于一些非人气龙

在早盘集合竞价到开盘阶段，个股有时可能"弱转强"或者说"分歧转一致"，还可能"强转弱"或者说"一致转分歧"。投机客对于"弱转强"的已卖出个股可以买回，而对于"强转弱"的持仓个股则应该立即卖出。

格局和玩家是我们进行题材投机时的两个关键分析对象。逻辑、周期和结构属于格局，而对手盘思维、筹码和资金流向则属于玩家。任何买点和卖点都要将这两个关键对象囊括进来，而非简单地只考虑技术性买卖点。

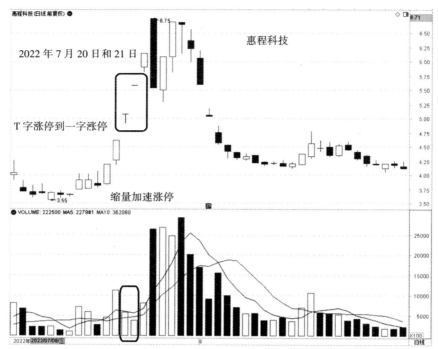

图 1-173　2022 年 7 月 20 日和 21 日惠程科技缩量加速涨停
资料来源：通达信，DINA。

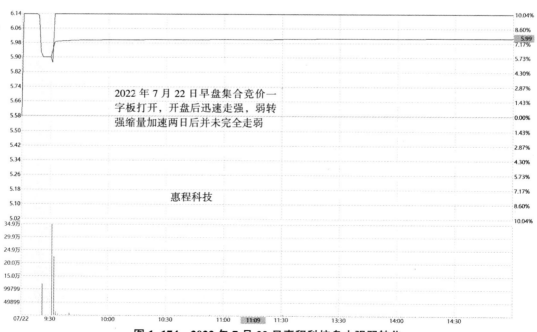

图 1-174　2022 年 7 月 22 日惠程科技盘中强弱转化
资料来源：东方财富，DINA。

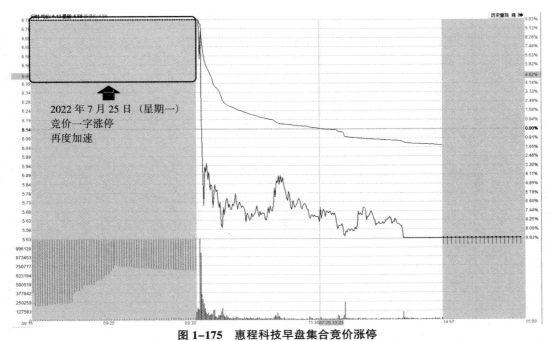

2022 年 7 月 25 日（星期一）
竞价一字涨停
再度加速

图 1–175　惠程科技早盘集合竞价涨停

资料来源：同花顺，DINA。

头个股而言，**周期转而下行本来就是共振卖点**。周期分为指数周期和情绪周期，情绪周期主要与板块有关。"人气不振卖点"其实就是个股与板块、指数的共振卖点。

人气不振应该同时从大盘量能和板块量能去甄别，大盘竞价时量能萎靡不振，那么当天板块轮动就比较快、热点持续性就比较差，俗称"电风扇行情"。这种情况下，即便买到了当天的强势板块和个股，次日也很容易低开"被埋"，俗称"大面"。因此，人气不振当日竞价和开盘是卖出的机会，而非买入机会。那么，竞价前一些预判假使是必要的，将实际情况与预判比较，这样就能更快更合理地看出人气不振卖点是否出现。

我们以 2023 年 7 月 10 日（星期一）为例来说明"人气不振"竞价卖点的剖析和运用。7 月 7 日（星期五），虽然政策呵护证券市场的决心很大，但是成交量继续萎靡，悲观氛围浓厚，场外资金持观望态度，持币者不愿入场。7 月 7 日当天收出一根缩量十字星，此前已经下跌两日了，

大盘量能不足，热点持续性弱、散乱，缺乏主线，一般是"龙空龙"策略的"空仓"阶段。

继续下跌意愿不足，但是回升量能也不会太大（见图 1-176）。因此我们预判 7 月 10 日大盘会有弱反弹，或者说"弱修复"。具体来说就是缩量小幅反弹。

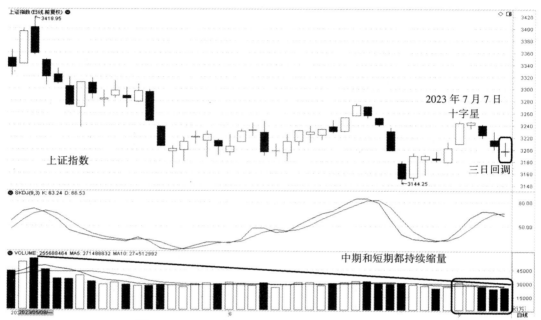

图 1-176　2023 年 7 月 7 日上证指数"缩量十字星"
资料来源：通达信，DINA。

那么，如果 7 月 10 日集合竞价和开盘的量价态势与我们的预期一致，则这就是一个"人气不振"的逢高卖出点。如果 7 月 10 日集合竞价和开盘放量上行，那么就与我们的预期不符合，则"人气不振"卖点不成立，且当日也适合短线买入合适标的，比如当时的潜在主线"无人驾驶"。

7 月 10 日 9：25 早盘集合竞价结束的时候，整个 A 股的撮合成交量不到 65 亿元，低于 80 亿元这个强弱分水岭，这个量是非常低的，但是上证指数却是小幅高开的，那么高开低走、冲高回落就是阻力最小路径了，"人气不振"卖点出现了。开盘之后成交量迅速下降，量能不足以支持指数继续上行。最迟在 9：35，就可以确认当日是缩量行情，热点不宜持续，反而容易退潮，短线持仓应该开盘就卖出，这就是竞价卖点的"先手优势"。

"适度放量"方向代表着阻力最小路径；缩量和天量方向则意味着阻力最大路径。

当日最终的上涨指数分时走势就是高开低走（见图1-177），最终收了一根缩量的纺锤线（见图1-178），弱修复的预判完全被证实了。**纺锤线意味着什么呢？犹豫！**

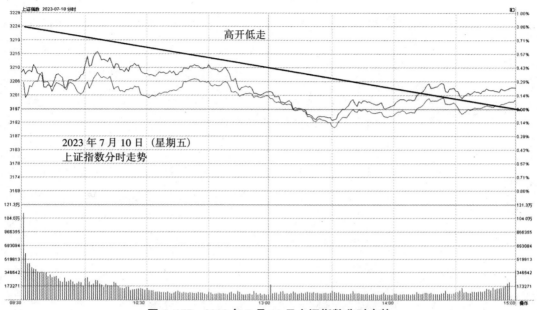

图1-177　2023年7月10日上证指数分时走势
资料来源：通达信，DINA。

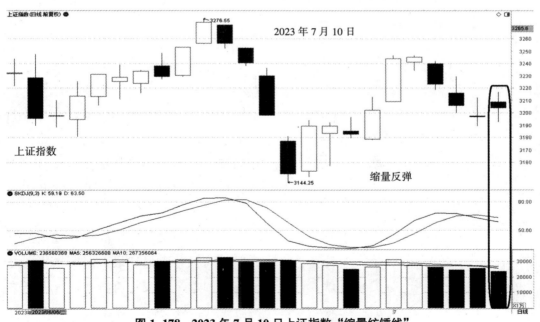

图1-178　2023年7月10日上证指数"缩量纺锤线"
资料来源：通达信，DINA。

弱于预期是潜在卖点，强于预期是潜在买点。集合竞价看个股承接力和强弱的核心之一可以简单这样归纳。

对于股票短线投机而言，买点是非常重要的，至少与卖点一样重要，这点与外汇和期货的趋势跟踪策略存在极大的区别。在本节我们详述了三类代表性的竞价买点和三类代表性的竞价卖点，但是并未囊括所有竞价买卖点，不过足以启发你打造出个人的进出场策略。

这些进出场策略其实都与某种点位相关，属于微观层面或者"技术"层面的东西，"点位"永远都要与"趋势"结合起来，所以我经常强调"势位态"三者一体。只有这样，才能将"道术合一"。那么，**什么是"势"呢？势者，格局也！不外乎逻辑、周期和结构三者。而点位则往往与对手盘思维有关。当你将买卖点位与指数周期、情绪周期、逻辑驱动、题材热点、价量结构、板块人气结构、持币者和持筹者思维结合起来的时候，那么你就"悟道"了，"投机大道"。**

第五节　尾盘买入和潜伏

A 股每个交易日主要有四个阶段，依次是：早盘集合竞价引导资金、早盘持续竞价半小时争夺资金关注度、盘中三小时跟风强势板块套利以及尾盘半小时预判次日轮动方向抢先手。对于短线交易者而言，最关键的时间窗口其实就是早盘集合竞价和开盘半小时，以及尾盘半小时。本节主要讲第一个阶段，现在我们讲一下尾盘的研判和买入要点。

除早盘集合竞价外，尾盘也采用类似的撮合规则进行集合竞价：价格优先、时间优先、保证最大成交量不同之处是尾盘集合竞价未成交的单子，交易所将在清算完毕之后自动撤单。另外，创业板和科创板还有一个 15：05~15：30 的盘后定价交易，具体是指在股票交易收盘后按照时间优先的原则，以当日收盘价对盘后定价买卖申报逐笔连续撮合的交易时段。本节我们主要是讨论尾盘竞价和潜伏买点思路，对于盘后定价交易则不做介绍。

对于许多题材投机客而言，尾盘在某些情况下是非常好的买入时机。在介绍尾盘买入和潜伏的具体策略之前，我们先讲一下尾盘买入的一般优劣之处。

先讲尾盘买入的优势有哪些。第一个优势是可以避免盘中下跌风险。A 股是当日买入，次日才能卖出，因此越早买入则风险暴露的时间越长。盘中大涨就是机会，盘中大跌就是风险。另外，尾盘跳水也是屡见不鲜。因此，尾盘买入可以减少风险暴露的时间窗口长度，规避部分风险。

第二个优势是日线上的技术信号更加清晰确定。我们谈格局，会谈到周期，会探讨结构，这些与技术分析或多或少都有关系。比如移动平均线、KD 金叉往往与收盘价有关系。因此，尾盘买入可以等待更加确切的技术信号。另外，情绪周期中的板块分歧时，比较适合在尾盘买入，提前埋伏第二天的回流和修复。

第三个优势是提高了资金的利用效率。因为 A 股市场实行的交易制度是 T+1，也就是当日买入的股票，次日才能卖出。所以，当日早盘买入股票后，这笔资金就被锁定了。但是，如果在尾盘才买入股票，那么这笔资金在当日大部分时间里还能进行其他资产配置。比如交易可转债。因为可转债是 T+0 交易，当日买入后当日就可以卖出。只要在收盘前把可转债卖掉，就可以在尾盘买入股票了。因此，在尾盘买入股票，能够提高资金的使用效率，增加整体收益率。

那么，尾盘买股有什么缺点呢？在赚钱效应显著的情况下，强势人气个股都会在开盘半小时涨停，因此不分周期和格局的前提下一味在尾盘买股容易错过当天强势人气个股。

现在我们开始介绍尾盘买入和潜伏的具体策略。学习到这里，我们大概心里都明白一个"策略有效周期"的规律，也就是任何一个策略其绩效在时间上都存在周期性变化，有些阶段收益高，有些阶段收益低，这就跟阶段特征有关。因此，尾盘买入和潜伏也面临相同的有效周期。**指数周期、情绪周期和板块逻辑提供了一个具体的格局，这个格局具有显著的胜率和赔率分布特征，尾盘买点是否恰当就看格局提供的次日胜率和赔率是否理想。**因此，在决定尾盘买点的时候，我们会关注周期和逻辑，特别是周期，重点在于大盘的量能和板块的情绪与逻辑，从而有效预判次日的胜率和赔率，最大的风险是"被核按钮"，因为短线投机客的最大敌人是单笔大亏。

那么，尾盘买入和潜伏在哪些阶段和格局特征下，胜率和赔率较低呢？

第一种胜率和赔率都比较低的尾盘买入格局是情绪周期向下的起点日。情绪周期向下的起点日和"首次强分歧日"的本质不一样，前者是风险，后者是机会。情绪周期与板块逻辑关系密切，当某一逻辑或者题材起涨不久后出现第一次调整时，俗称"分歧"时，龙头是比较坚挺的，后排跟风个股调整幅度就比较大，甚至因此"掉队"。然而，在情绪周期开启下行阶段时，这个起跌节点上，龙头个股也挺不住，跌停是常见走势。

因此，我们要区分"情绪起跌日"和"情绪首次强分歧日"，前者是不能尾盘买入的，因为后面下跌概率和幅度都会很大，因此此刻尾盘买近期热点个股的胜率和赔率都很差。

比如 2023 年 6 月 21 日突然大跌，情绪周期起跌点特征明显，这个时候你去尾盘买入，其实胜算率非常低，潜在风险很大（见图 1-179）。这个时候可以尝试切换新题材或者"报团取暖"妖股。

图 1-179　2023 年 6 月 21 日情绪周期起跌日的浪潮信息走势
资料来源：通达信，DINA。

第二种胜率和赔率都比较低的尾盘买入格局是高潮日或者沸点日，可能是板块高潮，也可能是大盘高潮，或者兼而有之。有一种反复出现的高潮日通常被称为

"一日游"，有消息刺激，板块个股集体涨停，没有充分换手就涨上去了，次日"大面"。少部分情况下，次日调整充分，资金尾盘买入博弈次日回流和修复。但是，高潮日尾盘并不适合买入，因为调整很可能延续，甚至转为向下趋势。

高潮日之后大概率是调整甚至反转，你在高潮日尾盘买入，大概率就是亏损。比如，2023年9月12日中共中央、国务院发布《关于支持福建探索海峡两岸融合发展新路，建设两岸融合发展示范区的意见》。次日（9月13日），海峡西岸概念板块开盘就高潮，许多个股开盘涨停，如果在9月12日尾盘买入，则次日就是亏损（见图1-180）。

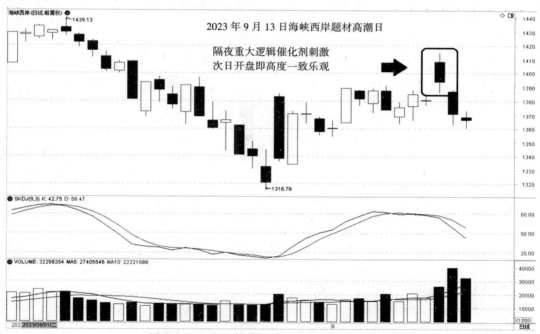

图1-180　2023年9月13日海峡西岸板块高潮

资料来源：通达信，DINA。

接着，我们说一说尾盘买入和潜伏在哪些阶段与格局特征下，胜率和赔率较高呢？

第一种胜率和赔率都比较高的尾盘买入格局是"逻辑首阴"或者俗称的"板块首次强分歧"。这种格局往往在大盘量能充足的阶段适合，主线明确，逻辑和热点清晰持续，

我们曾经提出过"斐波那契四度操作法"。这个方法没有提到逻辑催化剂和情绪周期问题，重在讲结构，提供了一些具有可操作性的具体买点和卖点。其实这个操作思路也可以与尾盘买入法结合，同时与周期和逻辑结合起来，比如斐波那契回调买点与情绪冰点结合起来；斐波那契扩展卖点与情绪沸点结合起来。持续利多逻辑题材与突破买点结合起来，反弹卖点与一次性利多逻辑题材结合起来。

题材单一，热点不杂乱。主线突出，而不是快速轮动，这样主线逻辑出现首阴时，踏空资金也不会去搞其他板块做高低切，这样尾盘买入的胜率和赔率就比较高。这个尾盘买点的优势是避免了情绪化追高带来的风险，至少能够提供一个较高的赔率，从低位龙头股获利。而要提高其胜率，则还需要死抠细节。

主线板块启动时，首日涨停个股往往比较多，这就是短期高度一致乐观了，必然引发次日的调整，比如 2023 年 9 月 1 日的华映科技（见图 1–181）。我们就可以考虑在次日调整的尾盘买入主线板块的核心标的，建立起先手优势，以便在第三日的资金回流中占据先机。

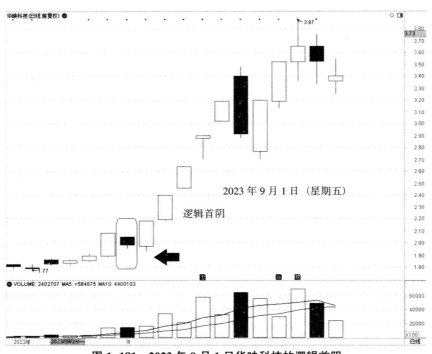

图 1–181　2023 年 9 月 1 日华映科技的逻辑首阴

资料来源：通达信，DINA。

但在实际操作中，逻辑首阴往往是放量的，这就让买点前置的不确定性增加了。

次日尾盘买入相比第三日竞价买入存在优势，也存在劣势。**优势是买点前置，可以获得更高的赔率。劣势是买点前置，胜率降低了**。毕竟，次日调整是否结束也是存在变数的，也就是说弱转强的节点存在不确定性。为了减少不确定性，我们增加了一个过滤条件，那就是调整这天的成交量，最好不要太大，特别是在大盘量能萎缩和赚钱效应差的时候。**如果调整日的成交量特别大，形成巨量，那么次日回流和反包的难度就增加了，抛压会比较大，股市整体行情不好的时候更是如此。**毕竟，没有任何模式能够保证百分之百的胜率，"首次分歧买入"也面临具体的前提约束。结合不同的市场周期阶段和格局，我们要求尾盘买入的个股在板块中具有辨识度、首次涨停的分时走势有主力主动介入的迹象等，无论是逻辑、周期还是结构，以及对手盘心理都支持该股继续走强。

　　这个节点，更准确的定义应该是"调整"而非"分歧"。我们预判主线板块当日是调整，那么该板块当中人气和地位较高的个股次日就容易出现资金回流，因此我们选择尾盘买入标识度高的个股。多数情况下，主线板块的首次调整在一个交易日完成，次日就会资金回流和修复上行趋势。但是，也存在首次调整时间超过1日的，比如2日或者3日，甚至更多日，这时候尾盘买入就不是最好的选择了，这时候竞价转强反而节约了时间成本。如何预判调整结束时点需要其他技术辅助，我们这里只针对最常见情况进行讲解。最常见情况就是主线首次回调一日完成。

　　为了降低不确定性，还可以将买点后置，也就是放弃尾盘买点，而采用次日竞价或者早盘买点。根据具体的隔绝，如果尾盘买点不清晰或者追求更高的确定性，那么可以等到次日集合竞价或者早盘分时从水平轴下面上穿零轴的时候再进行买入。

　　第二种胜率和赔率都比较高的尾盘买入格局是情绪周期向上的起点日。情绪周期起涨点，许多玩家还是将信将疑的状态，这就是"行情在分歧中持续"。为什么这些玩家怀疑呢？因为此前一段时间是情绪周期下行阶段，投机客"吃大面"和"被核按钮"太频繁了，心有余悸，要么不敢介入，要么不敢加仓。

　　情绪周期起涨日尾盘买入有什么优势呢？情绪周期起涨日出现后，次日有两种情况：第一种情况是持续修复和上涨；第二种情况是恢复跌势，起涨点一日游。如果是第二种情况，那么次日开盘买入就存在更长时间的风险暴露了，因为不能当日卖出止损。但是，如果是昨日尾盘买的，那么今天修复失败就可以及时卖出止损。

　　第三种胜率和赔率都比较高的尾盘买入格局是指数周期冰点日。什么是指数周期的冰点？比较简单高效的确认方法是上涨家数低于1500家。

　　第四种胜率和赔率都比较高的尾盘买入格局是市场量能不足、高低切盛行。第一种胜率和赔率比较高的格局是大盘量能充足的时候，尾盘买入主线板块。这里讲的格局则是大盘量能不足的时候，尾盘买入轮动板块。

大盘量能不足，连板高度持续被压制在四板，甚至三板以下，热点散乱，主线不明朗，"群魔乱舞"，逻辑轮动加速俗称"热点电风扇行情"。这个时候很容易高开低走，因此尾盘买入、开盘卖出反而是高胜率和高赔率的操作。尾盘买入单日调整的题材个股，开盘卖出。

第五种胜率和赔率都比较高的尾盘买入格局是次新股天量阳线开板。这个模式至少能够带来次日溢价，有时候还能带来翻倍的机会。次新上市后连续数日一字涨停，这类涨停基本上是缩量的。连续一字板之后某日天量开板，开板这天要求是阳线。**如果是天量阴线开板，则短线甚至中线的风险都非常高，大概率是顶部。**

"天量阳线开板"当日如果临近收盘还未涨停，则尾盘买入；如果"天量阳线开板"当日涨停，则次日阳线尾盘买入。

下面我们来看一些具体的实例。第一个实例是佳禾智能，2019 年 10 月该股上市后连续缩量涨停，直到 11 月 1 日（星期五）天量开板后继续涨停（见图 1–182）。接下来的一个交易日，也就是 11 月 4 日（星期一），该股临近收盘是阳线，因此我们尾盘买入（见图 1–183 和图 1–184）。这个尾盘买入是根据规则：**如果"天量阳线开板"当日涨停，则次日阳线尾盘买入。**

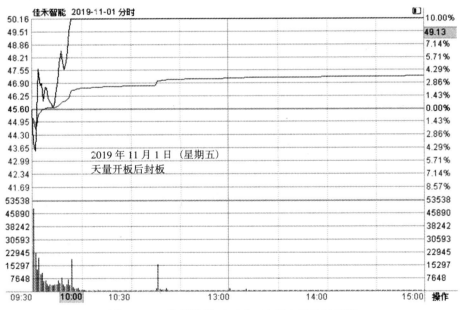

图 1–182　佳禾智能 2019 年 11 月 1 日分时走势

资料来源：通达信，DINA。

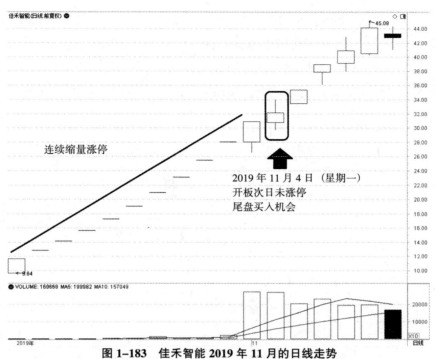

图 1-183　佳禾智能 2019 年 11 月的日线走势

资料来源：通达信，DINA。

图 1-184　佳禾智能 2019 年 11 月 4 日分时走势

资料来源：通达信，DINA。

第二个实例是永顺泰，2022 年 11 月该股上市后连续缩量涨停，直到 11 月 25 日（星期五）天量开板后继续涨停（见图 1-185）。接下来的一个交易日，也就是 11 月 28 日（星期一）该股临近收盘是阳线，因此我们尾盘买入（见图 1-186）。这个尾盘买入也是根据规则：**如果"天量阳线开板"当日涨停，则次日阳线尾盘买入。**

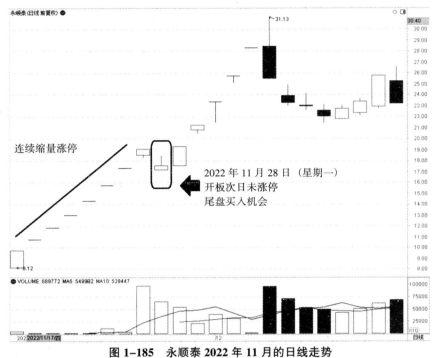

图 1-185 永顺泰 2022 年 11 月的日线走势

资料来源：通达信，DINA。

第三个实例是四川黄金。2023 年初该股上市后随着国际金价飙升连续缩量涨停，直到 3 月 22 日天量开板，临近收盘未封涨停，但是收阳线（见图 1-187）。因此，当日我们尾盘买入（见图 1-188）。这个尾盘买入则是根据规则：**"天量阳线开板"当日如果临近收盘还未涨停，则尾盘买入。**

第四个实例是播恩集团，这是一个不那么符合要求的实例，因为次日并没有收阳线，因此胜率和赔率就不太高。2023 年初该股上市后连续缩量涨停，直到 3 月 13 日天量开板后继续涨停。接下来的一个交易日，也就是 3 月 14 日该股临近收盘是阴线，因此这是一个不那么符合条件的结构（见图 1-189）。如果我们在 3 月 14 日尾盘买入（见图 1-190），则次日是低开涨停的，实际上不符合原则：**如果"天量阳线开板"当日涨停，则次日阳线尾盘买入。**因为要求次日"阳线"，这里是阴线。

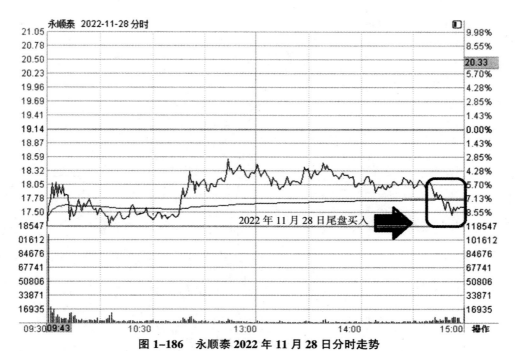

图 1-186　永顺泰 2022 年 11 月 28 日分时走势

资料来源：通达信，DINA。

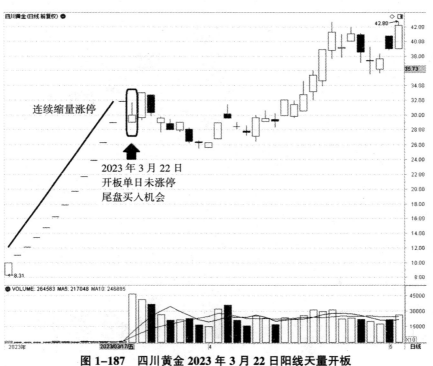

图 1-187　四川黄金 2023 年 3 月 22 日阳线天量开板

资料来源：通达信，DINA。

题材投机 2——对手盘思维和底层逻辑

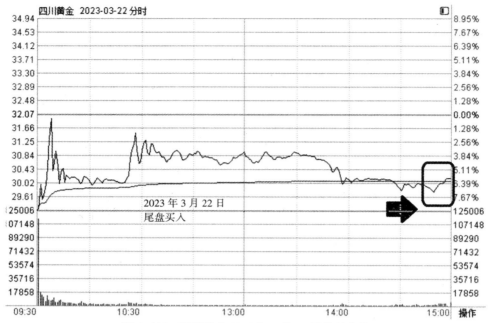

图 1-188 四川黄金 2023 年 3 月 22 日分时走势

资料来源：通达信，DINA。

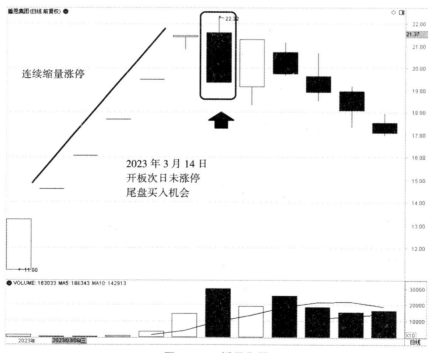

图 1-189 播恩集团

资料来源：通达信，DINA。

158

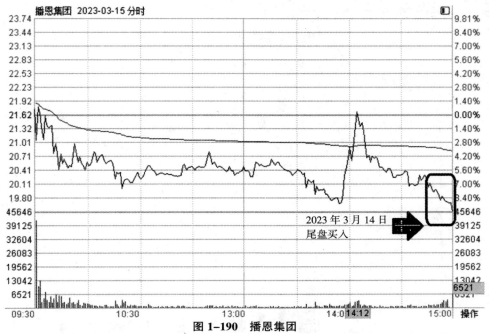

图 1-190　播恩集团

资料来源：通达信，DINA。

　　这个模式最大的风险信号是"天量阴线开板"，则短线甚至中线的风险都非常高，大概率是顶部。比如下面这几个例子：2019 年 8 月 2 日的值得买（见图 1-191）、2019 年 8 月 5 日的国林科技（见图 1-192）、2019 年 8 月 26 日的海能实业（见图 1-193）、2019 年 10 月 8 日的宇瞳光学（见图 1-194）。这些次新股的共同特征都是"天量阴线开板"，这类个股尾盘买点就藏着很大的风险了。

　　连续一字板次新阳线天量开板这类格局，尾盘买入的话，算得上是高胜率和高赔率的机会。其实，次新股经常是题材投机客和游资狙击的首选标的之一，次新股潜藏着许多暴利机会，感兴趣的研习者可以进一步阅读《题材投机 7：次新股和可转债的暴利精髓》这本讲义。

　　格局属于宏观，尾盘买入的微观特征是在高胜率和高赔率的格局下需要你通过实践来打磨的个性化模式。个性化的尾盘买入模式，追求的是简洁高效，效率第一，因此不在数量多寡，而在绩效如何。打磨个性化尾盘买入模式的过程一定是"刻意实践"的，有时候成功，更多的时候失败。无论是成功，还是失败，都是最终通往成功的指南。持续复盘和定期总结，能够帮助我们积累必要的"资粮"，最终引起质变，这就是经常令入门者神往的"悟道"。但事实上，这些都是"术"，因为凡是具体的模式和策略，都是有局限性和前提条件的，而不同的周期阶段承载了

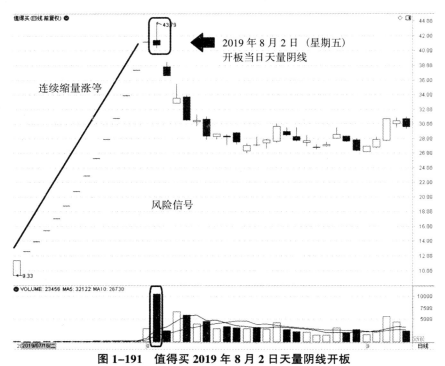

图 1-191 值得买 2019 年 8 月 2 日天量阴线开板

资料来源：通达信，DINA。

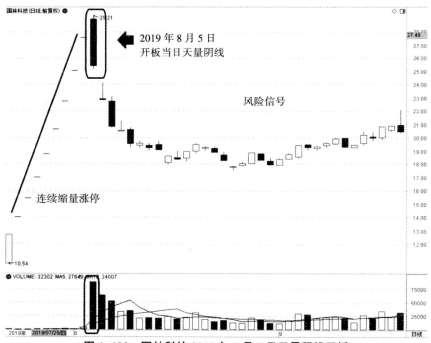

图 1-192 国林科技 2019 年 8 月 5 日天量阴线开板

资料来源：通达信，DINA。

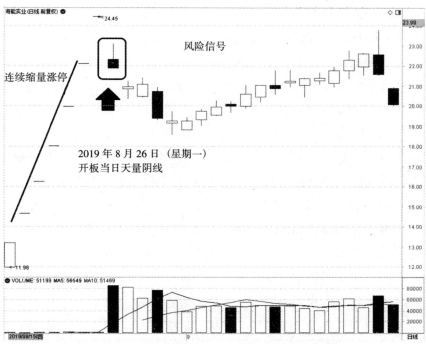

图1-193 海能实业2019年8月26日天量阴线开板

资料来源：通达信，DINA。

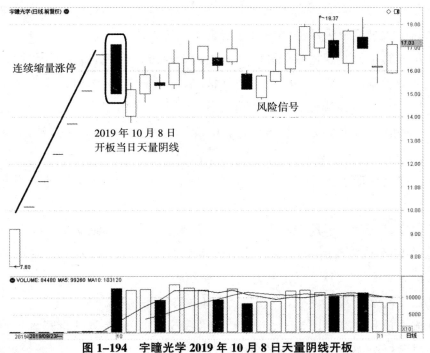

图1-194 宇瞳光学2019年10月8日天量阴线开板

资料来源：通达信，DINA。

具体的局限性和前提条件。

本书的第一课我们主要围绕集合竞价来讲，现在基本上讲完了。最后我们花点篇幅对集合竞价的一些要点做一些强调。

短线投机的盘口是从集合竞价开始的，搞清楚集合竞价才具备了盘口解读能力的基础。集合竞价涉及需要信息和理论，是一个很大的话题，情况千差万别，路径千变万化，而我们的精力和时间是有限的。即便是利用强大的学习算法来执行分析，也面临算力限制这个现实的问题。因此，**我们需要找到少数重点来聚焦。**

所谓的"核按钮""反核""接核"都与集合竞价关系密切，交易者不会"核按钮"就不能控制亏损，不会"反核"和"接核"就不能享受到日内最大的利润幅度。但是，**如果你在错误的周期和逻辑下，判断错了对手盘的决策和行动，那么就很容易在最不恰当的时点上下车。**被收割的玩家有着共同的心理特征：涨停的时候不会卖出，倾向于排队买；跌停的时候不会买入，倾向于排队卖。

什么情况下，集合竞价按下"核按钮"，卖出风险，然后利用这部分资金上车强势股或者"反核"买入"大长腿""反包"类股票？

集合竞价时日内行为，属于分时的一个重要阶段，但是如果不结合日线结构去分析的话，则容易迷失在超短线波动之中。要将集合竞价与预期差结合起来，与情绪周期阶段结合起来，与驱动逻辑结合起来。简而言之，**集合竞价要放在逻辑、周期与结构三个大维度上去解剖和理解才能真正发挥作用。**

集合竞价的时候要观察量能和高开幅度两个维度的表现，是不及预期，还是符合预期，又或者是超预期。预期就是通常情况，正统分布的中值，又或者是众数或者共识预期。在下一课我们会进一步讲解这个问题，但是最全面的讲解只能在《题材投机 4：超预期之业绩跃升和弱转强》中展开，因为需要足够的篇幅来深入讲解这个核心精髓。

股竞价成交量低于预期基准，但是高开幅度却超过预期基准，那么高开低走的概率就比较高。

个股竞价成交量高于预期基准，但是高开幅度却低于预期基准，说明分歧比较明显，这就需要看开盘后一小段时间内的走势情况，有没有来到分歧转一致的节点，开盘第一波是否拉升，低走后有无资金承接。

个股竞价成交量和高开幅度都符合预期，甚至超预期，那么胜算率要高一些。个股竞价成交量和高开幅度都不及预期，比如**最近三日最大脉冲量开盘卖出，那么胜算率和风险报酬率则是四种情形当中最低的。**

那么集合竞价阶段采纳的预期基准究竟是什么呢？每天收盘后的复盘为次日集合竞价提供了预期基准。复盘过程中应该找出当日的人气板块和个股，个股的地位和相互关系，驱动它们的题材和逻辑，再结合指数和情绪周期阶段可以大致推断出次日集合竞价的表现，这就是预期基准。次日集合竞价表现如果好于这个基准，那么就是超预期；次日集合竞价表现如果差于这个基准，那么就是不及预期。

主流板块在集合竞价阶段和开盘时显得强势未必就是买入时机，还需要看指数周期和情绪周期、赚钱效应所处的阶段。周期向下，则强势集合竞价是卖出机会，一个好的卖点；周期向上，则强势集合竞价是买入机会，接力的机会，一个好的买点。

集合竞价产生的成交回报，特别是头几笔成交回报信息有利于我们进行玩家心理分析，不过需要结合其他要素一起分析，单靠这个来决策是不行的。你对对手盘思维理解得越透彻，则越能把握战场主动权，胜算率也就越高。

分时基础和进阶

市场主流主线一旦形成共识，资金会反复做，因为无论是低吸、半路还是打板，各种手法的各种资金都是围绕主流建立自己的模式。这就跟龙头股形成共识后一样，做龙头股的都围绕龙头股做法一样，什么首阴、弱转强、最高板等各种手法都可以用在龙头股上，而且成功率最高。所以主流板块的龙头股最安全最暴利。

——冰蛙

如何发现潜在龙头股？平时如何复盘、如何选票？板块分歧日敢于挡刀者，气质也！一般在什么情况下，会去切换做补涨龙头股？龙头股高位滞涨或者分歧横盘……疾风知劲草时，指数杀跌优选逆势主动拉升和抗跌品种，今天开仓的两个品种都是早盘指数单边下跌时比较强势的，一个逆势主动拉升……早盘指数单边下跌时抗跌，分批低吸。

——佚名精仁

资金扩散指的是随着板块上涨，资金逐渐加仓相对低位个股的现象，该现象主要由投资者畏高心理和锚定效应所驱动，如果某个板块中多数个股被充分交易后，资金获利了结的意愿会强于继续加仓或者切换个股的意愿，此时行情容易发生回调。

——张晗

第一节　内外盘的解读

盘口分时语言是一种股票短线高手首先要掌握的对手盘语言，现在市面上泛滥的各种书籍和培训都没有讲清楚这种语言，他们要么将盘口语言混同于 K 线，要么将盘口语言混同于价量分析。

盘口语言不仅仅是 K 线理论，更不是简单的价量分析，盘口语言是微观细节和宏观走势的结合。我们见过许多短线高手，他们根本不像市面上那些证券书籍宣称的那样，靠着简单的 K 线和技术指标就赚取了丰厚的利润，相反，他们其实更加重视大众焦点之外的工具。

那么，他们赚钱的法宝又是什么呢？简单地说就是"盘口语言"。盘口严格来讲是指分时走势，包括买卖挂单数据等。现在很多所谓的"看盘高手"其实只会看 K 线走势，大部分人连 K 线都看不明白，往往借助于指标这类不费心思的工具，这样怎么能够保证高水平的绩效呢？

我们这里将直指股价分时盘口走势的关键细节，但**任何分时走势都要放在周期、逻辑、结构以及对手盘的大背景下剖析**。

在股票行情软件中以委卖价成交的主动性买盘称为外盘，以委买价成交的主动性卖盘称为内盘。从其含义中，我们可以理解为：**外盘大于内盘，股价看涨。反之，小于内盘则看跌**。不过这只是短期内的态势，在具体判断上，还需考虑本书提到的指数和情绪周期、赚钱效应、结构以及持币者和持筹者的预期。这些都需要结合分时盘口以外的功夫。

什么是结构呢？简单来讲，就是股价所处的价格位置的高与低、目前的技术走势形态等。单就相对位置而论，当股价处于低位的上升初期或主升期时，外盘大于内盘，则是大资金进场买入的表现！当股价处于高位的上升末期时，外盘小于内盘，则是大资金出场卖出的表现！当股价处于低位的上升初期或横盘区时，外盘远小于内盘，不管日线是否收阴，只要一两日内止跌向上，则往往是大资金假打压、真进场买入的表现！是在诱空。当股价处于高位的上升末期或高位横盘区时，外盘远大于内盘，但股价滞

周期、逻辑在先，结构在后。对手盘思维贯穿一切。

涨或尾市拉升，无论日线阴阳，往往是大资金假拉升、真出场卖出的表现！是在诱多。

　　下面，我们结合具体的股票走势实例来演示内外盘读数的解盘和操作技巧。为了让大家先建立解盘和操盘的基础，我们选择将其他因子和要素放在一边，单纯从一些基础的技巧和细节的地方入手。

　　武汉凡谷早盘开盘后不久出现了快速冲高的走势，上冲走势以三波形式展开，然后维持了一个小时的高位盘整，形成三重顶部之后，逐步回落（见图2-1）。在这个高位盘整的过程中，成交量有数次脉冲放量出现，初步判断为主力出货的迹象。到早盘快要收盘的时候，我们看内外盘的读数情况。外盘为12049手，也就是说主动性买盘成交为12049手，而内盘为11044手，也就是说主动性卖盘成交为11044手。两者相差不过1000手，并不算很显著的差异。我们需要注意的是虽然外盘稍微大于内盘，但是股价仍旧震荡下跌，下跌趋势完好，同时高位有数次脉冲式放量，综合这些来考虑得出一个结论，这就是买盘大多是在下面接，而不是往上扫，而卖盘也是往下卖，午盘进一步下跌的可能性很大。委托盘，也就是被动性买卖盘（挂单）显示买盘力量稍强一些，但是股价却往下走，这进一步证实股价冲高

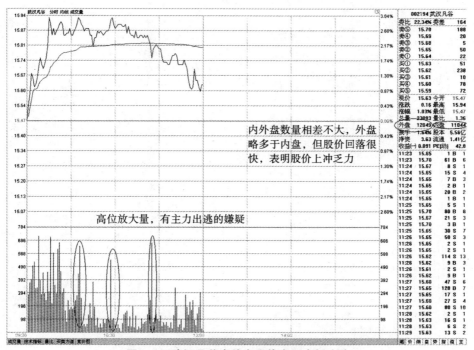

图2-1　武汉凡谷内外盘实战盘口案例（1）

资料来源：通达信，宁波钓鱼翁。

乏力。当然，除将内外盘结合分时走势进行观察外，我们还可以结合一些其他分时盘口指标进行分析，比如本例中我们结合了分时成交量和挂单委比等指标。通过观察多个分时指标，我们可以对盘口力量对比作出更加精准的判断，一旦这个解盘的过程变得高效，如何操盘就变得很容易了，毕竟解盘的过程其实已经告诉了炒家行情走向和买卖时机。

仅看个股的分时走势还不够，我们还需要结合大环境来考察个股分时的强度，只有在对比过程中我们才能更好地把握个股未来的走向。很多时候，一只股票有没有庄家，有没有主力，是不是只是一只"死票"，可以从个股与大盘的走势强度对比中得出有效的答案，这个方法比起很多其他方法更加简单。当然，还有很多可以辨别庄家和主力的方法，主要思想是查看"异动"，价量的异动，把握了这个总思想，我们就能很快地对一只股票是否存在主力作出快速的判断。个股走势相对于大盘指数而言，是不是存在异动，也是判断有无主力和庄家托盘的一种简单方法。

武汉凡谷整个早盘走势显得非常活跃，先上后跌，早盘收盘的时候基本位于开盘价附近（见图 2-2），准确地讲是在开盘价之上。但是，我们要注意到一个关键特征，大盘指数到午盘收盘的时候创出了新低，而对应的个股虽然跟随大盘一起涨

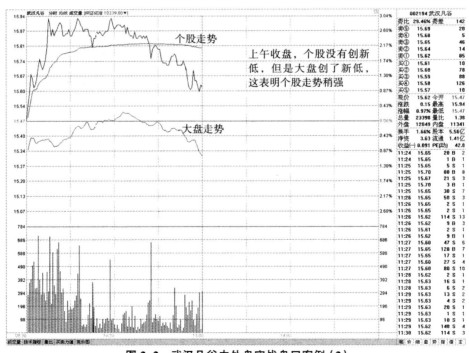

图 2-2　武汉凡谷内外盘实战盘口案例（2）
资料来源：通达信，宁波钓鱼翁。

落，但是此时并没有创出新低，从这点来看武汉凡谷走势要强一些，持有这只股票的炒家可以选择等待该股反弹的时候卖出。为什么不继续持有这只股票呢？主要是这只股票虽然比大盘强，但还是弱势股，虽然买盘稍强于卖盘，但是股价仍旧冲高乏力，另外还有一个原因是站在日线图的高度上得出的。

图2-3是武汉凡谷的日线走势图，从这个图可以明显地看出这只个股的大趋势，从24.22元的高位两波下跌，在最近一波大跌之前股价也有一段较大时间的大幅震荡走势，持有数月。这与该股目前的走势有点类似，但是不少股民可能忽略了这一点。从目前的股价整理形态来看，更像是下跌途中的三角形整理，而不是双底反转形态。

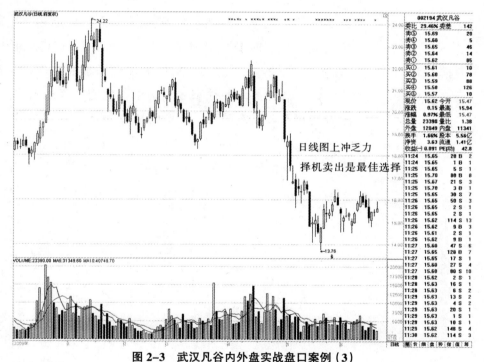

图2-3　武汉凡谷内外盘实战盘口案例（3）

资料来源：通达信，宁波钓鱼翁。

每次股价上冲都留下了显著的上影线，这表明多头上攻乏力，而且上攻的尽头都在下跌途中的成交密集价位，这表明上方抛压沉重。另外需要注意的一点是股价在最近一段时间内的整理对应着相对较少的成交量，这表明主力并没有在此区间加仓介入，在这种情况下该股要拉升是非常难的。有些炒家可能认为下档买盘也有力，不然下影线为什么那么长呢？不过，他们还是忽略了之前是一个显著下跌走势，在这个走势之后出现了这段整理走势，而且对应成交量缩小，综合起来看这就是股票技术分析教科书上经常提到的下跌中继形态。

我们主要从盘口内外盘读数、个股和大盘指数相对强度，以及日 K 线三个方面对武汉凡谷后市涨跌进行了预判，同时也间接地给出了操作指南。大家从这个例子当中，重点是学习分析思路，特别是利用内外盘分析的思路，而不是结论。

大家来看第二个利用内外盘进行盘口解析和实战的例子，这就是交大昂立。早盘开盘后不久，股价快速拉升，以两波冲击的形式将股价拉高到整数关口 9 元之上，但是很快股价在分时图上形成了小型的头肩顶，然后股价快速下跌（见图 2-4）。之后，每次大幅反弹都最终夭折，每次反弹都让高位买入的炒家看到希望，他们甚至加仓。但是，随着反转希望屡次破灭，买卖的热情下降了。

大盘与指数周期密切相关，相对强度属于横截面动量。

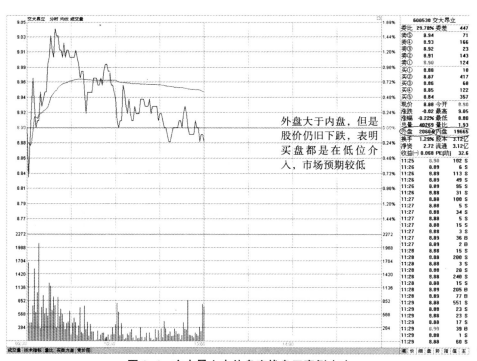

外盘大于内盘，但是股价仍旧下跌，表明买盘都是在低位介入，市场预期较低

图 2-4　交大昂立内外盘实战盘口案例（1）
资料来源：通达信，宁波钓鱼翁。

场外资金不愿进场，因为看不到希望。到了早盘快要收盘的时候，外盘读数为20604，而内盘读数为19665，外盘读数代表主动性买盘成交的数目，而内盘读数代表主动性卖盘成交的数目，可以看到外盘略大于内盘，但是股价仍旧处于下跌状态，这表明买盘都是低位介入的，不太愿意往高位上推，市场预期低落，后市继续下跌的可能性很大。

接着，我们最好再对交大昂立与大盘走势进行对比，这样可以掌握个股的强弱，而这个强弱可以帮助我们预期个股在大盘下跌时的抗跌能力，以及在大盘上涨时的上涨幅度。交大昂立开盘后大幅上涨，而此时大盘也有微幅上扬，之后大盘企稳上攻之时，交大昂立却出现了大幅回落走势。在大盘指数向上上涨这个过程中，个股却下跌，这是典型的弱势表现，随着大盘冲高回落，个股继续回落（见图2-5）。由此看来，个股弱势很明显，进一步验证了此前内外盘分析得到的结论，因此这只股票不被看好，我

弱于大盘！

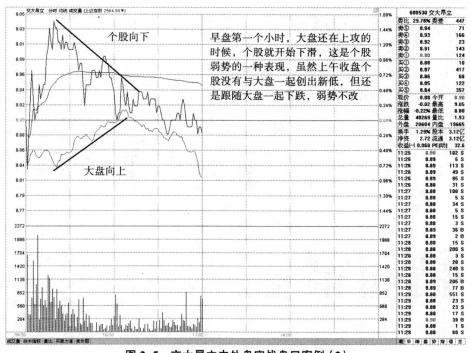

图2-5 交大昂立内外盘实战盘口案例（2）

资料来源：通达信，宁波钓鱼翁。

们应该进一步谨慎对待这只股票已有的持仓。

看了个股早盘的短线走势，同时也对比了个股和大盘的走势强弱，最后我们还要看一下这只股票的历史走势，只有放在历史的视界中，我们才能更好地看到分时走势带来的微观信息。很多短线客都将注意力集中于局部走势，这样做很容易陷入"反趋势"的误区中去。当然，也不是说分时走势不重要，分时走势很重要，不然我们这套教材也不会专门来探讨分时盘口的预判技术，我们强调的是一定要站在一个宏观的高度来看待微观提供的信息。

交大昂立日线此前一直处于下跌走势，在 11 元到 10 元高位有显著放量，似乎是典型的主力出逃迹象（见图 2-6）。这段时间，股价一直在一个区域中横盘整理，成交量显著萎缩，交投清淡，市场中买卖双方的积极性都不高。最近几天，一根大阳线放量拉升，之后跳空形成两颗十字星，似乎有向上突破的意图，但是第一颗十字星对应的成交量很大，似乎有诱多之嫌，再加上今日的分时分析，我们还是谨慎看待此股此前的放量向上跳空，不做买入打算。

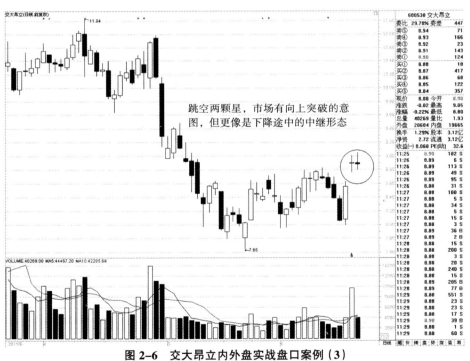

图 2-6　交大昂立内外盘实战盘口案例（3）

资料来源：通达信，宁波钓鱼翁。

这里需要提醒大家的是，我们不能光看日线图，因为日线图的 K 线形成有可能

存在猫腻，而相应的成交量也可能故意堆出来，所以我们要通过分时走势来捕捉主力的真实意图和市场多空力量对比的蛛丝马迹。同时，我们也不能将全部精力集中到所谓的盘口分时走势中去，这样的话，我们就很容易迷失真正的市场趋势感，而这对于任何炒家而言都是致命的，即使你是短线炒家也是一样的道理。所以，我们在利用技术工具对个股走势进行研判的时候，应该将整体和局部结合起来，将宏观和细节联系起来，这样就会取得比一般炒家更好的绩效，也只有这样才能真正赚到足够的利润，而不是像绝大多数炒家那样陷入亏损的地步。

我们再来看禾欣股份的例子（见图 2-7），禾欣股份早盘开盘之后没有显著放量，但是却迅速拉高，这有点像主力在故意吸引买盘跟风，以便出货。股价果然在高位放出大量，数次上冲都受制于同一水平位，这表明此后股价再度上攻的能量不足，打开上涨空间的可能性很小。

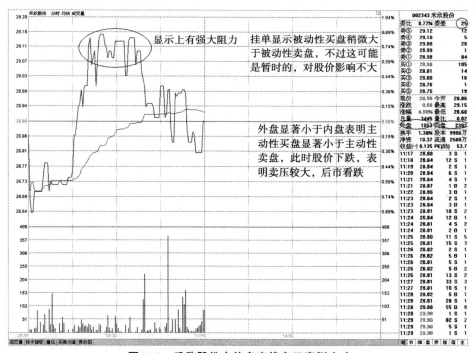

图 2-7　禾欣股份内外盘实战盘口案例（1）

资料来源：通达信，宁波钓鱼翁。

早盘收盘前股价从高位回落，此时外盘读数为 1053，内盘读数为 2392，外盘显著小于内盘表明主动性买盘显著小于主动性卖盘，此时股价也是显著下跌，内外盘和分时走势相互验证，一同表明了后市下跌的可能性很大。

另外，我们大致看了一下早盘收盘时的委比，这个数据的稳定性不高，往往随着行情的变化而变化，没有内外盘数据的可靠性高，但还是可以帮我们提高研判的准确性的。在禾欣股份的委比数据中总买单稍微多于总卖单，所以早盘结束的时候股价有一波上攻，但是显然只是一次反弹而已，无论从形态还是内外盘读数来看，反转和反弹的可能性都很小。

禾欣股份与大盘指数比较起来如何呢（见图 2-8）？这是横向的比较，将个股与指数拿起来比较，就好比将个股与其他所有股票的走势进行比较，只有通过比较我们才能更好地定位个股的强弱。禾欣股份高位反复上冲，但是此时大盘指数却不断创出新高，也就是禾欣股份先于大盘滞涨。由于这只股票开盘拉升快速，几乎没有像样的调整，同时成交量也没有逐步放大，呈现缩量拉升的状态，在高位滞涨时反而放出大量，先于大盘停止上涨，这表明该股主力出货意图明显，心情急切，后市继续看跌。不过，该股是拉高出货，所以主力不会让个股跌得太快，毕竟跌得太快会影响后续出货。早盘收盘的时候，个股并没有创出当日的新低，但是大盘指数却创出了新低，这表明主力还是有所顾忌的。主力有所顾忌，只是说下跌速率会放缓，并不表明下跌会终止，这个是大家一定要搞清楚的问题。

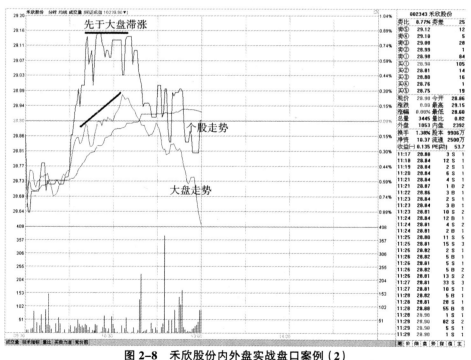

图 2-8 禾欣股份内外盘实战盘口案例（2）

资料来源：通达信，宁波钓鱼翁。

接着，我们站在历史视角对禾欣股份的整个走势进行剖析（见图2-9）。禾欣股份从高位跌下来，形成最高点这天的分时成交统计表明主卖大单为4%，而主买大单为0，这表明主力可能在这根中等阳线形成的过程中已经开始出货了。结合分时图我们能够进一步推断出其中存在的"关键细节"，该日虽然形成了中等阳线，但是这天的阳线是在收盘最后半小时内匆忙拉上去的，做盘的意图比较明显，主力在盘中主要是在卖出，然后利用收盘半小时卖单稀疏的情况，突然拉升，形成一根中等阳线，以便迷惑散户，为次日的出货打下基础。

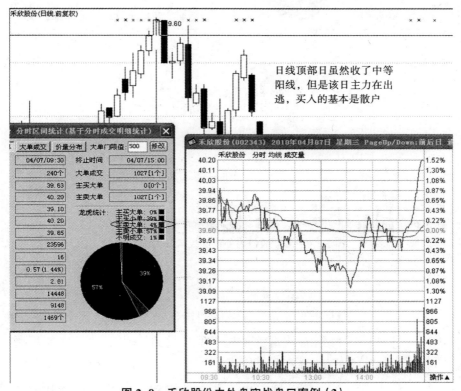

图2-9　禾欣股份内外盘实战盘口案例（3）

资料来源：通达信，宁波钓鱼翁。

禾欣股份从高位下跌了很大一段，然后有一日低开高收（见图2-10），这天股价低开3%多，然后缓慢拉升，但是我们从分时区间统计（这是绝大多数股票软件中都具有的一个功能，如通达信软件）中可以发现，这段涨势主要是散户在介入，并没有主力资金的进入，这可能告诉我们这波涨势的幅度不会很大。结合前面的盘口分析来看，主力在高位出逃，在低位并没有进入，最近的上涨只是由散户被套惜售和部分散户买入导致的，继续上涨的空间不会太大，随时有转而向下的可能性。

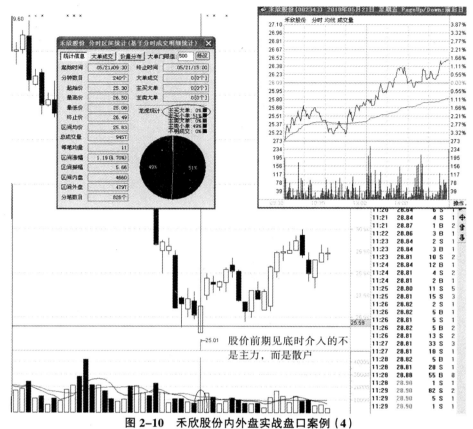

图 2-10　禾欣股份内外盘实战盘口案例（4）

资料来源：通达信，宁波钓鱼翁。

　　在这个例子中，我们将内外盘读数分析、大盘个股相对强弱剖析与分时区间统计结合起来研判个股未来的走势，得到的结论就是这只股票将进一步下跌，即使反弹，空间也是相当有限的。

　　我们接着来看东山精密利用内外盘结合其他技术指标的盘口解析实例（见图 2-11），股价早盘开盘之后就逐步上扬，但是攻击波形比较正常，不是陡直拉升，有正常上涨时的回调，这表明不是主力在故意拉升吸引买盘。股价开盘一小时内上涨了 4%，此后一直处于高位横盘整理，不断有抛盘涌出，但都没有将股价打下来，而且收盘的时候，股价还是收在了均线之上。

大盘指数也可以选择创业板指数或者沪深 300 指数等，根据个股而定。

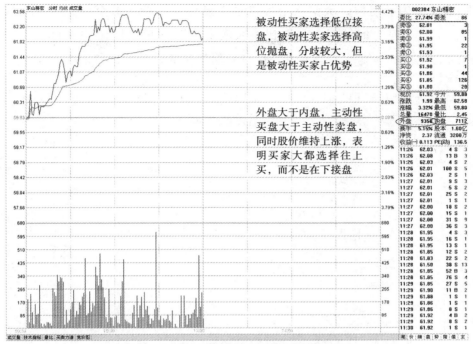

被动性买家选择低位接盘，被动性卖家选择高位抛盘，分歧较大，但是被动性买家占优势

外盘大于内盘，主动性买盘大于主动性卖盘，同时股价维持上涨，表明买家大都选择往上买，而不是在下接盘

图 2-11　东山精密内外盘实战盘口案例（1）

资料来源：通达信，宁波钓鱼翁。

早盘结束的时候，外盘显著大于内盘，也就是说主动性买盘显著大于主动性卖盘，同时股价维持一个上涨趋势，这表明买家大都选择往上扫单，而不是在跌下来后接盘。

同时，我们对被动性买卖盘进行分析，买单挂得就比较低，远离成交价，而卖单则挂得较高，这表明双方分歧较大，但是被动性买家还是占优势，从委比可以看出来。从分时走势和盘口指标来看，东山精密的后市继续上涨的可能性更大一些。这里提醒大家的是，要注意我们分析的思路和过程，至于结论对于大家的学习并不是最重要的。

在解盘的时候，一定要从多个角度加以剖析，不能偏颇于一个特定的指标信号或者说价格形态。 所以，虽然本书重视个股分时盘口走势剖析能力的培养，但是仍旧需要掌握与之配套的其他解盘技术。只有从多个角度，时间上纵看，空间上横看才能对一只股票未来的走势做到了然于胸。不少短线炒家都忽视了将个股走势与大盘指数套在一起看，这是一个弱点，需要大家接下来好好弥补这一点。

东山精密开盘之后，逐波拉升，基本上处于均线之上，上涨走势既不做作，也不勉强，很流畅，显示上涨动力充足。但是，我们观察对应的大盘走势，可以看到

当个股横盘整理的时候，大盘指数却出现了显著的下滑，甚至跌破了开盘价（见图 2-12）。从这个分时即时走势对比中，我们可以看到个股走势明显强于大盘走势，配合占优势的主动性买盘来看，这只股票午盘的走势将比较乐观。

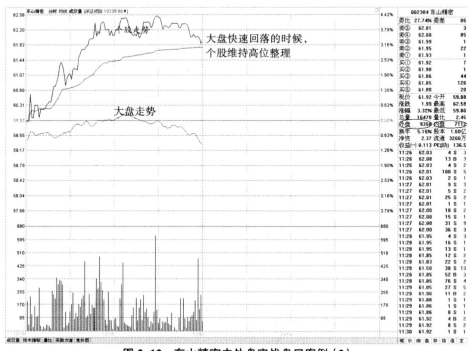

图 2-12　东山精密内外盘实战盘口案例（2）
资料来源：通达信，宁波钓鱼翁。

仅看分时走势和相应的指标还不够，我们还需要对较大的时间框架进行研判（见图 2-13）。东山精密在前期最高位，也就是上市后不久，拉出了一根大阴线，分时区间发现其中主动性买盘主要是散户，而主动性卖盘则主要是主力，也就是说主力在上市后不久就拉高出货了，那么现在这只股票中还有没有主力呢？这就需要继续对最近低点附近的分时买卖情况进行分析了，分时走势中的内外盘读数是一个变动值，而分时统计中的主卖主买读数是一个固定值，两者实际上计算的都是相同的因素。

这里还要补充一点的是，这只股票上市第一天拉出大阳线，吸引了众多买盘，但是第二天冲高回落，收成一根流星线，上影线很长，表明主力并没有拉升意愿，或者说上档卖出压力很大，次日股价大跌。

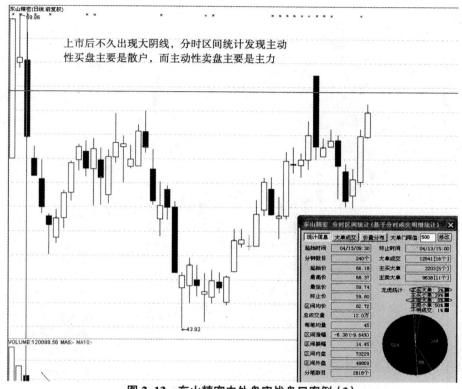

上市后不久出现大阴线，分时区间统计发现主动
性买盘主要是散户，而主动性卖盘主要是主力

图2-13 东山精密内外盘实战盘口案例（3）
资料来源：通达信，宁波钓鱼翁。

从流星线紧跟大阴线来看，股价突破上方压力的可能
性很低，大约一个月后，股价再度来到这个位置，又被打
压了，可以看到这个位置的抛压很大，不过这并不妨碍最
近几日股价上涨，只是说股价上涨空间可能不大，适合短
线介入。

我们继续对该股上市后的走势利用内外盘读数进行分
析，该股上市后一路大跌，但是几日后止跌回升，收阳前
一天，股价形成锤头，下影线很长，收阳当日与前日锤头
形成了"准看涨吞没"，单从日K线上看，股价有上涨要
求，这是一个看涨多头信号（见图2-14）。

但是，从收阳当日的内外盘分析可以发现，当天参与
交投的主要参与者都是散户，所以可以断定上涨幅度不会
太大，毕竟散户心比较散，稍微上涨就会出现较重的抛压，

什么情况下是流星线？什
么情况下是仙人指路？

179

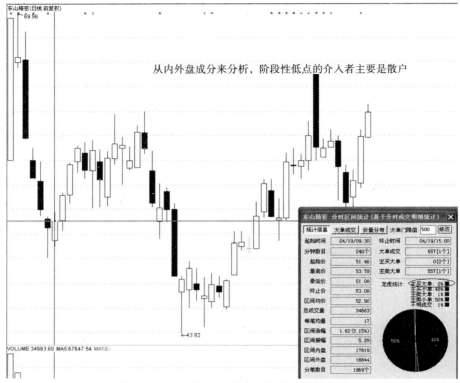

图 2-14　东山精密内外盘实战盘口案例（4）

资料来源：通达信，宁波钓鱼翁。

自然不会涨得太高，此后的走势果然如此。

由此可见，股价的涨幅多高，也是可以从内外盘成分中看出来的，如果是散户行情，参与者基本是散户，那么这种行情要进出得快，否则就会被套牢。当然，股价的起涨点和转折点还是可以通过日 K 线来判断的，将我们这套教材介绍的主要工具用得流畅熟练，就能很容易超过绝大多数炒家，成为真正的短线狙击客。

股价在散户的推动下往上走，涨到一定高度之后 K 线不断出现上影线，这表明上档压力较大，在出现了"利空母子"形态之后，股价下挫（见图 2-15）。收阴这天可以看到主卖大单为 4%，主买大单为 0，主力在卖出。这表明前期没有出逃的主力又在出货，同时散户也在跟着卖出，追买入的散户当然也就被套了。

东山精密再度转为下跌，跌破了前期的低点，一直跌到 43.92 元才止跌，可以看到这几日的下影线很长，但就是跌不下去，最低一点的内外盘成分分析可以看得很清楚，这个低点又是只有散户介入（见图 2-16），所以后市的涨幅应该较为有限。

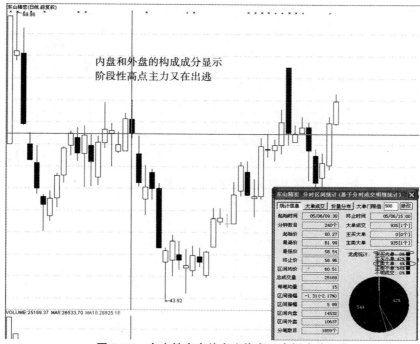

图 2-15 东山精密内外盘实战盘口案例（5）

资料来源：通达信，宁波钓鱼翁。

图 2-16 东山精密内外盘实战盘口案例（6）

资料来源：通达信，宁波钓鱼翁。

股价在这个位置徘徊了好几日，一直跌不下去，散户介入之后不久，我们发现有短庄介入，可以看到这天的大单买入远大于大单卖出，初步断定短线阻力在这个位置有介入（见图 2-17），既然有主力介入，那么不管怎样，后市上涨的幅度也高于单纯的散户行情。

股价连续在此位置调整数日后开始上攻，但是我们还需要继续考察，才能断定最近一个下跌和上涨过程中主力有没有出逃，是否还存在。

图 2-17　东山精密内外盘实战盘口案例（7）

资料来源：通达信，宁波钓鱼翁。

东山精密上涨到前期高点附近拉出了一个大阴线，主力有没有出逃呢？当日主买大单为 0，而主卖大单占了 8%，这表明主力在出逃（见图 2-18）。至少主力在这个位置上迟疑了，不敢继续往上打。

毕竟此前该股上市的时候，众多散户在高位接盘，此番上攻到他们的持仓位置势必引起他们的解套抛盘，这样

结合第五课的内容来理解。

反而使主力陷入被套的境地，所以此番主力出逃存在较为合理的理由。

图 2-18 东山精密内外盘实战盘口案例（8）

资料来源：通达信，宁波钓鱼翁。

我们接着看大阴线形成不久之后的主力动向，仍旧是采用分时区间统计的内外盘构成比例数据（见图 2-19）。股价拉出大阴线之后，没有立即下跌，而是连续两日做出小阳线，似乎股价跌不下去，稍作整理就会继续上攻，以此诱骗散户继续接盘。

阴线做出之后的第二日，股价的重心还上扬了一些，但是当日主卖大单高达15%，主买大单为0，由此可见主力在拉高出货，后市肯定是要继续下跌的，果然此后连续跌了两天，形成了"利多母子"形态，也就是一根实体较大阴线后面接着一根实体相对较小的阳线，阴线的开盘高于阳线收盘价，阴线的收盘价低于阳线的开盘价。

"利多母子"出现之后，股价出现上涨的概率很大，但是上涨的幅度有多大呢？这就需要看此时有没有主力介入，哪怕是大户介入也好，因为如果是单纯的散户介入，那么后市涨幅一般不高，甚至形成"一日游行情"。

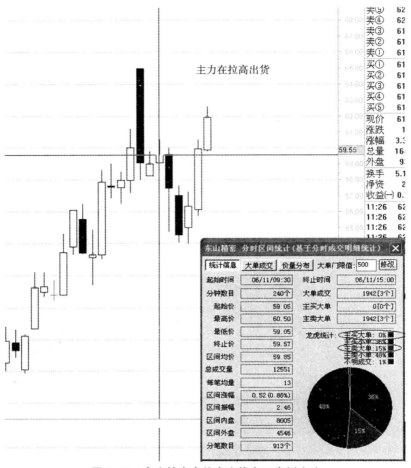

图 2-19 东山精密内外盘实战盘口案例（9）

资料来源：通达信，宁波钓鱼翁。

在"利多母子"最终形成的这根阳线当日，买入大单是 0，卖出大单也是 0（见图 2-20），也就是说主力根本没有参与交易，既然主力和大户都没有在此阶段性低点介入，那么后市的行情应该长不了多少。结合前面的分时分析，我们应该谨慎看涨，买入后要及时卖出，在股价上涨到前期高点之下一点的时候就要卖出。

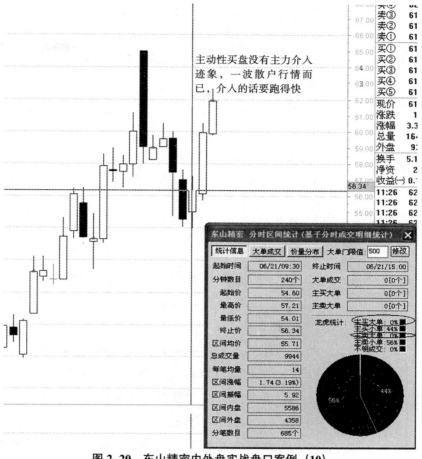

图 2-20 东山精密内外盘实战盘口案例 (10)

资料来源：通达信，宁波钓鱼翁。

第二节 大手笔买卖单的解读

股价大幅上升或下跌基本是由主力资金推动的，主力资金不可能一手两手地买卖股票，因此真正的热门股应该是盘中大买卖单成交活跃的个股。大单，即每笔成交中的大手笔单子。当委托买卖中出现大量买卖盘，且成交大单不断时，则往往预示着主力资金动向。假如一只股票长期极少出现连续大手成交卖买单，基本上可以认定为散户行情，易跌难涨。

一般而言，委卖盘越大，说明市场抛售欲望强烈，股价看跌。委买盘越大，说明欲买进的投资人众多，股价看涨。例如，某股卖一 6.82 元，只有 20 手挂单，买一 6.80 元有 5 手挂单。成交价 6.80 元、成交 250 手，而卖一处只减少了 15 手，显然此次成交是盘中对倒行为所致。

例如，某股卖一在 9.98 元挂 2000 手，买一 10 元挂 1000 手大单，然后不断上移，总是在卖一、买一中间相差一分钱，一旦出现 9.99 元便吃掉然后不再向上高挂，以显示抛压沉重，诱使投资者抛出筹码，以达到迅速建仓的目的。在盘面中不断有大挂单在卖三、卖二处挂，并且不断上撤，最后出现一笔大买单一口吃掉所有卖单，然后股价出现大幅拉升，此时主力一方面显实力，一方面引诱跟风者买单，二者合力形成共振，减少拉升压力。

有时买盘较少，买一、买二、买三处只有 10~30 手，在卖单处也只有几十手，但大于买盘，却不时出现抛单，而买一却不是明显减少，有时买单反而增加，且价位不断上移，主力同时敲进买、卖单。此类股票如蛰伏于低位，可作中线关注，在大盘弱市尤为明显，一般此类主力运作周期较长，且较为有耐心。

而经常性机会大买单多指 500 手以上而卖单较少的连续向上买单。卖一价格被吃掉后又出现抛单，而买一不见增加反而减少，价位甚至下降，很快出现小手买单将买一补上，但不见大单，反而在买三处有大单挂出。

一旦买一被打掉，小单又迅速补上，买三处大单同时撤走，价位下移后，买二成为买一，而现在的买三处又出现大单（数量一般相同或相似）且委比是 100% 以上，如果此价位是高价位，则可以肯定主力正在出货。小单买进，大单卖出，同时以对敲维持买气。

当某只股票长期低迷时，某日股价启动，卖盘上挂出巨大抛单（每笔经常上百、上千手），买单则比较少，此时如果有资金进场，将挂在卖一、卖二、卖三档的压单吃掉，可视为主力建仓动作。注意，此时的压单并不一定是有人

小规模暗中吸筹。

在抛空，有可能是主力自己的筹码，主力在造量吸引注意。

　　当某股在某日正常平稳的运行之中时，股价突然被盘中出现的上千手大抛单砸至跌停板附近，随后又被快速拉起；或者股价被突然出现的上千手大买单拉升然后又快速归位。表明有主力在其中试盘，主力向下砸盘，是在试探基础的牢固程度，然后决定是否拉升。该股如果一段时期总收下影线，则向上拉升可能性大，反之出逃可能性大。

　　某只股票经过连续下跌，在其买一、买二、买三档常见大手笔买单挂出，这是绝对的护盘动作，但这不意味着该股后市止跌了。因为在市场中，股价护是护不住的，"最好的防守是进攻"，主力护盘，证明其实力欠缺，否则可以推升股价。

　　此时，该股股价往往还有下降空间。但交易者可留意该股，因为该股套住了大资金，一旦市场转强，这种股票往往一鸣惊人。下面我们就买卖挂单，特别是集中性买卖挂单，结合实例进行深入而全面的看盘技巧传授。

　　大单一般少数时候反映了散户的群体心理，更多时候反映了主力的行动意图。下面我们第一个针对大挂单剖析盘口走势的实例，这是华海药业的例子。

　　华海药业开盘之后大幅下跌，连个像样的反弹都没有。股价在开盘半小时内转而曲折回升，回升走势与此前的下跌走势比起来显得非常疲软，走势不流畅，调整很多（见图2-21）。

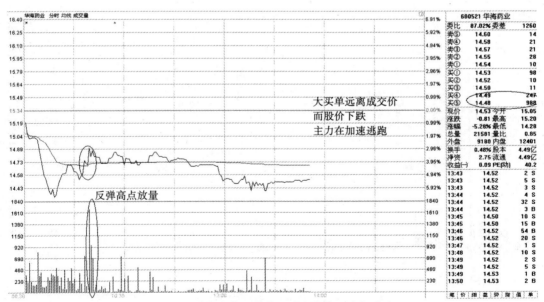

图2-21　华海药业大单买卖实战盘口案例（1）
资料来源：通达信，宁波钓鱼翁。

这波回升远远低于开盘价，升到一定程度就开始放出大量，而且形成小型的双顶形态。高位放量代表有大户或者是主力出逃，放量之前的拉升更像是散户惜售引发的，因为这段回升并没有伴随显著的底部放量。

此后，股价在整个早盘时间都处于窄幅整理状态，到早盘快要收盘的时候跌破横盘整理区域。午盘开盘的时候股价跌到前期低点，形成水平整理走势，这时快要看到委比读数为 87.02%，也就是说单从这个读数来看买挂单远远高于卖挂单。

但是，仔细看里面的构成，可以发现绝大多数的买挂单都挂在买 4 和买 5 的位置，远离成交价，这表明这些买单没有强烈的成交动机，甚至根本不想成交，而只是给散户一个假象，让他们认为买单强劲，其实是让散户去买，主力拉升意愿不明显，甚至可能在偷偷出货，后市走势不容乐观。

接着，我们要对这只股票的整体走势做一个梳理，与此前利用内外盘读数进行分析一样，当我们利用分时盘口数据进行微观和局部分析的时候，一定要学会结合日 K 线走势来理解，否则单单是一个分时技术指标和数值是无法提供可靠信息的。

就华海药业这只股票而言，今日的分时挂单表明主力在出逃，那么日线图是否也印证了这一信息呢？

华海药业从高位下跌过程中出现了两次较为明显的反弹，但是反弹高点都没有超过前高（见图 2-22），最近一波反弹也是如此。另外，股价在最近几个交易日跌破

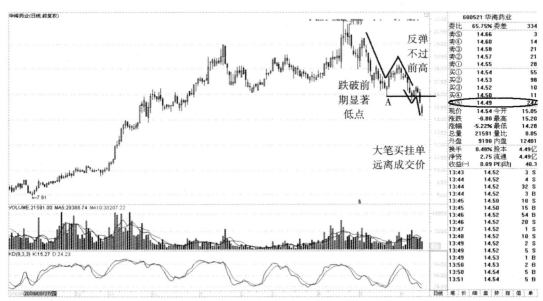

图 2-22 华海药业大单买卖实战盘口案例（2）

资料来源：通达信，宁波钓鱼翁。

了前期显著低点 A。高点越来越低，低点越来越低，这表明趋势是往下走的，既然趋势往下，那就进一步证明了此前在即时盘口分析上得到的结论：这只股票将进一步下跌。

那么，与大盘比较起来，华海药业的强弱程度怎么样呢？

大盘走势较为震荡，基本上维持在开盘价附近，但是该股盘中下跌幅度较大。在波动方向上，华海药业与大盘指数基本是同向的，所以这只股票并不存在独立于大盘走势（见图 2-23），后市要有强劲表现是非常困难的。

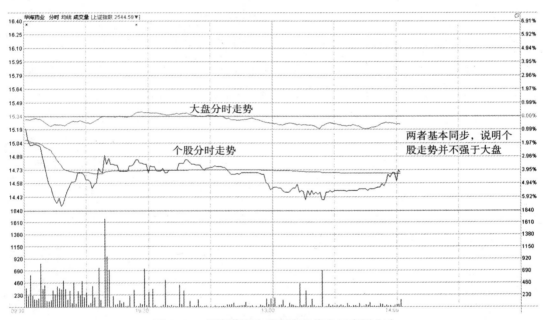

图 2-23　华海药业大单买卖实战盘口案例（3）

资料来源：通达信，宁波钓鱼翁。

这里就个股和大盘分时对比说几句，**我们见过许多盘中选股非常厉害的短线炒客，他们有一个共同的习惯，在对个股分时盘口进行实时观察的时候，会叠加对应的大盘指数，同时特别关注那些走势强于大盘的个股，这些个股更加存在主力。**

当大盘下跌的时候，这些个股的避险效果更好，而当大盘上涨的时候，这些个股上涨的可能性和幅度更大。当

"双强模式"，参考《股票短线交易的24堂精品课》。

189

然，这个方法也不局限于对比分时走势，还可以对比日 K 线走势，在大盘熊市的时候，这种方法比较有效，也就是说大盘处于下跌走势时，个股却坚挺不跌，甚至走出逆市行情，这就需要将个股和大盘的日 K 线放到一起观察，一般而言我们寻找三个月左右的背离走势，也就是三个月时间长度的个股和大盘背离走势。如果是选择短线狙击股，则炒家仅观察分时背离走势即可，再加上本教程介绍的其他技术更佳。

我们来看第二个跟踪盘中大单推断个股后市走势的案例，这是中天科技的实例。中天科技开盘后以常见的波形上攻，呈现正常的折返上涨形态，可以看出个股拉升过程中并没有显著的主力出货行为，但是挂单比较特别，大卖单集中在下档，靠近成交价，而大买单也集中在下档，远离成交价，从这个来看，大买单其实不想成交，可能是在护盘，但是意图不明显，而大卖单集中在下档，可以看出出货意图很明显，结合整个早盘的走势来看，后市继续下跌的可能性很大（见图 2-24）。另外，更为重要的是中天科技整个午盘基本上处于下跌走势，快速跌破开盘价。最近半个小时，股价形成小双底，并且突破颈线，短线有反弹要求，但是反弹之后肯定是继续下跌。

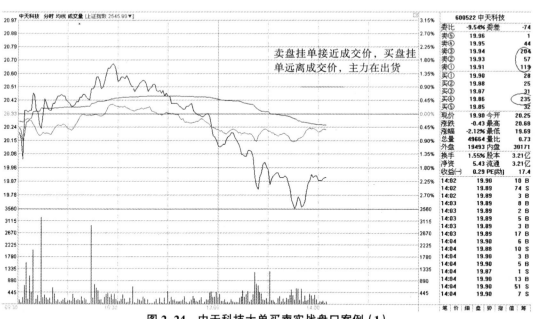

图 2-24 中天科技大单买卖实战盘口案例（1）
资料来源：通达信，宁波钓鱼翁。

分时盘口走势得出的结论是不看好这只股票后市的表现，我们还需要从更加宏观的层面来看待这只股票的走势（见图 2-25），注意其中的分析思路，而不是结论，这些分析思路在盘口解析中是经常用到的部分。

图 2-25　中天科技大单买卖实战盘口案例（2）

资料来源：通达信，宁波钓鱼翁。

　　中天科技从高位暴跌之后最低跌至 17.30 元，然后反弹，在 A 点形成了十字星，与前后 K 线组成黄昏之星，然后再度下跌。由此可见，十字星上档压力非常大，股价在昨天盘中突破 A 点十字星高点形成的阻力，但是收盘价仍在此阻力线之下，由此看来，此股后市上冲的可能性不大，应该继续下跌。

　　分时盘口的挂单集中情况以及日线上的 K 线走势都显示中天科技这只股票后市走低的可能性更大，我们再进一步结合大盘走势对这只股票的未来走势作深入的研判。

　　中天科技开盘之后大幅上拉，开盘一小时之后个股跟随大盘下跌。午盘开盘之后中天科技跌破了此前的最低点，而大盘指数则维持在此前最低点附近，由此看来中天科技的走势远远弱于大盘走势（见图 2-26）。

　　当大盘下跌的时候，中天科技不能维持独立抗跌走势，反而是呈现跟随大盘走势下跌的"随大流"走势，其下跌

以大盘为基准，以板块为枢纽。

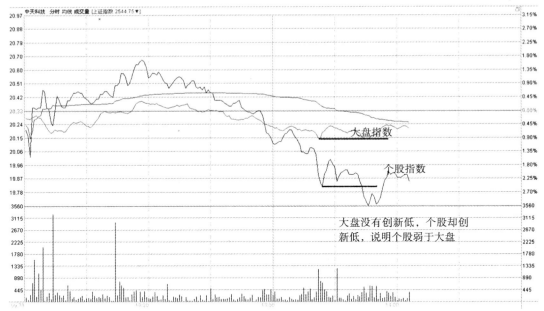

图 2-26　中天科技大单买卖实战盘口案例（3）

资料来源：通达信，宁波钓鱼翁。

幅度甚至大于大盘走势，弱势可见一斑。**大盘可以作为其他股票走势的综合体现，**中天科技分时即时走势弱于大盘，表明中天科技弱于其他股票走势，**后市看跌，这与分时盘口挂单和日 K 线分析得出的结论相互印证。**

　　我们来看利用挂单情况分析个股后市涨跌的第三个实例，这是深发展 A 的例子（见图 2-27）。深发展 A 开盘之后大幅上拉，除开盘头十几分钟处于盘整状态外，到目前为止个股价格一直维持在分时均线之上，到了早盘后半段和午盘目前阶段，个股维持高位窄幅横盘走势。在横盘走势中，个股明显得到均线的支持，也就是说有力量在下面暗暗支撑着股价。结合即时的挂单来看，卖单集中在较高的几个档位，大卖单远离成交价格，这表明真正的卖出意愿不强，后市维持强势的可能性更大。

　　进一步我们对个股和大盘指数进行比较，以便在这种直观的对比中对个股后市走势作出准确有效的研判。深发展 A 开盘之后以正常波形逐步上涨，上涨角度为45%，按照江恩理论这是一个能够维持涨势的上升速率，价格和时间处于均衡之中，不会出现快涨急跌的情况（见图 2-28）。

　　深发展 A 开盘后十几分钟内维持一个横盘整理走势，稍稍有所上升，此时对应的大盘指数却呈现出了下跌走势，构建了目前为止的最低点。深发展 A 在大盘指数

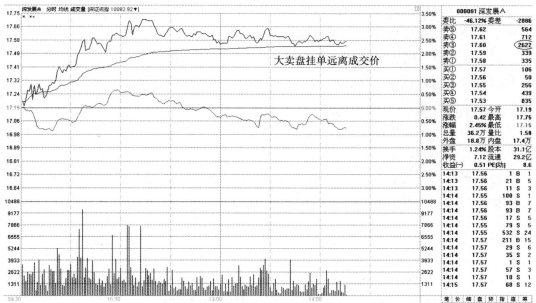

图 2-27　深发展 A 大单买卖实战盘口案例（1）

资料来源：通达信，宁波钓鱼翁。

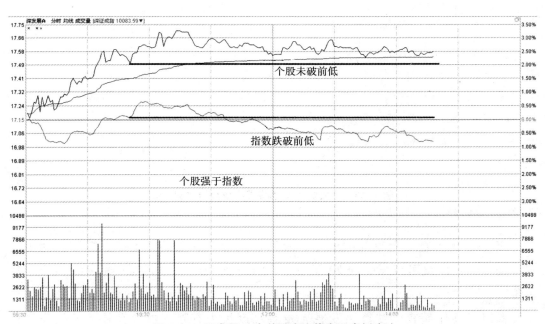

图 2-28　深发展 A 大单买卖实战盘口案例（2）

资料来源：通达信，宁波钓鱼翁。

开盘下滑的情况下维持了强势整理格局，这是一个个股看涨的信号。果然，在大盘止跌回升之后，深发展 A 也在大盘的助力下一路顺利爬升。

到了早盘快要结束的时候，大盘指数跌破了此前的低点，而对应的深发展 A 走势却继续维持高位盘整，强势可见一斑，结合分时盘口挂单的情况，我们初步判断此股后市继续看涨。

分时盘口分析属于微观分析，下面我们要进一步扩展分析，对深发展 A 进行宏观分析，具体而言也就是日 K 线分析（见图 2-29）。深发展 A 从 26.73 元的高位逐步下跌，中间有持续几个月的大幅整理，中继整理形态完成之后，个股继续下跌，在前期显著低点 A 处获得支撑，目前股价开始拐头向上。

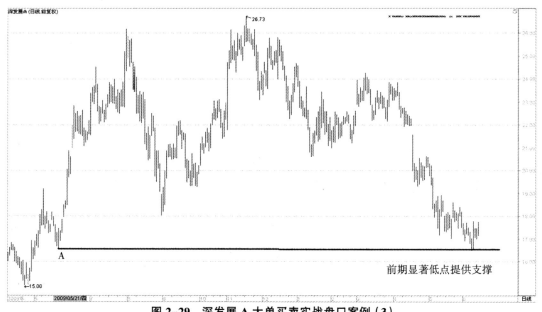

图 2-29 深发展 A 大单买卖实战盘口案例（3）

资料来源：通达信，宁波钓鱼翁。

前期低点 A 是一个重要的低点，股价在这个低点提供的支撑下能够反弹多高呢？初步开盘应该可以反弹到 20 元左右，因为 20 元是下跌过程中的一个成交密集价位。

就短线操作而言，就算深发展 A 反弹高度极为有限，也存在较大的操作可行性。综合此前的分时盘口分析和强弱对比分析，以及现在的日 K 线分析，我们准备在当日尾盘买入这只股票做短线操作。

在本例中，要注意查看集中挂单价位与成交价位的距离关系，**如果集中挂单价**

能看见的，都是主力故意让你看的。背后动机是什么？

位远离成交价位说明这些挂单成交意愿不强，甚至是故意摆出来的欺骗性挂单。如果上档卖单远离成交价则可能是为了打压股价，低价吸筹。

如果下档买单远离成交价则可能是为了维护股价，便于出货。如果集中挂单接近成交价则说明这些挂单成交意愿强烈，具体的结论可以从上面的分析中反推出来。

利用挂单洞悉交易者们的心理说难也难，说简单也简单，中国宝安开盘后先是下探，构筑下行底部之后转而上行，成交量明显放大，以之字波的形式陡直上升，上升角度很大。不久之后，就快速回落，一直持续到午盘开盘（见图 2-30）。

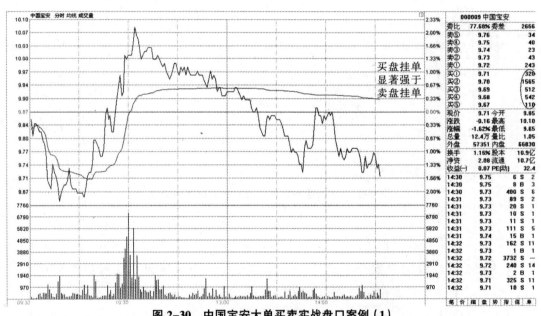

图 2-30 中国宝安大单买卖实战盘口案例（1）

资料来源：通达信，宁波钓鱼翁。

午盘开盘后一路跌到接近前期低点的位置，然后站开反弹，反弹受到均线的压制。在均线之下形成小双顶之后跌破颈线，继续下跌，跌到前期低点附近。此时，买挂单显著多于卖挂单，委比为 77.68%，下方买盘显著多于上方卖盘。外盘稍逊于内盘，这表明主动性买盘微微少于主动

性卖盘。总体而言，股价有在此反弹的意图。

由于分时盘口分析还无法对这只个股的后市作出恰当研判，我们需要继续对这只股票的其他方面进行仔细的分析，以弥补分时盘口分析的不足之处。

中国宝安从 14.05 元的高位下跌，然后长达数月处于大幅震荡状态，则表明多空分歧严重，但是仍旧无法有效发动单边走势（见图 2-31）。此后，在完成一个大三角形中继形态之后，开始往下发力。

图 2-31　中国宝安大单买卖实战盘口案例（2）
资料来源：通达信，宁波钓鱼翁。

股价一泻千里，这波下跌末端一根大阳线快速拉升，低点逐步拉高，但是反弹高点也在走低，股价再度进入到一个整理状态，这与分时盘口反映出来的信息一致，都表现了多空双方都难以发起单边走势的状态。

由于盘口挂单分析和日 K 线形态分析都不能解决对中国宝安未来走势的研判问题，我们继续对中国宝安相对于大盘指数的强度进行分析。中国宝安开盘之后下探，这时候大盘也是下探，然后跟随大盘一起上扬（见图 2-32）。

此后，大盘先于个股回落。大盘在午盘跌破了前日低点，而中国宝安稍强，并没有跌破前期低点。就相对强弱分析而言，个股走势只是稍微强于大盘，有一定反弹需要，但是空间不大，趋势不明，所以不操作为宜。

中国宝安这个例子可以带给我们更多的思考和收获，当我们不能对个股未来走

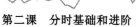

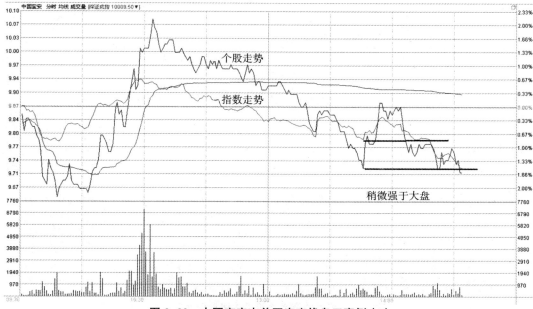

图 2-32　中国宝安大单买卖实战盘口案例（3）
资料来源：通达信，宁波钓鱼翁。

势作出明确判断的时候，就应该采取"袖手旁观"的态度和做法。很多时候，我们急于在市场中赚取"想象中"的利润，这种不顾情况一味追求操作成功的做法往往会带来亏损。

"**先立于不败之地，而后求胜**"，这是《孙子兵法》反复阐明的一个战略原则，这个原则不仅能运用在军事行动中，在股票操作中也应该恪守这条原则。**技术分析不是万能的，盘口分析技术更不是万能的，既然不是万能的，我们也就应该克制自己盲目莽撞的操作冲动。**

我们来看招商地产利用挂单进行分析的实例（见图 2-33）。招商地产开盘之后先是下探，然后 V 字反转，股价在看盘后半小时到一小时这段时间内呈现单边上涨走势。此后，随着股价回落，成交量逐步萎缩，这表明价格往下面走，卖出的意愿不大。早盘后半段股价维持高位横盘整理，午盘开盘后不久跌破均线，并未跌到早盘低点就拐头，与此同时成交量放大，感觉有大户在下方承接，股价一时半会儿跌不下去。

此后股价果然回升，突破了均线，一直围绕均线上下波动。对应的买挂单比较集中，大单集中在买 2 档，而卖单则比较分散，这表明买家可能是主力，而卖家则可能是散户，况且买单接近成交价，由此看来买家的成交意图还是比较浓厚的。后

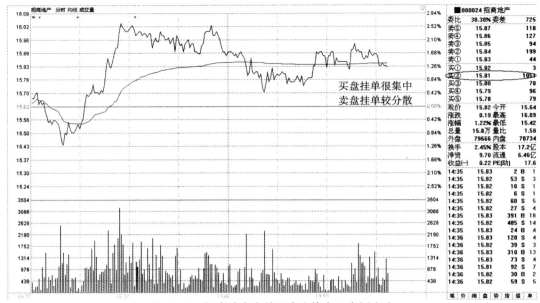

图 2-33　招商地产大单买卖实战盘口案例（1）

资料来源：通达信，宁波钓鱼翁。

市有一波可期的涨幅，但是还需要进一步的分析和确认。

参考《高抛低吸：股市斐波那契四度操作法》。

接着，我们对招商地产作进一步的分析（见图 2-34）。招商地产从 34 元多的价位下跌，中间跟随大盘出现了一波长时间的横盘整理，这波整理是一个典型的看跌楔形。根据度量原理，下跌楔形之前的下跌幅度等于之后的下跌幅度，也就是说是相等的长度，当然也可能存在 1.618 倍关系，不过最常见的是 1 倍关系，在本例中，两次下跌幅度接近于 1 倍关系。

股价在此之后出现了横盘蓄势走势，这里特别要注意的一点是招商地产的低价在抬高，也就是说次低点出现了，一般而言这可能是阶段性底部确认的标志，后面可能有一波上涨，这点与分时盘口挂单分析的结论基本一致。上述分析除了涉及通常的盘口分析技术，还有两个知识点需要注意。

第一个知识点是股价运动形态存在一定的比率关系，这个关系往往是 1 倍或者是 1.618 倍关系，比如在上涨行

图2-34　招商地产大单买卖实战盘口案例（2）

资料来源：通达信，宁波钓鱼翁。

情中，两个相邻的上涨波段比较容易出现等值关系，下跌行情中也是如此。中继形态将两波上涨或者是两波下跌连接起来，所以中间形态两边的运动幅度倾向于相等，有些人称之为"二进制原理"，其实就是一个很简单的现象而已。

第二个知识点是**"对称原理"**，也就是说**高点两边的行情或者说低点两边的行情容易出现对称走势**，什么是对称走势？就是上涨的成交密集区对应下跌的成交密集区，就是这个意思。这些东西将在题材投机系列教程的后续课程中得到全面深入的阐释。

> 对称原理跟筹码分布有关。

多维度分析才能带来精准的研判，下面我们从强弱对比角度对招商地产的分时走势进行剖析（见图2-35）。大盘开盘下跌，招商地产也跟着下跌，大盘回升，招商地产也跟着回升，涨势要好于大盘，此后大盘回落，招商地产却维持着高位盘整。

不久之后，跌了下去，但是并未创新低，与此对照的是大盘指数创当日新低，这表明招商地产的走势要强于大

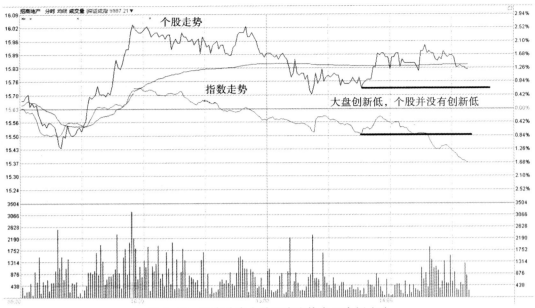

图 2-35　招商地产大单买卖实战盘口案例（3）
资料来源：通达信，宁波钓鱼翁。

势，能够维持独立行情，说明这只股票中主力运作的力度比较强。如果大盘继续下跌，则这只股票下跌的幅度应该小于大盘指数，如果大盘维持横盘或者转而上涨，则这只股票也能维持强势盘整或者强势上攻的格局。

综合三个角度的分析，我们认为招商地产后市上涨的可能性较大，因为盘口挂单、强弱对比和日 K 线走势都倾向于看多招商地产，所以这只股票后市有一定的上涨幅度，对于短线而言可以在当天收盘的时候买入。

这里大家需要学习的不是我们的分析结论，而是分析和研判的过程，只有深入钻研这些分析结论才能抓住本书的精髓，进而在实战中为自己带来丰厚的利润。

接着我们看横店东磁的例子（见图 2-36），股价开盘后反复震荡，维持在一个狭窄的区间中，而且股价重心偏向下行，与此同时卖盘挂单往上靠，而买盘挂单往下靠，两者的成交意愿都不强。

从这个角度来看横店东磁的后市震荡的可能性较大，往上走抛压沉重，推升意愿不够强劲，往下走支撑强大，卖出意愿不够强劲。再看内盘和外盘数据，外盘读数为 10328，内盘读数为 10687，两者相差不大，由此看来主动性买卖盘差别不大，行情也倾向于维持区间震荡走势。

分时盘口属于微观分析，下面我们从宏观的角度进行分析（见图 2-37），横店

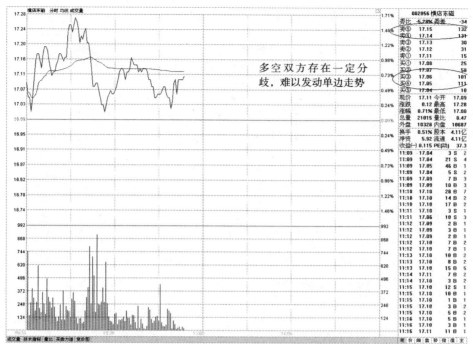

图 2-36 横店东磁大单买卖实战盘口案例（1）

资料来源：通达信，宁波钓鱼翁。

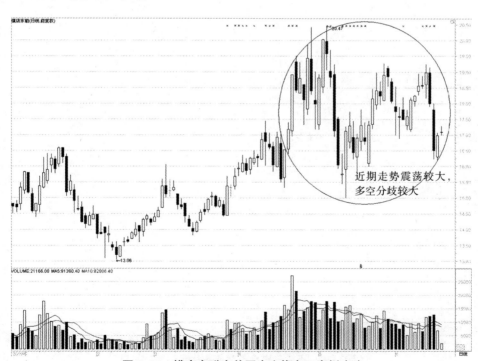

图 2-37 横店东磁大单买卖实战盘口案例（2）

资料来源：通达信，宁波钓鱼翁。

东磁最近几个月的走势都呈现出上冲下洗的大幅震荡走势，成交量也进入了萎缩阶段，这表明市场分歧较大，缺乏走出单边走势的条件，这与从今日分时图走势得到的结论是一致的，也就是说这只股票近期上涨的可能性和幅度都不会太大，更可能是维持震荡走势。

在 15.50 元附近存在较强支撑，因为这个价位水平之前出现过早晨之星，而且大阳线在这一线频繁出现。同时，19.00 元一线的阻力也是非常强大的，这一价位附近有大量的套牢盘，一个高点为黄昏之星，最近一个高点为利空吞没。所以，就日 K 线而言，在 15.50 元附近买入，在 19.00 元附近卖出，当然这是一个退而求其次的操作机会，况且现在股价并不是没有合适的买入机会。

最后，我们对这只个股走势强弱作出研判（见图 2-38），横店东磁开盘之后又一轮上涨，然后就维持在这个区间中整理，波动基本上跟随大盘指数的走势，但是这里面有个很关键的特征。横店东磁的低点基本维持在同一水平位置，而相应大盘指数的低点则逐渐走高。

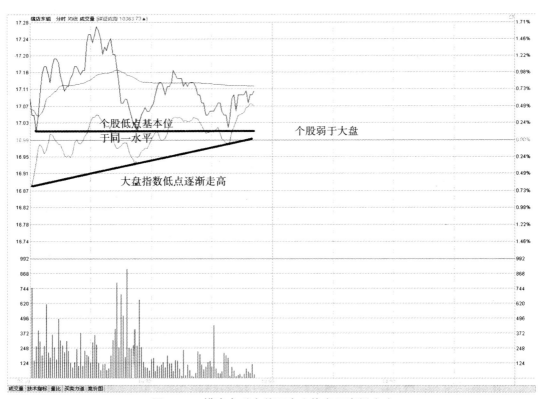

图 2-38 横店东磁大单买卖实战盘口案例（3）
资料来源：通达信、宁波钓鱼翁。

在最近的走势中，大盘指数创出了新高，但是对应的横店东磁走势却呈现弱势，上涨高点越来越低。综合这些来看，横店东磁这只股票比大盘指数还弱，结合此前的分析来看，不是主力在洗盘，恐怕这只股票中根本没有主力，至少主力没有运作股票的能力，这样的股票最好还是不要去碰。

不少炒股的人不太注意放在一个更广阔的范围内来看待个股的走势，他们往往将注意力投射在个股的日K线走势上，这样往往忽略了个股走势的背景，这个背景就是大盘。离开大盘去谈个股对于炒家而言是致命的，因为这样就会导致炒家将那些因为"潮水"而上涨的股票当作强势股而买入。

同时比较分时和即时走势，我们可以对个股强弱作出真正的评判。当然这里面还存在一种情况需要注意，这就是题材热点股，这种股票要么就早点买，要么不买。**在利用个股叠加大盘分时走势图时要考虑到这只股票是不是处于当前热点板块，这点非常重要，否则你可能误入那些"昙花一现"的股票陷阱。**

挂单分析具有动态性，但是持续在挂单中出现的特征肯定反映了真正决定后市走势的力量。大盘走势会干扰个股挂单的特征，除去这些偶尔出现的特征剩下的就是运作这只股票的力量真正的意图。所以，我们这里分析了一只股票的特定时刻的挂单，但是往往可以反映这只股票频繁出现的特征。频繁出现的特征往往最容易被捕捉到，也是最一致的特征，可以帮我们更准确地抓住这只股票背后的真正决定力量。我们接着演示盘口挂单分析的新实例。

福田汽车开盘之后逐步拉升，中间夹杂调整，在出现高位放量之后股价回落了，成交量萎缩并不显著，但是很快股价跌破了均线，目前反弹到均线之下就拐头了，显示均线压力有效（见图2-39）。

与此同时，卖方挂单分布比较均匀，而买方挂单分布则比较集中在上档，这代表买方成交更加迫切，也反映了卖出单比较真实。外盘读数和内盘读数基本相当，从分时盘口语言来看信息不是很一致，有待进一步分析。

日K线上福田汽车发出了什么样的信号呢？

福田汽车在最近一段时间处于箱体整理中，如果向下突破则是空中双顶，如果向上突破则是双底（见图2-40）。考虑到大盘一直处于震荡走势，而且宏观背景不明朗，认为股价继续处于箱体整理更为恰当。

站在箱体走势的立场。我们认为股价目前已经接近了箱体走势的上边界，所以股价反转向下的可能性比较大。这点宏观信息也能帮助我们理解为什么今天的分时走势图显得如此犹豫，这表明市场对继续上涨空间比较模糊，不知道能不能顺利打

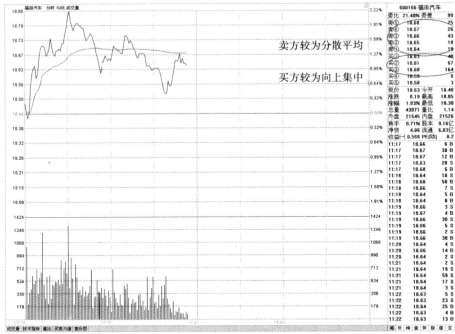

图 2-39 福田汽车大单买卖实战盘口案例（1）

资料来源：通达信，宁波钓鱼翁。

图 2-40 福田汽车大单买卖实战盘口案例（2）

资料来源：通达信，宁波钓鱼翁。

开上涨空间。总而言之，从日 K 线走势的背景来看，股价可能在最近一两日反转向下，现在肯定不是最好的进场买入时机，连短线操作时机都不是。

盘口挂单信息不太一致，结合日 K 线来看表现比较犹豫。初步的"诊断结论"是股票在明后两日继续上涨的可能性不大，现在我们从强弱对比的角度来剖析福田汽车后市的走势（见图 2-41）。

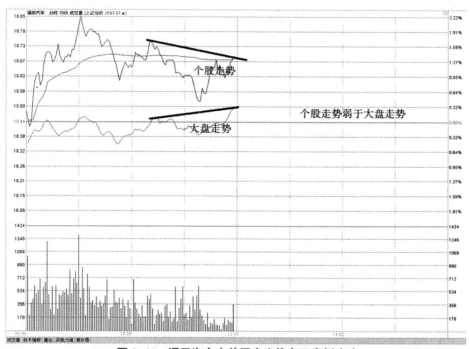

图 2-41　福田汽车大单买卖实战盘口案例（3）
资料来源：通达信，宁波钓鱼翁。

福田汽车开盘半小时内呈现单边上扬走势，大盘指数低开高走，这段走势似乎大盘也弱一些，但是开盘半小时内走势不那么具有代表性，于是我们观察此后的走势。福田汽车开盘半小时之后跟随大盘一起回落，此后个股在早盘越走越低，高点越来越低，相应的大盘高点越来越高，这表明个股整体上还是弱于大盘的。

结合前面的盘口挂单以及日 K 线分析，可以发现这只股票后市上涨空间和可能性都很小，当然不应该介入。大家可以多找几只股票的即时走势，看看它们可以透露的相关盘口语言，你能从中读懂这些语言吗？

多多的实践胜过空学理论！这对于短线操作者而言是最为重要的。如果你反复看这本教程，收获可能极为有限，至少"钱包收入"极为有限，但是如果你能够花

费大量时间来将本讲义教授的内容融入实践，那么你在四年之内就能在盘口语言解读上胜人一筹，成为一个能够持续盈利的盘口狙击高手。

重复正确的行为就能得到有效的结果，下面我们就继续重复演示正确的盘口挂单解读行为（见图 2-42）。武汉控股向下跳空，然后一路上涨回补开盘跳空缺口。股价分几段逐步上涨，配合成交量逐步上扬，价涨量增，价跌量缩，这表明股票上涨动力强劲。

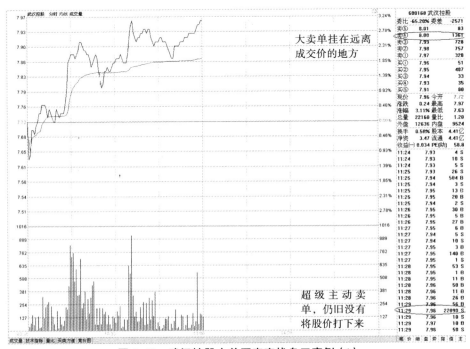

图 2-42　武汉控股大单买卖实战盘口案例（1）

资料来源：通达信，宁波钓鱼翁。

与此同时，我们查看即时的挂单情况，可以发现卖挂单集中在远离成交价的地方，这表明这些单子成交意愿很低，甚至根本不想成交。再来看内外盘数据，外盘读数为 12636，内盘读数为 9524，外盘比内盘多出 3000 多，这是一个较大的差值，由此可以看出主动性买盘远远高于主动性卖盘。

股价走势和成交量结合主动和被动买卖单来看，武汉控股后市上涨的可能性较大。当然，还需要查看个股分时走势所处的日 K 线位置。

下面我们来看武汉控股的日 K 线走势（见图 2-43），股价从 11.60 元逐步下跌，中间有过微幅的反弹，但很快夭折，最近走势形成了明显的对称三角形走势，股价似乎准备突破此三角形的上边界，因为股价当日尚未有回调的征兆。如果这个三角形被突破，那么股价将有一番显著的上涨走势，如果向上突破失败，则将转而下跌，此三角形就成了中继形态。

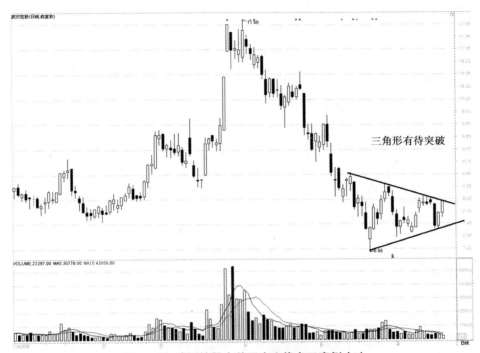

图 2-43 武汉控股大单买卖实战盘口案例（2）
资料来源：通达信，宁波钓鱼翁。

结合前面的分时盘口语言来看，武汉控股后市向上突破的可能性较大，日 K 线走势结合分时盘口语言研判武汉控股应该继续上涨的。一般而言，如果三角形上边水平，下边斜向上，则后市看涨居多；如果三角形下边水平，上边向下，则后市看跌居多；如果三角形上边往下斜，下边往上斜，则后市走势不定。

结合分时走势可以帮助我们断定最后这种三角形后市的可能走势。股价无非三种可能走向，向上涨，向下跌，水平整理，如果将股价未来走势锁定到这三种走势之一是需要炒家下功夫去研判的。

中观，王道也！

207

下功夫到哪些地方呢？第一个是微观的分时走势和挂单，第二个是宏观的日 K 线走势，必要的时候需要查看周 K 线走势。**看微观的时候最好将个股和大盘结合起来看，看宏观的时候也最好将个股和大盘结合起来，这样的话会比一般炒家对盘口走势看得更加清楚明了。**

前面已经提到了将大盘指数和个股走势结合起来看可以帮助炒家更好地认识大盘的走势，之前我们也一直坚持在盘口解析中将大盘指数与个股走势对比起来分析。

大盘在整个早盘都处于横盘整理状态，而个股却大幅拉高，这表明个股走势显著强于大盘指数，这更加证实了此前对武汉控股的分析，所以此股后市继续上涨的可能性很大，应该在今日收盘之前买入这只股票（见图 2-44）。

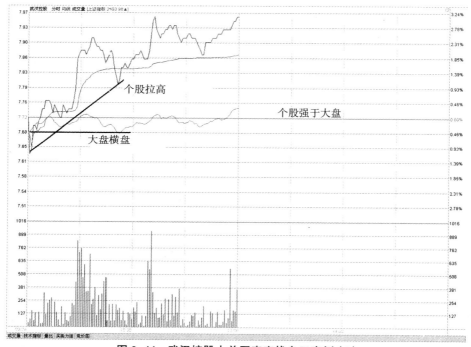

图 2-44　武汉控股大单买卖实战盘口案例（3）
资料来源：通达信，宁波钓鱼翁。

创兴置业开盘之后快速下挫，然后上冲，但是很快跌回开盘低点附近震荡，均线也显著对股价走势形成了压制，请看买卖盘挂单。可以看到卖挂单显著多于买挂单（见图 2-45），结合股价走势的不振可以看出这只个股并没有很好的前景。

再来看内外盘读数，外盘读数为 3562，内盘读数为 3788，可以看出主动性买盘略逊于主动性卖盘。而且这只股票的换手率很低，看得出市场参与热情不高，后市即使上涨，幅度也不会很大。

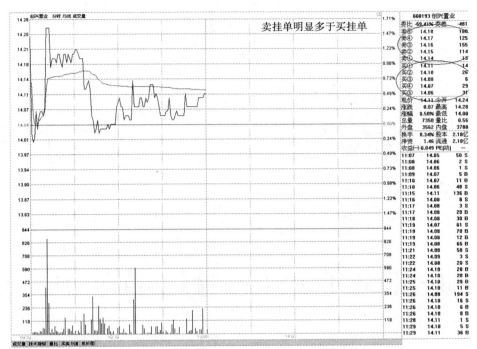

图 2-45　创兴置业大单买卖实战盘口案例（1）

资料来源：通达信，宁波钓鱼翁。

刚才是从分时盘口的角度对创兴置业的走势进行了研判，属于微观层面，下面我们将站在宏观角度，也就是日 K 线的角度对创兴置业的走势进行分析（见图 2-46）。股价从高位下挫，到近期形成了下降楔形，下跌楔形的两条边都往上斜，这点与三角形有区别，三角形要么有一条边是水平的，要么有一条向下斜或者向上斜。

因为出现了下跌楔形，而且股价似乎已经发展到了楔形的末端，马上就要重启下跌趋势。从日 K 线形态来看，创兴置业继续下跌的可能性很大，而且下跌空间也非常大。

最后，我们结合大盘指数走势对创兴置业个股强弱走势进行分析（见图 2-47）。开盘半小时内创兴置业快速冲高，形成陡直的拉升走势，然后在次高位横向整理，随着大盘走弱，个股继而下跌，个股和大盘指数都跌到前期低点附近形成整理走势。

就整个早盘走势来看，个股开盘后的快速拉高有吸引买盘之嫌。整体来看，个股早盘的表现基本上与大盘指数同步，由此看来个股走势并没有什么独立性。只是在开盘拉高上表现突出，所以这只股票中潜藏的主力恐怕护盘意愿并不高。

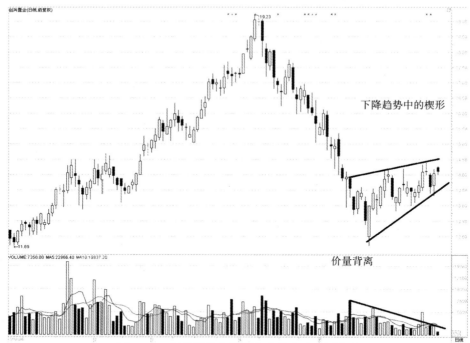

图 2-46 创兴置业大单买卖实战盘口案例（2）

资料来源：通达信，宁波钓鱼翁。

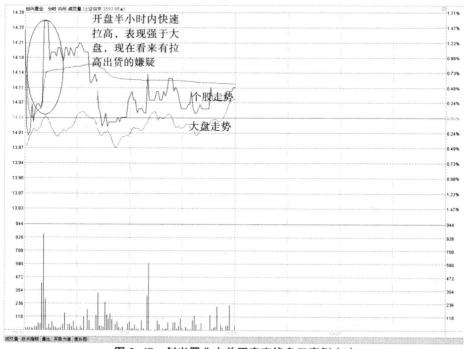

图 2-47 创兴置业大单买卖实战盘口案例（3）

资料来源：通达信，宁波钓鱼翁。

就创兴置业走势与大盘指数的相对强弱对比来看，前者走势看不出明显强势，因此这只股票后市上涨的可能性和上涨幅度都不会很大。

分时盘口挂单显示此股上涨的可能性小，从日 K 线形态来看这只股东后市继续下跌的可能性很大，与大盘指数强弱对比来看该股并没有显出强势，综合以上三点来分析，该股后市上涨的可能性和幅度都非常低，因此并不适合我们在此时介入该股。

江泉实业开盘之后逐步上涨，分时走势在早盘中段有长时间的规则整理走势，综观早盘的整个走势，股价呈现锯齿状走势，这表明主力控盘程度恐怕很高，使股价运动非常机械化。

均线对股价的支撑作用还是比较明显的，与此同时我们看早盘结束时的买卖单情况，卖挂单分布比较均匀，这代表的是正常的成交状况，而买挂单在靠近成交价的三档分布非常密集，而且显著多于卖挂单，这表明主力向上推进股价的决心比较坚定。买卖挂单反映的是被动性买卖，或者可以称为防御性买卖，我们需要进一步结合主动性买卖单来分析股价此后的走势（见图 2-48）。

反映主动性买卖单的盘口语言是内外盘读数，其中外盘读数是 9090，内盘读数是 6515，外盘读数显著多于内盘读数，这表明主动性买盘显著多于主动性卖盘。综合此前的盘口语言，我们发现无论是被动性买盘还是主动性买盘都显著多于卖盘，所以此股后市继续上涨的可能性很大（见图 2-48）。

微观盘口语言告诉我们江泉实业后市上涨的可能性很大，但是这并不够，我们还需要从宏观盘口语言的角度进行剖析（见图 2-49）。江泉实业跟随大盘一直下跌，到最近一段时间出现了横盘整理走势，走势并不太规则，好在波动幅度并不大，所以便于操作。

分时图上的放量和缩量，最好不要在当日内比较，而是相对于最近三日而言的。所以，我们看分时图的时候一般都是将 3 日的分时图摆在一起看的。

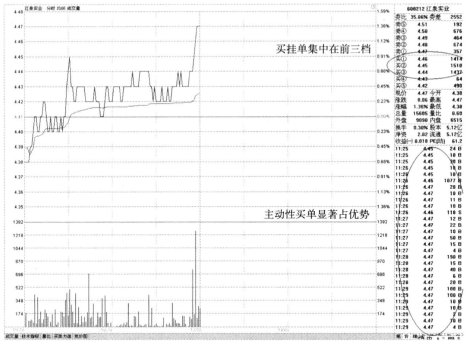

图 2-48　江泉实业大单买卖实战盘口案例（1）

资料来源：通达信，宁波钓鱼翁。

图 2-49　江泉实业大单买卖实战盘口案例（2）

资料来源：通达信，宁波钓鱼翁。

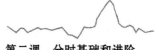

就江泉实业前一交易日的日 K 线而言，股价形成了次低点，显示出了一波向上的走势，不过这波走势高度怎样，短线差价是充足的。但是，中长期还是不太清楚，估计会受到大盘的较大影响。

盘口挂单显示此股后市上涨的可能性很大，日 K 线分析反映此股上涨可能性很大，但是上涨空间未必很大，下面我们结合大盘指数进行强弱对比分析（见图 2-50）。股价开盘之后一路上涨，大盘回调，个股也回调，回调幅度稍小于大盘，也就是说一般没有跌破自己此前的低点。

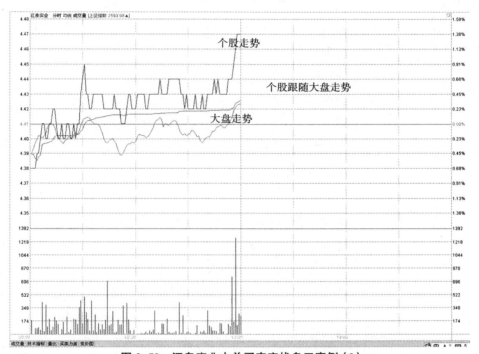

图 2-50　江泉实业大单买卖实战盘口案例（3）
资料来源：通达信，宁波钓鱼翁。

随着大盘创出新高，江泉实业也创出了自己的新高。整体而言，江泉实业的走势并不逊于大盘，但是也没有显著强于大盘，属于比较正常的股票。综合三个方面的分析，我们认为这只股票后市上涨的可能性较大，上涨空间不太确定，可以用中等仓位参与，快进快出。

第三节 主力追踪器(1)——量比指标

量比是一个衡量相对成交量的指标,它是开市后每分钟的平均成交量与过去 5 个交易日每分钟平均成交量之比。**量比大于 2.5 代表个股在当日交易活跃**。利用量比排行榜将量比小于 2.5 的删除,这样就在一定程度上剔除了不符合条件的股。

可以再细分一下,理论上若某日量比为 0.8~1.5 倍,则说明成交量处于正常水平。量比在 1.5~2.5 倍则为温和放量,如果股价也处于温和缓升状态,则升势相对健康,可继续持股,若股价下跌,则可认定跌势难以在短期内结束,从量的方面判断应可考虑停损退出。

量比在 2.5~5 倍,则为明显放量,若股价相应地突破重要支撑或阻力位置,则突破有效的概率颇高,可以相应地采取行动;量比达 5~10 倍,则为剧烈放量,如果是在个股处于长期低位出现剧烈放量突破,涨势的后续空间巨大,是"钱"途无量的象征。但是,如果在个股已有巨大涨幅的情况下出现如此剧烈的放量,则值得高度警惕。

某日量比达到 20 倍以上的股票,一般可以考虑反向操作。在涨势中出现这种情形,说明见顶的可能性压倒一切,即使不是彻底反转,至少涨势会休整相当长一段时间。在股票处于绵绵阴跌的后期,突然出现的巨大量比,说明该股在目前位置彻底释放了下跌动能。

量比达到 20 倍以上的情形基本上每天都有一两单,是极端放量的一种表现,这种情况的反转意义特别强烈,如果在连续上涨之后,成交量极端放大,但股价出现"滞涨"现象,则是涨势行将停止的强烈信号。当某只股票在跌势中出现极端放量,则是建仓的大好时机。

量比在 0.5 倍以下的缩量情形也值得好好关注，其实严重缩量不仅显示了交易不活跃的表象，同时也暗藏着一定的市场机会。缩量创新高的股票多数是长庄股，缩量能创出新高，说明主力控盘程度相当高，而且可以排除拉高出货的可能。缩量调整的股票，特别是放量突破某个重要阻力位之后缩量回调的个股，常常是不可多得的买入对象。

涨停板时量比在 1 倍以下的股票，上涨空间无可限量，第二天开盘即封涨停的可能性极高。在跌停板的情况下，量比越小则说明杀跌动能未能得到有效宣泄，后市仍有巨大下跌空间。

当量比大于 1 时，说明当日每分钟的平均成交量大于过去 5 日的平均值，交易比过去 5 日火爆。当量比小于 1 时，说明当日成交量小于过去 5 日的平均水平。

量比是分时线上的即时量相对近段时期平均量的变化。把当日每分钟不同的量比数值不断用点描绘在一个坐标中，就形成了量比曲线。

一般来说经过一夜，由于市场信息发酵及参与者心理上的变化，新的一个交易日开盘的时候，股价及开盘成交量的变化反差极大。反映在量比数值上，就是很多股票开盘时的量比数值高达数 10 倍甚至上百倍，随后量比数值又急速下跌。从量比曲线上看，就像我们提到的股价变化有时显得唐突和怪异一样。

大多数股票在新一交易日开盘时都显得很不稳定，因此在通常行情背景下，我们应该静待量比曲线有所稳定后再采取行动。下面我们就结合具体的量比走势来演绎相应的盘口解读和操作技巧。

下面我们来看以第一个利用量比为主指标进行解盘的实例，这就是长城开发的例子（见图 2-51）。我们首先看这只个股的宏观背景，股价从低位强势上攻，到 11 元附近遭遇较大阻力，多次回落，但是又很快以大阳线拉升，维持一个高位盘整的强势姿态。

整体来看日 K 线图上该股呈现强势上攻的状态，趋势仍旧维持向上，在前期高点附近上方整理，从日 K 线上来看现在是寻找恰当买入点的时机。

日 K 线带来了宏观的盘口信息，这还不够，我们还需要进一步的细节分析，毕竟关键的细节会决定整个炒股过程的结果，所以不能放掉盘口细节。

长城开发开盘之后首先是下探，接着开始回升到开盘价附近形成小双顶，然后再度下探，不久之后 V 字反转，维持在开盘价附近强势盘整，有等待突破之象。

对应的量比指标显示，随着股价触底上涨，量比读数稳定在 0.5 附近，这表明市场上该股的浮动筹码不多，我们应该留意量比显著放大情况下股价向上突破的情况（见图 2-52）。

日线图上强势上攻,趋势向上,寻找合适的买入点

图 2-51　长城开发量比指标实战盘口案例(1)

资料来源:通达信,宁波钓鱼翁。

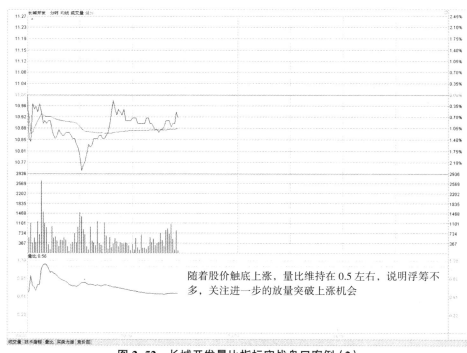

随着股价触底上涨,量比维持在 0.5 左右,说明浮筹不多,关注进一步的放量突破上涨机会

图 2-52　长城开发量比指标实战盘口案例(2)

资料来源:通达信,宁波钓鱼翁。

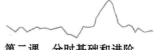

从综合日 K 线和分时盘口的量比语言来看，这只股票上涨动量强劲，一旦打开上方的上涨空间，前途无量，最佳的买点是股价放量突破开盘价的时候，我们应该在盘中进一步等待分时量比放大突破的时机。

特力 A 从高位跟随大盘一起下跌，在长期下跌之后开始反弹，反弹力度很强，但是，反弹过程中留下很长的上影线，这有可能是主力出逃的信号（见图 2-53）。

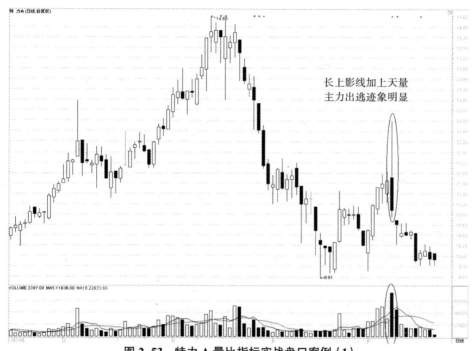

长上影线加上天量
主力出逃迹象明显

图 2-53　特力 A 量比指标实战盘口案例（1）
资料来源：通达信，宁波钓鱼翁。

毕竟对应的成交量也出现了天量，这更进一步印证了我们关于主力出逃的研判。现在股价再度探底，就此前出现的长影线大阴线而言，我们认为会继续下跌。

接着，我们利用量比指标对特力 A 的分时走势进行深入剖析，开盘之后股价迅速冲高，然后快速回落，回落后一直受到开盘价的压制，这表明今天的股价走势比较弱。相应的量比指标处于合理范围之内，并没有什么异常情况，既没有缩量，也没有放量，就此看来股价将继续维持此前的跌势状态（见图 2-54）。

无论是从日 K 线来看，还是从分时盘口来看，特力 A 都有继续维持下跌走势的很大可能，对于这样的股票我们没有必要勉强入市干预，应该着手寻找具有更高胜算的股票，而不是在这只股票上勉强捞取利润。这样做得不偿失，"富贵险中求"

的想法绝对不适合在股票操作中去印证！

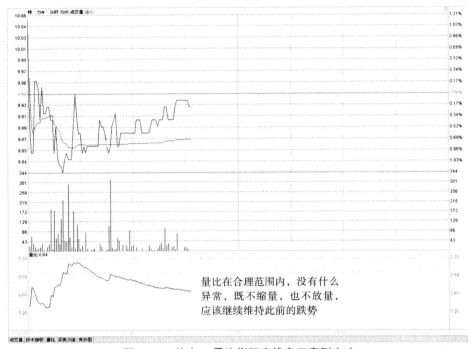

量比在合理范围内，没有什么
异常，既不缩量，也不放量，
应该继续维持此前的跌势

图 2-54　特力 A 量比指标实战盘口案例（2）

资料来源：通达信，宁波钓鱼翁。

泛海建设的日 K 线走势逐步拉高，股价呈现出逐渐上升的倾向，但是整体看来又像是一个收缩中的三角形，如果是后者的话，则后市方向很不明确（见图 2-55）。最近日 K 线的高点在 10 元整数关口附近，这意味着在这一线有很强的阻力。与此同时，在 8.3 元附近存在较强的支撑，多头常常在这里发力。

目前股价处在高点和低点的中间位置，也就是说上下空间可能都不大。站在更乐观的角度来看，股价有继续上涨的可能性，如果突破 10 元整数关口的阻力，可能向上升至更高水平。所以，就日 K 线来看，我们越是看重近期的走势，则利多信号越强。

泛海建设的分时盘口表现怎样呢？当日股价向下跳空开盘，在开盘价附近反复震荡，方在早盘创出新高，突破前高的时候有显著的放量，这是一个好现象（见图 2-56）。

我们接着观察对应的量比指标，随着股价从跌跌撞撞的缓慢爬升状态转变为快速放量突破前高，我们发现量比指标并没有相应地突破正常范围，基本处于正常范

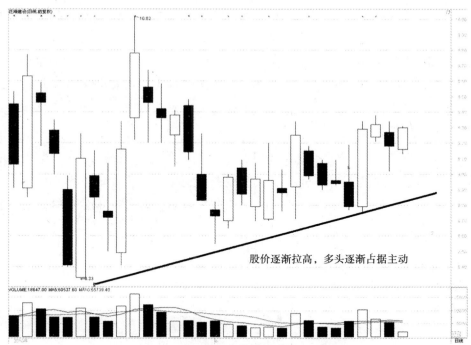

股价逐渐拉高，多头逐渐占据主动

图 2-55　泛海建设量比指标实战盘口案例（1）

资料来源：通达信，宁波钓鱼翁。

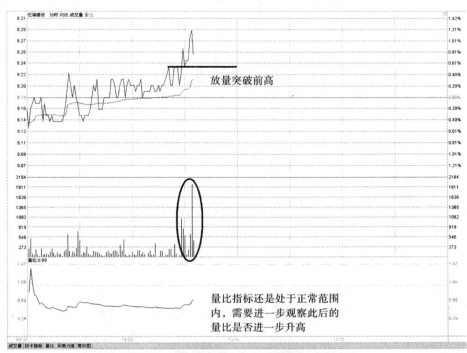

放量突破前高

量比指标还是处于正常范围
内，需要进一步观察此后的
量比是否进一步升高

图 2-56　泛海建设量比指标实战盘口案例（2）

资料来源：通达信，宁波钓鱼翁。

围之内，这就使我们对放量突破的主体表示怀疑，也就是说突破的发动者可能并不是主力。

既然量比没有随着分时放量突破而上升，那么我们就应该进一步观察量比此后会不会随着股价的上扬而出现上升现象。综合这只股票在日K线上的表现以及分时盘口中量比指标读数的变化，我们认为这只股票目前还不适合介入，应该继续保持谨慎态度，观察为宜。

中银绒业这只股票的日K线走势引起了我们的注意。股价在10元整数关口之上被大阳线救起，这根大阳线显示出了多方力量之强劲，将此前一根小阴线完全吞掉（见图2-57）。在K线经典形态中，这种组合叫利多吞没，也就是下跌后大阳线把小阴线给吃掉了。

图 2-57 中银绒业量比指标实战盘口案例（1）

资料来源：通达信，宁波钓鱼翁。

中银绒业此后的走势果然是反转，到目前为止上涨趋势维持完好，继续上涨的可能性很大。更为重要的是，最近几日，股价突破了此前的高点，此前高点存在流星看跌组合，说明阻力很大，但还是在近期以大阳线被突破，说明此波上涨力道很足，后市可期！

接着我们对中银绒业此前回调走势中的主力进出情况进行分析，以便弄清楚主力入驻本股的情况（见图 2-58）。在这波上涨之前，股价有过一次微幅调整，调整过程中主力倾向于买入，而散户倾向于卖出。主动买入大单占当日交易份额的11%，相应的主动性卖出大单占当日交易份额的4%，这表明主力在利用回调买入。

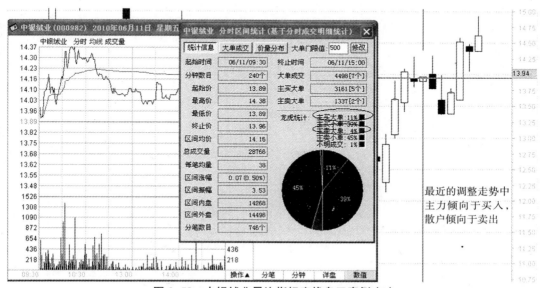

图 2-58　中银绒业量比指标实战盘口案例（2）

资料来源：通达信，宁波钓鱼翁。

主动性买入小单占 39%，而主动性卖出小单则占 45%，则表明散户倾向于卖出，这波小幅调整可能是散户在卖出，而主力在买入。既然主力利用调整在买入，那就说明这波上涨基本是靠主力运作涨起来的，后市涨势可期！

接着，我们对当日中银绒业盘口走势进行分析（见图 2-59），股价开盘之后大幅上涨，半小时内上涨了接近 4%，然后股价逐步回落，但是对应的量比却为此在一个较高的水平，说明交投活跃，参与其中的绝非单单是散户而已。如果此后分时向上突破，而量比维持高位的话，则是很好的买入时机。

果然，此后中银绒业放量突破区间高点（见图 2-60）。放量突破的时候，量比仍旧维持在一个较高的水平，这是一个很好的买入时机。这波上涨极有可能再度创出新高，现在这个向上突破可能正是第一起涨点。

股价分时发展存在一些市场噪声，这是难免的，也就是说趋势呈现上涨的股票可能在分时走势中有暂时疲软的现象，而趋势呈现下跌的股票也可能在分时走势中有暂时坚挺的现象，这时候就需要结合其他盘口语言进行分析了，比如更大时间框

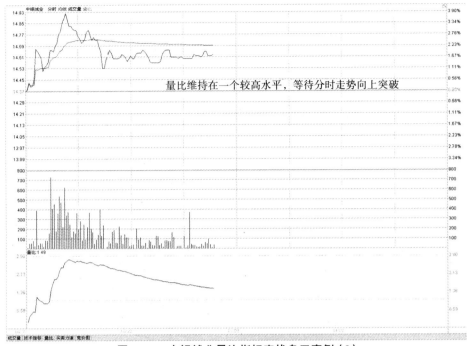

图 2-59　中银绒业量比指标实战盘口案例（3）

资料来源：通达信，宁波钓鱼翁。

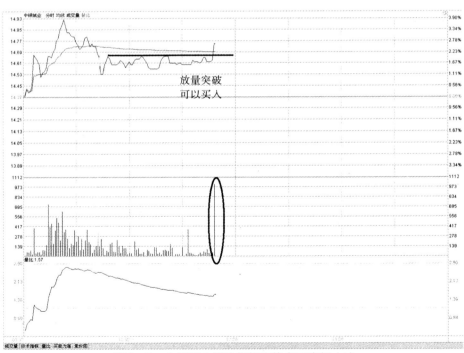

图 2-60　中银绒业量比指标实战盘口案例（4）

资料来源：通达信，宁波钓鱼翁。

架上的日 K 线走势，分时走势中的量比指标走势等。这些都是需要大家好好消化的一些信息，掌握了这些信息的分析技巧才能在股票短线炒卖中占据先机。

诚志股份最近走势很像是箱体整理（见图 2-61），而且是极其规则的箱体整理，股价碰到 13 元的整数关口就掉头下跌，碰到 11 元的整数关口就掉头上涨，现在股价似乎又获得了箱体底部的支持，进一步上涨的动量很足。

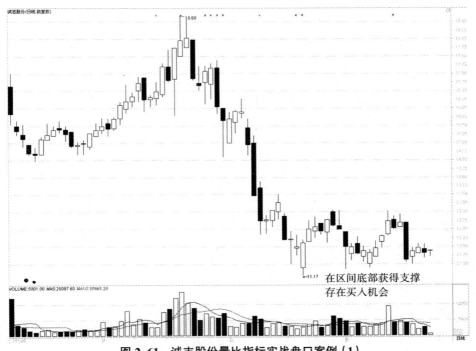

图 2-61 诚志股份量比指标实战盘口案例（1）

资料来源：通达信，宁波钓鱼翁。

这里大家注意一个规律，当阻力有效的时候，K 线的上影线就长，当支撑有效的时候，K 线的下影线就长。把握了这个规律，在进行盘口解析的时候就会做到提纲挈领地对待 K 线形态，而不是照搬硬套，毕竟股票的走势是活的，技术分析是死的，用死的东西去丈量活的东西确实需要操作者有足够的功力。

从日 K 线走势上，我们发现诚志股份近期上涨的可能性较大，因为目前股价又处在箱体的底部，而且上方存在一定的上涨空间，这是宏观盘口给出的有效信息。接着，我们对微观盘口进行分析，这就是诚志股份的分时即时走势（见图 2-62）。

诚志股份开盘之后迅速下跌，构筑一个小型的双底之后，通过回拉构成对双底颈线的突破，目前上涨趋势完好。与此同时，我们着重观察相应的量比走势。可以

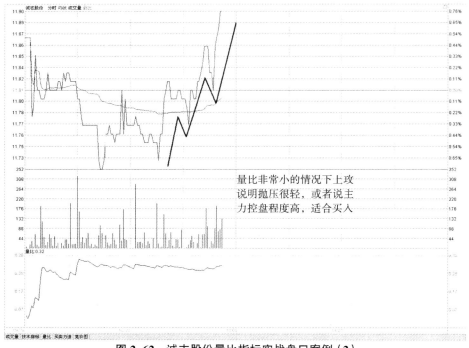

量比非常小的情况下上攻
说明抛压很轻，或者说主
力控盘程度高，适合买入

图 2-62　诚志股份量比指标实战盘口案例（2）

资料来源：通达信，宁波钓鱼翁。

看到，在早盘走势中，这只股票的量比非常小，在这种情况下上攻说明抛压很轻，主力控盘程度极高，适合买入操作。根据形态来看，目前就是很好的买入时机。

深纺织 A 在前期大盘下跌的过程中出现了强势反弹，毕竟"胳膊拧不过大腿"，之后还是随着大盘继续下跌。在最近随着一根大阳线筑底回升，股价开始走出较为标准的头肩底形态（见图 2-63）。

目前，股价恰好处于头肩底颈线附近，最近几日的走势比较关键，因为涉及能不能打开上升空间的问题。头肩底的右肩构成了次低，上升趋势似乎形成了。结合上述两个形态信号来看，深纺织 A 进一步上涨可能性较大。

接着，我们对深纺织 A 的分时盘口进行分析（见图 2-64）。股价开盘之后逐步下探，在一波快速下跌时出现了大单买入，然后股价被迅速拉起，缠绕在均线附近整理。早盘快要结束的时候，股价出现了一轮上冲，但是上冲乏力，明显受到开盘价的压制。

午盘开盘之后，股价又逐步走低，但整体上仍旧维持整理走势，并没有继续下探的迹象。相应的量比指标维持在一个较高水平，代表在前期日线高点附近多空分歧较大，所以我们最好等待股价突破日 K 线上的头肩底颈线再决定买入。

次低形成

图 2-63　深纺织 A 量比指标实战盘口案例（1）

资料来源：通达信，宁波钓鱼翁。

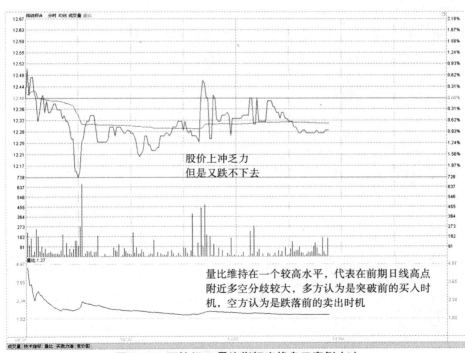

股价上冲乏力
但是又跌不下去

量比维持在一个较高水平，代表在前期日线高点
附近多空分歧较大，多方认为是突破前的买入时
机，空方认为是跌落前的卖出时机

图 2-64　深纺织 A 量比指标实战盘口案例（2）

资料来源：通达信，宁波钓鱼翁。

泛海建设开盘之后在前日收盘价附近形成整理三角形（见图 2-65）。早盘一小时之后，股价开始向上突破此整理三角形，同时量比维持在较低读数，这表明向上突破时遭受的抛压较轻，存在进一步上涨的动力。

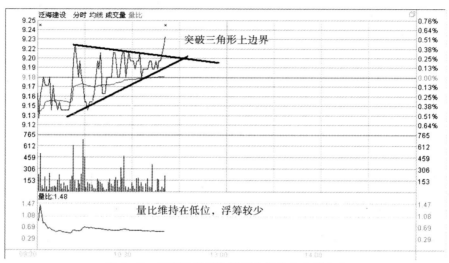

图 2-65　泛海建设量比指标实战盘口案例（1）
资料来源：通达信，宁波钓鱼翁。

股价继续维持上升，成交量也同步放大，这时候量比也上来了，这是一种异动，相对于常态的一种异动（见图 2-66）。股价上涨，成交量放大表明股价上涨是

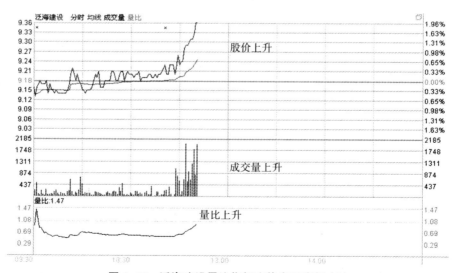

图 2-66　泛海建设量比指标实战盘口案例（2）
资料来源：通达信，宁波钓鱼翁。

需求增加导致的，而不是供给减少导致的，由此看来，这只股票存在进一步上涨的动力。

　　泛海建设股价上涨了4%之后，高位放量，此后开始回落到均线附近，成交量显著缩小，这时候量比指标维持在高位，表明交投活跃，市场参与热情较高（见图2-67）。

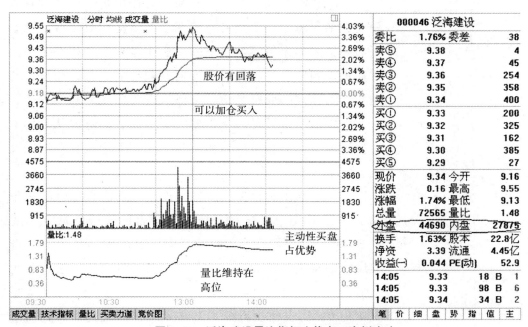

图2-67　泛海建设量比指标实战盘口案例（3）
资料来源：通达信，宁波钓鱼翁。

　　与此同时，外盘读数为44690，而内盘读数为27875，主动性买盘显著多于主动性卖盘，这表明量比大的一个关键原因是主力在吸货。现在股价回落，我们可以加仓买入。

第四节　主力追踪器(2)——每笔均量

　　每笔均量是指某只股票当日的总成交量与当日的总成交笔数的比例，也称作每笔成交量。每笔成交量的大小，显示出某股的交投活跃程度和大资金进出的力度大小。

与换手率仅反映交投活跃情况相比，每笔均量还可有效地反映大资金的买卖增减。某只股票有时在同一股价区间换手率相同，但每笔均量却发生明显的变化，则多意味着主力行为已发生了变化。从这个意义上讲，每笔均量具有主力跟踪的特别功能，它比其他盘口信息来得更直观。

从每笔均量可以看出散户和主力在市场中活动的频繁程度，如果每笔均量上升，表明主力活动相对于散户活动更加频繁。如果每笔均量下跌，表明散户活动相对于主力活动更加频繁。 市场此后的方向一般与散户行为相反，与主力行为相同，而每笔均量可以告诉我们主力和散户的行为，所以这个指标是非常重要的，下面我们就要从具体的实例来演示每笔均量的分析方法，希望大家认真对照图文反复揣摩。

德赛电池在 4 元整数关口获得了显著的支撑，这里形成了一根阳线，现在看来是一个显著的阶段性底部（见图 2-68）。这根阳线形成时的每笔均量是 20 元，相对于此股通常的每笔均量而言，这是一个较低的值，这表明主力恐怕没有介入自救。再来看主动性买卖盘统计，主买大单占比为 0，这表明主力根本没有介入，所以这时候还不能断定这波上涨会很大。

接着，我们分析靠近这个交易日的一根阳线的每笔均量（见图 2-69）。这时候每笔均量上升到 116 元，这远远高于通常水平，表明有主力活动，准确地说是主力活动更加频繁了。

不过，这时候主动买入大单却显著小于主动卖出大单，股价又拉出阳线，这说明主动买入大单的每笔均量可能远高于主动卖出大单的每笔均量。如果回到日 K 线走势上来，可以看到这根阳线对应的成交量显著放大，价涨量增，主力拉升之象，这样看来这波上涨的基础还是很扎实的。

众争之地勿往！

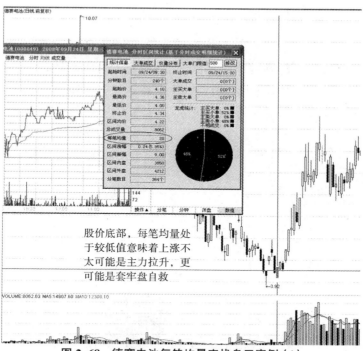

股价底部，每笔均量处
于较低值意味着上涨不
太可能是主力拉升，更
可能是套牢盘自救

图 2-68　德赛电池每笔均量实战盘口案例（1）

资料来源：通达信，宁波钓鱼翁。

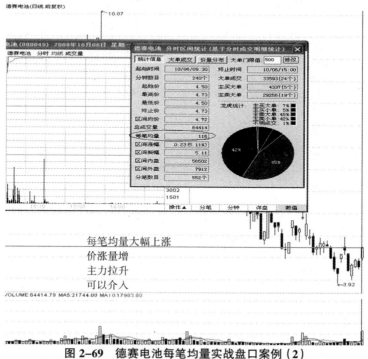

每笔均量大幅上涨
价涨量增
主力拉升
可以介入

图 2-69　德赛电池每笔均量实战盘口案例（2）

资料来源：通达信，宁波钓鱼翁。

最近一个高点，前一波拉升的主力有没有出逃呢？这个高点是一根准流星线，因为存在一定的下影线，所以只能算是准流星线。这天的每笔均量为 82 元，这表明主力在活动，由于这天是冲高回落，上影线很长，初步估计是主力卖出导致的（见图 2-70）。

尝试用筹码分布的思路分析，参考本书第五课。

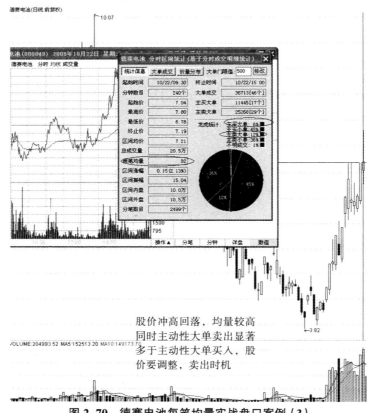

股价冲高回落，均量较高同时主动性大单卖出显著多于主动性大单买入，股价要调整，卖出时机

图 2-70　德赛电池每笔均量实战盘口案例（3）

资料来源：通达信，宁波钓鱼翁。

再来看大单占比，主买大单占比 6%，主卖大单占比 12%，由此看来主力倾向于卖出。通过每笔均量发现主力在活动，从主动大单发现主力在卖出，因此这波下跌是主力出逃引发的。

从这根阴线之后，股价一直处于下跌通道中（见图 2-71）。由于最近高点主力已经出逃，而现在股价没有出现止跌反转 K 线，所以后市应该维持继续下跌的走势。

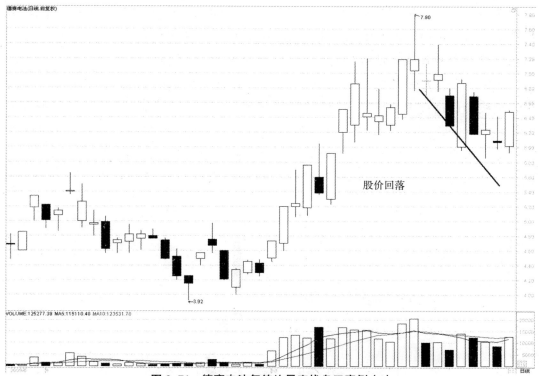

图 2-71　德赛电池每笔均量实战盘口案例（4）

资料来源：通达信，宁波钓鱼翁。

　　我们来看一下利用每笔均量进行盘口解读的第二个实例，这是方大集团的实例（见图 2-72）。方大集团出现了一根看跌 K 组合，准确来讲是利空吞没，也就是说一根大阴线将一根大阳线全部吞掉了。

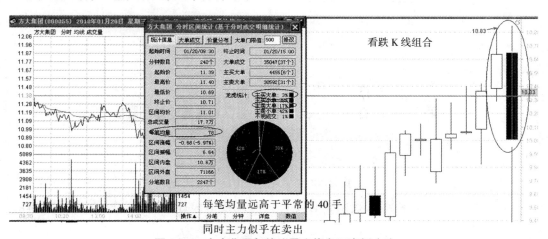

图 2-72　方大集团每笔均量实战盘口案例（1）

资料来源：通达信，宁波钓鱼翁。

我们看一下这根大阴线的具体买卖细节，每笔均量为 78 元，远高于平时水平，似乎是主力在卖出，再看主卖大单占比 17%，主买大单占比才 3%，基本证实了主力在卖出，加上 K 线看跌组合，此后一波下跌是顺理成章的事情了。

此后，股价大幅下跌，跌了一阵子之后，出现了一根小阳线（见图 2-73）。这根小阳线形成过程中的每笔均量处于正常水平，主买大单占比 2%，主卖大单占比 9%，主卖小单和主买小单都一共占了 80% 以上，说明主要是散户在操作。虽然出现了锤头形态，但是从买卖成分来看，主力拉升意愿不强，后市不看好，即使上涨也不会涨得太高。

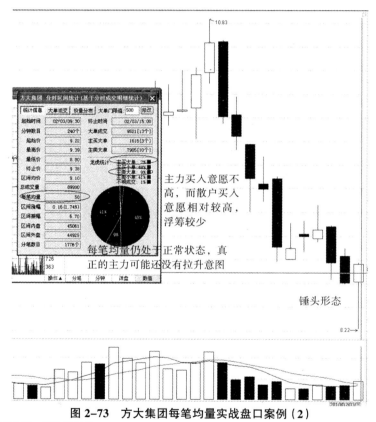

图 2-73　方大集团每笔均量实战盘口案例（2）

资料来源：通达信，宁波钓鱼翁。

锤头 K 线出现之后，方大集团股价又经历了几天的横盘调整，然后拉出一根大阳线。大阳线属于异动 K 线，我们有必要对这根 K 线形成过程进行分析（见图 2-74）。

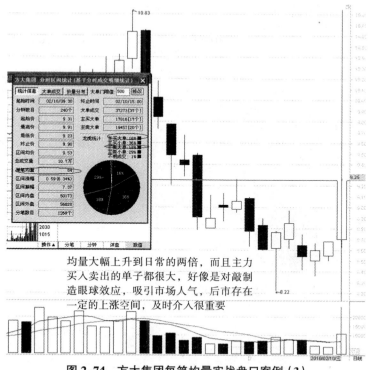

均量大幅上升到日常的两倍，而且主力
买入卖出的单子都很大，好像是对敲制
造眼球效应，吸引市场人气，后市存在
一定的上涨空间，及时介入很重要

图2-74　方大集团每笔均量实战盘口案例（3）

资料来源：通达信，宁波钓鱼翁。

形成大阳线这天的每笔均量较大，高于平常水平，同时买入卖出的大单都非常大，成交换手活跃，再加上大阳线下的显著放量，后市有一定上涨的空间，这时可以介入。

如果在上述阳线出现之后及时介入这只股票，后市会出现可观的涨幅（见图2-75）。股价快速地上升到前期高点附近，股价出现了利空吞没，也就是大阴线吞没了小阳线，这是一个看跌信号，严格来讲我们应该选择卖出一部分仓位。我们对这根K线的每笔均量数据进行剖析，可以看到每笔均量读数为77元，数字升值高点，这表明市场非常活跃，同时K线出现了看跌吞没，也就是利空吞没。

形成这根大阴线的过程中，主动买入大单占比6%，主动卖出大单占比11%，可以看出主力倾向于卖出，后市下跌的可能性更大了。无论是从日K线形态来看，还是从买卖单成分来看，方大集团这只股票都倾向于转而下跌，那么我们就应该及时卖出此前的买入的股票。

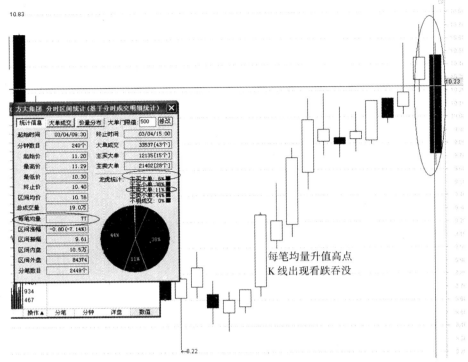

图 2-75　方大集团每笔均量实战盘口案例（4）

资料来源：通达信，宁波钓鱼翁。

此后，股价果然出现了大幅的下跌，再度跌向此前低点（见图 2-76）。回过头来看，我们在分析个股日 K 线的时候，除注意 K 线形态外，还要注意主力的动向，而这个可以从每笔均量数据和主动买卖单统计数据分析出来，现在绝大多数股票软件都可以找到这两个数据。

每笔均量显示是否有主力活动的踪迹，每笔均量进入低点说明浮筹较少，参与买卖可以断定基本为散户；每笔均量进入高点，说明市场交投活跃，而且参与买卖的主体应该有主力。将每笔均量数据与主动买卖单成分数据结合起来，则可以进一步印证关于主力活动的看法。当然，这些操作技巧和分析思路都需要在实践上反复练习才能真正掌握。

我们再来看第三个例子——亿纬锂能。我们在这里还是以每笔均量和 K 线形态作为分析股价未来走势的主要工具（见图 2-77）。股价从阶段性高点下跌，在前一日的大阴线出现之后拉出一根阳线，这根阳线为什么能够成为一个阶段性低点，但此后的上涨幅度又不高？

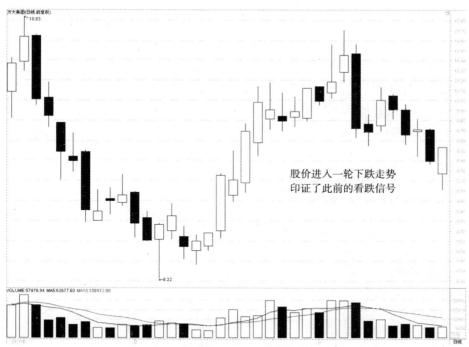

图 2-76　方大集团每笔均量实战盘口案例（5）

资料来源：通达信，宁波钓鱼翁。

图 2-77　亿纬锂能每笔均量实战盘口案例（1）

资料来源：通达信，宁波钓鱼翁。

每笔均量很低，读数才 13 元，显著低于该股通常的每笔均量水平，另外主买大单和主卖大单占比都为 0，这样的阳线应该不是主力所为，而应该算作散户卖出意愿不强，套牢盘导致浮筹减少，需求不变的情况下供给减少了，因此导致了股价上涨。这种上涨很难持续，一是因为主力没有参与迹象，二是因为上涨缺乏需求推动。

我们再来看该股在下跌趋势中的另一次反弹，从中可以看反弹起点的特征，将它与真正的反转起点区别开来。股价下跌途中第二次反弹，这次反弹的起点是一根中阳线，每笔均量显示为 11 元，是一个非常低的水平（见图 2-78）。

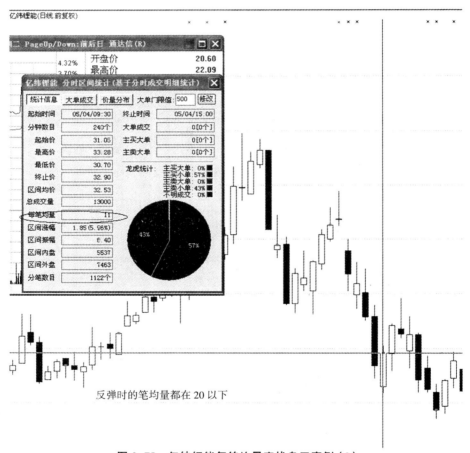

图 2-78　亿纬锂能每笔均量实战盘口案例（2）

资料来源：通达信，宁波钓鱼翁。

再查看主动买卖单分布情况，可以看到主要是散户在参与交易。这样的上涨缺乏主力参与，后市上涨的幅度肯定不大，果然上涨两天就夭折了。

第二次反弹失败之后，亿纬锂能的股价继续下跌（见图 2-79），然后出现了第三次上涨迹象，这也是一根中阳线。当天的每笔均量读数为 9 元，主动性买卖单都是小单，主力显然没有参与到这根阳线的形成过程，后市上涨的可能性很小，即使上涨，幅度也很小。

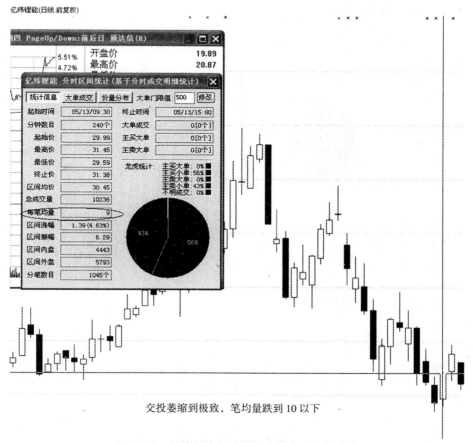

交投萎缩到极致，笔均量跌到 10 以下

图 2-79　亿纬锂能每笔均量实战盘口案例（3）

资料来源：通达信，宁波钓鱼翁。

　　果然，这次反弹持续到第二天就夭折了。每笔均量太低，表明主力没有参与，这样的行情很难持续。

　　我们来看一次真正能够出现反转的情况（见图 2-80），股价再度下跌之后出现了第四次上涨迹象，这次出现了看涨吞没，也就是一根大阳线包含了一根小阴线。重要的是每笔均量突然上升到日常水平之上，基本是平均每笔均量的两倍，而且主动性买卖单中出现了主力的身影。由此看来，这波上涨应该是反转而不是简单的反弹，果然此后股价走出了波澜壮阔的行情。如何利用每笔均量更好地区别反弹和反转，亿纬锂能这个例子已经充分演示了其中的技巧。

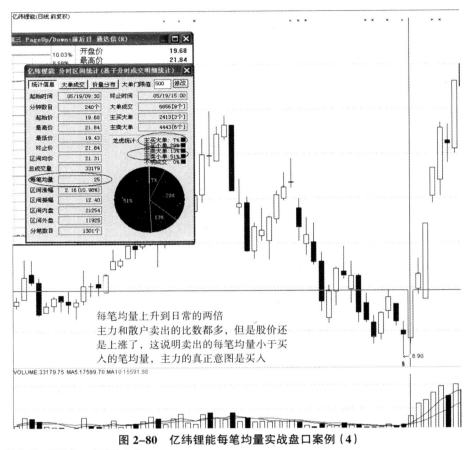

每笔均量上升到日常的两倍
主力和散户卖出的比数都多，但是股价还
是上涨了，这说明卖出的每笔均量小于买
入的笔均量，主力的真正意图是买入

图 2–80　亿纬锂能每笔均量实战盘口案例（4）

资料来源：通达信，宁波钓鱼翁。

网宿科技是我们演示每笔均量分析法的第四个实例（见图 2–81）。股价从 26 元的高位持续下跌，跌到 13.93 元附近开始回升，然后再度下跌，形成次低点之后就再度上升，这就初步确立了向上的趋势。从日 K 线上看，股价创出新高，同时成交量也放大，价涨量增，后市继续上涨的可能性很大。一阳立起，往往代表了上涨趋势的开始，所以有时候抓起涨点需要寻找这种底部竖起的一根阳线。

起涨点怎么抓，很多书讲了很多篇幅，其实最简单的方法就是在股票持续下跌之后，成交量缩到极致。然后，股价突然出现了一根阳线，同时成交量显著放大，这根阳

第一起涨点和第二起涨点的技术区别是什么？参考《股票短线交易的 24 堂精品课》技术分析部分。

238

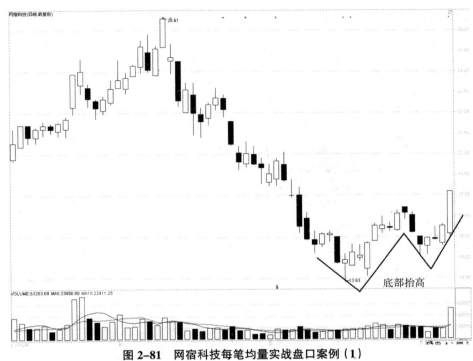

图 2-81　网宿科技每笔均量实战盘口案例（1）

资料来源：通达信，宁波钓鱼翁。

线越长越好。

无论是在指数上还是个股上，寻找第一起涨点都可以利用这种方法。现在市面上出了很多关于抓起涨点的书，其实这些书基本上都围绕着这根底部阳线和放量展开。大家可以在这方面多加留意，再融入本书介绍的盘口解读技术，就可以更好地把握这个起涨点。

上面是从日 K 线的角度进行分析，下面我们从每笔均量的角度分析（见图 2-82），这根阳线之前的一天，每笔均量是 18 元，这是这只股票每笔均量的正常水平，这时候还没有主力介入，从主买卖单分布情况就可以知道。

但是，大阳线这天，也就是显著放量这天则不同（见图 2-83）。每笔均量迅速上升到 42 元，主动性买卖盘中大单比例迅速升高。主力参与到其中了，又出现了典型的上涨价量形态，后市这只股票应该能够大涨，这时候我们应该在次日开盘及时买入。

很多时候，我们不知道怎么鉴别一根阳线的"质量"，这里介绍的这个例子就是在告诉大家如何做到这点。通过分析一根阳线的每笔均量和内外盘成分，加上相应的成交量形态，就可以洞悉出一根阳线的"质量"。

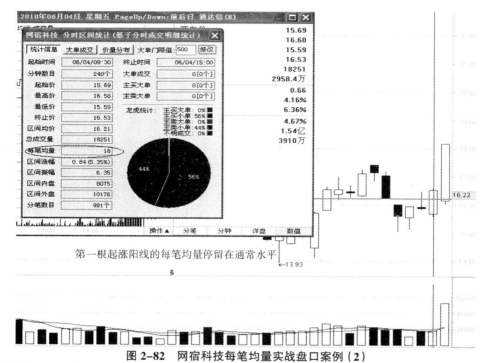

第一根起涨阳线的每笔均量停留在通常水平

图 2-82　网宿科技每笔均量实战盘口案例（2）

资料来源：通达信，宁波钓鱼翁。

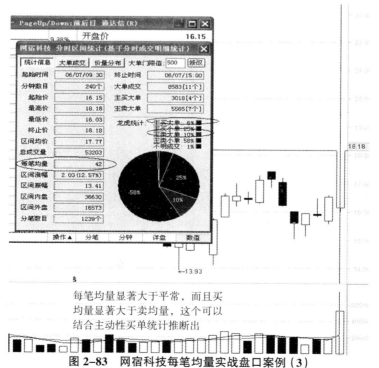

每笔均量显著大于平常，而且买
均量显著大于卖均量，这个可以
结合主动性买单统计推断出

图 2-83　网宿科技每笔均量实战盘口案例（3）

资料来源：通达信，宁波钓鱼翁。

上述这根阳线出现之后，股价出现了非常显著的涨幅（见图 2-84），股价一直上攻到前期高点附近。从分析后的股价表现来看，每笔均量结合内外盘成分统计数据可以很好地帮助交易者掌握股价此后的走势方向和幅度，这是很多短线交易者忽视的问题。

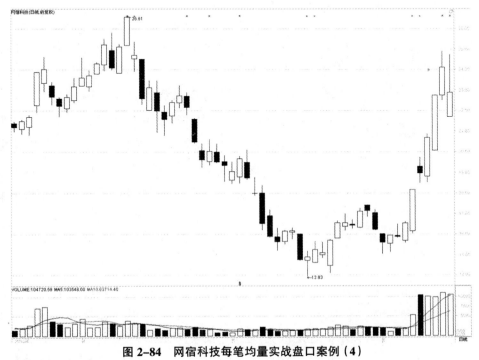

图 2-84　网宿科技每笔均量实战盘口案例（4）

资料来源：通达信，宁波钓鱼翁。

炒家们热衷于 K 线和分时盘口，但是对于盘口语言中的"稀有技术"却不珍惜，殊不知这些很少为人关注的技术却往往能够带来更大的收益。在盘口技术分析中，大众探讨得最多的是分时价格线走势和分时均线之间的关系，此外还有盘口挂单以及分时成交量，对于其他分时盘口语言学习的人很少，精通的人很少。

既然讲到这个问题，我们就不得不强调一点：要想在盘口玄机中有所斩获，要想超越绝大多数的短线炒家，就必须尽可能广地掌握各种盘口语言，然后提炼出自己的东西，如果一上来就固守于某一项技术则很可能限制了此后的发展。

第五节　分时阻力与支撑

　　股价分时和 K 线走势图是多空双方力量对比的明证，当多方力量强时，股价向上走；当空头力量强时，股价向下走，就这样简单。好比一个人爬山与滑雪。爬山时会遇到障碍，影响向上的力度，滑雪时也会遇到阻力以至于滑不下去，这种阻碍股价惯性运动的水准便演化为阻力和支撑。

　　只有懂得了阻力和支撑，才算把握了盘口的观察基准。盘口买卖盘的变化显示了交易双方的心理变化，反映了散户和主力的力量变化，心理变化和力量变化的幅度我们用什么来度量呢？这个就需要依靠阻力和支撑了。

　　简而言之，阻力是怎么形成的呢？空头力量盛、多头力量弱的地方自然形成阻力，实践中，因大众预期的一致性，下列区域常会成为明显的阻力。前日收盘若当日股价开盘低于前收盘，那么，在向上爬的过程中会在此遇到阻力。这是因为经过一夜思考之后，多空双方对前收盘达成了共识，当日开盘时会有大量股民以前收盘价位参与竞价交易，若股价低开，表明卖意甚浓。在股价反弹过程中，一方面会随时遭到新抛盘的打击，另一方面在接近前收盘时，早晨积累的卖盘会发生作用，使多头轻易越不过此道关。

　　若当日开盘后走低，由于竞价时积累在开盘价处大量卖盘，因而将来在反弹回此处时，会遇到明显阻力。均线位置短线运行中的 5 日线、10 日线被技术派格外看重，一旦股价爬升至此处，会有信奉技术的短线客果断抛售，故而阻力形成便十分自然。

　　前次高点盘中前次之所以创下高点，是因为此处有明显的卖盘积压，当股价在此遇阻回落又再次回升时，一旦接近前次高点，会有新的做空力量介入，同时多头也会变

什么是阻力最小路径？与支撑阻力的关系是什么？

得小心谨慎。因此，在走势图上便形成了明显的 M 头形态，而且多数时间右边的高点会低于左边的高点。

前次低点的形成缘于多空双方的均衡，表明买方力量强劲，而当股价在此低点渐渐失去支撑时，会有相当多的做空人加入抛售行列，从而导致大盘急泻，状如跳水，因"跳水"时间过于短促，会在此处沉淀一下未成交的卖盘，故当股价反弹至此时会遇到阻力。

整数关口由于人们的心理作用，一些整数位置常会成为上升时的重要阻力。特别是一些股价的整数关口常会积累大量卖单。

当然，还有其他的阻力区，但主要是这 6 种。判明阻力区的目的是卖在最高点或次高点，一般可以在判明的阻力区之前卖出。如短线高手一般不会在 10.00 元卖出，而宁可在 9.99 元或 9.98 元报卖，以增加成交机会。或者，当股价从高处滑落后，在第二次接近此高点时报卖。

跌不下去的地方即为支撑，常见支撑区有以下几类：当日若开盘后走高，则在回落至开盘价处时，因买盘沉淀较多，支撑便较强。道理与阻力区相似。 前收盘若股价从高处回落，在前收盘处的支撑也较强。均线位置主要是 5 日线、10 日线等。前次低点上次形成的低点区一般会成为人们的心理支撑，其道理也与阻力区相同。前次高点阻力较大，一旦有效越过，因积淀下的买盘较多，所以当再次回落时，一般会得到支撑。整数关口如股价从 70 元跌至 60 元时，自然引起人们惜售，破 60 元也不易，股价从高处跌到 10 元处也会得到支撑。判明支撑是为了争取在低位区买进。

由上述分析可以看出，支撑与阻力是一对可以互相转化的矛盾，原先的阻力突破后反过来可以成为支撑，原有的支撑突破后反过来也可以成为阻力。这里面存在一个阻力和支撑的转换原理，也就是说两者之间是可以相互转换的。

对支撑与阻力的把握也有助于对大市的研判。如当冲过阻力区时，表示市道甚强，可买进或卖出；当跌破支撑区时，表示市道很弱，应该继续卖出。下面，我们结合具体的实例来讲授阻力和支撑的盘口语言。

阻力和支撑历来为菜鸟级炒家所忽视，因为他们认为这些东西太简单，简单得勾不起学习的欲望，同时也认为这么简单的东西很难带来超越平均水平的业绩，殊不知最简单的东西、最为大众所忽视的东西却是最有效的东西。我们团队中的许多成员都精于阻力支撑水平的甄别和运用，没有一个炒家会在忽略了阻力和支撑之后还能保持长期高效稳定的绩效水平，从来没有过！如果说阻力和支撑代表着股价运

行的空间规律，那么下一章将介绍的分时阶段性则代表着股价运行的时间规律，将这两大规律置于掌中，你就可以无往不胜！下面，我们就从第一个实例开始，说明阻力支撑对于炒家的意义所在。

飞亚达 A 在 A 点处形成了一个阶段性高点，注意这个高点形成其实在当时就可以初步确认。通过什么盘口语言初步确认呢？当日的 K 线是一根流星阴线，上影线很长，次日为一根中阴线，这就初步确认了 A 处就是阶段性高点（见图 2-85）。

图 2-85　飞亚达 A 实战盘口阻力支撑案例（1）
资料来源：通达信，宁波钓鱼翁。

当然，站在现在的行情来看，A 当然是个阶段性高点，因为行情已经走出来了。如果是站在当时的行情来看，怎样鉴别呢？这就需要技术，就是利用 K 线技术来甄别。当然，你也可以利用前面提到的每笔均量技术和内外盘成分技术等，这个就要看你的功力和刻苦程度了。

现在股价在 B 点处也出现了流星形态，次日也是一根中阴线，而这个 B 点基本位于前期 A 点水平附近，也就是说这根流星线初步确认了前期高点 A 的阻力有效。从大的方面来看，日 K 线这种盘口语言就告诉了我们一些关于市场运行的真相，对于要求打击精准的短线炒家而言，还需要进一步地进行细节确认，这就要用到分时走势了。请接着往下看，看看我们怎样将日 K 线走势与分时走势结合起来运用。

飞亚达 A 在 B 处出现的流星 K 线，其具体分时走势如图 2-86 所示。飞亚达 A

开盘之后快速拉升，在开盘半小时的时候形成小双底，此时有显著放量，然后逐步下跌，很快跌破均线，此后一直受到均线压制，长时间处于弱势横盘（见图2-86）。

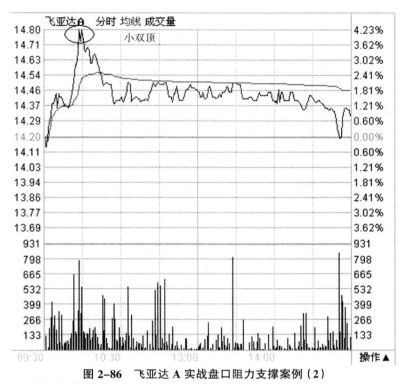

图2-86 飞亚达A实战盘口阻力支撑案例（2）
资料来源：通达信，宁波钓鱼翁。

尾盘的时候还有不少盘子涌出，股价最终将全天涨幅都退了回去。小双顶预示着日内高点的出现，而此后的股价疲弱更进一步表明了多头的乏力。由此看来，开盘半小时内的上攻是缺乏底气的，两波攻击之后，就后续乏力了，这可能暗示了日线上此波走势的转折，但是这个时候我们还不能贸然断定上涨肯定就结束了，还需要等待市场给出明确的信号，进一步地盘口转折语言。

用K线的炒家大都存在一个弊病，认为只有出现流星形态了，后市就肯定跌，市场将由上涨转为下跌。与此同时，那些出现流星后涨势继续维持的行情又被他们事后定义为"仙人指路"，这种定义方法对于实际操作毫无用处。我们应该在事前定义，而不是事后定义，事后来看行情往往容易犯马后炮的错误，因为我们会往行情发展上去捏合自己的判断，以便让自己获得虚假的优越感。

市场上来不得半点的优越感，一旦优越感升起来，也就意味着自我欺骗的出现，也就意味着轻视市场，忽略盘口透露的显著信息，结果当然是一败涂地。那

么，我们是如何对待流星形态的呢？我们在流星出现的时候，不仅会根据 K 线形态去审核它，还会对构成流星的分时走势进行研判，以便确认流星线的质量如何，最后我们还要等待次日 K 线的确认，如果次日出现了高质量的阴线，那么就可以确认阶段性顶部成立了。当然，日 K 线上的流星在本例中主要是确认显著的阻力的。

飞亚达 A 次日线是一根阴线，可以参考图 2-85。这根阴线的质量怎么样呢？是不是符合弱势看跌的特定呢？飞亚达开盘之后先是下探，然后被拉起，但是很快在均线处破败，拐头向下，这就是一个看空信号（见图 2-87）。开盘后股价反弹不过开盘价或者是均线，这是一个典型的看跌盘口语言，大家要记住这点，下来后在实际的操盘过程中需要加强对这一点的运用。

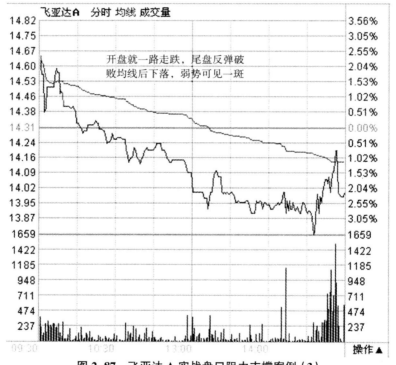

图 2-87　飞亚达 A 实战盘口阻力支撑案例（3）

资料来源：通达信，宁波钓鱼翁。

一般而言，股价突破阻力和跌破支撑的信号可能并不太可靠，但是股价突破阻力后马上回跌，或者是跌破支撑后马上回升都被称为破败，也就是突破失败，这时候反而是可靠的信号。有些西方技术分析书籍中称之为"多头陷阱"或者是"空头陷阱"，一般容易误导炒家跟随突破，因为这些炒家都受到的是主流教导，只知道突破后跟进，不知道突破失败后反向操作。

实际上，往往反向操作的利润更高。在本例中，股价在开盘和收盘的时候都有向上突破均线的行为，此后很快掉头向下跌破，这就是向上破败，应该及时卖出手中持有的飞亚达 A 股票。

阻力和支撑其实表明了市场是在一个个的格子中运行的，这与达沃斯的方法有效是有关系的。找阻力和支撑首先要在日 K 线图上下功夫，这些决定了市场的大规模运动，而日内分时走势中的支撑和阻力则可以帮助我们确认个股的强弱状态，同时提供恰当的进出场点。

不少炒家非常注重个股的 K 线形态，主要是最近几个交易日的 K 线形态。对于整个股价走势的结构，具体而言就是支撑和阻力，以及趋势都不太在意，最终陷入追涨杀跌、只见树木不见森林的状态。为什么散户们偏好震荡指标、偏好那些表明超买超卖类的指标？因为这些指标满足了他们"近视"的需要。

人的天性是偏好"近视"，陷入到情景中去，而不是善于站在情景之外，或者说不善于站在全局思考问题。短线炒股并不是陷入到局部去研判，而是说立足全局操作局部，这个问题不搞清楚后果是非常严重的，因为盲目的操作就是跟这种习惯有关。炒家为什么会"盲目"，不是因为看不见，而是因为看得太近了，想要看得更清楚，反而因为站得太近被市场眼前的局势给搞迷糊了。

为什么巴菲特的老师格雷厄姆强调要远离市场呢？就是因为离市场近了，人就变傻了，之所以会变傻是因为人失去了全局观。回到短线炒股，我们要随时在日 K 线图和分时走势图之间轮换观察，这样才能"大得，细得"，当然也不能落入少数那种大而空的局面，忽视了细节对具体操作的意义。下面，我们就以深深房 A 为例来说明日 K 线和分时走势的综合观察。

拿到一只股票，首先看股价处于什么位置？位置怎么看？以支撑阻力来确定。深深房 A 目前刚好处在前期低点附近，前期低点 A 构成了一个支撑，我们用这个支撑来观察目前的股价运动（见图 2-88）。

为什么用这个支撑呢？第一，现价离这个支撑最近；第二，这个支撑比较关键，因为这个支撑是由前期一个显著低点提供的。那么这个支撑对目前的股价运动发挥作用了吗？发挥了多大作用呢？

在 B 处，股价出现了很长的下影线，这是一个证明支撑发挥作用的标志。下面，我们从分时走势的角度对这根下影线很长的阴线进行深入的分析，这就是将镜头拉近了，整体看清楚了，市场运行的整体格局看清楚了，剩下来就是走近看。

这根长下影线阴 K 线的质量怎么样呢？这次我们不对阴线本身进行分析，而是

图 2-88　深深房 A 实战盘口阻力支撑案例（1）
资料来源：通达信，宁波钓鱼翁。

对其后的阳线进行分析，从侧面推断这根阴线确认支撑的可靠性。阴线出现后接着是一根小阳星，两者构成了利多母子形态，然后出现了一根货真价实的阳线（见图 2-89）。

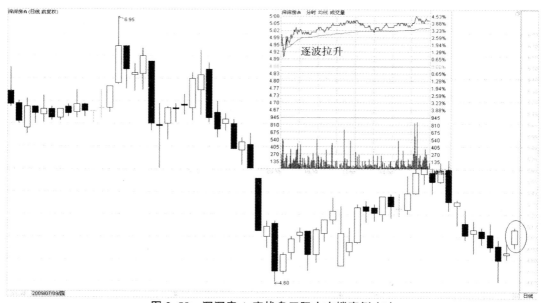

图 2-89　深深房 A 实战盘口阻力支撑案例（2）
资料来源：通达信，宁波钓鱼翁。

我们就来看这根阳线，阳线是怎么形成的呢？

逐波拉升形成的，不是一波到位，每波不长，不是主力吸引眼球弄出来的阳线，盘中均线支撑作用明显，从这个角度来看这根阳线的质量不错。那么，我们就应该及时买入这只股票，以便享受此后股价持续大幅上升带来的丰厚利润。

很多时候，我们炒股要么盲动，要么犹豫，为什么会盲动？因为我们的判断不全面，看到一点，甚至连一点理性分析都没有就急于冲入市场去捕捉自认为转瞬即逝的机会。

为什么会犹豫呢？因为我们盲动犯了几次错之后，连续的亏损会让我们变得不敢坚持研判的结论，哪怕是理性分析的结果。还有一种情况会导致炒家犹豫，这就是因为缺乏恰当的头寸管理引发巨大的亏损，让炒家一蹶不振。为了避免犹豫，我们就必须避免盲动，因此我们就要学会多角度分析股价走势，一要看日K线，二要看异动K线的分时走势结构。

果然不久之后，股价向上突破了大型双底的颈线，具体而言就是最近显著高点被突破（见图2-90）。前期高点A是颈线位置，这个价位水平作为阻力存在，当股价运行到这个水平附近的时候，我们需要注意日K线的表现如何，是干脆利落地突破，还是直接掉头向下，或者是破败。

图2-90　深深房A实战盘口阻力支撑案例（3）

资料来源：通达信，宁波钓鱼翁。

股价是以大阳线接近这一阻力线的，市场参与者在这个位置根本没有犹豫的表现，次日股价跳空突破此阻力位置，直接越了过去，好比烙铁过黄油。突破成功了，后市大幅飙升，在突破之前我们的分析，特别是分时分析就提前透露了一些继续上涨的信息，这就是"股价运动全息性"的表现，也就是一处股价运动可能蕴藏着整个股价运动的特性。

我们来看第三个例子，深赛格在高位横盘整理。深赛格最近一个高点是一根流星线，然后股价出现了恢复性上涨，到了这根流星线标注的阻力附近出现了犹豫。股价升到前期阻力之后，出现了两根上影线特别长的 K 线，这表明阻力可能起作用了，对这个信号我们要做足够的重视，否则就会失去一次很好的卖出机会，另外也很容易被套牢在这么高的位置上。我们要进一步地确认，第一种确认来自后续 K 线的表现，第二种确认来自分时图上的证实（见图 2-91）。

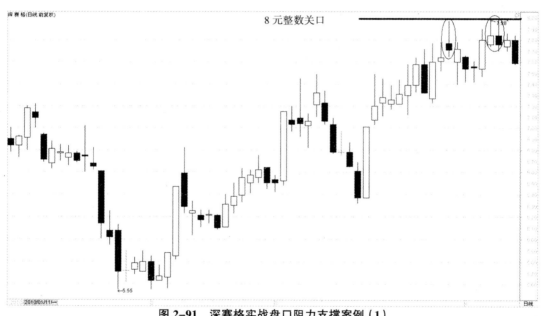

图 2-91　深赛格实战盘口阻力支撑案例（1）

资料来源：通达信，宁波钓鱼翁。

我们来看这两天的分时表现，其中一天的分时走势如图 2-92 所示。开盘之后，股价上下试盘，整个早盘基本维持在开盘价附近，在早盘快要结束的时候才出现了小幅拉升，这种拉升维持到午盘前半段。

不过，股价在午盘有两个顶，第一个顶成交量温和放大，第二天放出大量，而且第二个顶没有超过第一个顶的高度，这是主力出逃之状。此后股价快速下跌，基

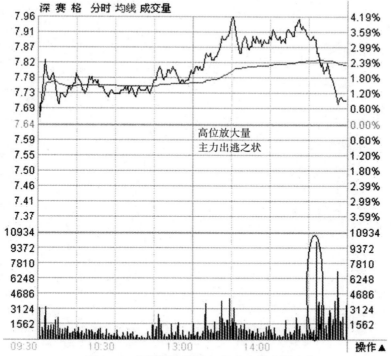

图 2-92　深赛格实战盘口阻力支撑案例（2）

资料来源：通达信，宁波钓鱼翁。

本将整日上涨幅度吞掉。接近主力这一日的分时走势来看，股价后市下跌的可能性很大。另外，不久之后日 K 线上出现了阴线，进一步确认了阻力有效，我们更应该快速卖出。

此后的走势果然如此前所料（见图 2-93）。股价从高位一路下跌，跌到 5 元附近才出现了反弹。为什么 5 元会反弹？这又涉及阻力和支撑的知识点了。

一般而言，**阻力和支撑出现在前期高点和低点水平，有时候也出现在整数关口，如果进一步深究的话，还可能出现在斐波那契水平。**

当然，**最有效的支撑阻力位置还是前期高点和低点**，当股价在整数关口出现了反转表现的时候也要注意。哪些是反转表现呢？出现反转 K 线，分时盘口显示主力介入，成交量出现反转态势，等等。

下面，我们来看第四个实例，即深圳华强的例子（见图 2-94）。深圳华强目前处于前期高点附近，目前的走势比较关键，如果真能突破前期高点则可以打开上涨空间，如果破败则将拐头下跌，向下的空间也非常大。

图 2-93　深赛格实战盘口阻力支撑案例（3）
资料来源：通达信，宁波钓鱼翁。

图 2-94　深圳华强实战盘口阻力支撑案例（1）
资料来源：通达信，宁波钓鱼翁。

　　注意看，现在股价走势出现了很长的上影线，这是抛压沉重的表现，后市下跌的可能性很大，B 点股价走势明显受到了 A 点压力的阻挡。当然，就一般的短线炒家而言，除日K线外，我们还需要注意分时走势等细节，这样才能排除骗钱的假象。

我们对深圳华强上影线较长这天的K线分时走势进行分析（见图2-95）。股价快盘后两波拉升，走势较为做作，不是很自然，有主力拉升吸引买盘之象，成交量较大。开盘后半小时股价出现了小双顶，很快股价跌破颈线，然后跌破均线，此后股价直落下去，根本没有像样的反弹，可以看到主力在此关键位置根本无心护盘。

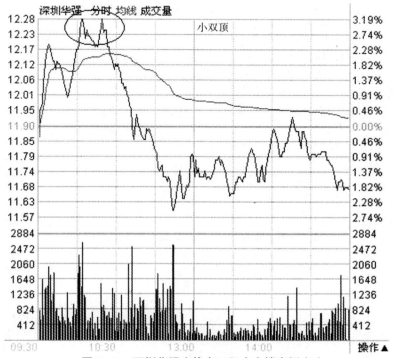

图2-95 深圳华强实战盘口阻力支撑案例（2）
资料来源：通达信，宁波钓鱼翁。

跌了2%多，这时候出现了一波拉升，但最终受制于均线，尾盘继续下跌，这样可看出，主力是在利用开盘把股价打上去，然后趁机出货，后市继续下跌的可能性很大，我们应该迅速卖出这只股票。

我们来看一下后续的走势，股价并没有成功上行，而是在破败后，转头大跌（见图2-96）。我们如果错过了此前指出的卖出时机，后面就会面临较大的损失，毕竟此后价格要么跳空下跌，要么以大阴线暴挫，这样的情形下你很难全身而退。

我们来看第五个实例——天茂集团（见图2-97）。股价似乎在目前形成了三重顶，如果将最近两个顶部看成是双顶，无疑股价现在已经跌破了此双顶的颈线。最后一个顶包含一颗黄昏之星，这是一个看跌信号。再回过头来看，股价的三重顶似乎都受到了 7 元整数关口的压制，后市应该是看跌的，我们需要结合更加细节的数据进行分析。

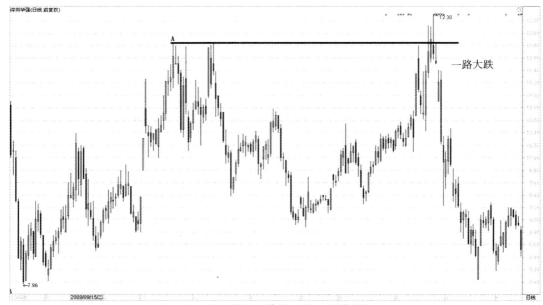

图 2-96　深圳华强实战盘口阻力支撑案例（3）
　　资料来源：通达信，宁波钓鱼翁。

图 2-97　天茂集团实战盘口阻力支撑案例（1）
　　资料来源：通达信，宁波钓鱼翁。

我们来看黄昏之星这颗星的分时走势，看看这天的走势能不能确认从日 K 线上给出的信息。天茂集团开盘之后大幅上拉，上涨不太自然，而且一波比一波长，这表明主力做盘的迹象比较明显。

在高位出现了显著的放量，主力出货的迹象明显。开盘半小时内长得很猛，不自然，波形越来越长，高位放量，这些都是主力拉高出货的典型特征。此后，股价很快回落到开盘价附近，然后围绕均线运动，最终收盘在开盘价附近，应该是比较弱势的（见图 2-98）。次日的阴线确认了这根星线提供的看跌信息，于是我们应该在这几日中及时卖出。

天量见天价，天量阴线和天量阳线，谁更容易见天价？

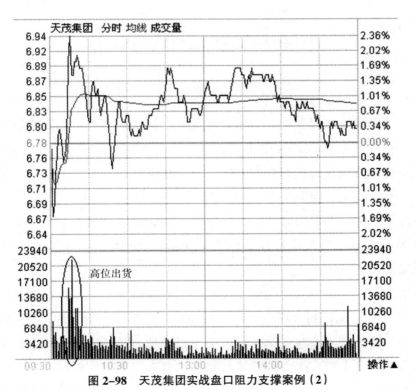

图 2-98　天茂集团实战盘口阻力支撑案例（2）

资料来源：通达信，宁波钓鱼翁。

我们来看此后的表现（见图 2-99）。股价从 7 元整数关口下跌之后，一直跌到 5 元整数关口，并在这里获得支撑。

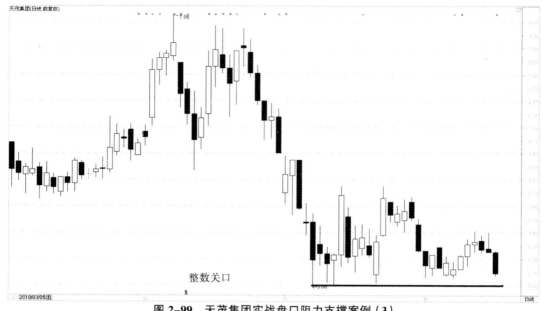

图 2-99　天茂集团实战盘口阻力支撑案例（3）
资料来源：通达信，宁波钓鱼翁。

　　为什么是在这里获得支撑呢？

　　第一个原因是三顶幅度的一倍恰好在这里，第二个原因是整数关口，这两个因素叠加在一起使得这个位置支撑非常强，股价跌到这个位置之后出现了横盘整理。所以，我们在进行股票短线操作的时候，一定要注意把握日 K 线上的支撑和阻力分布，将重要的阻力支撑位置放在头脑中。

　　心中对重要支撑和阻力有数，就能使炒家对股价运动有一个参照系，知道股价将在什么地方停顿，有可能在什么地方出现反转。当然，这里要注意防止一个倾向，这就是将阻力和支撑当作反转点。

　　在股票操作中，不少人将类似江恩水平、菲波纳奇水平等技术点位当作是反转点使用，其实股价运行到这些点位可能出现反转，这个结合当时的股价形态来看，看股价形态是否确认了这些点位的有效性，而不是主观地认为这些点位一定是反转点。总而言之，将支撑和阻力与日 K 线形态结合起来观察是最好的办法，是最稳妥高效的短线盘口工具。

　　格林电器最新股价发展到了前期高点 A 附近，高点 A 出现了不标准的黄昏之星。更为重要的是 A 点并不是这一水平的唯一高点，此前股价好几次在这一水平附近受到阻力（见图 2-100）。

图 2-100　格林电器实战盘口阻力支撑案例（1）
资料来源：通达信，宁波钓鱼翁。

现在股价再度来到这一位置，并且出现了不标准的黄昏之星，这一 K 线形态的出现证明了 A 点水平的阻力仍旧存在，股价转而下跌的可能性很大。下面，我们对分时走势作详细的分析，以便进一步确认黄昏之星信号的有效性，同时也能够为我们确认此处受到的阻力有效。

我们接下来分析格林电器在黄昏之星中间这根星线的分时走势（见图 2-101）。开盘之后，股价出现了向上的走势，但是很快在均线附近继续进行长时间的整理，这种窄幅横盘整理持续了整个早盘。

午盘开始之后，股价在大胆的快速拉升下，快速上窜。高位出现了显著的放量，此后股价快速杀跌，构筑引诱散户的平台整理后，继续杀跌，将平台处最近的平台套住。从主力的行为来看，主力是想借助早盘成交稀少的状态，在午盘开盘不久快速拉高，以便以最小的成本将股价拉起。

股价拉高之后，散户开始追进，主力抛售。此后快速杀跌，让散户套住，然后做平台，让被套的散户误认为这是调整，继续补仓，再杀跌。从主力的行为来看，此股后市下跌的可能性很大。

格力电器此后大幅下跌，在前期历史低点才获得了一些支撑，展开反弹（见图 2-102）。从这点可以看出阻力和看跌 K 线组合语言结合起来可以帮助我们规避

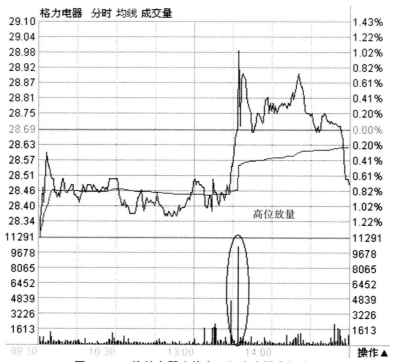

图 2-101　格林电器实战盘口阻力支撑案例（1）

资料来源：通达信，宁波钓鱼翁。

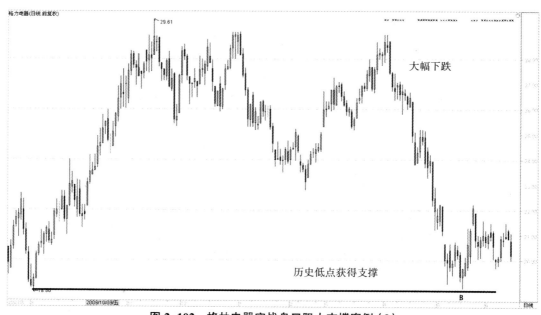

图 2-102　格林电器实战盘口阻力支撑案例（3）

资料来源：通达信，宁波钓鱼翁。

大跌，同时加入了更加细致的分时分析，这样就将胜率进一步提高了。

　　总而言之，大家以后一定要养成在日线图上观察大势的习惯，然后在分时走势上予以确认，这样才能真正避免最大的风险，赚到最大的利润。要想学会支撑阻力分析方法，还必须学会反转 K 线，主要包括看跌吞没（利空看跌）、看涨吞没（利多看涨）、流星、锤头、黄昏之星和早晨之星等。

　　大家可以找一些基础书籍了解一下这几个形态，更重要的是学会在日线走势上识别它们，最终将日 K 线与支撑阻力结合起来使用。

　　金岭矿业最近股价来到了前期高点 A 水平附近（见图 2-103）。A 点构筑了双顶的第一个顶，此后形成了第二顶，然后股价大跌。可以发现 A 水平处存在较大的压力，现在股价再度来到这个水平，而且日 K 线出现了看跌吞没，即进一步确认了此水平压力的有效性。下面，我们按照惯例对分时走势进行剖析，以鉴别这根看跌吞没的质量。

图 2-103　金岭矿业实战盘口阻力支撑案例（1）
资料来源：通达信，宁波钓鱼翁。

　　我们对看跌吞没组合阴 K 线这天的分时进行分析（见图 2-104），开盘后，股价在半小时内形成小双底，然后稍微回撤向上突破颈线。不幸的是涨势没有持续多久就快速下挫，很快就在早盘快要结束的时候跌破了均线，此后股价进一步大跌。可以看到这天的主动买卖盘统计显示主卖大单大于主买大单，主力倾向于卖出。分时走势进一步确认了阻力有效，于是我们应该快速卖出这只股票，不要迟疑。

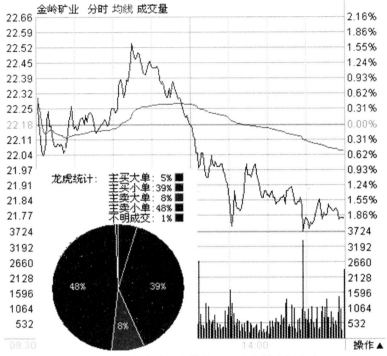

图 2-104　金岭矿业实战盘口阻力支撑案例（2）

资料来源：通达信，宁波钓鱼翁。

　　果然，金岭矿业此后大幅下跌，下跌途中一度还出现向下跳空缺口，一直跌到前期低点附近才获得支撑，反弹后在前期缺口附近受阻，进而回落（见图 2-105）。从这个例子，我们看到阻力和看跌 K 线结合盘口语言对于识别反转点的重要意义。

　　对于短线炒家而言，一定要规避股票价格大幅下跌的风险，否则再会赚钱也是白搭，最后一两笔大单亏损就全抹平了。支撑阻力除提醒我们进场点外，还可以提醒我们出场点。

　　什么时候出场？固定利润出场是不科学的，市场告诉我们出场才出场，而不是我们主观武断认为应该出场就出场了。那么，市场一般以什么语言告诉我们应该出场呢？除反转 K 线外，就是支撑阻力水平了。既然进场和出场都这么重要，而阻力支撑对于进场和出场又这么重要，那么我们还犹豫什么呢？下功夫掌握支撑和阻力吧。很多时候我们忽视了成功的要件，如果想要在股票市场成功，靠技术分析在股票市场"找饭吃"就必须下功夫掌握支撑和阻力的识别方法与运用之道。

图 2-105 金岭矿业实战盘口阻力支撑案例（3）

资料来源：通达信，宁波钓鱼翁。

大连友谊在最近几个交易日出现了黄昏之星（见图 2-106），股价在前期高点附近出现反转 K 线。股价在 A 点附近出现了阶段性顶部，而这个顶部由一个看跌吞没标识出来，这一形态表明此水平附近面临极大的抛压。

图 2-106 大连友谊实战盘口阻力支撑案例（1）

资料来源：通达信，宁波钓鱼翁。

最近出现的黄昏之星并不标准，因为不是三根 K 线组成的，而是由四根 K 线组成的。K 线上升之后，连续两个交易日出现小 K 线，然后大阴线砸下去。大阳线上来，表明多头战胜空头，接着两个交易日的盘整，表明多空势均力敌，这表明多头已经不占优势了。

此后，大阴线出现，表明主动权到了空方手里。经过这样一番分析，大家就知道了为什么黄昏之星经常是一个多翻空的信号。

仅有分时走势上的分析是不够的，毕竟行情是复杂的，K 线走势也是复杂的，同样的阳线往往不是由同样的过程形成的，知道一根 K 线的形成过程可以帮助我们更好地理解宏观现象背后的关键细节，而这些细节可以避免我们踏入陷阱。下面，我们就对大连友谊最近这根阴线的分时走势进行剖析（见图 2–107）。

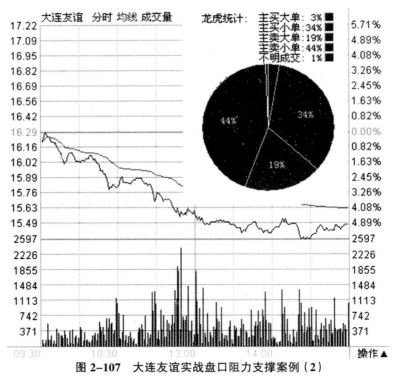

图 2–107　大连友谊实战盘口阻力支撑案例（2）

资料来源：通达信，宁波钓鱼翁。

开盘之后，股价快速下跌，股价一直位于均线之下，像样的反弹都没有，空头占据绝对优势。再从大单成交明细来分析，可以看到主卖大单占了 19%，而主买大单才占 3%，主力显然在大举卖出，这就更进一步证明了阻力的有效，我们应该在次日开盘及时卖出。

此后，大连友谊大幅下跌，创出新低后继续下跌，甚至一度跌破 10 元整数关口，如图 2-108 所示。如果当初你忽略了市场透露的反转信息，则后面的大跌往往让不少被套的炒家来不及割肉，最后被深度套牢。所以，如果你能先人一步则可以全身而退，如果到了需要壮士断臂的时候，事情已经很难处理了。

图 2-108　大连友谊实战盘口阻力支撑案例（3）
资料来源：通达信，宁波钓鱼翁。

很多所谓的大师都在教散户要敢于止损，其实这种做法不符合人性，而且长期反复割肉也会亏掉本金，所以我们赞成的做法应该是不让事情发展到浮动亏损很大的那天。

要做到这一点就需要在市场反转的时候及时发觉，不要忽略市场告诉你的话，盘口语言有什么作用呢？就是帮助我们及时进场和及时出场的，会进场和出场了，还害怕什么呢？所以，学股票技术，就是学股票买卖技术，会买会卖就行了。理论再多也是为实践服务的，实践过程再复杂也就买入和卖出两个步骤。

阻力和支撑除前期高点、低点以及少数几种特别的反转 K 线形态外，还可以通过黄金率点位来确认。

什么是黄金率点位？简单来讲就是以 0.382、0.5 和 0.618 为主的三种点位。当股价来到前一段行情的这些回撤位置的时候，可能出现反转，这样说大家也许觉得非常抽象，下面我们就结合具体的实例来演示（见图 2-109）。

图 2-109 中色股份实战盘口阻力支撑案例（1）
资料来源：通达信，宁波钓鱼翁。

中色股份的前一段走势，用直线标注了出来，高点是 22.40 元，低点是 12.48 元，以这段下跌走势作为单位 1，进行分割。现在的这波上涨走势我们也以线段标注出来，可以看到股价目前在 0.5 水平附近受到了阻挡，特征是什么呢？

出现了利空吞没（看跌吞没）。既然股价在前期 0.5 水平附近出现了阻力，那么此后的股价将如何发展呢？按照黄金率点位分析技术的要求，应该是转而下跌的。当然，在进一步实际操作之前，我们应该进行更细节化的剖析，这就需要进行分时走势分析。

我们接着对形成这根大阴线的分时走势进行分析（见图 2-110）。这是最近两个交易日的分时走势图，前一个交易日股价是稳步上扬的，收盘在接近最高点的位置，但是今天高开之后，高位震荡，午盘开始暴跌，在 B 点处跌破了前期低点，而且尾盘显著放量下跌，表明资金出逃比较严重。先前一些观望者现在加入到了抛盘者的行列。

收盘后，回过头来看，可以发现，今日早盘的走势是一个三角形，市场在此价位出现犹豫情绪。虽然形成了一个上升三角，但是多头最终还是无力向上突破，最后不得不选择向下。下跌的后半段，抛盘像潮水一样涌出，股价大幅下跌引发了更

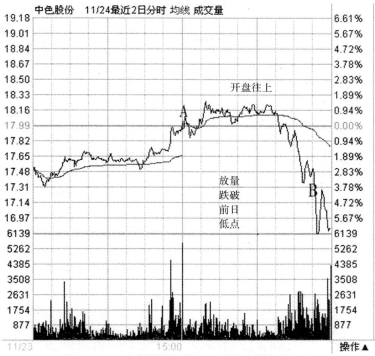

图 2–110　中色股份实战盘口阻力支撑案例（2）

资料来源：通达信，宁波钓鱼翁。

多的卖家入场。结合日 K 线所处的位置来看，股价此后下跌的可能性更大，操作上我们应该及时卖出，不要奢望近期会继续上涨。

此后，中色股份的表现如何呢？股价真的在 0.5 水平处受到阻挡，然后下跌，最终在前期两个低点附近获得支撑，横盘整理了很长一段时间之后才发动像样的反弹（见图 2–111）。

为什么我们会对 0.5 水平这么重视呢？一般而言，无论是在波浪理论还是在江恩理论中，这一水平都是非常重要的，哪怕在索罗斯这样的基本面分析大师眼中，0.5 水平也是需要关注的。如果说股价的运行有什么数学规律的话，0.5 水平可能是最为可靠的数学规则，价格一般会对这个位置有反应，即使是短暂的反应。作为一个短线股票炒客，我们需要对这一位置给予足够的重视。不仅是在日 K 线走

当市场犹豫时，也会站在这个位置，参考《外汇狙击手》第六章短线王牌"中立"模式。

势上，在分时走势上也应该注意，特别是权证和期指炒家。

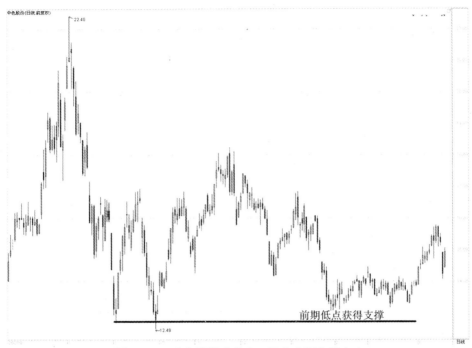

图 2-111　中色股份实战盘口阻力支撑案例（3）
资料来源：通达信，宁波钓鱼翁。

第六节　时间效应

　　分时盘口每一段时间都有其特点和研判要点。开盘定性首先要确认开盘的性质。相对于前收盘而言，若高开，说明人气旺盛，抢筹码的心理较多，市道有向好的一面。但如果高开过多，使前日买入者获利丰厚，则容易造成过重的获利回吐压力。如果高开不多或仅一个点左右，则表明人气平静，换手充分的话，则有利于上涨。如果低开，则表明获利回吐心切或亏损割肉者迫不及待，故市道有转坏的可能。

　　为了正确把握走势特点，可以开盘为起点，以第 10、第 20、第 30 分钟股价为移动点连成三条线段，这里面包含一天的未来走势信息。

　　下面我们结合具体的实例来传授分时走势的时间效应技巧。

　　股价的日内发展可以通过分时段来划分为几个阶段。一般而言，我们对开盘和

收盘比较注意，这也是因为这两个价位是日 K 线形成的基础。

实际上，分时走势中除开盘和收盘这两个阶段需要注意外，还有一些其他需要特别注意的阶段，作为一个短线炒客，我们可以从这些阶段的走势特征推断出主力和散户的行为意图，再结合整个日 K 线走势，可以对此后的走势进行一定的推断。下面我们就来看一些实际例子。

我们在开盘的时候会将前一交易日的走势一同呈现在图上，这样便于我们对照和比较，将前日的走势作为参照系。可以看到，当天中色股份是跳空向下开盘，这样就回到了昨日交易区间的中间，这表明市场没有决心继续向上推升股价（见图 2–112）。

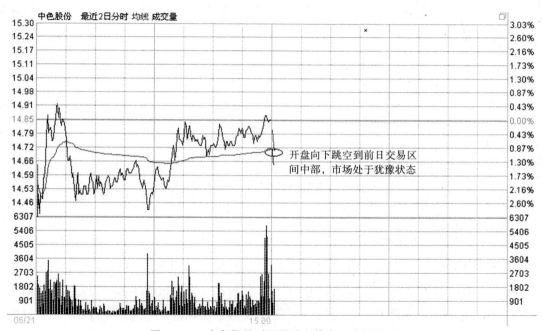

图 2–112 中色股份时间效应实战盘口案例（1）
资料来源：通达信，宁波钓鱼翁。

开盘成交量不大，股价在均价线附近，主力似乎并没有借用开盘机会将股价推升到区间边界之外的意图和行为。既然市场现在处于犹豫状态，那么手头有这只股票的短线炒家就不应该盲目卖出，而还没有入场的炒家则应该保持克制，不要急于入场。当市场处于胶着状态的时候，特别是还看不到走出胶着状态的迹象时，不要轻易入场。

接着，股价继续下跌（见图 2–113）。股价在开盘之后下跌，有微幅反弹，然

后继续下跌，在较低水平位置有大单拉升，在早盘半小时内出现了类似头肩底的形态。但是，反弹并没有超过开盘价，这表明空头势力比较强大，但是多头目前并不死心，毕竟股价还处在区间运动之中。但是，主力做头热情并不大，开盘半小时内的走势与主力意图还是比较明显的。

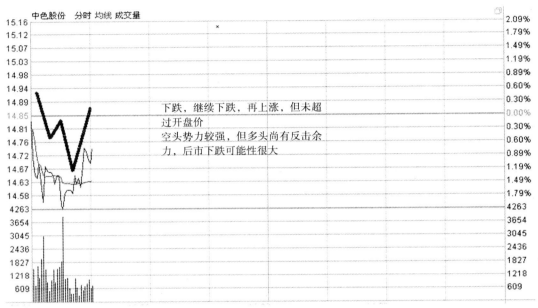

图2-113　中色股份时间效应实战盘口案例（2）

资料来源：通达信，宁波钓鱼翁。

　　综合起来看，后市继续下跌的可能性非常大。开盘半小时内一般是那些着急炒家匆忙入市的时刻，也是主力完成拉升的最好时机，这时候主力可以先发制人，无论是拉高出货，还是进一步远离持仓成本，主力在开盘半小时内拉升可以避免遭受过多的抛盘。由于前置因素影响较少，所以开盘半小时主力操作的空间较大，这时候市场意见还是可以被领导的。

　　除非是主力喜欢在下方接货，这种情况下主力可能在大盘下跌的过程中，不在早盘入市，而是选择盘中低点介入。开盘半小时内还有一种操作者，这就是比较缺乏计划的盲目入市炒家，这类散户比较激动，生怕错失市场机会，对风险估计过低。

　　开盘半小时内，如果主力没有出现，那么多半就是这类交易者出现，他们的出现往往意味着开盘后的行情是不能持久的。那么，如何区别主力和散户呢？这就要看开盘半小时内的成交量。如果成交量稀疏，那么就是散户，相反就是主力。识别开盘半小时内的主要参与者是非常重要的。

接下来，中色股份在维持了近半个小时的横盘整理之后，股价出现了拉升走势，但是成交量萎缩（见图2-114），这表明这波上涨可能是浮筹减少的缘故，也就是卖出意愿减弱的缘故，而不是需求增加导致的。股价现在走到了开盘价附近，在这个关键点位附近如何选择未来的走向是非常重要的问题。因为此前的走势并不适合介入，现在这个关键点位附近的股价表现会为我们的进场提供一些决定的信息。

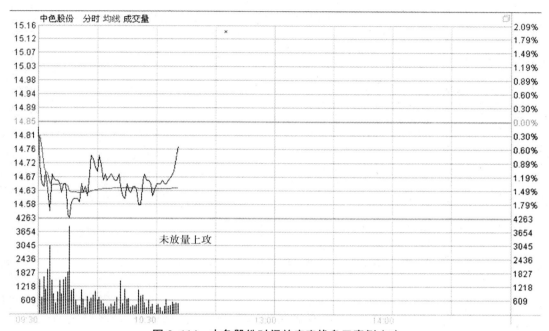

图2-114　中色股份时间效应实战盘口案例（3）
资料来源：通达信，宁波钓鱼翁。

很多时候，炒家都喜欢自己一直待在市场中，却忽略了市场未必总能提供恰当的机会带给我们利润。市场并不总会处于风险受控的状态，也不会总处于回报很高的状态。

毕竟，**市场也有周期性，个股的走势也有周期性和阶段性**，忽略了这两点就会在任何时候都持有股票。但是这却是非常致命的想法，频繁操作并不仅是付出手续费，还会导致心理压力增加，交易心理非理性化。

正如我们开盘时观察到的迹象，当天走势很疲弱，区间震荡的可能性很大，现在股价在开盘价附近回落了，并没有继续上升（见图2-115）。开盘价往往可以作为一个很好的阻力支撑水平，所以我们时常观察股价相对于开盘价的运行距离。个股如果不能突破自己的开盘价格，而开盘价格附近的成交量又比较大的话，则说明

当日卖出的单子很大，而且主力单子或者是恐慌性抛单较大。在这种情况下，即时退出是更好的选择。

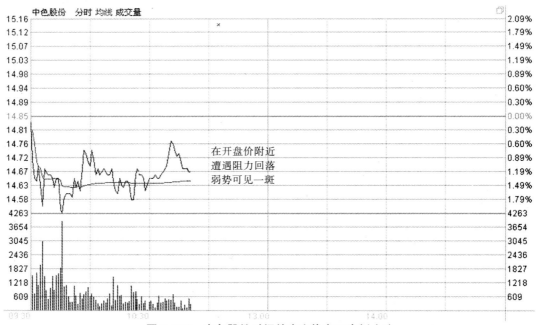

图 2-115　中色股份时间效应实战盘口案例（4）

资料来源：通达信，宁波钓鱼翁。

　　在中色股份这个例子中，个股反弹到开盘价附近就拐头向下，促进我们更加谨慎地对待上涨走势。如果我们手中持有这只股票，在冲到开盘价附近拐头时卖出是比较明智的选择。这里补充一点的是，早盘盘中的走势恐怕代表了散户的主流观点，因此这段走势的重要性并不大，这就是分时走势的时段特点之一。

　　中色股份继续下跌，但是跌到均线附近出现了拐头（见图 2-116），这个价位恰好也是上升趋势线的延伸点，两个显著的支撑发挥了作用，同时出现了阶段性底部放量，低点逐步走高，则表明多头再度发动了向上的攻势。

　　这种攻势能够转变为向上的强劲单边走势吗？根据此前的行情走势，我们认为很难，因此不会轻率跟进这种走势。虽然我们认为市场目前肯定会上升，但是如果对上升幅度不太乐观的话，我们就不会轻易地介入。

　　很多时候，市场中的炒家都只看个股会不会上涨，只要上涨他们就买入，他们忽略了上涨空间大小。这里需要记住的是：我们是否买入一只个股，并不是因为它可能上涨，而是因为它上涨的空间可能会很大。我们要把自己分析和研判的视野放

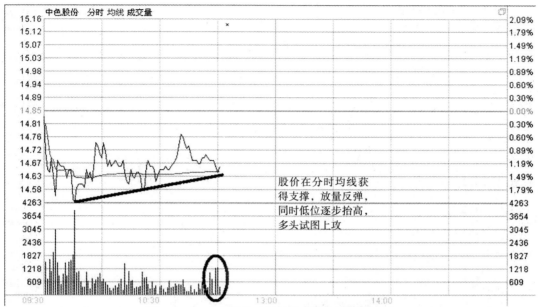

图 2-116 中色股份时间效应实战盘口案例（5）

资料来源：通达信，宁波钓鱼翁。

开，这样既能避免因为精确化带来的失误，也能提高收益水平。相当于是最小化了风险，最大化了利润。

但是，很快，股价在微幅反弹之后，再度跌破均线，跌到前期低点附近再度上扬（见图 2-117）。早盘收盘的时候，股价又回到了此前交投区间的中间位置，这反映了多空胶着的状况比较严重。如果后市缺乏突发的消息，大盘走势并没有明显变化，中色股份很难走出单边走势。

既然市场预判仍旧处于区间走势的可能性很大，那么我们还是应该静心等待市场给予的机会，而不是急于入市。现在的市场根本还没有发起单边走势的迹象。个股分时走势中的任何一个支撑和阻力点都可能对股价走势起到非常大的制约作用。在震荡走势中或者是疲弱市场中，开盘价很容易就发挥压制作用，而均线也经常为股价所缠绕。

下午盘开盘之后，股价还是围绕均线横盘运动，基本上看不到有发动进攻的意图，而且股价重心维持在区间下半部，成交量萎缩，整体而言还没有早盘充足。

午盘开盘一小时内是主力做反转交易的关键事件窗口，因为在下跌走势中，早盘已经对卖盘有一定的消化，而且通过早盘的观察也就知道了卖盘的力度。主力通过早盘观察"军情"，通过早盘进行试探性交易，然后午盘开盘后发动进攻。这种

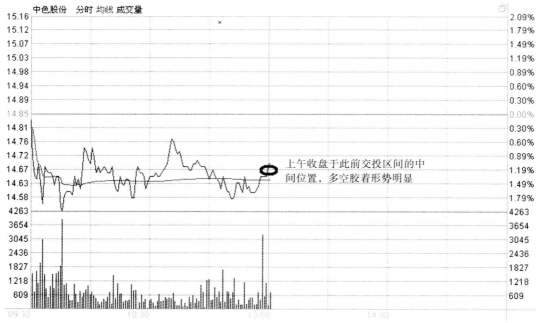

上午收盘于此前交投区间的中间位置，多空胶着形势明显

图 2-117　中色股份时间效应实战盘口案例（6）
资料来源：通达信，宁波钓鱼翁。

情况在分时走势中比较常见。

现在，股价在午盘开盘一小时后跌破了前期低点，具体而言是早盘低点，这表明空方占据了主导地位，结合日线走势（这里省略）应该卖出此前的一些仓位。下跌过程有放量，不管这是散户还是主力的动作，都表明区间下边界被突破了，而且是久盘后的放量跌破，这种情况下跌势会继续的可能性很大，转而上涨的可能性极小（见图 2-118）。

中色股份下跌走势一直持续到尾盘，这个过程中股价有一定程度的反弹（见图 2-119）。到了尾盘的时候出现大单卖出，这时候应该跟进卖出，将剩下的单子卖得干干净净，以后几日继续下跌的可能性很大。尾盘出现的单子是些什么单子，一般而言是主力或者是理性的散户的单子。

主力是比较理性的，尾盘的单子要么是为了收盘价，要么是在看清全天形势后做出了理性选择。散户一般都是急性子，看着股价上蹿下跳，要不了 5 分钟手就痒了。股价在盘中稍微上升，散户就怕踏空，稍微下降就怕套牢，所以散户耐不住行情走势，往往行情稍微一动就忍不住进场操作了。怎样避免出现这样的情况呢？最理想的操作方式是开盘操作或者是收盘操作，当然早盘收盘和午盘开盘也是较好的

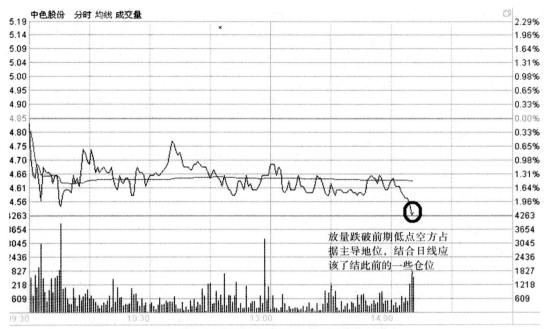

图 2-118　中色股份时间效应实战盘口案例（7）

资料来源：通达信，宁波钓鱼翁。

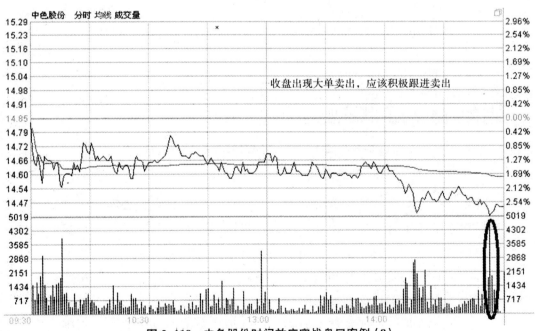

图 2-119　中色股份时间效应实战盘口案例（8）

资料来源：通达信，宁波钓鱼翁。

操作时点。

一般而言，主力的战略性动作都是在开盘和收盘这些走势衔接点出现的，所以大家要对这些时间焦点要足够地注意，并尽量让自己的进出场时机稳定在这些时点。

我们来看第二个注重分时时间效应运用的盘口研判和操作实例，这是西藏矿业的例子（见图 2-120）。开盘价位于前一交易日最高价附近，因为前一个交易日是强势收盘，收盘价与最高价基本持平，所以此前的尾盘走势显示出股价应该维持上涨。

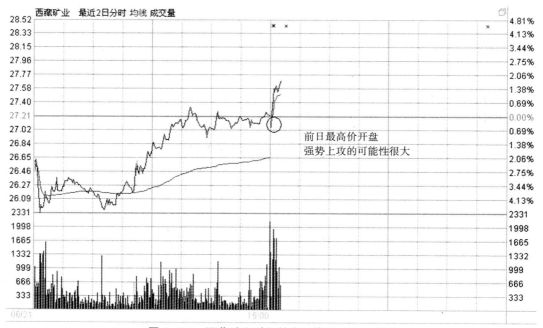

图 2-120 西藏矿业时间效应实战盘口案例（1）
资料来源：通达信，宁波钓鱼翁。

现在股价在前一交易日收盘价处起涨，而且成交量放大，表明有主力要么是拉高出货，要么是抓紧时间加仓拉升。我们这里需要注意的是前一个交易日的尾盘是一个高位横盘三角形，而且是一个明显的上升三角形，上边水平，下边斜向上。当天开盘后半小时内的股价走势相当于向上突破了此三角形的上边界，按照经典的盘口形态理论，这里应该是马上追入的。

当然，这里的前提是日 K 线上有一波能够维持至少两日的涨势，否则这里即使出现了短线买点，也不能够轻易介入。

西藏矿业开盘之后半小时内出现三波拉升（见图 2-121）。两次小幅调整，这

是典型的"一波三折"，两次调整都没有跌破均线，上升态势良好。仔细查看三波上涨，上涨时都有放量，而下跌时则是缩量，两者之间综合起来研判就会发现这是非常好的继续上涨信号，于是我们对已经持有的仓位保持乐观的看法。

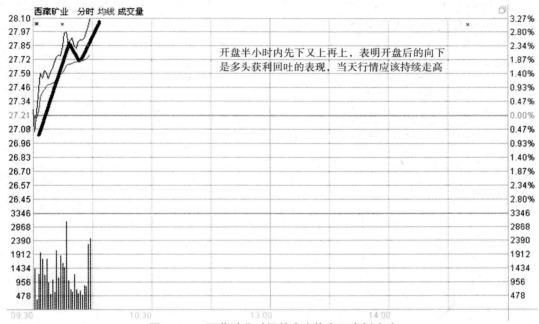

西藏矿业　分时 均线 成交量

开盘半小时内先下又上再上，表明开盘后的向下是多头获利回吐的表现，当天行情应该持续走高

图 2-121　西藏矿业时间效应实战盘口案例（2）
资料来源：通达信，宁波钓鱼翁。

为什么我们对那些上涨过程中有调整的走势这么看好呢？

第一，这类走势更接近于自然的走势，出现骗钱的可能性很小；

第二，这类走势不像是大众的最后疯狂，既然不是疯狂飙升，自然可持续性更强；

第三，按照江恩角度线理论，超过 45 度的上涨会引起股价的回调，甚至崩溃；

第四，股价适度地回调可以让抛压减轻，同时让那些先前没有机会介入的买家能够加入，这样股价上行面临的阻力会减少，而下方的支撑会增加。

综合这四点原因，我们通常较为偏好那些上涨和调整交替进行的股票。

西藏矿业开盘半小时后冲高到 28.13 元附近，此时已经上涨超过了 3%，这种涨幅是非常大的，在半个小时内出现这么大的涨幅对于一只个股而言已经是非常不错的表现了，大盘更是不太可能出现这样的短期涨幅。现在的问题是股价从高位回落了，而且反弹似乎无力，因为高点逐步走低。

此后下跌过程中，在均线处有一次微幅反弹，同时下跌的时候成交量显著缩

小，这表明主动性卖盘不积极，下跌空间不大。价跌量缩表明卖家惜售，可能是因为套牢，可能是因为看好后市，当然这并不表明后市不会下跌，因为这种下跌不是因为卖出增加而导致股价下跌，而是因为买入减少而导致股价下跌。如果买入减少是暂时性的，那么后市上涨的可能性就较大，如果买入减少是持续性的，那么后市下跌的可能性就比较大（见图 2-122）。

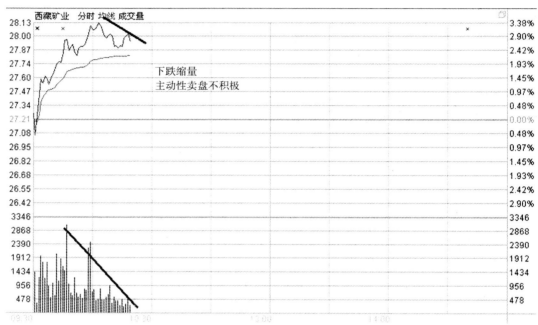

图 2-122　西藏矿业时间效应实战盘口案例（3）
资料来源：通达信，宁波钓鱼翁。

那么如何区分买入减少是暂时性的还是持续性的？这就要看此前有没有出现过价跌量增的情况。如果股价下跌而成交量增加，则表明股价下跌是由抛盘增加导致的，与需求减少关系不大，如果是这种情况接着出现价跌量缩则表明买入减少是持续性的，后市继续看跌。

在这个例子中，西藏矿业开盘后的走势中还没有出现明显的价跌量增状态，所以此时的价跌量缩状态应该是暂时的，后市看涨，只待回调完成。在这种情况下，利用调整买入反而是合理的加仓做法。

此后，股价果然在触及均线之后回升到高位附近，出现横盘整理（见图 2-123），西藏矿业维持在高位盘整，而且重心有逐步上移的迹象，这表明市场倾向于向上突破，目前正在蓄势而已。

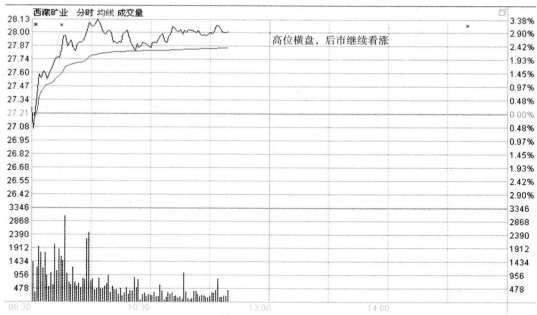

图 2-123　西藏矿业时间效应实战盘口案例（4）
资料来源：通达信，宁波钓鱼翁。

　　高位横盘一般是看涨的信号，低位横盘一般是看跌的信号。高位横盘，特别是顶着此前高点长时间横盘，表明市场在逐步消化此高点附近的卖盘，同时因为买盘强劲，所以在这么密集的卖盘打压下也没有出现显著回调。因此，高位横盘后突破向上是再正常不过的事情了。

　　这个例子就是高位横盘的典型。西藏矿业开盘半小时内逐步上攻到 28.13 元附近，然后出现小幅回落，在均线处获得支撑，然后逐步升到 28.13 元附近横盘。这个高位横盘动作一直持续了差不多半个小时，这表明买盘力量强劲，同时可以看到高位成交量不大，这表明卖盘打压的可能性并不大，使我们更加看好后市。那么，低位横盘为什么看跌呢？道理是一样的，这里补充叙述一下。当股价创出新低后反弹，但是反弹很快夭折，股价再度来到低位附近做整理，如果整理位置很贴近低点，那么势必招来很多的买盘想抄底。

　　但是，在这样强劲的买盘支撑下，如果股价仍旧不能脱离低位的话，则表明卖盘势力也很强大，否则股价不可能没有像样的回升。所以，如果股价低位长时间盘整的话，继续下跌的可能性很大。这个长时间低位盘整也不能持续太长时间，当然也不能太短。太短了说明不了卖盘的强劲，反而说明买盘强劲，太长了则表明卖盘可能已经被消化得差不多了。

那么，什么是过长，什么是过短呢？我们以日 K 线为例，超过 2 个月的低位盘整就过长了，少于三天的低位盘整就太短了，这两种情况下的盘整都不能作为看跌信号。一般而言，这种高位盘整都是比较好的买入机会，在西藏矿业这个例子中也是这样的。

到了早盘快要结束的时候，股价突然放量向上突破前期高点，成交量同步放大，这表明股价进入到了一个新的上行箱体，如图 2-124 所示。既然股价刚好进入到一个新的箱体，那么就还存在一定涨势，自然这个突破是很好的买入机会。

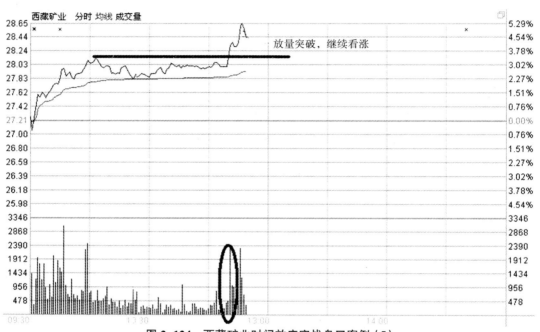

图 2-124 西藏矿业时间效应实战盘口案例（5）
资料来源：通达信，宁波钓鱼翁。

哪些突破可以追买，哪些突破不能追买？这里面存在很多关键细节。第一种情况是突破放量与否，如果适当放量表明需求扩大导致了股价的突破，这种情况下股价继续上涨的可能性就很大，如果没有放量，甚至缩量，那就要看这只股票是不是控盘很厉害的庄股了，这个要结合 K 线走势图来分析，如果不是庄股，则这样的突破更多很难持续。

当然，最难持续的一种突破是放天量突破，这种突破一般是大众热情高涨引起的，突破的时候就耗尽了多头的所有弹药，突破后自然就没法跟进了。在本例中，西藏矿业是适度放量，这表明后市上涨的可能性还是非常大的，所以这种突破是可

以跟进的。

西藏矿业在早盘快要结束前半个小时内突破了前期整理区（见图 2-125），目前再度出现了高位横盘整理，成交量相应地缩小了，这与前面那次横盘整理的情况基本上是一致的。

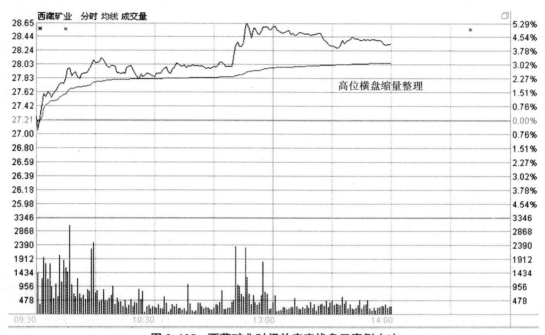

图 2-125　西藏矿业时间效应实战盘口案例（6）

资料来源：通达信，宁波钓鱼翁。

因为是高位缩量横盘整理，这表明市场卖压不重，这种顶着前期高点的盘整应该算得上是强势横盘，后市继续上涨的可能性很大，有可能是尾盘发力，也有可能是次日发力，这个关系不大。

如果前面仓位减轻，现在正是加码入市的时机。从西藏矿业这个例子可以看到股价分时走势中反复出现了一些特征，那就是整个早盘中最容易走单边的时段是开盘半小时和早盘快要结束前的半小时。

不少市场大资金都习惯于在开盘或者是收盘的时候做出战略行动，这点是大家需要铭记在心的，所以对于开盘或者收盘时的成交量异动要特别注意。

在当天交易结束之前，股价小幅回落到前期整理区域（见图 2-126）。这里需要注意的是，收盘前股价一直维持稳定状态，而且有买盘趁着收盘股价回调进场买入。尾盘时涌入的买盘表明次日继续上涨的可能性很大，因此见到这些买盘的出

现，我们就不必考虑在次日开盘时卖出这只股票，应该继续持有才是。

图 2-126　西藏矿业时间效应实战盘口案例（7）
资料来源：通达信，宁波钓鱼翁。

很多时候，我们对于收盘的重视更多是源于 K 线的属性，因为收盘价决定着当日 K 线是阳线还是阴线。但是，作为盘口炒家而言，我们不能将眼光局限于琢磨日 K 线收成阳线还是阴线，我们应该关注收盘时成交量的变化，结合股价的变化来推断主力的意图，这点非常重要。

散户盯住分时走势图看，看的是股价涨跌与持股盈亏的关系，分时走势显示的仅仅是资金盈亏，它们对于分时走势透露的盘口信息视而不见。散户见分时涨了，高兴万分，见分时跌了，失望万分。

殊不知，最高兴的时候可能是最该卖出的时候，最悲观的时候可能是最该买入的时候。

为什么我们不能够很好地把握进场时点？一是因为缺乏明确的进场规则，二是因为容易受到心理起伏的影响。所以，要想把握住分时盘口的进场时点，就必须明确进场规则，同时控制住自己的心理状态。

特发信息前一个交易日大幅震荡，但是整体上还是呈现下降趋势的，因为开盘之后出现了双顶，然后股价逐步下落，虽然中间有较大幅度的反弹，但是收盘仍旧接近全天的低点（见图 2–127）。今天，开盘向下跳空，由于是在昨天最低价附近开盘，这表明今天走势还是倾向于整体下降的。

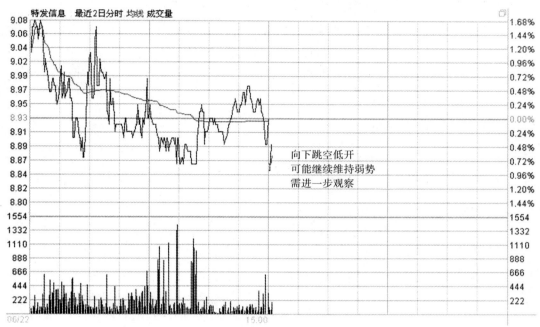

向下跳空低开
可能继续维持弱势
需进一步观察

图 2–127　特发信息时间效应实战盘口案例（1）
资料来源：通达信，宁波钓鱼翁。

　　不过，昨天的走势倾向于震荡下行，所以今天可能也是这种情况，所以我们不要盲目抢反弹。因为我们整体判断今天仍旧维持下行趋势，所以不太可能出现买入机会。不过，走势是市场走出来的，不是我们预测出来的，因此虽然我们做出了特发信息继续下跌的研判，但还是需要跟进观察，看个股此后的走势是不是支持我们的研判。如果支持我们就维持空仓，如果不支持我们就要考虑相反的结论。

　　特发信息开盘半小时内先升后降，由于开盘向下跳空，开盘临近前日低点，所以总体趋势向下。现在虽然股价有一定幅度的反弹，但是我们判断这与昨日一样，仍旧是一个震荡下行的过程而已，所以我们仍旧维持观望的态度。

　　这里有个奇特的现象，特发信息前日尾盘成交量显著缩小，今天开盘半小时股价上升成交量并没有显著放大，下跌成交量反而有放大的特征，这个现象怎么去解读呢？前日尾盘成交量缩小，表明市场参与兴趣不大，虽然股价起起伏伏，但是幅度并不大，这可能意味着个股维持盘整格局是因为市场参与人情不高，缺乏可以催化市场情绪的题材。

开盘上涨并没有什么成交量，这表明股价上涨不是由需求增加导致的，而是由供给见沙鸥导致的，也就是由市场惜售导致的，这种上涨一般很难持久。如果股价能够向上突破，创出新高，则才能表明市场可能转跌为涨了。

昨天的高点和低点应该作为我们判断趋势走向的两个参照点，当股价向上突破昨天高点的时候，趋势更可能是往上；当股价向下跌破昨天低点的时候，趋势更可能往下。今天股价向下跌破昨天的低点，但是还没有突破昨天的高点，所以趋势维持向下的可能性更大（见图 2-128）。

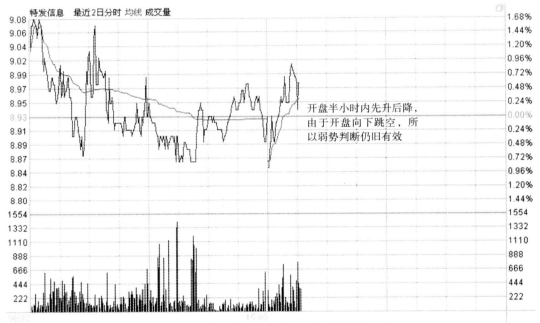

图 1-128　特发信息时间效应实战盘口案例（2）
资料来源：通达信，宁波钓鱼翁。

特发信息开盘一个半小时后股价在向上反弹的过程中形成了小双顶，然后在均线附近缠绕，之后跌破双顶颈线，这样股价又恢复到跌势中（见图 2-129）。回过头来看，股价在形成双顶的时候出现了高位显著放量，这是抛压加重的表现，很多仓位利用股价反弹在了结。

有时候我们注重价格运动的幅度，今天价格运动的幅度到目前为止就比较小，不过从开盘到现在股价向上反弹的幅度还是有 1%。前面我们已经说过了，我们观察股价运动是基于三个点，昨天的高点和低点，以及今天的开盘价，所以不能根据最近价格运动轨迹来定性趋势。

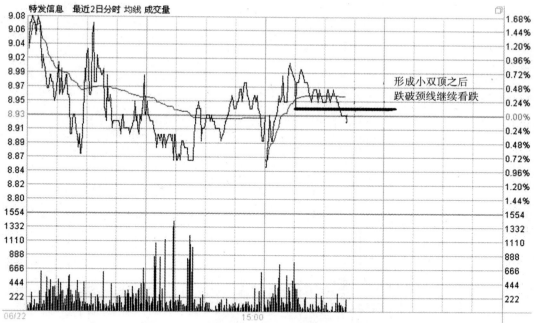

图 2-129　特发信息时间效应实战盘口案例（3）

资料来源：通达信，宁波钓鱼翁。

　　特发信息今天开盘在昨天低点附近，这是一个趋势定性信息，也就是趋势向下；特发信息开盘后就创出了新低，具体而言就是跌破了前日低点，这又是一个趋势定性信息，也就是趋势向下；特发信息到目前为止并没有突破前日高点，这是第三个趋势定性信息，也就是趋势目前还不能确定向上。

　　特发信息在早盘快要结束的时候迅速跌破了开盘时的低点，再度创出新低，这就再度确认了趋势向下（见图 2-130），现在下跌成交量没有开盘的时候大，这表明市场套牢盘很多，持仓者惜售心理很重，这种情况下跌势要真正止住很难，因为这时候卖出盘也很多，只是因为买家太少所以成交不畅而导致的。

　　股价下跌，成交量变小，这就意味着需求下降是主要原因，大家可以从供给需求模型中进行一些推动。

　　我们这里对供给需求模型进行全面的解释，第一种情况是价格上涨，成交量上升，这时需求相对增加，供给相

参考《短线法宝：神奇 N 结构盘口操作法》第二课"成交量 N 字结构"

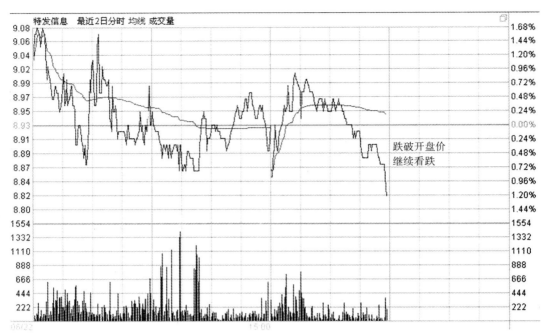

图 2-130　特发信息时间效应实战盘口案例（4）

资料来源：通达信，宁波钓鱼翁。

对不变，这种上涨具备充足的后劲，属于主动性上涨；第二种情况是价格下降，成交量上升，这时需求相对不变，供给相对增加，这种下跌具备充足的后劲，属于主动性下跌；第三种情况是价格上涨，成交量下跌，这时需求相对不变，供给减少，这种上涨后劲不足，属于被动性上涨；第四种情况是价格下降，成交量下降，这时需求相对减少，供给相对不变，这种下跌后劲不足，属于被动性上涨；第五种情况是价格不变，成交量增加，这时供给和需求都在增加，多空双方在角力，平顶会出现这种情况；第六种情况是价格不变，成交量减少，这时供给和需求都在减少，多空双方参与兴趣都不大，属于冷门股；第七种情况是价格上涨，成交量不变，这时需求增加，供给减少，典型的投机狂热阶段；第八种情况是价格下跌，成交量不变，这时需求减少，供给增加，这是典型的下跌阶段。

　　特发信息创出新低之后形成一个整理小三角，具体而言是一个下跌三角，也就是上边斜向下，而下边水平的三角，这种三角一般被认为向下跌破的概率更大（见图 2-131）。三角形对应的成交量缩小。另外，三角形本身可以近似地理解为价格维持在一个水平上，也就是相当于价格不变。

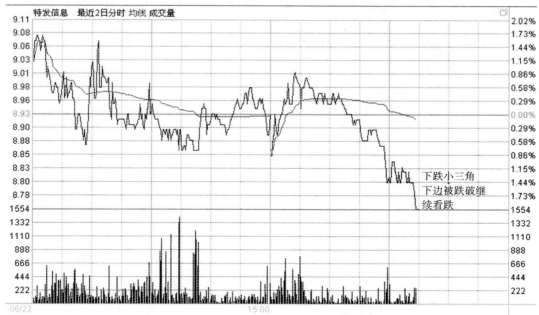

图 2-131 特发信息时间效应实战盘口案例（5）

资料来源：通达信，宁波钓鱼翁。

大家运用前面介绍的供求模型来理解这个问题，想一下"价格不变，成交量缩小"意味着什么呢？这是供给和需求都在减少，多空双方此时参与兴趣都不大。然后，随着股价放量跌破三角形下边界，股价打开了进一步下跌的空间。

现在将昨天到目前为止的走势结合起来看，可以发现股价的重心在逐步下移，这点很关键，因为早上的反弹有点让我们在趋势判断上迷惑，现在明显的向下破位则有助于我们重新明确趋势。这里要告诉大家一个盘口分析中的重要习惯，我们要在关注当下走势的同时，坚持将当下走势与此前走势结合起来看，这样就不会迷失于局部。

特发信息跌破了三角形之后，有大卖单追卖，股价继续下跌，下跌趋势非常显著（见图 2-132）。昨天的震荡下跌和今天早上大盘的迅速反弹让我们对下降趋势的强度抱有谨慎的态度，当不断创出新低时，我们就对下跌改为坚定的态度了。

不过，无论如何我们都是看跌的，至少我们认为这不是适合进场的时机和位置。特发信息昨天午盘的走势和今天早盘的走势结合起来看似乎是一个箱体。今天午盘开始跌破此箱体的下边界，这表明了整理结束了，下跌趋势继续维持。

特发信息在大幅下跌之后出现了反弹，但是成交量却缩小了，这是缩量反弹（见图 2-133）。股价上升，成交量缩小，这表明股价上升是由卖出力量减弱导致的，而不是由需求力量增强导致的，这属于被动性上升，后劲不足，可以预计明天股价将继续下跌趋势，至少不会转而发动上升走势，最多是反弹。

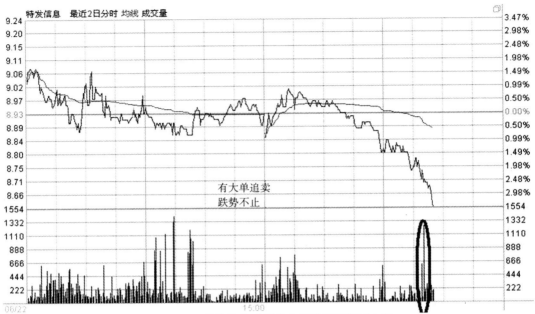

图 2-132 特发信息时间效应实战盘口案例（6）

资料来源：通达信，宁波钓鱼翁。

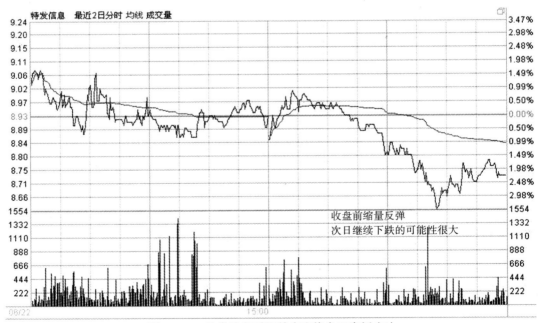

图 2-133 特发信息时间效应实战盘口案例（7）

资料来源：通达信，宁波钓鱼翁。

尾盘升高并没有成交量放大配合，表明主力并没有介入，这是从主力动向的角度进行分析，既然主力都没有什么兴趣，那么这只股票的走势往往就取决于散户的态度了，而散户的态度是最不稳定的，这就决定了行情发展的不可持续性。这里需要区分一下散户和主力操作思维上的差别，主力倾向于坚持较长期观点，会提前布局，提前出场，散户倾向于坚持较短期观点，一般等待价格趋势明显之后才进场操作，出场则要等待价格趋势完全转变后考虑，而且往往选择持仓深套，等待股价自己涨回来。

散户有一个非常有害的心理倾向，这就是有点小赚就忍不住要卖出去，所谓的"落袋为安"，这样散户就绝不会赚到丰厚的利润了，因为最大利润被散户限制住了。还有就是散户的股票越亏就越捂住不出，亏得越厉害，套得越深，散户就越不愿意停损，大多数时候股票还真会回来，但是一旦遇到持续下跌就会亏得血本无归，这样散户一亏就亏得很大。

上述这种心理倾向使散户往往赚小钱亏大钱。我们要想超越绝大多数散户，就必须将这个心理习惯反过来，要做到赚大钱亏小钱，这样就能做到"截短亏损，让利润奔跑"。

宜华地产前一个交易日呈现了收缩三角形，这表明市场进入了方向决策期，今天开盘股价向下跳空，这好像是一个市场方向决策信号，股价启动了向下突破（见图2-134）。一般人喜欢讲什么西方技术形态，而且习惯于在日K线走势上运用，

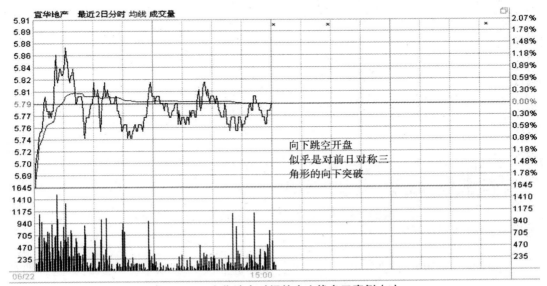

图2-134　宜华地产时间效应实战盘口案例（1）

资料来源：通达信，宁波钓鱼翁。

287

最多在日内分时走势上运用，殊不知开盘的价格走势也能结合此前的分时走势来分析形态，比如宜华地产这个实例。

既然宜华地产的股价走势语言告诉我们股价选择了向下的运动趋势，这就使我们只能采取观望态度，而不能贸然进场买入。不能因为手中握有资金就贸然入场，这点绝不符合短线炒家的行为规则，盘口语言告诉我们做什么就做什么，没有告诉我们的就不要去做，这就是顺势而为。

所谓的"势"就是盘口语言透露的大方向。经常亏钱的股民有两个特点：一个是经常做市场还没有告诉他的事情，另一个是总是让自己的手头没有现金，没有弹药。

宜华地产想要回补向下跳空缺口，但是没有完全成功，然后转而下跌，创出新高（见图 2-135）。开盘向上回补缺口的时候，成交量并没有显著放大，而股价下跌的时候，成交量显著放大了，这表明股价回升是由卖出数量减少导致的，而不是由买入数量增加导致的，这种股价上升是被动性的，缺乏后劲。

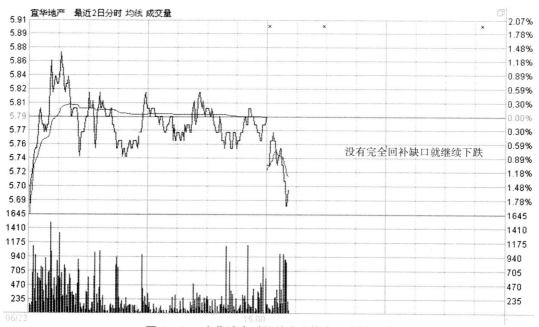

图 2-135 宜华地产时间效应实战盘口案例（2）
资料来源：通达信，宁波钓鱼翁。

股价下跌是由卖出数量增加导致的，而不是由需求数量下降导致的，这种股价下降是主动性的，有很强的后劲，后市继续看跌，我们只能继续观望，看看后市有

没有可以买入的机会，毕竟现在股价在前日最低价附近，可能存在大幅回升的可能性。

　　宜华地产果然跌倒前日低点附近出现了双底，股价突破颈线向上，美中不足的地方是成交量没有放大（见图 2-136）。前日低点算得上一个重要的支撑水平，而双底也是一个较强势的筑底形态，只是欠缺量能的配合，所以我们决定轻仓买入这只股票。看看有没有机会，如果此后的行情再创新低，那么我们就要考虑明天开盘卖出，如果此后行情继续上升，则我们考虑继续持仓或者是卖出。

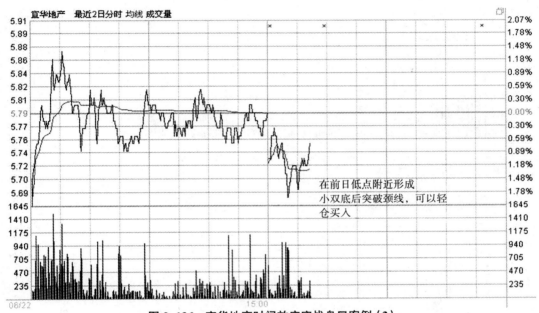

图 2-136　宜华地产时间效应实战盘口案例（3）

资料来源：通达信，宁波钓鱼翁。

　　宜华地产反弹到昨日收盘附近受阻，在这个关键阻力附近形成了小型的头肩顶，然后跌破颈线向下，最终跌到前期低点附近获得支撑（见图 2-137），这种情况下我们只能继续观察，看看行情到底是跌破现在的低点，还是此前的高点。

　　如果维持在今日现有波动幅度之内，则只能算作新的一轮震荡开始，这点是我们需要注意的。我们关注一下宜华地产昨天和今天的波形，可以发现走势褶皱很多，感觉不够平滑流畅，由此推断市场参与热情并不高，走势倾向于震荡。

　　我们轻仓买入之后，宜华地产继续上涨，先是突破了今天的高点和昨天的收盘价，接着股价抵达昨天的最高价附近（见图 2-138）。股价上升的时候伴随着成交量的显著放大，这表明需求增加是导致这波上涨的主要原因。现在股价正处于关键

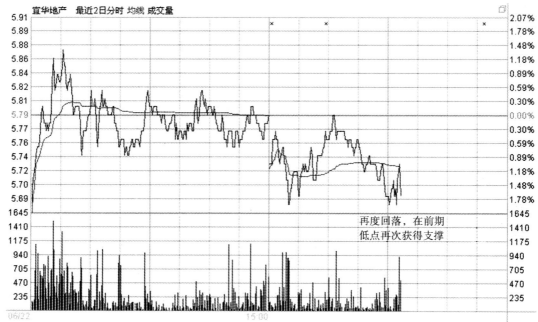

图 2-137　宜华地产时间效应实战盘口案例（4）

资料来源：通达信，宁波钓鱼翁。

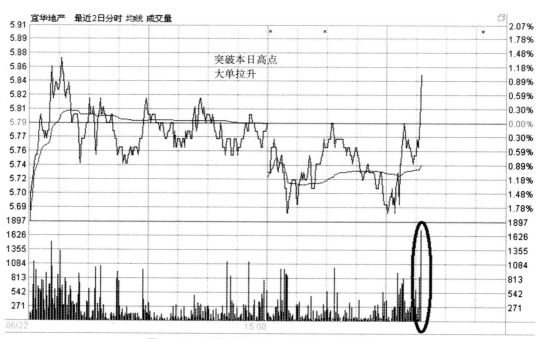

图 2-138　宜华地产时间效应实战盘口案例（5）

资料来源：通达信，宁波钓鱼翁。

阻力位置附近，能否打开上涨空间，就看当下的表现了。有很多散户对于我们这种着重当下走势的思维很不理解，他们认为缺乏预测性，感觉我们是"墙头草"。其实，我们对市场未来怎么走会做出一些预测，但是这只是走势预测而已，并不是市场真的会这么走，所以我们会密切关注市场的走势，看看当下市场走势有没有验证此前我们的观点和判断，以真实走势作为最终的裁判而不是以我们先前的观点。当然，我们不可能等待市场完全完成之后才以"马后炮"的方式来认识市场，我们需要根据当下的走势和此前的走势来进一步推断未来的走势，根据当下的走势来验证此前的判断。

宜华地产的涨势在延续着，现在继续放量突破了前一交易日的最高点，这表明上涨空间打开了，就看股价能不能稳定在前一个交易日的高点之上（见图 2-139）。整个上涨走势与开盘时缩量回补完全不同，这波涨势的放量是持续而显著的，超过了昨天开盘时的放量，这表明市场参与热情提高了，这可能是震荡走势转化为单边走势的一个要素。

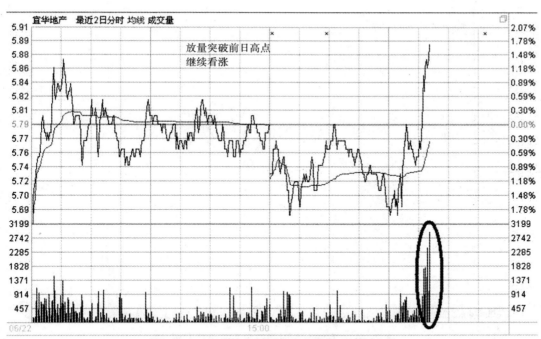

图 2-139　宜华地产时间效应实战盘口案例（6）

资料来源：通达信，宁波钓鱼翁。

这里深入介绍一下震荡走势转变为单边走势时的一些特征，如果你能掌握这些特征，那么你就能在短线操作技术上有了非常大的提高。

第一个特征是成交量的变化，一般而言震荡走势的平均成交量逊于单边走势的平均成交量，宜华地产的这次研判我们就用到了这个知识点。

第二个特征是震荡走势的波动幅度很小，日内波幅在 1.5% 以内，而单边走势的波动幅度则超过了 1.5%，所以当股价近日整体波动幅度在 1.5% 以内我们断定是震荡走势，如果波动幅度超过 1.5% 则可能是单边。

第三个特征是波形，震荡走势的波形褶皱很多，曲曲折折，跌跌撞撞，拉升急促陡直，单边走势的波形流畅平滑，走势中推动和调整交替进行，突破高点和跌破低点时波段有一定调整，不容易出现急拉的情况。

宜华地产现在基本远离了昨天和今天早盘的横盘区域，现在单边走势的迹象愈加明显，成交量显著增加，单边走势基本确认（见图 2-140）。我们此前买入的单子现在盈利已经比较丰厚了，只是仓位轻了些，不过也是由当时对行情没有太大把握导致的。把握大，我们就建立较重的仓位；把握小，我们就建立较轻的仓位；没有把握，我们就不建立仓位。这其实也是一个概率思想在短线操盘中的运用而已。

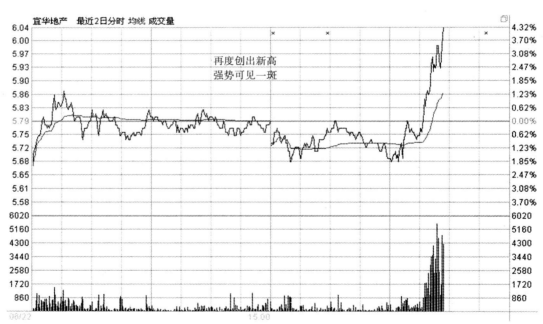

图 2-140　宜华地产时间效应实战盘口案例（7）

资料来源：通达信，宁波钓鱼翁。

在短线操盘上我们一定要坚持概率性思维，也就是说在不确定性中寻找相对的确定性，所以我们不会坚持一己之见而不顾盘口语言，同时我们也不会将市场看成

是绝对不确定的，这样我们就不会对持仓方向采取无所谓的态度，我们也不会采取赌博的态度来对待持仓。

概率性思维具体而言就是在不确定性中寻找相对的确定性，既然市场具有不确定性，那么我们就应该随时做好最坏打算，而又由于市场具有相对确定性，所以我们可以通过识别一些大概率事件来获利。说白了，短线操作就是在大概率事件中获利，同时防止在小概率事件中折戟！

宜华地产现在一直维持在均线之上，前期那些窄幅整理区域相对于现在的升势已显得微不足道（见图 2-141）。临近收盘时，股价在半小时的整理之后继续拉升，创出新高，成交量显著放大，由于是在高位收盘，而且尾盘拉升并不生硬，所以明天继续上涨的可能性很大，如果明天继续维持升势，那么我们会择机考虑加仓，这就是顺势加仓了。

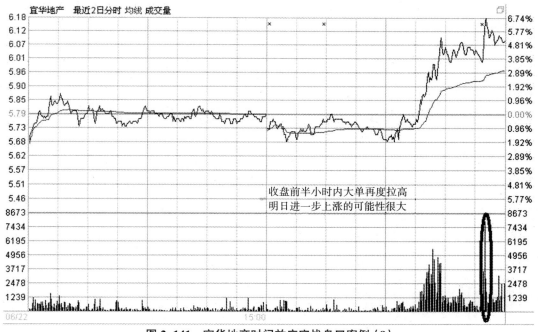

图 2-141　宜华地产时间效应实战盘口案例（8）

资料来源：通达信，宁波钓鱼翁。

如果说短线炒家有什么可以暴利的途径，我认为就是四个字——"顺势加仓"，这四个字可以分为两个部分来看待。

第一部分是"顺势"，顺势就要确认个股趋势，然后要顺着这个趋势去操作，如果趋势分析能力上不去的话，就会输多赢少，输大赢小。

第二部分是"加仓"，如果不能在一段趋势走势上加仓，则赚不了什么大钱，特别是像期货这类杠杆交易产品。股票还好一点，毕竟股票不能利用浮动盈利来增加头寸，而期货则可以，相当于利滚利。

好了，大家一定要记住这四个字，这是短线炒家想要暴利的秘诀，相当于技术交易界的《葵花宝典》。如果你能够将这四个字在可转债和期货上恰当运用，将很容易成为超级盘口交易者中的一员。

盘口内经和枢纽

生活坏到一定程度就会好起来，因为它无法更坏。努力过后，才知道许多事情，坚持坚持就过来了。不管前方的路有多苦，只要走的方向正确，不管多么崎岖不平，都比站在原地更接近幸福。

——宫崎骏

人人看好的就要小心高开低走。高开就死掉，低开下探则是机会。高开的话，大家拼命地抢，结果主力就顺势出货了。你不给别人上车的机会，别人就会放弃，高位的就会套。只有换手才能走出来。

——榜中榜

临盘操作多是看盘面给出的正负反馈抉择，俗称盘感。那我的盘感是怎么来的呢？我盘中 4 个小时会盯着每一笔短线异动，每一个涨幅榜，我说的是每一笔、每一个！然后观察其中的联动。很多人操作完了，或者做不顺了就倒头大睡、聊天、看电影、打游戏，我不会，哪怕当天大面，我也会抑制情绪把盘面看完。

——Bike770（车神）

职业盯盘的话，玩短线，需要关注那些数据，软件界面怎么设置比较好？热门板块、涨跌幅榜、异动精灵、成交排行、指数走势、自选股。当许多散户朋友对着 K 线图在研究某种技术可能会让股票涨多高而不去关注市场含义时，我知道他们都在浪费时间。形态第一还是题材第一？我想大部分时候是题材吧，就像先有鸡还是先有蛋的问题。

——邱宝裕（A 神）

第一节　超预期之弱转强

个股强势有两种：第一种是横截面动量体现出的强势，强于大盘，强于板块，强于其他个股，这是横向的强；第二种则是时序列动量体现出来的强势，强于过去，强于预期，这就是所谓的超预期，预期差的一种。有些个股开盘很强，这是一种绝对静止观点下的强势，但并未超预期，并没有预期差，因此并无超额利润来源，不符合我们很早之前提出的"盲点即利润"的原理。

只根据动量，只根据弱转强，是否就能找出有次日有溢价的个股呢？

市场上存在一种"弱转强"模式，比如人气股下跌后反包或者吞没上涨，这就是一种预期差，或者说超预期的情况。因此，绝对的弱并不可怕，是否能够好于预期才是关键。不过，弱转强后能够持续多久，上涨幅度有多大还取决于情绪周期阶段，这就是"乘势"。

爆量弱转强，并不是放之四海而皆准的买入模式，这只是一个结构，存在预期差的结构，背后的驱动逻辑是什么？题材性质是什么？支不支持续走强？最重要的是周期阶段是什么？支不支持弱转强？爆量反包，这只是一个结构形态，关键还得看指数周期和情绪周期提供了什么样的生态。能不能"格局一下"，还要看格局！题材投机的最大本事还在于对周期阶段和情绪氛围的识别与利用。周期下行和亏钱效应主导时频繁重仓出手，接连遭受重创，等到周期上行和赚钱效应主导时反而又本金缩水又胆小怕亏了。一句话，不识时务！"**时务**"两个字真的是一针见血，鞭辟入里！

在股票市场当中，当大众的预期高度一致时，行情往往反向运动，特别是盘面与高度一致的舆情反向运动时，机会是非常大的，这就是**盘面与共识预期的背离**，也就是一种预期差，盘面超预期或者盘面不及预期。

第一种盘面和共识预期的背离是超预期，共识预期非常悲观，但是盘面比较强，比如呈现出弱转强的走势。

龙头股往往也是在不断地从预期差中走出来的。首板就看出龙头股的概率非常低，即便看出来也可能是买不到的一字连板上去。龙头股刚开始的时候往往并不起眼，换手上去的龙头在开始的时候没有几个人认定它是龙头，这就是分歧，这就是预期差。

但是，它在板块分歧退潮或者大盘环境弱势的时候非常抗压，一次次在分歧中弱转强，这就是超预期，这就是预期差。通常而言，个股都会受到大盘走势的影响，这就是一种预期。但当大盘分时走势弱的时候，个股分时走势仍旧比较强，这就是一种预期差，超预期了。

预期差也可以用在板块研判上，比如你判断某个板块应该走弱，而这个时候出了一个利多消息。基准预期就是板块会因为这个利多消息而走强，但实际走势呢？板块仍旧维持弱势，对利好没有任何正面反应，这就是预期差，板块是真的弱。

各种财经媒体，无论是专家媒体还是自媒体，多少都会给出一些个股和板块的建议和看法，特别是一些较具代表性的共识观点，深挖背后的逻辑和心理经常可以获得一些预期差。观点的核心逻辑是什么？其根本前提是什么？证据上是否偏颇，存在选择性偏差？逻辑条链是否存在硬伤？大众逻辑的漏洞往往会为我们提供机会，这就是预期差或者说大众盲点带来的超额利润。

如果只是被动地全盘接受他人的逻辑和结论，那么我们就很容易被市场催眠，被共识预期牵着鼻子走，在高度一致的时候买在顶部卖在底部。

大多数交易者注意力集中在个股技术走势上，如果你能够横向扩展开来，同时关注板块走势，那么就很容易看到大多数人看不到的东西，更能看透一些题材和热点，这

除根据日线上的动量观察板块外，还可以根据早盘集合竞价进行确认。

就是利用了**预期差**。

能够在第一时间发现热点，也能利用预期差盈利，如何做到这一点呢？

第一，跟踪涨幅榜和异动榜，寻找背后的共同逻辑和题材。

第二，政策面的重大新变化往往会被市场反复炒作，其持续时间往往超过散户的预期，这是 A 股的特色之一。

逻辑上的预期差来自对题材和热点的超人发掘能力。

周期上的预期差来自对指数和情绪的超人发掘能力。

空间上什么个股和板块能够爆发取决于逻辑，时间上的持续性则取决于周期。当然，题材性质对于持续性也有影响。

我们关注的预期差主要是超预期，股票交易中主要有三类基于超预期原理的策略：

第一类策略是困境反转，困境造成了悲观的共识预期，这种惯性预期使大众忽略了即将到来，或者已经到来的反转迹象。

第二类策略是净利润断层，在业绩或者题材的刺激下，个股跳空高走并且能够在缺口上方维持强势盘整，这属于一种超预期交易策略。

上述两类超预期策略，我们会在本系列教程的后续专著中展开，本节着重讲解第三类策略，在集合竞价阶段我们提到过这一策略。

第三类策略是"弱转强"，这是短线投机客经常会听到或者采用的投机策略，但也是被误解和误用得最多的短线交易策略之一。下面两节，我们会重点讲解弱转强以及与之相关的"烂板"。

预期差有两种具体的情况：第一种情况是不及预期，这是卖点；第二种情况是超预期，强更强是超预期，弱转强也是超预期。但是，强更强不好把握和运用，搞不好就是"一致加速赶顶"，自以为买在强势超预期上，实际上是

"假"就是超预期。

坐上了最后一班车。弱转强相对更好把握一些，这也是最为常见和实用的超预期。

在之前的章节当中，我们也常常提到"弱转强"。更准确地讲，这个"转"应该是"显现"的意思，"弱"并非真弱，而是假弱，表面弱，本质还是强的，只不过这个"强"从内藏状态走向了表象。

"弱转强"的实质是"假弱转真强"，而不是"真弱转真强"。这个市场上真正弱的个股，我们做短线投机的是不会去操作的，除非是"假弱"。

"假弱"容易被误认为"真弱"，这就是预期差、大众的盲点、超额利润的源泉、对手盘的非理性。

"假弱"显现为"真强"，就超乎了绝大多数人的预期。这就好比价值投资，只有少数人能够识别"戴维斯双杀"提供的机会，公司基本面不行，估值不行，是暂时的困境，还是逻辑增长或逻辑崩塌了，是"假弱"还是"真弱"？如果是"假弱"，那就是买入机会，因为存在预期差，因为超预期，后面转强上涨的概率和幅度就会很大。这也是大众忽略的重要机会。

就题材投机而言，什么是"真弱"，什么是"假弱"呢？

"真弱"，就是个股缺乏驱动力、缺乏题材、缺乏逻辑，这个可以通过诸如"净利润断层"、热门板块排序等指标来把握；缺乏人气，缺乏资金关注；技术走势上弱于板块，弱于大盘，这可以通过诸如横截面动量和时序动量来衡量，比如现在常用的 RPS 和 KD 指标。

"真弱"的个股应该是一来就通过上述指标排除掉的，剩下来的就是"假弱"和"真强"了。"真强"的个股表现得很明显，也可以通过简单的技术手段确认，相当于"明牌"，因此不存在预期差和超预期的太多机会。

那么，什么是"假弱"呢？具体有哪些类型呢？

"假弱"就是有些强的苗头，但体现为"弱"，最终是不是"假弱"，往往还需要从逻辑、周期和结构等维度综合分析，这就需要关注驱动面、心理面和行为面的要素了，最为核心的确认手段是观察次日集合竞价和早盘的表现是否强于预期。

第二个问题是"假弱"的具体类型有三种：

第一种是炸板，这是最弱的类型，就是盘中曾经触及涨停，但是尾盘没有封住涨停。在通达信软件当中，分别有一个板块和指数叫"昨曾涨停"（见图 3-1），你可以直接从这一板块寻找"假弱"个股。东方财富通软分别有一个类似的板块和指数叫"昨日触板"（见图 3-2 和图 3-3）。

图 3-1 "昨曾涨停"指数

资料来源：通达信，DINA。

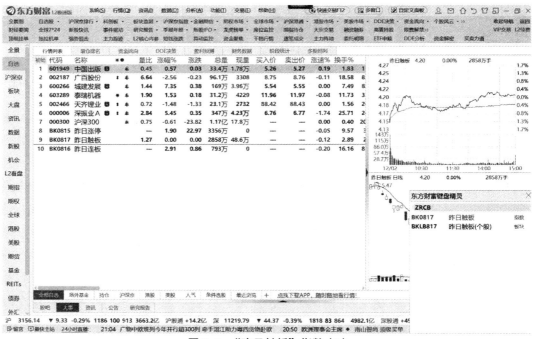

图 3-2 "昨日触板"指数（1）

资料来源：东方财富，DINA。

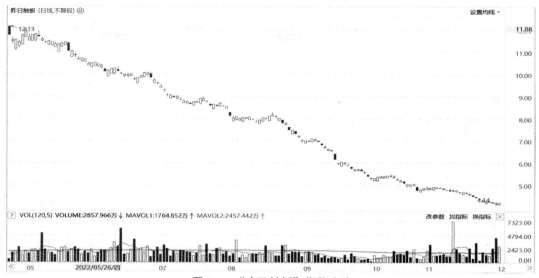

图 3-3 "昨日触板"指数（2）

资料来源：东方财富，DINA。

　　第二种类型是烂板，收盘封板，但是盘中曾经开过板，**换手龙妖与此类型关系密切**。烂板容易形成"大长腿"，也就是下影线很长的 K 线，比如 2022 年 12 月 1 日安奈儿出现烂板（见图 3-4 和图 3-5）、2022 年 11 月 29 日和 30 日深振业 A 烂板

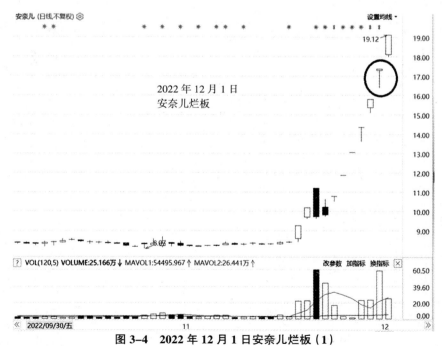

图 3-4 2022 年 12 月 1 日安奈儿烂板（1）

资料来源：通达信，DINA。

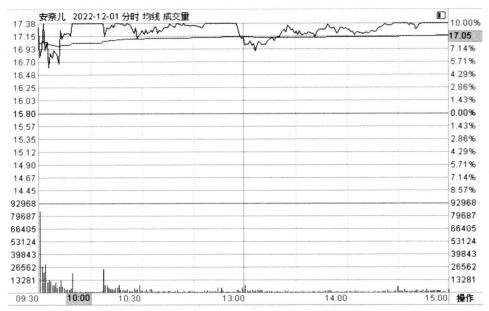

图 3-5　2022 年 12 月 1 日安奈儿烂板（2）

资料来源：通达信，DINA。

（见图 3-6、图 3-7 和图 3-8）。我们会在之后的一个小节专门介绍烂板与捕捉妖股的相关知识和技巧。

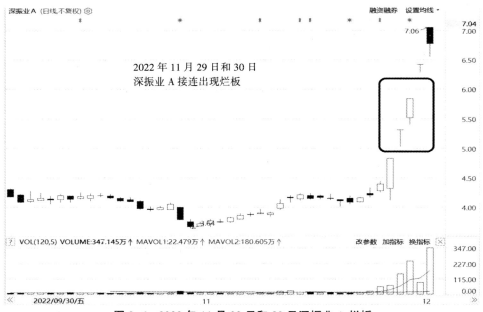

图 3-6　2022 年 11 月 29 日和 30 日深振业 A 烂板

资料来源：通达信，DINA。

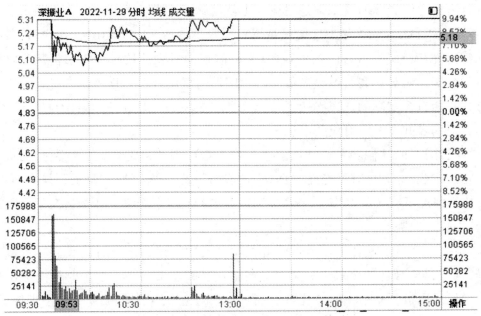

图 3-7 2022 年 11 月 29 日深振业 A 烂板

资料来源：通达信，DINA。

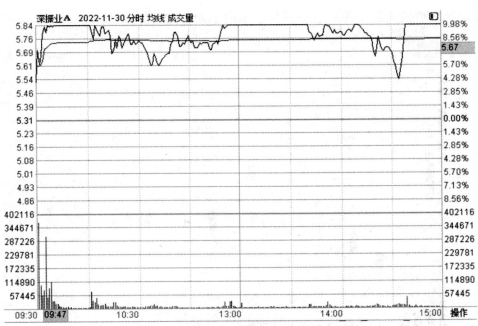

图 3-8 2022 年 11 月 30 日深振业 A 烂板

资料来源：通达信，DINA。

第三种"假弱"的典型则是尾板，也就是临近尾盘快要结束一天交易的时候才涨停，比如 2022 年 12 月 1 日英飞拓尾板（见图 3-9 和图 3-10）、2022 年 12 月 1 日深深房尾板（见图 3-11 和图 3-12）。以前不少炒股的技术分析书籍认为这是主力节省弹药，尾盘偷袭，做收盘价和技术图形的惯用伎俩。这种认知是刻舟求剑的观点，更为符合实际的认识必然要结合大盘和板块的情况进行。尾板与地天板关系密切，但两者并非一一对应关系。

"弱转强"的"假弱"通常以上述三种类型出现，但是炸板、烂板和尾板却并不一定是"假弱"，也有可能是"真弱"。**"假弱"是龙兴之地，"真弱"是大面之源。**

什么情况下很大的概率是"假弱"呢？或者换一个问法：什么情况下可以运用"弱转强战法"呢？

"假弱"容易出现在大盘冰点或者板块分歧的时候，这个时候我们就可以利用"弱转强"操作合适的个股。如果大盘或板块当天非常强势，这个时候个股出现炸板、烂板和尾板，就是一种"真弱"，个股跟风上涨的可能性极大，属于板块后排。即便在大盘和板块这么强势的时候，也没能涨停。

什么是"真弱"呢？可以从周期和横截面动量去确认，大盘和板块都很强，个股却炸板、烂板或者尾板，这个时候就不能去期待"弱转强"了，当然也不能按照

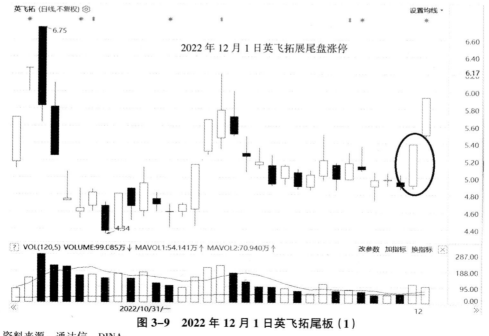

图 3-9　2022 年 12 月 1 日英飞拓尾板（1）

资料来源：通达信，DINA。

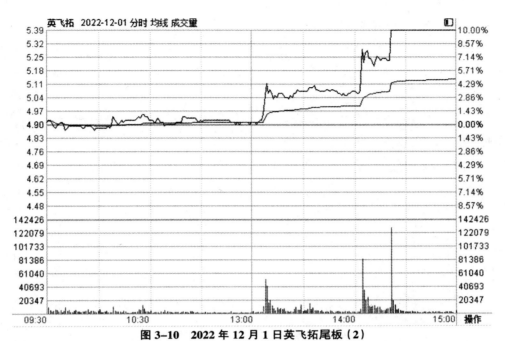

图 3-10 2022 年 12 月 1 日英飞拓尾板（2）

资料来源：通达信，DINA。

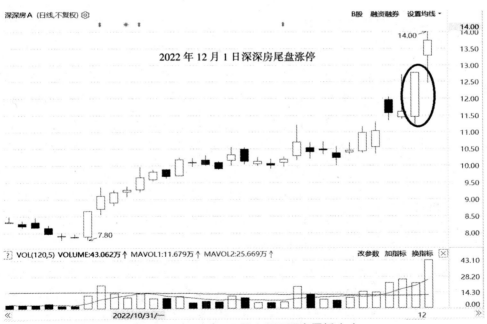

图 3-11 2022 年 12 月 1 日深深房尾板（1）

资料来源：通达信，DINA。

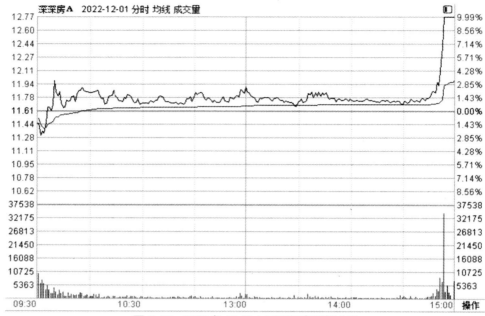

图 3-12 2022 年 12 月 1 日深深房尾板（2）

资料来源：通达信，DINA。

"弱转强战法"去操作。

什么是"假弱"呢？大盘当日暴跌，上涨家数低于 1500 家或者是热门板块爆发后出现分歧，许多个股开板，暴跌。甚至是大盘冰点叠加板块分歧。在这种环境不利的情况下，某只个股虽然也跟随下跌，出现炸板、烂板或者尾盘涨停等情况，但是比大多数个股都强，**这就是"绝对的弱"，但是"相对的强"**，也就是我们反复强调的"假弱"。

为什么"龙妖"容易在大盘冰点日或者板块分歧日兴起呢？而且往往以烂板的形式出现呢？其实，原因不外乎上面讲的这些。

"弱转强"的"弱"是"假弱"，"绝对弱"的外表下隐藏着"相对强"。"弱转强"的"强"是"绝对的强"。

因此，如果将"弱转强"展开来讲，就是"绝对的弱"（"相对的强"）转变成"绝对的强"，这就是超越当初的预期了，简称"超预期"。

"绝对的弱"形成了一个大众预期，预期次日延续弱势。

分歧日和冰点日尾盘买入核心标的是我们在第一课讲授的内容，你能与现在的课程结合起来吗？

"转强"则是超过了大众预期，形成一个实际走势与大众预期之间的差值，这就是预期差，更准确地讲是"超预期"。

那么，如何尽快准确地发现"转强"或者说"超预期"的征兆呢？

集合竞价是一个很好的观察和验证窗口。竞价幅度和竞价量是两个观察维度。

等待验证的"假弱"这天**必须出现在冰点日或者分歧日，两者叠加的冰点分歧日则更好，这是周期上的前置要求**。"假弱"肯定是**热门板块或者人气题材当中的个股，这是逻辑上的前置要求**。"假弱"**通常以炸板、烂板或者尾板的形式出现，这是结构上的前置要求**。次日，我们要观察备选的"假弱"股，是否出现"转强"的征兆。

次日观察的窗口有两个：第一个是集合竞价阶段，如果个股在这个阶段转强，则简称为"竞价弱转强"；第二个是盘中阶段，如果个股在做这个阶段转强，则简称为"盘中弱转强"。

先讲结合集合竞价这个观察和验证"转强"的阶段。开盘前的集合竞价阶段是重要的窗口，观察和验证的维度有两个，第一个是竞价幅度，**要求至少在−3%以上**，最好开盘价在前期高点之上，也就是开盘即突破近期阻力。

上述标准只是一个比较机械的阈值，适合初学者上手。灵活地从具体实际出发考察，则需要考虑预期差问题。竞价弱转强的准确定义应该是超出预期的开盘幅度，比如原本预期低开，但实际上却平开，甚至高开。

来看第一个例子，比如2022年11月22日，安奈儿炸板，天量收大阴线（见图3-13和图3-14），次日即11月23日集合竞价却高开超过了5%，这就是超预期了（见图3-15），这就是"竞价弱转强"（见图3-16），此后该股一路飙升。

第二个例子是2022年11月24日的中交地产，当天烂板了（见图3-17和图3-18）。次日集合竞价高开超过了3%（见图3-19），超预期，竞价弱转强（见图3-20）。此后该股一路飙升。

第二个维度是竞价量，要爆量。经验法则是竞价成交量在"假弱日"成交量的1/10以上。"假弱日"往往是高换手率日，分歧严重，当天肯定要消化这些浮筹，没有足够的量意味着大资金没有表态，弱转强容易失败。

但是，竞价爆量从来都是一把双刃剑，爆量说明盘面活跃，主力参与度深，能不能真正成为弱转强，还需要天时地利人和，先手愿不愿意锁仓，后手愿不愿意接力，这些不能只通过竞价环节把握，必须考虑格局下的指数周期和情绪周期。同时，"假弱"的标的必须是人气股，关注度高，本质上是"强势股"，千万不要在那

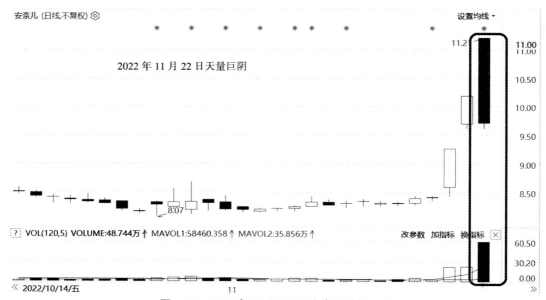

图 3-13　2022 年 11 月 22 日安奈儿炸板（1）

资料来源：通达信，DINA。

图 3-14　2022 年 11 月 22 日安奈儿炸板（2）

资料来源：通达信，DINA。

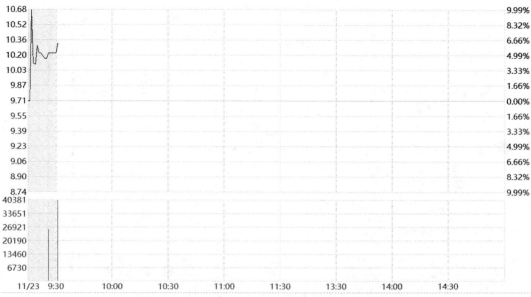

图 3-15　2022 年 11 月 23 日安奈儿集合竞价高开

资料来源：通达信，DINA。

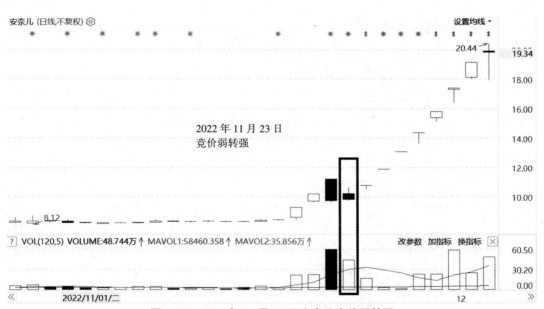

图 3-16　2022 年 11 月 23 日安奈儿竞价弱转强

资料来源：通达信，DINA。

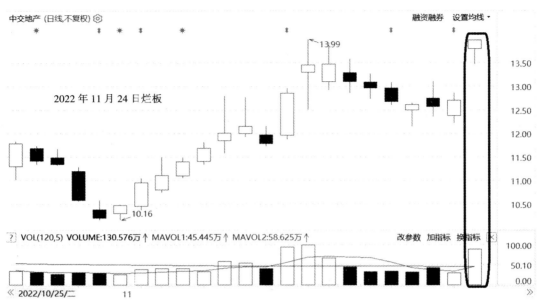

图 3–17　2022 年 11 月 24 日中交地产烂板（1）

资料来源：通达信，DINA。

图 3–18　2022 年 11 月 24 日中交地产烂板（2）

资料来源：通达信，DINA。

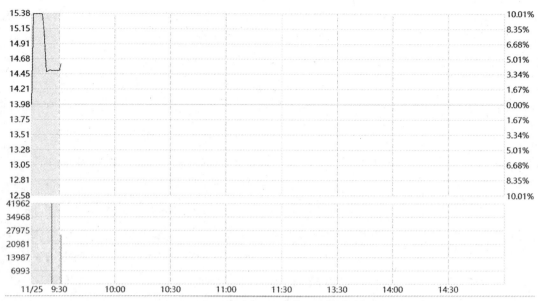

图 3-19　2022 年 11 月 25 日中交地产竞价弱转强（1）

资料来源：通达信，DINA。

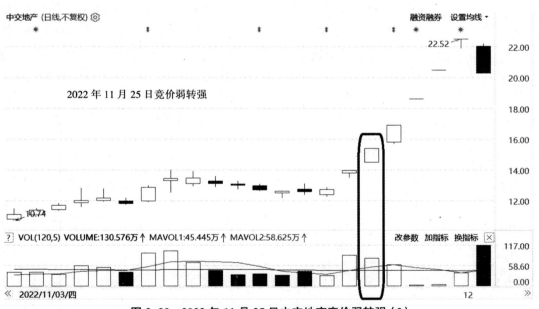

图 3-20　2022 年 11 月 25 日中交地产竞价弱转强（2）

资料来源：通达信，DINA。

些一天振幅不到 5%的个股上耗时间，找弱转强。弱转强的机会必须在人气标的上去寻找。

上面是从集合竞价和成交量两个维度讲了需要观察的弱转强要点，还可以进一步结合"假弱"的三种类型再详细展开，让判断和操作标准更加具体一点。

第一种类型是炸板的竞价弱转强判断。炸板就是曾经涨停或者说曾经触及涨停板的情况。次日竞价时，达到什么标准意味着炸板弱转强了？开盘在昨天收盘价之上，甚至还可以要求价格开到或者涨到昨天涨停价之上。

我们来看几个具体的实例以帮助理解。

2022 年 12 月 5 日朗玛信息出现了炸板走势（见图 3-21 和图 3-22），早盘短暂涨停之后，20CM 的涨停没有封住，整天都处于震荡走势，显得弱势。次日，也就是 12 月 6 日，看盘跳空到昨日收盘价之上，这就是"竞价弱转强"的标志之一（见图 3-23）。在其他因素符合的情况下，这就是一个买入信号。还有两个可以采纳的观察基准：第一个基准要更宽松些，也就是开盘在昨日收盘价之下，不低于 -3% 的幅度，这个时候可以等待价格在 9：35 快速向上升破昨日收盘价，这也是一种比较常见的炸板弱转强信号；

当日开盘价与前一日收盘价的关系，其实体现了"现实修正预期"的原理。无论是股市，还是汇市或者期市，收盘价都体现了短期预期。

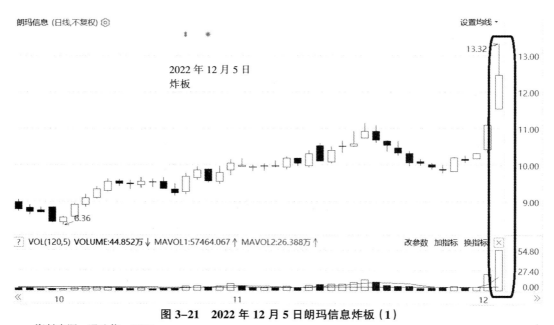

图 3-21　2022 年 12 月 5 日朗玛信息炸板（1）

资料来源：通达信，DINA。

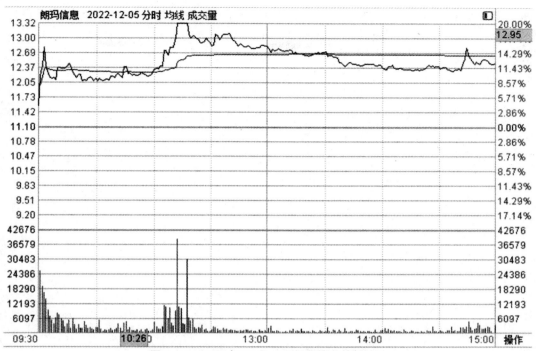

图 3-22　2022 年 12 月 5 日朗玛信息炸板（2）

资料来源：通达信，DINA。

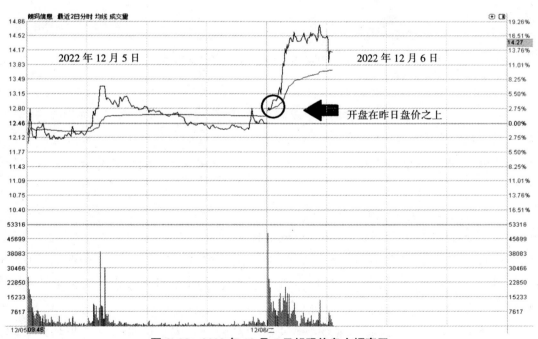

图 3-23　2022 年 12 月 5 日朗玛信息小幅高开

资料来源：通达信，DINA。

第二个基准则要求更高一些，需要价格开在或者升破前日最高价，也就是前日涨停价，这是一种过滤性更强的弱转强信号。12 月 6 日，朗玛信息最终上盘上涨 14.37%（见图 3-24）。

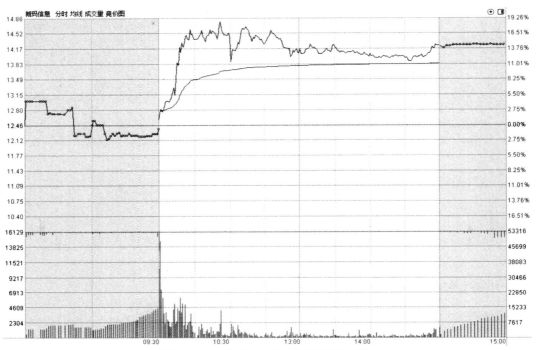

图 3-24　2022 年 12 月 6 日朗玛信息大涨

资料来源：通达信，DINA。

第二种类型是烂板的竞价弱转强判断。烂板是我们最为重视的"假弱"类型，也就是以涨停收盘，但是盘中曾经打开涨停。次日竞价时，达到什么标准意味着烂板弱转强了呢？高开或者低开不低于-3%，然后在 9：35 之前快速升破昨日收盘价（涨停价）。

2022 年 12 月 5 日，深赛格开盘后快速上板涨停，但是很快就打开涨停了，此后宽幅震荡，直到下午接近尾盘才再度涨停形成了一个典型的烂板，成交额 7 亿元。次日，也就是 12 月 6 日，高开超过 4%，这就是烂板竞价弱转强的典型特征之一（见图 3-25）。10：00 左右封板持续到收盘结束（见图 3-26），当天上涨家数 1670 家，许多人气股大跌。

2022 年 12 月 5 日通润装备盘中烂板，虽然幅度不大，但是打开涨板的次数很多，这也是一种比较典型的烂板。次日，即 12 月 6 日，高开（见图 3-27），一个

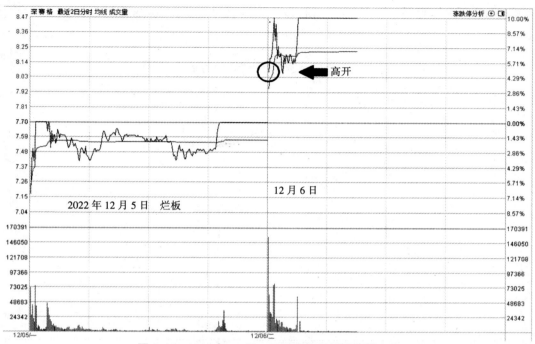

图 3-25　2022 年 12 月 6 日深赛格烂板弱转强（1）
资料来源：通达信，DINA。

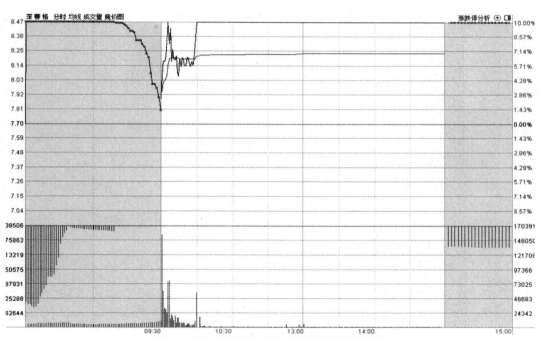

图 3-26　2022 年 12 月 6 日深赛格烂板弱转强（2）
资料来源：通达信，DINA。

明显的烂板弱转强信号。最终，通润装备收盘涨停（见图 3-28）。

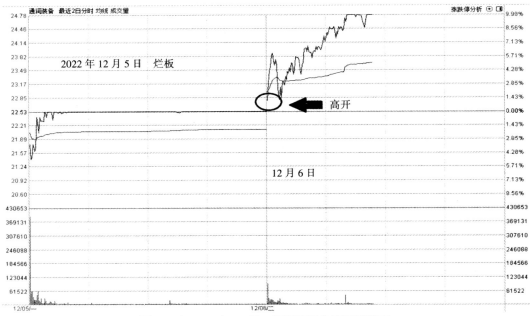

图 3-27　2022 年 12 月 6 日通润装备高开弱转强

资料来源：通达信，DINA。

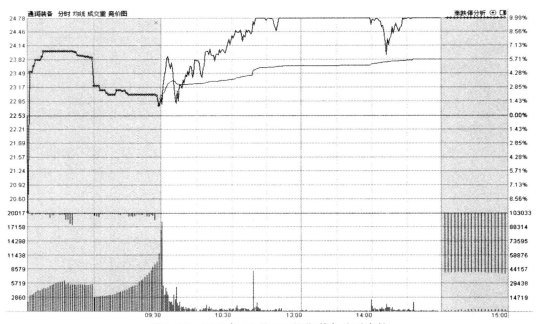

图 3-28　2022 年 12 月 6 日通润装备分时走势

资料来源：通达信，DINA。

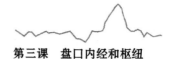

除高开这种烂板竞价弱转强外，还可以进一步观察低开水平高于–3%以上的备选烂板个股是否能够在9：35之前升破前日收盘价（涨停价）。

接着来看一个反例，也就是前一日涨停烂板，但次日弱转强失败的例子。2022年12月5日，中广天泽几次触及涨停，最终在收盘前封住涨停，当日形成一个涨停烂板。次日，即12月6日，低开低于–3%，典型弱势（见图3–29），到了9：35继续下跌，未能升破昨日收盘价（涨停价），竞价弱转强失败。当日收盘，中广天泽下跌了6.8%（见图3–30）。

再来看一个烂板竞价弱转强失败的例子，2022年12月5日深城交午盘显著烂板，几次触板，到了尾盘才封住。次日，直接低开低于–3%，9：35之前也未能升破前日收盘价（涨停价），烂板竞价弱转强失败，不能进场（见图3–31）。12月6日，收盘跌11%（见图3–32）。

思考反例对于交易绩效的提升非常有价值。

图3–29 2022年12月6日中广天泽低开

资料来源：通达信，DINA。

图 3-30　2022 年 12 月 6 日中广天泽分时走势

资料来源：通达信，DINA。

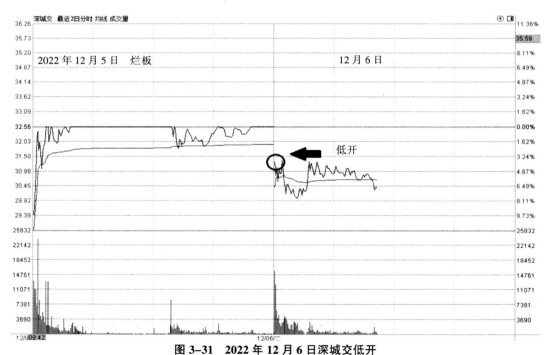

图 3-31　2022 年 12 月 6 日深城交低开

资料来源：通达信，DINA。

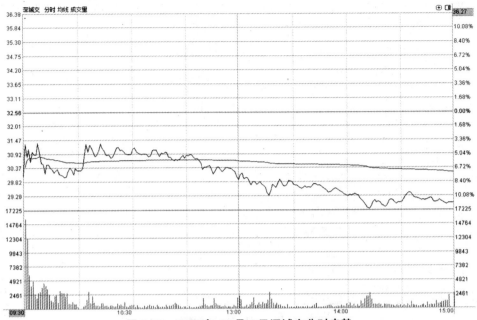

图 3-32　2022 年 12 月 6 日深城交分时走势

资料来源：通达信，DINA。

有些烂板的弱转强是在盘中完成的，因此竞价阶段可能被否决。比如 2022 年 12 月 5 日，如意集团早盘封涨停后不久就打开了一下，这是不那么明显的烂板。12 月 6 日该股低开，虽然没有低于-3%，但在 9：35 之前并未升破前日收盘价（涨停价），因此并未出现竞价弱转强（见图 3-33）。直到 10：30 后才升破前日收盘价（涨停价），出现了盘中弱转强，当然如果你对这只股票的其他方面有深入研究，则可以等待盘中弱转强的机会，但是如果之关注竞价开盘阶段的弱转强买点，那么这只股票在这个阶段就被否决掉了。最终，如意集团单日封死涨停（见图 3-34）。

烂板当中有一个比较特殊的类型，即"大长腿"，我们将在后续的题材投机系列专著中单独讲一下这类结构的研判和运用。标准的大长腿是盘中下跌幅度较大，以至于下影线较长，但是收盘价未必涨停。而烂板盘中下跌幅度未必很大，因此大长腿未必是烂板，烂板也未必是大长腿。如果烂板盘中下跌幅度较大，形成较长的下影线，则属于"大长腿涨停"或者"大长腿烂板"，其处理思路可以按照一般烂板的弱转强研判过程进行，这里不再赘述。

第三种类型是尾板的竞价弱转强判断。以前的尾盘很多都归于主力为了省力做收盘价，故而采取尾盘拉涨停的方法。但现在许多重要的消息可能要在早盘结束之后才公布，因此不少个股可能下午才开始拉涨停。什么算是尾盘涨停呢？一般而言

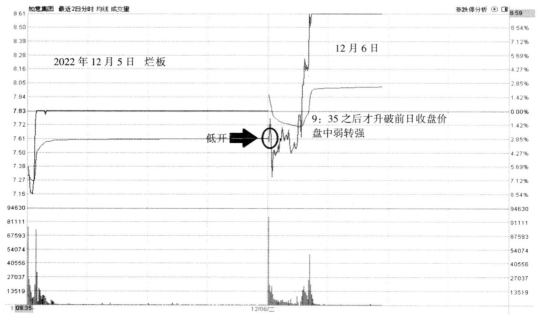

图 3-33　2022 年 12 月 6 日如意集团盘中弱转强

资料来源：通达信，DINA。

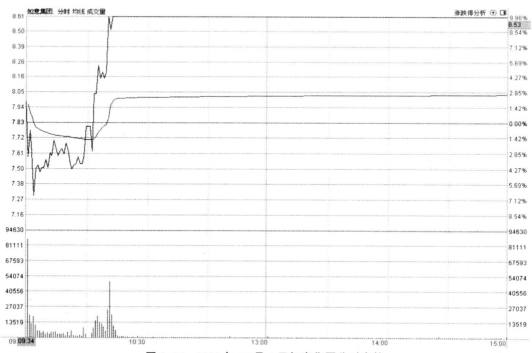

图 3-34　2022 年 12 月 6 日如意集团分时走势

资料来源：通达信，DINA。

是 14：00 之后，当然 13：55 也可以算。尾盘涨停，次日竞价如果高开，则算是竞价弱转强，或者是低开，但是能够在 9：35 之前升破前日收盘价（涨停价）则也算作竞价弱转强。至于盘中弱转强，则时间范围放得比较宽泛，就不在这里探讨了。

来看一些实例，2022 年 12 月 6 日三羊马接近 14：00 的时候拉涨停，并持续到收盘（见图 3-35）。次日，也就是 12 月 7 日，高开超过 2%（见图 3-36），这是典型的集合竞价弱转强。最终，三羊马尾盘封死涨停（见图 3-37）。12 月 6 日，是尾板日，属于"假弱"，12 月 7 日集合竞价弱转强（见图 3-38）。

天鹅股份 12 月 6 日临近 14：40 的时候才涨停，早盘临近涨停，但是未能真正涨停（见图 3-39）。次日，也就是 12 月 7 日，开盘下跌，但是高于 -3%，此后快速上拉，在 9：35 之前升破 12 月 6 日的收盘价，也就是当日涨停价，确认了竞价弱转强（见图 3-40）。最终，天鹅股份上涨超过 5%（见图 3-41）。回头来看，天鹅股份在 12 月 6 日尾盘才涨停，这天是所谓的"假弱"，或者是"尾板日"，12 月 7 日竞价弱转强（见图 3-42）。

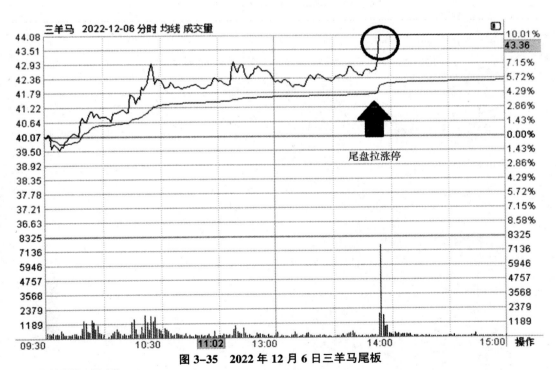

图 3-35 2022 年 12 月 6 日三羊马尾板

资料来源：通达信，DINA。

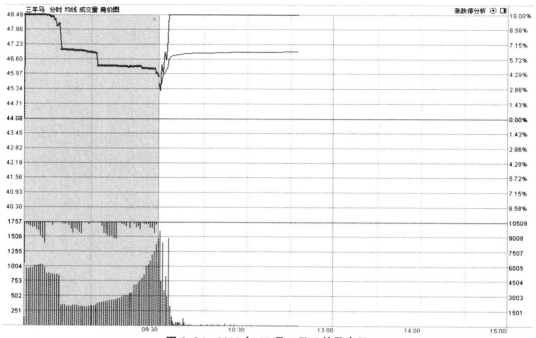

图 3-36　2022 年 12 月 7 日三羊马高开

资料来源：通达信，DINA。

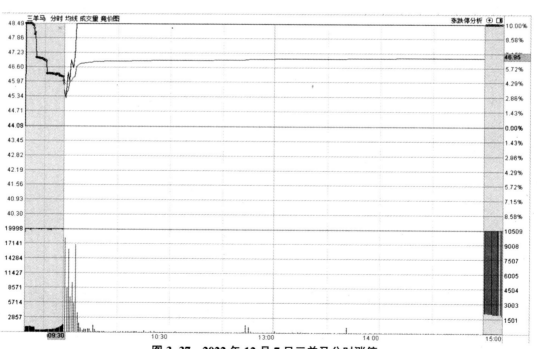

图 3-37　2022 年 12 月 7 日三羊马分时涨停

资料来源：通达信，DINA。

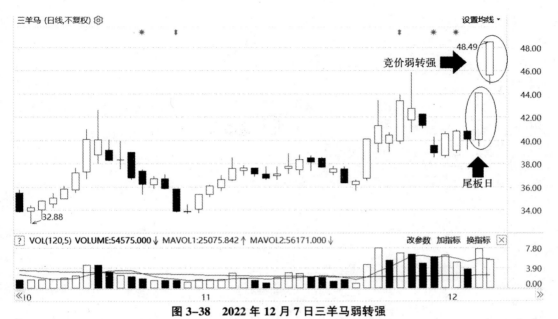

图 3-38　2022 年 12 月 7 日三羊马弱转强

资料来源：通达信，DINA。

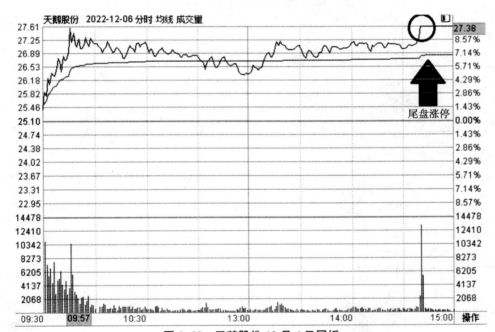

图 3-39　天鹅股份 12 月 6 日尾板

资料来源：通达信，DINA。

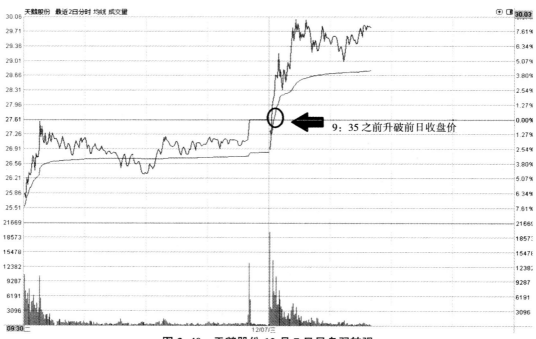

图 3-40　天鹅股份 12 月 7 日早盘弱转强

资料来源：通达信，DINA。

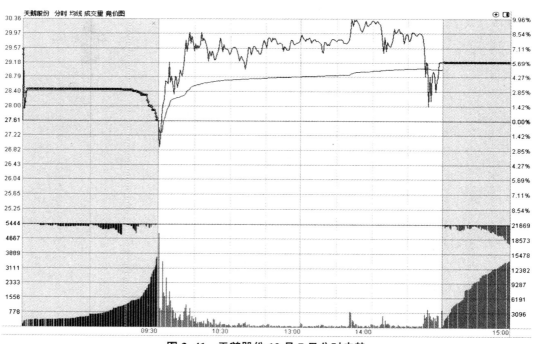

图 3-41　天鹅股份 12 月 7 日分时走势

资料来源：通达信，DINA。

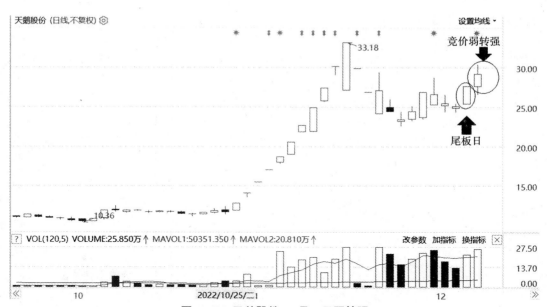

图 3-42　天鹅股份 12 月 7 日弱转强

资料来源：通达信，DINA。

　　竞价弱转强，大家应该基本了解了。接着，我们介绍一下盘中弱转强，这种买点竞价弱转强少了很多，需要耗费大量时间盘中跟踪。地天板和反包板大多属于盘中弱转强的类型，大长腿也可以归于此类。但是我们需要强调的一点是，地天板和反包板以及大长腿属于盘中弱转强类型，至于接下来的走势是继续上涨还是下跌，还需要次日竞价阶段验证。因此，盘中弱转强，时效性要差些。

　　比如 2022 年 11 月 21 日的天鹅股份。受"供销社概念"爆红影响，从 2022 年 10 月 31 日到 11 月 11 日，天鹅股份连拉 10 个涨停板。11 月 11 日晚间，天鹅股份宣布停牌自查。一周后天鹅股份公告称公司没有明确利好消息并宣布复牌。11 月 21 日刚复牌的天鹅股份大幅低开，几近跌停后迅速拉升，尾盘涨停，一个典型的地天板走势（见图 3-43 和图 3-44）。次日，直接跌停开盘，连续两日一字跌停板。如果 11 月 21 日，看到盘中跌停拉起，尾盘快要封涨停时进去扫板，那么就落入陷阱了。

　　我们来看一些更为具体的实例。2022 年 10 月 19 日收盘时，上涨家数为 1045 家，低于 1500 家，为大盘冰点日，符合了周期的前置条件（见图 3-45）。西安饮食属于新兴的后疫情时代旅游餐饮板块，基本符合了逻辑的前置条件。西安饮食 10 月 19 日这天出现"烂板"，符合了结构的前置条件（见图 3-46）。

題材投机 2——对手盘思维和底层逻辑

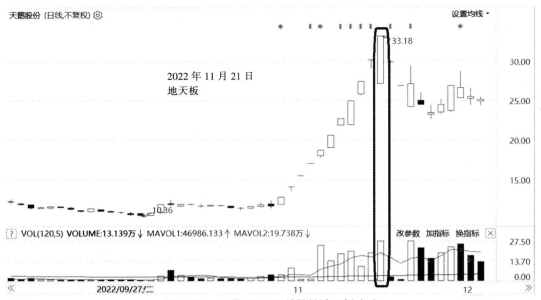

图 3-43　11 月 21 日天鹅股份地天板（1）

资料来源：通达信，DINA。

图 3-44　11 月 21 日天鹅股份地天板（2）

资料来源：通达信，DINA。

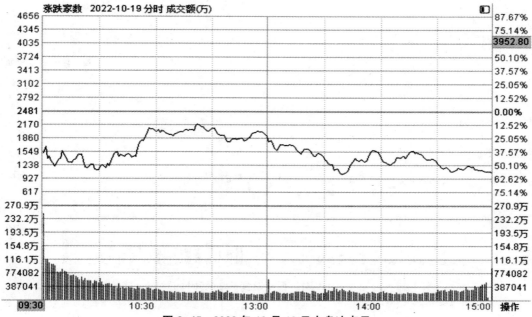

图 3-45　2022 年 10 月 19 日大盘冰点日

资料来源：通达信，DINA。

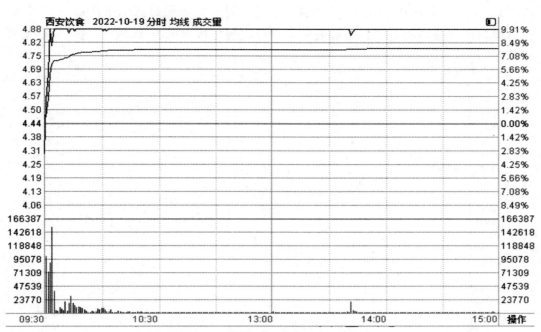

图 3-46　西安饮食 10 月 19 日"烂板"

资料来源：通达信，DINA。

此后，西安饮食一路飙升，成了当时的龙妖股（见图 3-47）。

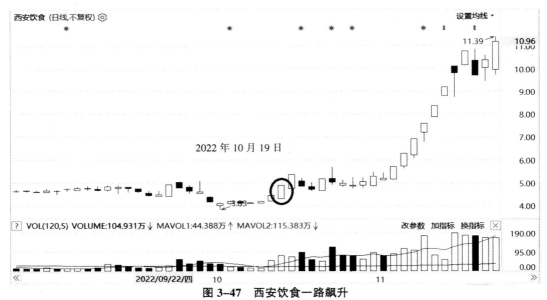

图 3-47　西安饮食一路飙升

资料来源：通达信，DINA。

2022 年 11 月 18 日，大盘收盘时上涨家数为 1315 家，低于 1500 点，当日是大盘冰点日（见图 3-48），这时周期前置条件满足了；新题材抗菌抗病毒面料兴起，这时逻辑前置条件满足了；个股安奈儿当日出现烂板（见图 3-49），这时周期前置

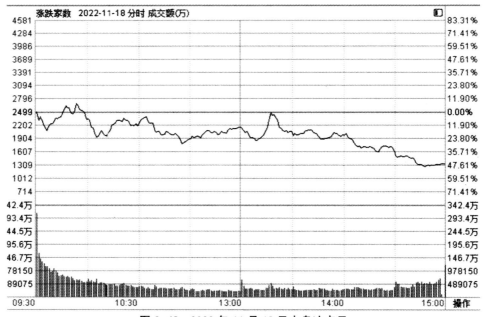

图 3-48　2022 年 11 月 18 日大盘冰点日

资料来源：通达信，DINA。

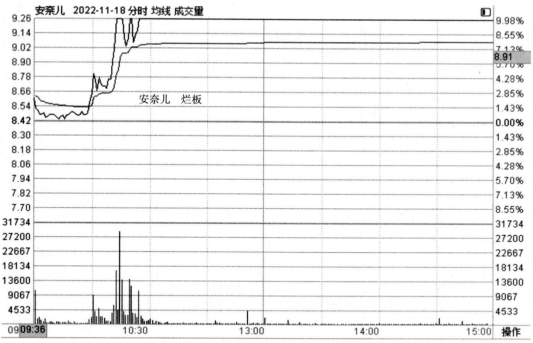

图 3-49　2022 年 11 月 18 日安奈儿烂板

资料来源：通达信，DINA。

条件满足了。简而言之，做"弱转强"的三个前置条件——周期、逻辑和结构都得到了满足。

接下来的一个交易日，也就是 2022 年 11 月 21 日，集合竞价得到的开盘价是 9.7 元，涨幅为+4.75%（见图 3-50），大于-3%的最低要求。竞价成交量为 24074 手（见图 3-51），前一日总量是 221530 手，竞价成交量相比超过 10%。集合竞价都满足了"超预期"的条件。

此后，安奈儿成了这段时间的飙升股，龙妖之相越发明显（见图 3-52）。

最后简单总结一下本节的要点精髓。超预期之弱转强有三个前置条件：第一，这是最为重要的条件，要结合本教程第三章的内容来理解，也就是周期。弱转强这天必须是冰点日或者分歧日。

什么是分歧呢？放量是第一位的，这是成交量的要求，放量且调整，不管是日线上的调整还是盘中调整，都可以

这里采用的是"分歧"的大众定义。

329

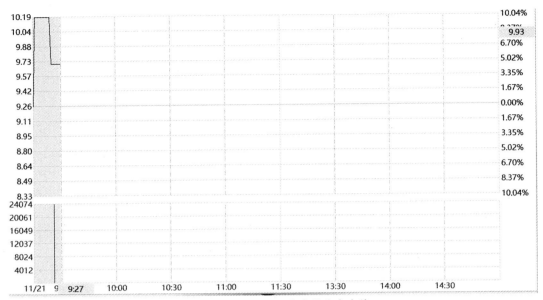

图 3-50　2022 年 11 月 21 日安奈儿集合竞价+4.75％

资料来源：通达信，DINA。

最新	**9.70**	均价	**9.70**
涨幅	**+4.75%**	涨跌	**▲0.44**
总手	**24074**	金额	**2335万**
换手	**1.97%**	量比	**81.17**
最高	**9.70**	最低	**9.70**
今开	**9.70**	昨收	**9.26**
外盘	**7261**	内盘	**16813**

逐笔明细		
09:25:00	**9.70**	10
913	**9.70**	4
914	**9.70**	8
915	**9.70**	9
916	**9.70**	4
917	**9.70**	1
918	**9.70**	50
9.70	**24074**	

图 3-51　2022 年 11 月 21 日安奈儿集合竞价

资料来源：通达信，DINA。

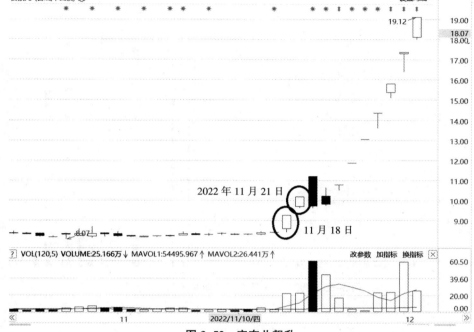

图 3-52　安奈儿飙升

资料来源：通达信，DINA。

归结为分歧的表征要求。分歧也有强弱之分，也就是板块调整幅度的区分而已。弱分歧时，有个股表现出"相对强势"，这就是潜在龙头；强分歧时，此前的龙头也被坑杀，全军覆没。当然也有资深玩家认为弱分析是上涨持续分歧，而强分歧时上涨结束分歧。这种区分似乎有点马后炮的意味。

通常而言，热门板块的第一次分歧，是强分歧，这是一个很好的上次点；第二次分歧是模棱两可的节点，从第三次分歧开始是弱分歧的概率很大。

这是讲的板块分歧日，龙妖个股被市场初步确认后，也会有几次分歧日。龙妖个股的第一次分歧买入的胜算率较高，比如 2022 年 5 月 6 日的湖南发展出现了这波上涨第一轮分歧（见图 3-53 和图 3-54）。

龙妖个股的第三次分歧往往是胜算率和风险报酬率比较低的机会，比如湖南发展 5 月 16 日的这次分歧（见图 3-55 和图 3-56）。

指数周期或者情绪周期的退潮期，是不能进行"弱转强"操作的，比如 2022年 9 月 28 日，情绪处于退潮期，当日新华联出现了炸板（见图 3-57 和图 3-58），这种周期条件下就不能做个股的弱转强了。这个周期阶段的个股分歧就是"真弱"了，所谓的"大面之源"，而非龙兴之地。

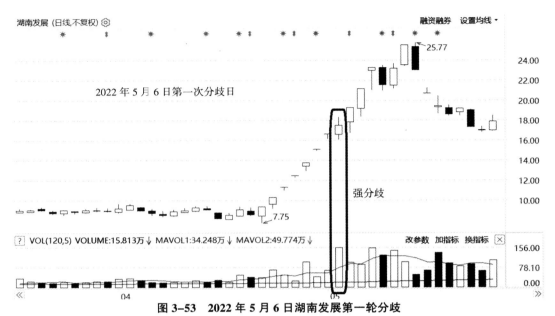

图 3-53   2022 年 5 月 6 日湖南发展第一轮分歧

资料来源：通达信，DINA。

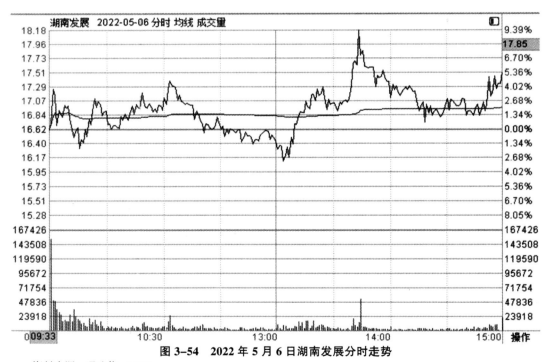

图 3-54   2022 年 5 月 6 日湖南发展分时走势

资料来源：通达信，DINA。

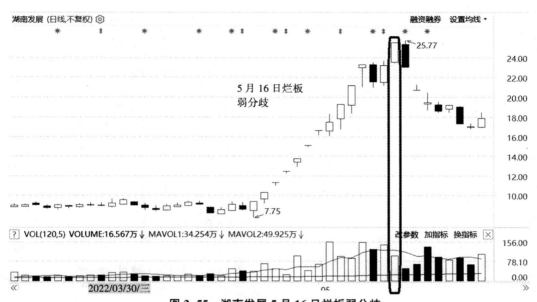

图 3-55　湖南发展 5 月 16 日烂板弱分歧

资料来源：通达信，DINA。

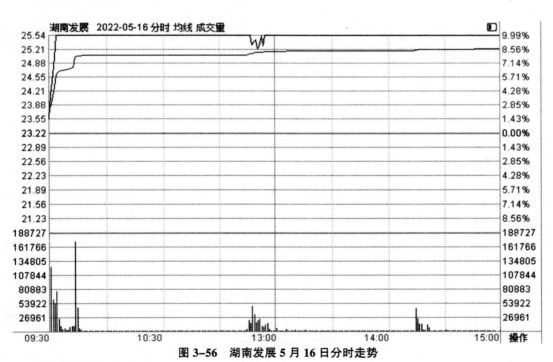

图 3-56　湖南发展 5 月 16 日分时走势

资料来源：通达信，DINA。

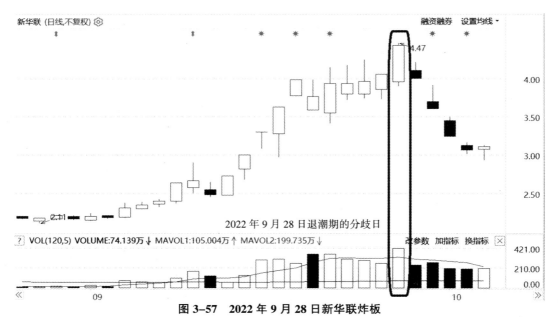

2022 年 9 月 28 日退潮期的分歧日

图 3-57　2022 年 9 月 28 日新华联炸板

资料来源：通达信，DINA。

图 3-58　2022 年 9 月 28 日新华联分时走势

资料来源：通达信，DINA。

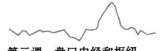

　　第二，逻辑。新兴题材和强大的驱动就是逻辑方面的要求。弱转强必然是在新题材和新故事涉及的板块中去寻找的。

　　第三，结构。个股有炸板、烂板和尾板三种性质。

　　符合上述三个条件的个股，需要次日集合竞价阶段的验证，一看竞价涨幅，二看竞价是否爆量。爆量说明人气高，也说明主力的意愿和能力。

集合竞价的相关知识和技巧现在要结合起来了。

　　但是，**弱转强的关键在于周期、逻辑和结构，特别是冰点和分歧节点，否则只根据次日竞价爆量高开就认为是弱转强，那么结果也是亏多赚少。**

　　首日放量不涨，甚至下跌，次日爆量高开，这只是"形"，而非"神"。短线投机的精髓在于"传神"，什么是"神"？许多 A 股大神并未明说，其实就是逻辑、周期两个关键，特别是周期。因此，应该买在一个分歧转一致的节点上，这样分歧入场的先手资金才会配合新来的主力锁仓待涨。同时，由于情绪周期进入上涨一致，因此后手愿意买入，还因为可以卖在更高的价位。先手愿意锁仓，后手愿意接力，这是因为情绪周期向上提供了良好预期，而不是简单地因为竞价技术形态。

　　竞价高开幅度，竞价爆量程度，这些都不是关键所在。**一个格局里面，什么是最为重要的呢**？这个要搞清楚。弱转强的格局里面，什么最为重要呢？指数周期和情绪周期叠加起来的赚钱效应是最为重要的，冰点和分歧是其中最为关键的节点。如果周期阶段向上，赚钱效应主导，那么每次分歧都是买入机会；如果周期阶段向下，亏钱效应主导，那么大多数分歧都并非买入机会，而要等极端冰点才是买入机会。

　　本章重点介绍的竞价弱转强有前置条件：前一日涨停或者触及过涨停，而且还要叠加周期和板块。但是，现在市场上有尝试做首板弱转强的。大致的思路可以了解一下，这种方法还有很长的完善之路，不过可以借鉴。

　　第一步，第一天收盘后选弱势股，也就是涨幅低于 3% 的个股，具体而言就是当日涨幅在 –10% 到 +3% 之间的个股。

　　第二步，第二天集合竞价阶段（9：25）高开 3% 以上，这个时候需要利用选股器筛选，手动是看不过来的。

　　第三步，利用涨速排行榜跟踪 10：00 之前临近涨停的个股。

　　第四步，扫板买入。这种思路在强势市场比较有效，第三天往往都有溢价。这种首板竞价弱转强的战法，在哪些地方还可以优化呢？能不能加入周期和逻辑过滤呢？指数周期和情绪周期对这种战法有什么实际价值呢？能否通过人气或者热门题材过滤呢？比如第一天通过查看一些新兴热点和公告来初选一些弱势个股，等待次日竞价弱转强。

　　本节涉及烂板的相关问题，但是并不深入。下一节，我们会继续深入讲解烂板和妖股的话题。

第二节　烂板与捉妖计

　　"烂板出妖股"，这种现象较为常见，晚上复盘时每一个放量烂板都要好好分析一下，留意第二天弱转强机会。

　　在前面一节我们提到了弱转强操作的一些要点，烂板是最为常见的弱转强形态，特别是龙头股和妖股容易以烂板的形式开启连板之路。

　　在观察一个烂板是否值得操作的时候，我们要综合分析周期、逻辑、结构和集合竞价的情况。此外，还要**分析已经介入的资金性质**，是不是偏好连板接力的游资，是不是庄控性质的资金。反包资金的弱转强往往是抱着低吸套利的目的，因此不太容易走高，愿意做烂板弱转强的资金如果是接力游资的话，则我们介入的胜算率和风险报酬率会很高。弱转强，意味着抗住了市场的巨量分歧，经受了洗礼，容易成为龙头或者妖股。

　　妖股的持仓策略：第一段主升浪涨势快速，干脆利落，可以稍微重一点的仓位参与；第二段走势则是分歧后开启的，上下波动较大，应该轻仓参与。比如 2022 年 10 月 24 日，妖股竞业达天量收阴线，高位现分歧（见图 3–59 和图 3–60），在此之前上涨干脆利落，此后则波动很大。

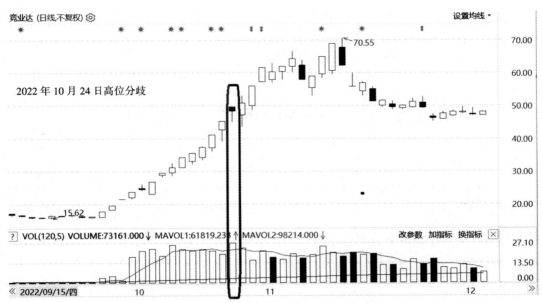

图 3-59　2022 年 10 月 24 日妖股竞业达天量阴线

资料来源：通达信，DINA。

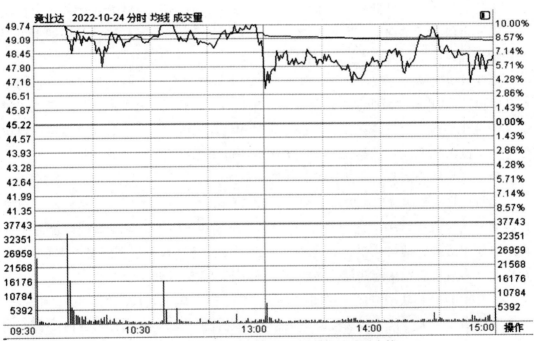

图 3-60　2022 年 10 月 24 日妖股竞业达分时走势

资料来源：通达信，DINA。

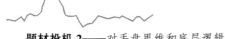

关于烂板与龙妖股更全面的介绍，请参考《题材投机 5：涨停板、主流与寻龙点穴》专题讲义。

第三节　热点板块的爆发、分歧与回流

热点板块第一天爆发的时候会让大多数人认为第二天会上涨，但是过于一致的预期往往会导致次日出现分歧，这就是预期差。当分歧出现时，前一天的热门板块往往导致"大面"，也就是昨日涨停的个股大面积大幅度下跌，一下子就把追高的人套住了。如果这个题材真的逻辑够硬，则会在第三天出现大资金回流。但是，由于第二天出现了分歧大跌，导致大众的预期看空，这就与第三天的实际走势形成了预期差。本节就围绕这个三步曲预期差来分析和讲解。爆发日导致一个过高直线预期，与接下来的分歧日实际走势相比构成一个预期差，实际走势不及预期；分歧日实际走势会导致一个过低直线预期，与接下来的回流日实际走势相比构成一个预期差，实际走势超过预期。预期差导致了大多数人的资产错配，资产在小周期上出现了错配。

热点板块启动的一波三折，类似于一个向上的 N 字结构，我们称之为"预期差摆动阶段"。我们在《短线法宝：神奇 N 字结构盘口操作法》这本专著当中详细探讨了这种短线结构，但还是存在几个有待完善和深入的地方：第一，N 字结构在板块形态当中的解剖和运用；第二，N 字结构与逻辑和题材的结合研判；第三，N 字结构与预期差的结合研判，本节会部分涉及；第四，N 字结构与周期的关系和运用。

我们来看一些实例以帮助理解和掌握。2022 年 4 月下旬的时候，新能源车板块在启动时就出现了这种"预期差摆动阶段"（见图 3-61）。4 月 27 日，新能源车板块以涨停潮形势启动（见图 3-62 和图 3-63）。新能源车板块指数爆量大涨 8%，这意味着大多数个股在接近涨停，在题材的刺激下，上涨预期高度一致。

4 月 28 日，板块内分歧（见图 3-64），除去 ST，整个板块涨停数缩小到 3 家。成交量仍旧非常大，但是板块萎靡不振，与爆发日形成的高涨预期形成落差，预期差出现。**在时间窗口上确定龙头有两个关键节点：大盘冰点定龙和板块分歧定龙。**当然，这里的板块特指热点板块（见图 3-65）。

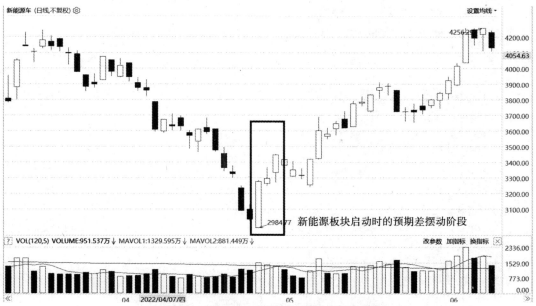

图 3-61　2022 年 4 月下旬新能源车板块启动

资料来源：通达信，DINA。

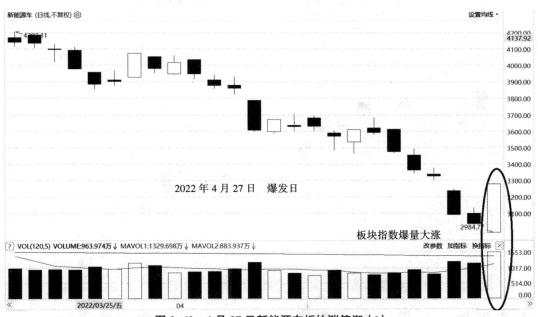

图 3-62　4 月 27 日新能源车板块涨停潮（1）

资料来源：通达信，DINA。

新能源车(399417) 2022年4月27日 星期三

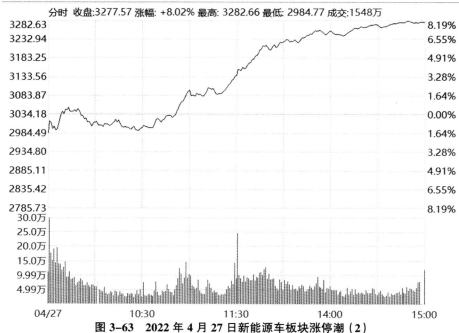

图 3-63　2022 年 4 月 27 日新能源车板块涨停潮（2）

资料来源：通达信，DINA。

图 3-64　2022 年 4 月 28 日新能源车板块内分歧

资料来源：通达信，DINA。

新能源车(399417) 2022年4月28日 星期四

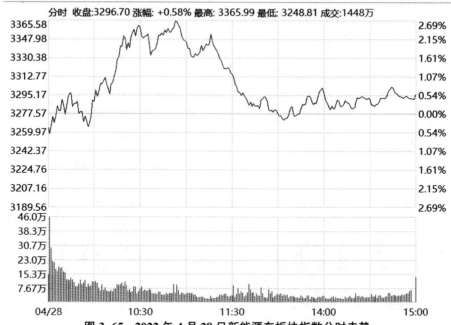

图 3-65　2022 年 4 月 28 日新能源车板块指数分时走势

资料来源：通达信，DINA。

4 月 29 日，大资金回流（见图 3-66 和图 3-67），板块加强，实际走势强于大众的直线预期，出现一个 3 板融捷股份（见图 3-68 和图 3-69），其余首板。4 月 28 日这天是板块分歧日，也是大盘冰点日，上涨家数只有 1212 家，双重叠加窗口，龙兴之地，可以大幅提高击中龙头的胜算率。板块分歧日和大盘冰点日是"**魏氏龙头双击节点**"，你能看到这点就抵过那些开价十几万元的短线投机课程了。当然，盲点才能暴利，你也没必要声张，以及到处传播和复制。

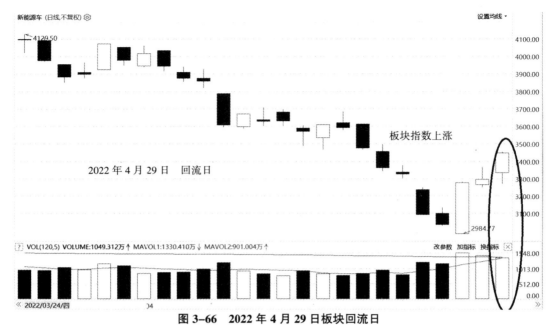

图 3-66　2022 年 4 月 29 日板块回流日

资料来源：通达信，DINA。

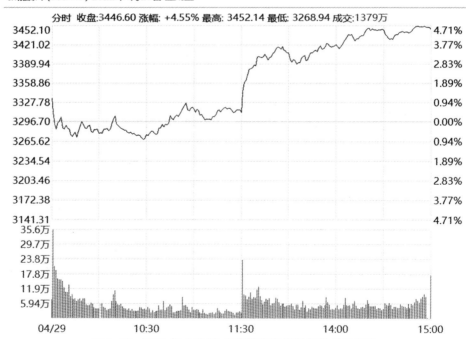

图 3-67　2022 年 4 月 29 日新能源车板块指数分时走势

资料来源：通达信，DINA。

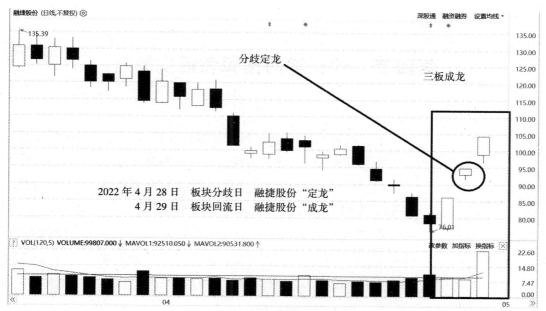

图 3-68　融捷股份分歧定龙

资料来源：通达信，DINA。

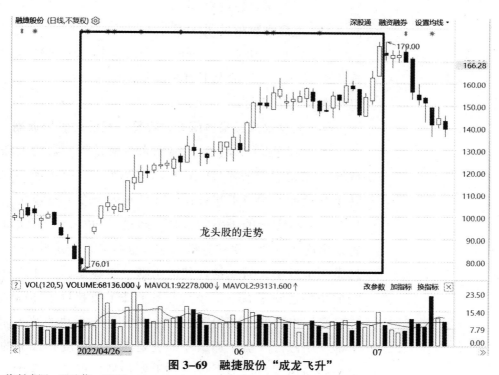

图 3-69　融捷股份"成龙飞升"

资料来源：通达信，DINA。

第四节　炸板潮的预警和后发策略

涨停后打开，直到收盘都没能回封，这就是涨停炸板，简称"炸板"。炸板体现了短线投机客面临的巨大风险，同时某些类型的炸板又提供了极佳的低吸机会。如何在控制风险的同时，最大化股票短线交易的收益，这是每个股票投机客面临的最大课题，而炸板则是这个课题当中较为重要的一环。当炸板率大于 50% 时，炸板潮出现，常见的炸板潮预警指标如下：

（1）喇叭口背离。

（2）**昨日涨停指数高开 3% 以上。**

（3）涨停家数超过 60 家。

（4）**上涨家数超过 4000 家。**

（5）打板成功率大于 50%，当日为沸点，次日容易出现炸板潮。相反的情况下打板成功率低于 30%，当日为冰点，次日则是机会。

（6）**大盘权重股集体飙升，容易引发题材股炸板潮。**

什么是打板成功率呢？准确来讲就是较开盘价上涨家数/昨日总涨停个股家数。昨日涨停的个股，今天能够收盘高于开盘价，相当于昨日在涨停价买入，今天有溢价。如果今天获得溢价的概率非常高，超过了 50%，那么次日就容易出现炸板潮，次日打板成功率也容易显著走低。当然，这是一个概率，需要结合其他法则一起验证，比如昨日打板成功率达到了 65%，今天开盘上涨家数超过了 4000 家，昨日涨停指数也大幅高开在 5%，近期热点板块的龙头标的全部一字涨停开盘，那么今天就是沸点、高度一致下的亢奋很容易出现炸板潮，今天就不要轻易打板了，容易"吃大面"。

打板客要记住，打板，板能封住不是目的，隔日的溢价才是目的。打有溢价的板，而不是溢价兑现的板。

来看一个具体一点的例子，2022 年 11 月 9 日的涨停家数是 58 家，11 月 10 日前日涨停的 58 家当中，有 29 家收盘价高于开盘价，也就是说打板成功率未达 50%，那么 11 月 11 日出现炸板潮的概率就非常高了。

11 月 11 日开盘，上涨家数远远超过了 4000 家（见图 3-70），同时昨日涨停指数高开超过 4%（见图 3-71）。

炸板潮之后，我们应该怎么操作呢？炸板潮的性质取决于板块和情绪周期所处的阶段。是板块启动阶段，还是加速阶段，抑或是反包阶段？**在炸板潮之后，我们的战略纲领是什么取决于所处的阶段。题材板块启动阶段的炸板潮的战略纲领是关注龙头。题材板块加速阶段的炸板潮的战略纲领是龙头反包和新兴题材。题材板块见顶反弹阶段的炸板潮的战略纲领是尽快离场。**

那么，打板如何规避个股炸板呢？

炸板潮后遇暖风出现反包潮，昨曾涨停板块集合竞价和分时对比，是否超预期，观察和评估反包可能性，有的话则可以"会猎反包潮"和施展"捉妖计"。

图 3-70 2022 年 11 月 11 日上涨家数分时走势

资料来源：通达信，DINA。

图 3-71 2022 年 11 月 11 日昨日涨停指数分时走势

资料来源：通达信，DINA。

连板个股的收益率是最高的，连板涨停个股很容易给持有者带来短期的翻倍机会，这是暴利的一面，机会的一面。那么，风险的一面是什么呢？要抓到连板个股，往往离不开打板，因为强势股低吸的机会不多，就算是在"半路买入"也不太容易在 6% 以下的位置接入。但是，打板最大的风险就是涨停价附近买入后开板，次日大幅低开，甚至封死跌停，这样下来一下子就亏损了 20%，甚至更多。简而言之，**炸板就是打板的最大风险所在**。

那么，如何避免炸板呢？

第一，市场高潮次日尽量管住手，至少不追高。市场高潮次日容易出现炸板潮，由于复盘不到位，市场高潮时没有觉察到，反而被催眠，变得亢奋起来。绝大多数人都是被市场催眠了，如果能够揣摩透绝大多数人的心态和想法，明晰共识预期，反其道而行之，则成功的概率会大大提升。

后知后觉地在市场高潮日才开始关注到热门个股，高潮次日看到高开加速就控制不住自己的情绪，在不考虑情绪周期和共识预期高度一致的背景下就无脑追高，很容易"吃大面"，遇到个股涨停后炸板。昨日市场亢奋，达到了高潮，次日个股大幅高开，这并非什么超预期，反而延续了前日的亢奋，你一打板，马上就一致转分歧，炸板。容易被市场情绪上脑，这是投机失败者的共同特征，赢家必须反其道行之，不是在高潮沸点时追高，而是善于在低迷冰点时介入，这样就能获得所谓的**先手优势**。短线有先手，你才能够游刃有余，更加从容地应对回调和反转。因此，要避免炸板"吃面"，必须把握情绪周期和节奏问题，乱了节奏，则失了分寸，乱了阵脚。

第二，**短线情绪周期或者市场指数周期处于主跌阶段，反弹次日追高打板容易吃面**。短线市场情绪周期是我们将在第四课讲的专题，具体怎么剖析和研判短线情绪周期或者说赚钱/亏钱效应是一个庞杂的范畴和领域，思路模型和技术指标都非常多，有许多流派。这里我们不去阐述和探讨如何定性和定量分析情绪周期本身，而是指出如何利用情绪周期避免接入个股时遭遇炸板，尽量降低碰上炸板的概率。**情绪周期或者市场指数周期处于主跌段时，更加适合低吸和兑现利润，而非追高打板**。也就是所谓的**"牛市多格局，熊市快跑路"**。主跌阶段，反弹次日高开一致加速，其实是危险信号，追高买入打板很容易遇到炸板。龙头股**"断板"**或者**"反包"，但是次日低开甚至跌停，那就不及预期了，短线情绪确认进入了主跌阶段**，赚钱效应消退，亏钱效应凸显，这个时候打板就很容易炸板了。在情绪周期向下的时候，也就是退潮阶段，中位股最容易被波及，此刻打板这类个股更容易碰上炸板。

第三，板块指数跳空高开，成交量异常大，开盘涨停个股很多，鸡犬升天，这个板块高潮的可能性很大。这个时候追高"后排"个股的风险很高，容易炸板。

第四，9：40之前的早盘秒板和一波快速涨停板很难充分换手，相比10：00~10：30涨停封板个股而言更容易炸板。**10：00之前的半小时是主力割韭菜的重要时间窗口**，这个阶段风高浪急，需要对驱动面和心理面，还有技术面的东西进行消化，容易在市场情绪带动下盲目追高。

冲板前换手越充分，也不容易炸板。相反，冲板前换手率越低，高开幅度越大，则炸板概率越高。股谚有云："竞价顶一字，收盘两行泪。"上午的回封板和下午的高位充分换手板相对秒板和一波快速涨停板的炸板概率更低些。经常听到资深投机客强调"买在分歧，卖在一致"，当然更准确的说法应该是"买在分歧走向一致的节点，卖在一致走向分歧的节点"，或者说"买在分歧的结束，卖在一致的结束"。

分歧与放量、充分换手有关；一致与缩量、加速上涨有关。**风险报酬率和胜算率高的个股通常都是换手率高的个股，冲板前换手充分的个股更不容易炸板，当然也不能是天量。昨日的盈利筹码是否得到了置换和消化与炸板率关系密切，换手充分，则炸板率相应就要低一些**。

炸板实际上提供了低吸的机会，那么炸板低吸具体是如何操作的呢？

炸板提供了低吸的机会，但是任何战法都存在局限性和前提，正如著名游资"冰蛙"所说："在 A 股你盯着某一种方式或者方法的时候，你会发现真好用、真赚钱，但是当你下定决心要改变自己，采用这种方式或者方法的时候，做一次打一次脸，然后还能找到各种理由和逻辑开始证明这种方式或者方法似乎是不对的，真是太奇妙了！专注自己的领域，现在诱惑太多，不仅要克服自己动摇的心，还需要克服外界给你带来的各种干扰。所以，坚持做错题集，做到行动一致，不研究新打法。"

炸板是一致转分歧，炸板前买入是风险，炸板后则可能出现机会，因为分歧可能转一致。关键就是一个转化节点问题。

知道炸板的原因才能确定是否能够在炸板后低吸。封涨停板体现了主力资金的意图和能力，炸板就是没封住，可能是主力不想封了，也可能是没有能力封了。总体而言，炸板可能是为了洗盘，也可能是大资金离场的体现。

什么类型的炸板可以提供高胜算率和高报酬率的低吸机会呢？

第一，看相对位置。如果股价处于相对低位，特别是盘整区突破的位置，那么这种炸板更可能是主力试盘和洗盘的特征。主力通过向上拉升来清洗浮动筹码，测试上方的关键阻力位置。在这个位置炸板容易形成上影线较长的 K 线结构，俗称"仙人指路"，但是巨量要提防。请看 2021 年 3 月 4 日顺铂合金炸板（见图 3-72 和图 3-73）、2021 年 3 月 23 日中岩大地炸板（见图 3-74 和图 3-75）和 2022 年 1 月 18 日中岩大地炸板（见图 3-76 和图 3-77）三个实例。

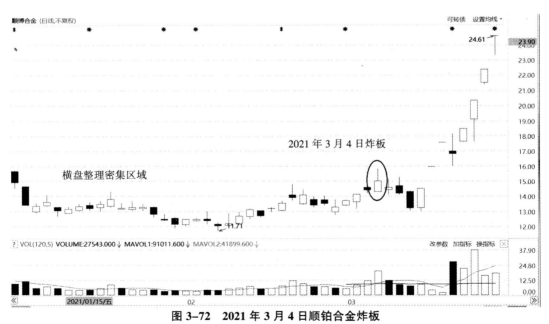

图 3-72　2021 年 3 月 4 日顺铂合金炸板

资料来源：东方财富，DINA。

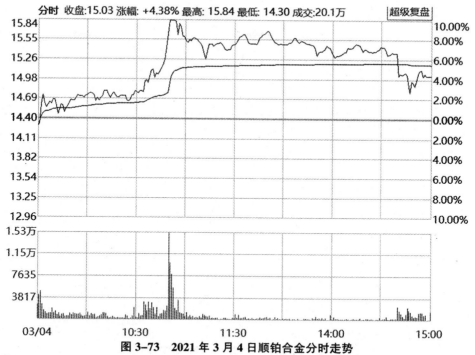

图 3-73　2021 年 3 月 4 日顺铂合金分时走势

资料来源：东方财富，DINA。

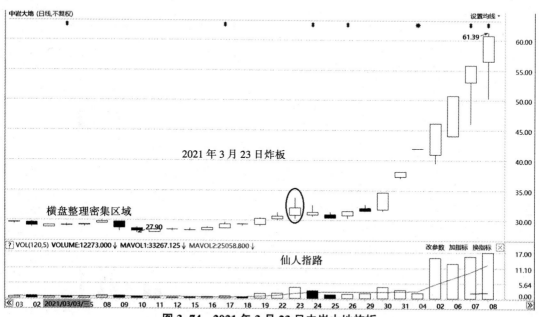

图 3-74　2021 年 3 月 23 日中岩大地炸板

资料来源：东方财富，DINA。

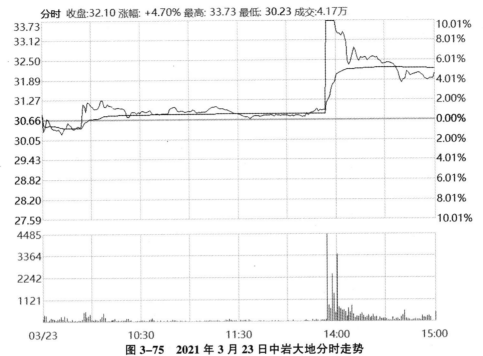

图 3-75　2021 年 3 月 23 日中岩大地分时走势

资料来源：东方财富，DINA。

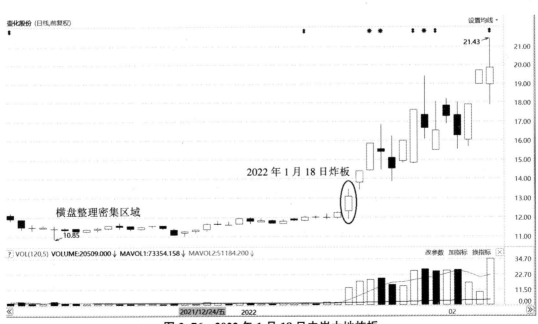

图 3-76　2022 年 1 月 18 日中岩大地炸板

资料来源：东方财富，DINA。

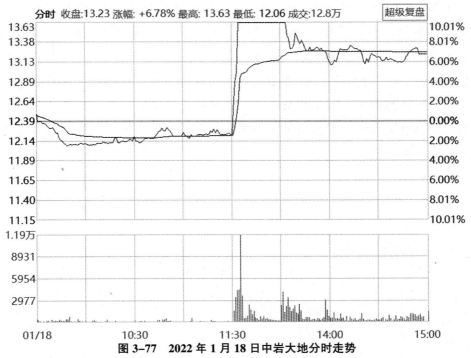

图 3-77　2022 年 1 月 18 日中岩大地分时走势

资料来源：东方财富，DINA。

　　如果炸板出现在股价翻倍之外的相对高位，出货的概率就非常大了，涨停是引诱"情绪上脑"的追高跟风盘，以便拉高抛售、板上出货。

　　第二，炸板后第二天的走势，如果是低开高走，收盘为阳线，则说明主力出货的可能性很小，继续上行的可能性很大。为什么这样判断呢？因为主力解放了昨天高位追进的套牢盘，继续上行的意图明显。炸板后收阳线，这一天谁在卖？谁在买？

　　当然，我们可以等反包基本完成时，在收盘前买入，也可以在炸板次日开盘不久弱转强时买入。炸板次日预期时低开后零轴以下运行，弱转强则是竞价后小幅低开，然后几分钟内翻红，这就是超预期了，继续上涨的可能性很大。不过，也需要结合其他因素综合判断。

　　第三，赚钱效应和情绪周期。

　　第四，炸板当天上板资金的分时脉冲量是否足够大，

通过对于当日盘面的强弱情况和资金流进行观察和对比来判断当日行情的发酵程度，进而预判次日对手盘面的承接情况，从而对行情的持续性做出一个大概的预判。

最好大于 1 亿元以上，或者是分时中放量上涨的脉冲量最好在 2000 万元以上。这条经验法则主要是查看被套资金是否足够大，当然这不是"韭菜资金"，散户资金加总起来被套对于反包或者自救意义并不大，反而容易形成"乌合之众"，稍有反弹就会引发抛盘。因此，如果在涨停附近有大资金被套，则烂板之后股价强势反弹或者反包的可能性更大。如果封板的时候成交量并不大，但是烂板是由大资金卖出造成的，则后续上涨的概率就会下降很多。除非有新的大资金点火，形成合力，助推股价反包上涨。

第四课

赚钱效应、情绪周期与择时

　　不同的市场参与者，他们因为不同的模式，都有自己获得超额收益的策略和方法……不同的市场因为有不同的参与主体，他们的行为和认知决定了市场的生态系统。如何在不同的生态系统里面找到优势策略获取超额收益，是每一个想要成功的投资者制胜的关键。那么，今天我们要想在 A 股市场上获得超额收益的话，就应该更多地对散户的情绪变化做一个研究和了解。在这个基础上，你才有更多的机会获得一个超额收益……好的股票。主力是散户，而所谓的庄家反而是跟风的……好的操作策略应该借助市场情绪，而不是被自己的情绪所主导。

——炒股养家

　　其实，核心不就是一句话吗？赚钱效应在哪里就去哪里。市场一板票都是肉的时候做一板；连板票多的时候打连板；妖股出世的时候怼高度；趋势赚钱的时候追趋势；低吸大长腿的时候低吸。节奏这东西，在转折点踏错的时候，不是空仓一两天或者直接切入就能做对的。

——Bike770（车神）

　　永远不要做最后一个悲观者，市场"价格"一直都是"情绪"的领先者。纵观历史，每次大部分投资者的情绪进入狂热阶段，市场本身却已经提前见顶。反之亦然，大部分投资者情绪陷入冰点之际，市场可能又已悄然见底、蓄势待发。

——徐骥

第一节　指数周期和情绪周期

人生有时候需要锋芒毕露，有时候需要韬光养晦，这就是格局问题、周期问题。正如赵孟坚所说："**草书虽连绵宛转，然须有停笔**……晋贤草体虚淡萧散，此为至妙，惟大令绾秋蛇，为文皇所讥。至唐旭、素方作连绵之笔，此黄伯思、简斋（陈与义）、尧章（姜夔）所不取也。今人但见烂然如藤缠者，为草书之妙。要之，晋人之妙不在此，法度端严中，萧散为胜耳。"**书法中重要的一点就是"留白"，"留白"是我国书法家在整体章法上造势的绝妙手段，其关键之处就在于善"断"，老子说"大成若缺"，断处就是缺处，缺处就是成处，无笔墨的地方包含的却是最多的笔墨。**

交易中的空仓就好比"留白"。股市有时候需要重仓出击，有时候需要空仓以待，这也是格局问题、周期问题。该重仓的时候，你空仓，那就错失了大机会；该轻仓的时候，你重仓，那就碰上了大风险。注意，我这里的用词是"有时候"，这是一个表示时间的词语。由此可见，我更强调时间的仓位管理，而非空间的仓位管理。为什么呢？

题材投机有三大要素：逻辑、周期和结构。主题或者说大题材的出现必然是在市场指数和情绪周期的配合下出现的。周期在时间上决定了风险和机会的分布，逻辑和结构则在此基础上决定了风险和机会在空间上的分布。**风险报酬率和胜算率的时间分布要比空间分布更为重要。**

什么时候重仓，什么时候轻仓，什么时候空仓，这个决策要比什么板块和个股重仓，什么板块和个股轻仓，什么板块和个股空仓更为重要。**风险报酬率和胜算率的分布决定了仓位的分布，仓位在时间上的分布优先于在空间上的分布。**

为什么我们绝大多数交易者摸索多年都还是感到迷茫？那是因为我们太注重仓位在空间上的分布了，以至于忽略了仓位在时间上的分布。一旦你在这一点上醒悟，那么你就离所谓的"悟道"不远了。再重复一遍：**最紧要的是仓位在时间上的分布，而非在空间上的分布！**

本课虽然主要介绍仓位的时间分布决策，但这里也随便提一下仓位的空间分布决策要点。仓位在空间上的分布和热点的主流与否密切相关。主流与否和题材关系密切，属于逻辑维度的问题。主流热点要重仓参与，直接买入相对确定的龙头股，反复操作或者持仓等待明确卖点。而主流则应该轻仓参与，以隔日卖出的超短操作为主。

在题材投机系列专著当中，我们提到了各种性质的题材，比如一次性利多，什么性质题材适合顺向操作，什么性质题材适合反向操作，这些都是从题材性质出发的，也就是**逻辑**。除题材性质外，我们还要把握题材驱动下的盘面特征，这就是**结构**。一字高潮到顶，缺乏换手的走势，要么难以接入，要么持续性差。

除逻辑和结构外，周期是第三个要素，也是短线交易最重要的命门。周期讲的是情绪，股票短线投机的关键就在这里，玩家们比拼到最后就是对情绪的把握，逻辑相对而言是明牌，比较透明，但是情绪却比较微妙和善变。从周期的视角去把握情绪相对而言更加科学，同时具有可操作性。本章就是要围绕这一要素来讲。

立足于题材投机，我们主要关注两个层面的周期：第一个层面的周期是指数周期，这个持续时间较长；第二个层面的周期是情绪周期，这个持续时间较短。

在什么周期阶段操作从根本上决定了你的风险报酬率和胜算率，指数主升阶段什么技术似乎都有效，**在指数主跌阶段什么技术似乎都是亏钱**。浩浩荡荡的大势来的时候，基本用不着什么技术，简单的风险管理就可以大赚，这就是周期的力量。

题材投机经常谈到分歧、一致、加速、顶一字等极端状态，不同的投机客眼中对此有不同的风险机会认知，这就构成了交易的基础。分歧与放量有关，一致与缩量有关，分歧后未必会涨，一致后未必会跌，个股上涨行情能否延续，更多取决于周期。个股放量分歧后周期上行阶段未完，那么上涨就会继续，这个时候"买在分歧"才是正确的。个股放量分歧后周期上行阶段也已经结束了，那么个股上涨就结束了，这个时候"买在分歧"就是错误的操作。或许你认为的分歧中继只是一个主力放量出货导致的滞涨而已。个股的涨跌是周期和情绪升贴水的载体。通俗来讲，个股的上涨离不开周期上行，要想吃到短线飙升的"鱼身"部分，就必须考虑周期阶段问题，而不是简单考虑个股的价量关系和题材。周期上升阶段末期，也就是一般称为"退潮期"的时间窗口，题材驱动也会较弱，逻辑也显得力有不逮，走得通常比较曲折。

不同的操作风格，埋伏、低吸、半路、追高、打板等，在不同的周期阶段具有不同的风险收益特征。周期上升前半段，追高、打板和排板第一字等都是恰当的。比如上升阶段打板也要兼顾指数周期、情绪周期、板块效应和人气标的，观察相互关系和人气合力变化，而不是单纯地看个股技术结构，要把个股放在大格局中去观

正如市场资深人士梅森所说："普涨的时候群情激奋，你该咋做？普跌的时候，大多数人都在割肉，你该咋做？结构性行情里，大多数人追热点，你追不追？开盘半小时，收盘前半小时，各种政策释放，你碰不碰？"

察，结合周期和逻辑，结合板块和指数，对比中才能看出强弱和人气。

但是周期上升后半段，特别是上升末期，追高等手法的风险就明显大于收益了。周期主跌阶段的首要原则就是不要追高，短线投机客不要奢望持仓"格局一下"，这个时候"格局"是悲催的。什么时候可以做跟风套利，什么时候做高低切换，什么时候做接力，什么时候做反包，都要看周期的脸色。

除非与周期共振，否则什么战法都不好使。指数和情绪周期是第一位的，结构买点是第二位的。因此，什么手法是恰当的，是机会大于风险的，也取决于你在周期的什么阶段。

请牢牢记住：最有效的买点和手法都取决于周期阶段。正如《孙子兵法·虚实篇》所言："人皆知我所以胜之形，而莫知吾所以制胜之形。故其战胜不复，而应形于无穷。"

因此，周期比结构和逻辑更为重要，无论是题材投机还是价值投资，周期都是最为重要的部分，周期提供了价值显著低估的买入机会，周期提供了股票大幅向上的动能。

周期不同阶段，我们要采用不同的思路。什么阶段该用什么思路，不同思路的根本差别在于仓位分配上的差别。

指数周期下跌阶段，空仓是大多时候的策略，轻仓是少数时候的策略，保住本金、韬光养晦是根本战略。虽然马后炮地看，即便在指数周期下降的阶段也有大涨的股票，以至于许多纯技术交易者认为周期和逻辑并不重要，但这也恰恰是他们原地踏步，时而自信，时而失落的原因。在指数周期主跌阶段，强势股崩塌，一两个交易日就会亏掉20%左右，这对于任何交易者而言都是重创。

指数周期下跌初期，主流题材板块的强势股还有一定还手之力，有强势反弹，可以在情绪冰点抢反弹，打一枪就跑。为什么下跌初期强势股会反抽呢？因为存在分歧和思维惯性，直线预期让不少玩家认为强势股有新高的可能。

这些强势股在上涨阶段的强大号召力现在仍然存在，有人点火的话很容易出现一定幅度的反抽。因此，**指数周期下跌初期可以做强势股反抽为主**，但是要轻仓速决实战。强势股在极端资金做完之后，大环境压力小了容易反弹。

等待强势反弹结束，也就是 N 字顶的向上一笔走完，那么前期强势股也不能做了，这个时候只能做一些超跌的个股。为什么这个时候前期强势股的机会减少了呢？因为市场玩家们已经认同了下降趋势，反而是受到崩溃情绪抛压的超跌股存在反弹的机会，物极必反嘛。短期内卖压耗尽之后，稍微一点需求就能够把股价推上去。这个阶段跌得最惨的个股胜算率最高，但是时机的把握非常重要，否则宁可放弃。

做超跌个股要关注昨日跌停指数、昨曾跌停指数和昨日较弱指数的动向，通达信可以看到这三个指数。因此，**指数周期下跌中期以超跌股反弹为主**，也应该以轻仓游击为指导原则。

到了指数下跌末期阶段，市场极端恐慌或者悲观绝望，这个时候要敏锐细致地观察新的题材和板块兴起，一个有持续性和影响力的新兴热点将带领市场上涨，进入指数周期上行阶段。在这个阶段符合主流热点的新题材板块中的强势股是较好的选择。

例如，上证指数在 1664 点之后，获得驱动面、心理面和行为面共振支持的水泥板块成了领涨板块，带动整个股市进入新的上升阶段。因此，**指数周期下跌末期以试仓新题材强势股为主**，先轻仓试探，成功后顺势加码进入指数周期上升阶段，御风而行。

在指数周期的上升阶段当中，赚钱效应就有了氛围和舞台，题材投机者就可以在台上唱戏了，热点轮动就开始了。

我们身边的一些高手会尽量去预判指数周期，在上升阶段操作，在下降阶段空仓，但是实际操作中也免不了在下降阶段操作，因为预判只是模糊的正确一点，不可能精准。从实际绩效来看，他们的盈利绝大部分来自上升阶段，而下降阶段勉强做到盈亏平衡。由此看来，如果能够在指数周期的判断上做到大致准确，则可以进一步显著提高自己的累计回报率，减少无效甚至有害的交易。

情绪周期现在是 A 股投机界谈论比较多的一个话题，真正搞懂能够用到实处的人甚为稀有，但就是这极少数的玩家在股市中持续捞金，不亦乐乎。

什么是情绪周期？情绪周期大致是这样的循环路径：

（1）情绪冰点；

（2）激进资金试错新题材；

（3）新题材板块开始上涨，板块龙头出现；

（4）上涨空间扩大，五板以上，市场龙头出现；

（5）情绪沸点，板块高潮；

（6）市场龙头见顶；

（7）退潮；

（8）市场空间板压缩；

（9）情绪冰点。

……

这个阶段当中还存在一致转分歧、分歧、分歧转一致等小阶段，越强的情绪周期，其小阶段越多。

情绪周期处于向下阶段，也即所谓的亏钱效应主导阶段，则任何短线上涨都是反弹，即便出现情绪冰点，抄底后也要见反弹卖出，不要奢望"穿越"走势。

情绪周期处于上升阶段，也就是所谓的赚钱效应主导阶段。

情绪上升阶段初期**试错强势股和预埋题材**，这个时候情绪周期已经止跌了，而且处于企稳盘整阶段。上升初期有题材热点的话，不一定能够打开上涨空间，带动指数上行，这就存在不确定性。但是，下跌的空间也非常有限，风险可控，因此埋伏可能是这个阶段比较好的占优策略。怎么埋伏呢？可以根据题材时间线，比如一些重要会议、政策的预判，可以进行一些推断，对一些题材进行预先挖掘，这就是埋伏和试错。如果底仓被行情证实了，那么就可以加码。

情绪主升阶段**持续做强势股**，围绕主流板块的龙头和中军、次主流板块的龙头操作，后排跟风股的套利尽量不参与。主升阶段，指数的成交量显著上来了，风生水起。这个阶段我们要选择那些强势板块的强势个股。主升阶段，增量资金来了，而不是存量博弈。量能大，机会才多。人气标的是这个阶段博弈的关键，做人气个股的主升浪是暴利的源泉。人气标的，藏风聚气，有题材做催化剂，有量能护体，是投机客在股市中获取利润的法宝。

情绪下降阶段，尽量减少操作，可以尝试在**情绪绝望点做超跌反弹**。即便是做短线投机，也不要每天都交易。哪怕是高频交易，大奖章基金的西蒙斯也有主动关闭系统的时候。偶尔轻仓在冰点参与超跌板块当中的超跌个股，一般次日就要走。在情绪下降阶段，不要幻想什么"穿越"走势，在超跌个股里面选择标的，次日不论盈亏都要尽快离场，即便被套了也不要补仓或者硬抗，把仓位暴露风险降到最低程度，缩短持仓时间。

那么如何确定"超跌"呢？从两个维度来确认超跌：第一个维度是指数，大盘指数持续下跌一段时间之后出现了远离 5 日均线的大阴线；第二个维度是板块，某一板块持续下跌后出现了集体杀跌的大阴线，当日 TR 是 ATR 的两倍以上。将这两个维度结合起来就可以确认超跌的买入机会和范围。

除上述方法外，还可以结合情绪冰点等维度确认超跌抄底时机，这就是"当机"的问题。

超跌个股如果继续创新低，那么前期强势股极可能会补跌；如果超跌个股企稳，那么前期强势股可能跟着企稳。

情绪周期除上升阶段和下降阶段外，或许还有高位震荡和低位震荡的阶段，但是区分起来比较困难，而且实际操作中的重要性没有上升阶段和下降阶段那么显著。

情绪上升阶段是贪婪不断加速行情上涨的阶段，这是暴利的重要来源。上升初期，有一部分市场参与者开始挣钱了，榜样的力量会吸引更多人和资金参与进来，这就是赚钱效应的扩散。新开户的人数增加了，新增进场资金多了，加仓的资金也多了。赚钱的示范作用引发了羊群效应，而题材则进一步加强了参与者的信心。

情绪上涨阶段当中题材扮演了重要的催化剂角色，题材推动了行情的演化，共识预期在分歧和一致中交替变化。

赚钱示范效应越来越强，市场变得越来越亢奋，似乎任何风险都不存在，任何下跌都是买入机会。当市场一边倒的乐观时，共识预期高度一致，高潮来临，然后即是退潮"大面"。这个时候就进入了情绪下降阶段，退潮期。

情绪下降阶段是恐惧不断加速行情下跌的阶段，这是爆亏的重要来源。情绪下降初期，大家要处在此前的上涨惯性预期之中，市场的反弹也强化了这种思维惯性。不止损，死扛加大了亏损的幅度。重仓抢反弹，频繁操作也是这个阶段最容易犯的错误。情绪下降阶段，参与者群体会经历从幻想、怀疑、犹豫到绝望的心态变化过程。刚开始的时候会抱着市场是回调而非反转的幻想，期待市场止跌回升。

接着，随着行情持续下行，开始怀疑上涨行情是否结束。然后，伴随着亏损扩大，开始犹豫是否离场，因为害怕亏损会进一步扩大。最后，当亏损达到极致时，参与者开始变得绝望，这个时候可能涌现大量的"割肉盘"，行情开始筑底。有些交易者认为主力在盯着自己的操作反向运作，其实大资金并不是盯着某个具体的散户，而是在随时关注整个散户群体的情绪变化和仓位变化。顶尖高手，不管是做题材投机的，还是做价值投资的，都擅长借助极端位置的市场情绪为自己提供绝对优

势，在贪婪的时候卖出风险，在恐惧的时候买入机会，心宽着眼于整个市场格局，自然超乎常人。

情绪周期根据规模和幅度来看大致分为强周期和弱周期两类。

情绪强周期往往是由较大的逻辑和题材驱动的，赚钱效应相对较强。这类周期会先走出一只打开市场高度的空间板龙头，为整个板块的热络撑起一片天。板块效应显著，各种切换、助攻、卡位、跟风和补涨动作。虽然其他个股的涨幅很少超过空间板总龙头，但是整个板块的赚钱效应明显，直到龙头倒下，个股大面积跌停，情绪进入退潮期。

情绪弱周期通常由较小的逻辑或者题材驱动，赚钱效应和板块效应都相对较弱。弱周期当中，可能存在若干个小题材，热点散乱，市场玩家对题材和逻辑的认可度存在分歧，无法形成足够强大的合力，因此赚钱效应持续时间较短，空间高度有限。

指数周期比情绪周期的时间框架要大一些，**当两者同时处于向上阶段时，赚钱效应最好；当两者同时处于下降阶段时，亏钱效应最大。赚钱效应好的时候，要全力参与，敢于持仓，接力和反包都可以参与；亏钱效应主导时，尽量不操作，不参与**，实在忍不住可以在情绪冰点抢一下反弹，次日离场。赚钱效应主导时，做热点为主；亏钱效应主导时，做超跌为主。周期向下，行情不好的时候，个股确定性低，胜算率和风险报酬率也低，这个时候短线投机客容易采取撒大网的做法，但这样其实风险更大。

当市场位于赚钱效应和亏钱效应之间的混沌阶段时则可以轻仓参与一些试错：**如果指数周期向上，情绪周期向下，则可以在情绪冰点尝试买入，持仓等待卖出；如果指数周期向下，情绪周期向上，则可以在情绪冰点尝试买入超跌个股，次日卖出。**大盘或者指数向下的时候，肯定不能承担不成比例的风险去持股或做接力，反包也是不行的。这个时候遇到跌得非常惨时，出现情绪冰点了，可以轻仓做一把超短线，次日就要开溜，不能持股待涨。两者同时下行的时候，要耐心等待机会的出现，空仓是唯一选择。导致空仓的情况大致有三类：第一类是指数周期和情绪周期同时向下，这就是系统性风险；第二类是交易系统出现持续异常亏损，且幅度较大；第三类是自己采纳的技术策略没有出现买入和持仓信号。

当机会出现时则要果断出击，有万夫难挡的勇气进击。这是短线投机的思路，不是价值投资的思路。但是，两者同样注重周期或者说风险机会的时间分布。要让规则引领操作，让操作引领情绪，而不是反过来让情绪牵着操作走。

　　从周期的角度来讲，什么位置最危险呢？情绪沸点和指数周期的高潮点，情绪沸点是超短线的高点，而指数周期的高潮点则是中线的高点，当股神遍地的时候，什么交易策略都危险，不管是打着"价值投资"的旗号还是喊着"题材投机"的口号。

　　当然，我们这里给出了一些决策纲领，而不是教条。每个人都有自己的操作思路，但更重要的是接受市场实践的检验，多思考不同周期条件下的成功失败例子的特征，找出有用有效的规律。在这个过程中，肯定是一个先繁复后简约的过程。刚开始找出来许多理由，但未必是真正起作用的东西，这就需要继续实践来剔除无用的东西，化繁为简，去粗存精，去伪存真，由博反约。操作一定要保持简单化，干净利落。

　　观察情绪周期的具体方法有很多，下面介绍一些。

　　第一种方法是跟踪昨日上涨股票的整体表现。比如昨日涨停指数，或者昨日涨幅前 50 名股票的整体表现，等等。这个指数体现了动量交易玩家或者趋势跟踪玩家的盈亏表现。如果此前上涨的股票，接下来继续上涨，那么就能刺激动量交易风格延续。动量交易玩家们就会重复追涨买入的行为，这形成了赚钱效应扩散，情绪周期上行阶段就会继续。

　　相反，这类指数下跌，那么动量交易者就在亏钱，追涨的行为被惩罚，亏钱效应扩散，情绪周期下行阶段就会继续。

　　第二种方法是跟踪昨日下跌股票的整体表现。比如昨日跌停指数，或者昨日跌幅前 50 名股票的整体表现，等等。这个指数体现了均值回归交易玩家或者超跌抄底玩家的盈亏表现。如果此前下跌的股票，现在出现了止跌回升，那么就能刺激抄底行为，指数周期极可能从下跌阶段转为上行阶段。

　　相反，如果这类指数下跌，那么抄底玩家就会亏钱，抄底的行为会被惩罚，抄底操作减少，指数周期和情绪周期继续下行。

　　第三种观察情绪周期的方法是成交量，成交量体现了人气，除大幅上涨后的天量外，显著放量体现了"藏风聚气"，代表人气充足。无论是大盘、板块，还是个股，成交量持续放大才代表短线机会，代表赚钱效应。**有经验的投机客通常会让自己的仓位与市场整体成交量保持一致**。成交量低的时候，通常亏钱效应显著，轻仓少操作；成交量高的时候，通常赚钱效应显著，重仓多操作。价格和价格指标相对成交量而言没那么重要，后者体现了人气和玩家心态的变化，值得花工夫去揣摩。有些极端的投机客，除成交量外，什么技术指标都不看。毕竟，成交量体现了持币

者和持筹者的立场变化，体现了情绪周期阶段特征。而股市的本质之一就是持币者和持筹者之间的博弈场所，作为参与者我们必须认真揣摩他们的立场和预期，然后选择胜算较大的一方阵营。得市场心者，得天下。

第四种观察情绪周期的方法与涨停板数据有关，比如涨跌停数量、连板个数、炸板率、回封板率等。

谈到情绪周期，就不能不单独介绍一下冰点与沸点，特别是冰点。情绪冰点，简称"冰点"，是短线投机客经常提到的一个术语。冰点是极佳的买入时机，只要指数周期或者情绪周期中的一者处于上升阶段，那么冰点都是买入的绝佳时机。

龙头股与妖股容易诞生在冰点，在冰点这个节点启动，特别是在超级冰点。

比如 2022 年 8 月 2 日这天就是一个超级冰点，当日收盘时上涨家数只有 403 家。芯片题材的大港股份当日涨停启动，开始其龙头之旅。有知名游资在 8 月 8 日重仓杀入，加速了整个行情（见图 4-1）。因此，炒股也是"看天吃饭"，不是天天都有龙头股启动，哪些时间窗口容易诞生龙头股和妖股，我们心里一定要清清楚楚，明明白白。

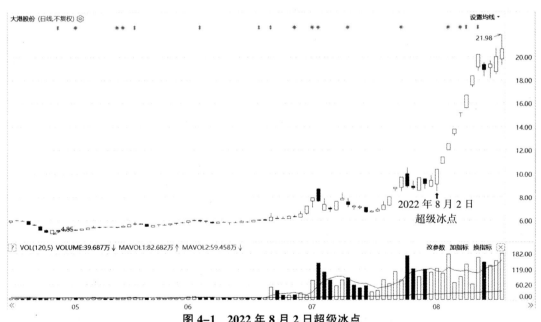

图 4-1　2022 年 8 月 2 日超级冰点

资料来源：通达信，DINA。

冰点，特别是超级冰点就是这样的时间窗口。一旦在这样的窗口出现了恰当的个股，无论是题材逻辑，还是技术结构上都符合，则应该重仓买入，哪怕隔日追高、打板、顶一字也要买入，这个时候就不要有恐高症了。

但是，如果在情绪沸点重仓追高或者打板"杂毛股"，则相当于自杀。那么，如何具体判断情绪冰点出现了呢？情绪冰点有哪些特征呢？下面我们就来聊聊其中的细节。

第一，昨日涨停指数下跌，且触及5日移动平均线。常见的股票行情软件中都可以看到"昨日涨停指数"，比如东方财富和通达信等。

第二，上涨家数低于1500家。当然，为什么不是1200家或者1000家，这是一个当下的经验参数。随着上市公司家数显著增加和退市常态化，这个经验有必要定期修正。

第三，打板成功率低于30%。

第四，市场舆情一致看空，说明空仓的人很多，大部分资金在观望，持币者多于持筹者，这也是一种冰点，根据一致看空的程度可以区别冰点的级别。在价值投资大师邓普顿看来，如果极端悲观点出现了，则意味着重仓出击的机会来了，这就是情绪超级冰点。对于短线投机客而言，超级冰点要特别关注，但是短期冰点也不可错过。冰点时，持币者达到了极致，这就是意味着对筹码的潜在需求阶段化最大了。场外资金变得充裕了，一旦出现价格回升，那么资金就会迅速流入推动行情持续上升。退潮后冰点，恐惧心理得到了阶段性释放，做空动量极大地缓解了。"割肉"的人现在持币了，一旦否极泰来，行为金融学提出的"后悔心理"将推动他们进场买货。

冰点后的上涨要看量能，如果放量不显著说明进场的资金少，看反弹而不是反转，那么次日开盘离场的必要性就很高。缩量上涨，是供给减少主导的；放量上涨，是需求增加主导的。

无论是指数周期还是情绪周期，乃至于情绪冰点和沸点，对它们的判断也是动态修正的，这就是一个贝叶斯推理过程。根据新的信息，特别是与判断不符的新信息以及异常值对判断和信念进行修正。这个过程可以量化和某种程度的自动化，但这不是本系列丛书的要旨，感兴趣的学习者建议进一步阅读《股票算法交易的24堂精品课》一书。这本股票量化和算法专著将涉及神经网络、贝叶斯推理、强化学习、支持向量机、随机森林等学习算法以及惩罚回归等一般算法在股票交易中的实践和运用。为什么极少数人学习得更快，比如著名的人工智能之父和诺贝尔经济学奖获得者赫伯特·西蒙？因为他们的学习路数非常接近几大著名的学习算法和神经科学原理。

实际上，许多顶尖短线投机客的思路都很接近几大学习算法，比如贝叶斯推理等，他们善于根据各种信息动态地调整自己的判断，并基于凯利公式的原理对仓位进行动态调整。著名游资"炒股养家"在谈到 T 交易的时候指出："我觉得不是为了做 T 而做 T，当中的加仓和减仓是依据我对市场变化后，受益风险重新衡量后的决策……当机会偏大的时候加仓，风险偏大的时候减仓，如果有更好的标的就换仓……"这就是一个利用贝叶斯推理修正认知，进而基于凯利公式调整仓位的过程。

交易首先是一门科学，暂时没有弄清楚的部分才是艺术。如果你将交易一来就当作艺术，则很难获得可操作性和可证伪性，自然也就很难基于反馈进行具体的修正。

讲到周期，不得不提左侧交易与右侧交易，周期与交易位侧的关系是什么？左侧交易选择周期下跌阶段末期买入，右侧交易选择周期上升阶段早期买入。就 A 股短线交易顶尖选手的习惯而言，他们多选择以右侧交易为主，90% 的情况都是右侧交易，只有 10% 的时候选择左侧交易。更为重要的是左侧交易大多数情况是轻仓，而右侧交易则仓位相对更重。什么时候建立仓位，建立多少仓位，什么时候减仓，什么时候平仓，都需要考虑周期的问题，并不是越早越好，也不是越快越好，而是在最恰当的阶段来完成。先秦的左丘明在《国语·越语·越兴师伐吴而弗与战》一文中说："得时无怠，时不再来，天予不取，反为之灾。"西汉文学家刘向在《说苑》中也有一句类似的名句："天予不取，反受其咎；时至不迎，反受其殃。"股票交易的命门不在个股的技术指标，而在这个"恰当的周期节点"上，这就是大局观，这就是"格局"的本质。

第二节　赚钱效应和板块效应

指数周期和情绪周期的上升阶段叠加带来了赚钱效应，赚钱效应的载体和主体是板块效应。"乘势"具体而言是乘"板块效应"，在特定板块中赚取超额利润。

什么是板块效应呢？板块中不同的个股扮演不同的角色，相互配合和支持，这就是板块效应。板块效应必然带来赚钱效应。

那么板块中究竟有些什么角色呢？龙头、助攻、跟风、卡位、中军和"活口"是经常会提到和分析的角色，此外还有龙一、龙二、龙三、卡位龙、总龙头、空间龙、老龙头、分支龙头、挡刀、后排、前排等说法。

第一个角色是龙头。龙头股充当了领袖群伦的角色，它是大盘和板块的灵魂与风向标，聚集人气。所谓"寻龙点穴之术"就是在寻找"真龙穴"，套用在龙头战法上也是如此。龙头带起了赚钱效应，带起了板块效应，借着题材和逻辑的驱动力，乘势而上，不断打开获利空间，为其他个股的参与者提供了套利机会。**题材投机的核心资产就是新题材的板块龙头股，我们的一切操作都是围绕它展开的。**

通常而言，一波大题材驱动的行情会分阶段展开，每个阶段有一个龙头。在阶段之间的过渡时期，则存在新老龙头的切换。新龙头往往是大题材下面的新分支，如果一波题材找不出新意来，则很难继续下去，行情就结束了。

第二个角色是助攻。助攻属于前排，跟风属于后排。紧跟着龙头股涨起来的个股属于所谓的前排个股，它们让支持龙头股的上涨，助推板块发酵，提升题材的吸引力，提供板块内的套利机会。前排助攻个股的地位好比辅助"真龙天子"的大臣。

第三个角色是跟风。它们是板块里面上涨晚一步，最后才上板的一批个股，也被称为后排。当板块一致高潮的时候，这类个股也会跟风涨停，让板块效应达到新高度，但同时这类个股很容易一日游，往往只有一个涨停。这类个股对于短线投机客而言，属于不能久留之地，最多隔日套利。首板试错时，如果误入了跟风股，不要心存侥幸，要及时离场。

第四个角色是卡位。"卡位"又被称为"卡位龙"或者"挡刀"，先于龙头股涨停，而不是跟随龙头股涨停。卡位好比帝王的带刀护卫，它先于龙头封板，试探抛压，属于整个板块的当日风向标，卡位股先行探路，它涨停后如果封得很稳，没有烂板。这就表明整个板块仍旧属于热点，受到资金追捧，确认了处于赚钱效应中，这样龙头股上板的阻力就小，封板就是水到渠成的事情了，这就增加了打

关于板块，知名炒家"华东大导弹"有一番精辟的表述："复盘关注的重点，我认为还是关注板块，板块走到什么阶段？你对板块未来的走势如何看？赚大钱还是需要有板块支持的，复盘的关键是要理解板块当下走到哪个市场，四五个板块的走势里面，每个板块走到什么样一个位置，接下来哪个板块还会有空间，边际上还会有往上走的动力。"

当日情绪指标只能反映当日的情绪周期和赚钱效应，只有同时观察多日的指标走势才能更好地解读和预判当日的赚钱效应。最重要的是要把这些指标放到大势和周期上去理解，才能够真正掌握赚钱效应的本质。

板龙头股的胜算率和溢价升水。相反，如果卡位龙头开板了，烂板了，那就表明赚钱效应在衰退，情绪在退潮，板块效应在消退，围绕这个题材板块运作的资金在松动，这个时候打板龙头的成功率和溢价就显著下降了。卡位龙为打板龙头提供了一个预警，这就是卡位龙的研判价值所在。

第五个角色是中军。通常而言，龙头是游资票，中军是机构票。卡位龙是龙头的前锋，龙头则好比御驾亲征的皇帝，而中军则是总领事务的大元帅。中军是整个板块的压舱石和枢纽，中军不倒，行情不了。中军盘子大，容纳的资金多，机构参与其中，多以走趋势为主。板块内新老龙头交替之际，中军稳定了军心。中军没有倒下，则板块人气就稳住了。气聚则财至，中军就起到了藏风聚气的作用。如果中军倒了，那么行情就结束了。

第六个角色是"活口"。一波题材驱动的行情结束后，往往会留一只股票继续活跃，这就是所谓的"活口"，等待新刺激下的第二波或者第三波行情。

什么是板块效应？板块效应就是上述角色之间相互支持，相互带动，同时又相互竞争的关系。一个沉闷的板块，缺乏新鲜且有影响力的题材，缺乏波动，个股之间的关系松散，各自为政。一个存在赚钱效应的板块，必然板块效应显著。

上面已经谈到了板块内相互支持和带动的关系，下面谈一下板块内的竞争关系。为什么板块内存在竞争关系？因为资金是稀缺的，机会也是稀缺的，因此资金会对稀缺的机会展开竞争。**板块内部的竞争关系正是体现了资金之间的竞争、机会之间的竞争**。市场资金最终都会选择流向市场最强的龙头股，龙头股因此对资金存在虹吸效应。行情初期，热点散乱，几个板块都有点行情，随着竞争结果逐渐清晰，资金会放弃此前的大部分热点，往最强的题材板块上聚拢，强者越来越强，弱者越来越弱，这就是板块之间的竞争，个股的竞争也是同样的路数。

比如，龙头股与龙二、龙三存在竞争关系。龙头倒了，龙二和龙三除非能够卡位成为新龙头，否则只能跟着一块儿倒。其他股倒下了，最后还有龙头股，但是如果龙头股倒了，那么除"活口"外，几乎无幸存。通常而言，中位股是最先倒的，龙头股是最后倒的。也就是亏钱效应往往是从中位股开始的，最后蔓延到龙头股上，因此买龙头股的安全系数最高。

第三节　打板的时机和寻龙点穴

什么时候打板是最好的时机呢？**在指数周期下跌阶段接近尾声或者上升周期初期，情绪周期也处在底部的时候，叠加冰点最好，这个时候容易打板上车"真龙"。**

许多A股交易者将涨停最早、封板最硬、连板最多的看成龙头，但加速一致的强势不应该是龙头个股的核心特征，或者说加速一致性其实是补涨的主要特征。

在每一次周期转折点附近，市场基本都会有多重题材表演和竞争，这个时候脱颖而出的板块和个股值得我们关注。**龙头启动的时候必须爆量，必须是新题材，这是"藏风聚气""风生水起"之象。**打板的风险是普遍的，因为你的成本是当天所有买入者中最高的。在涨停价买入，因为你当天的收益率是0，但是面临的最大风险却是–20%，也就是天地板，从涨停价开板跌到跌停价。正是对这些风险缺乏管理能力，使绝大多数人惧怕打板。许多人说打板的最大障碍是恐高，其实这是错误的。恐高是自我保护，这是对风险的提醒，对我们的生存是有利的本能。关键不在恐高，而在于你如何管理真实面对的高风险。心态好不能代替技术高。要克服这种心理障碍，要靠具体的技术和能力，而不是虚无缥缈的心态自我暗示。

在周期、逻辑和结构符合的前提下可以进行首板试错。

新题材出现的时候往往会出现板块内的涨停潮，当天通常会出现五个以上的涨停个股。首板怎么试错呢？每日收盘后要对各种重要信息进行分析，找出可能的新题材，将相关板块个股放到特定的自选股板块中，次日从集合竞价阶段就要对板块内的个股进行观察和跟踪，看盘面有无反应。可以分仓试错最先接近涨停的三个个股。

打了首板之后，次日集合竞价之前，打板客必须对板块的持续性进一步做判断。如果板块延续强劲走势，板块效应就比较明显了；如果板块和个股竞价不普遍不及预期，则板块效应和赚钱效应低于预期，这个时候应该及时离场，至少平仓一部分。打板对风险报酬率有基本要求，如果上涨持续性不及预期，就没必要继续持仓了，应该及时离场，将仓位留给其他新兴机会。

一进二比较关键，通常确定龙头是从第二个涨停板开始的，这个时候潜在龙头开始浮出水面。板块能否持续走下去，这个新题材能不能刮起一阵旋风，也是这个

板块龙头股的涨势要持续一段时间，起涨的两个板，整体而言是放量比缩量好。只有足够充分的筹码交换，才能让更多的持币者和持筹者有参与热情，然后带来板块效应，所以两个涨停板放量走的高度往往意味着更高的后续空间，也更健康。相反，如果起涨两个板是缩量的，则意味着很多人一致看好这个股票，导致较多的人锁仓，由此导致后续高度有限。就算是第三天涨停了，也容易面临获利筹码抛压增加的情况，当然也就很难出现第四、第五日的接力涨停。

阶段需要关注的。如果新题材在一进二这天至少有三只以上个股走出了两个连续涨停，同时还有一批跟风股上涨，板块效应具足，那么这个新题材就能够继续走下去，引领一波行情。

通常一个题材板块中能够一进二的个股也就四只左右。因此，这个时候观察板块中率先第二板的个股。如果试错的首板股没能买入率先接近二板的个股则要换仓打首个两连板个股。

二进三就是确立龙头的时候了，这个时候后排的跟风个股开始与板块龙头拉开距离。进一步涨停的个股都是资金看好的个股，市场上的资金开始向这一强势板块和其中的强势个股聚集，优胜劣汰。弱的板块和个股更弱，强的板块和个股更强，资金充裕的板块更能吸引资金，马太效应增强。板块内能够成功晋级三板的个股就成了所谓的高标股，在某些市况下甚至是空间板和情绪标杆。

龙头往往会从三板走到五板高度，这就是通常所说的"有三必有五"。大多数题材发酵到第五板也就到顶了，一般板块内的强势个股也只有两只左右能够走到第四板，能够走到第五板的个股往往就只有龙头个股了。五板是一个坎儿，分歧最大的节点，五板就是所谓"高手卖出龙头"的节点，因为这个时候分歧大，成交量大，大资金容易出货。盘中出现分歧然后转一致，也是一种超预期的弱转强，这个时候可以继续持有，甚至买入，因此这个时候龙头继续向上、打板升水的概率很大，这就是所谓的**"分歧买龙"**。在分歧中接受市场竞争的考验，才能进一步确立其市场龙头的地位。股市并没有机械的结构，结构背后的博弈机制才是不变的本质，因此有些大资金就喜欢高位进入，瞧着此前的大资金出来了，盘子干净了，就会进去借力，比如欢乐海岸这类游资。这也是利用预期差的策略，大众预期之外才能有超额利润。一旦大众形成了强烈的一致预期，那么游资就会变化策略。

　　五板分歧这是共识预期，五板分歧后弱转强，这是预期差，超预期了。五板往往是板块顶，突破五板就打开了网上的空间，此后就是空间板的高度了，结构和技术形态就没那么好用了，周期和逻辑显得更加重要了。因此，**对于打板的时机而言，第二板和第五板是最为重要的节点。二板定板块龙头，五板定市场龙头**。打板时机要放在指数周期和情绪周期中来确定，要结合板块效应、题材逻辑和技术结构，试错和修正是不可避免的。

　　五板到五板之上，我们要做接力，要打板就需要考虑更多因素，毕竟风险增加了，如果潜在收益上不去，就不能获得一个合理的风险报酬率和胜算率。当股票从第五板往上走的时候，我们就不考虑估值的问题了，而是要考虑周期和人气，考虑监管方的态度，考虑换手的问题。

　　打板时机是重要的，这个要看周期、逻辑和结构。此外，还要看里面资金的性质。游资股和机构股在涨停后的走势有显著的差别。游资股可以追高，机构股则适合低吸。市场上持续飙升、高开高走、大开大合的连板股绝大多数都是游资股。机构股很少涨停，偶尔涨停后容易回落整理。因此，打板除看时机外，还要考虑里面资金的性质，游资股不能套，打板游资股后遇到回落要及时离场，否则会被深套，打了机构股后遇到回落调整时不要急于离场，否则刚好踏空上行走势。关于打板和龙头股的全面解析及讲解，请进一步参考《题材投机5：涨停板、主流与寻龙点穴》这本专题讲义。

　　鲁莽、缺乏足够经验的交易者在情绪退潮期接力高位连板个股，通常也是他们主要的亏损之源。

持筹者和持币者的底层逻辑

　　牛股都有牛股的基因，从盘子大小、筹码分布、形态、题材和当下风口综合考量。筹码主要用来更好地理解成交量。什么叫突破带来趋势交易者的入场？首先要有一定的中长线资金锁定筹码，再配合未来一段时间市场认同度比较趋同的理念，比如手机支付，这才是突破带来趋势的交易者。筹码结构怎么分析？根据成交量、股价走势、股东信息综合分析。

——邱宝裕（A神）

　　股票就是筹码交换的游戏。所谓的逻辑和基本面，就是用来骗取更多接力筹码的"吹票"手段。我们看透本质的唯一做法，只能是在接力的时候，一定要看这个故事是否有更多的人来接盘。股票本质就是讲故事，然后卖给信故事的人。小资金讲小故事，大资金讲大故事。有的周期短，有的周期长而已。本质没有多大区别，循环往复，亘古不变。

——92科比

　　股东类因子的潜在有效性可以基于投资者的行为进行推演，一般而言，当某只股票的股东数在一段时间内呈现持续下降的趋势时，其通常被认为是主力资金在逐渐收集个人投资者手中的筹码，等吸收到的筹码足够减轻未来的抛压时，则未来股价拉升存在的阻力便会减小，股价倾向于在业绩改善、题材驱动等事件影响下迎来上涨；反之，当某只股票股东户数呈现不断上升的趋势时，则大概率面临主力资金逐步止盈出场的境地，未来股价拉升动力下降，股价未来倾向于走弱。

——魏建榕

第一节　筹码与股票的双重属性

投机与投资相对，投资基于价值，投机基于筹码。筹码的本质在于博弈。题材提供了一个博弈机会，因此题材投机就是基于题材营造的格局进行筹码的博弈。在筹码结构面前，题材逻辑和周期主线是乘数加持力量，如果市场能量不足，那么更为稀缺的资金只会沿着阻力最小的路径才能前进。筹码结构奠定个股的博弈生态，对于投机而言，筹码结构的优先级要高于逻辑，筹码结构不好的话，则逻辑再纯正也很难走出有高度的短线爆发。筹码结构优良是一个必要条件，筹码结构优良个股不一定有好的短期表现，但是筹码结构差劣则大概率无法走出较好的短期表现。我们反复强调周期、逻辑和结构，这个结构很大程度上可以简化为筹码结构。无论是价量还是成交量，最终都可以解构为筹码结构。题材人气个股的起涨需要建立在逻辑、情绪周期和筹码的基础上，但是随着"化妖成龙"，股价越来越高，筹码博弈的作用就越来越大。这时候情绪和筹码变成最重要的因子，而逻辑则排到了次要位置。要判断龙头股和妖股能否继续上涨，还能不能参与接力，更多要靠筹码的判断，特别是独立于大盘和板块上行的妖股。

有一位无名大咖曾经对我说："从筹码角度讲，短线标的的上涨靠的是筹码交换，也就是通常说的换手（率），这就是为什么一字板的标的大部分时候都干不过换手的标的；而中线、长线标的的上涨，靠的是锁筹，大资金通常会在底部收集筹码，减少标的的流通盘，再通过少量资金拉升使个股上涨。"

现在的小游资特别喜欢"核按钮"，缺乏大资金接力的话，个股筹码结构不稳定，则很容易"大面"。高位人气标的，辨识度高，成为"明牌"后，筹码分析就成了制胜的关键。

在本节，我们先从"股票的双重属性"谈起。我们提出的"股票双重属性"命题认为股价具有"价值属性"和"筹码属性"。

为什么同一家上市公司的股票在 A 股市场和 H 股市场

之间存在这么高的溢价？因为在一个资本项目并未完全开放的市场当中，被蓄积起来的过剩流动性会追逐相对稀缺的资产，资产的筹码属性带来了更高的溢价。筹码的价格取决于供求关系而非内在价值，持币者愿意以更高的价格获得筹码，那么筹码的价格就会上涨，这与价值没有任何关系。持币者之所以愿意支付更高的价格，是因为他预期到还存在更高支付意愿和能力的持币者。

在 A 股的短线投机生态圈当中，流行着一个词——"溢价"。这是持筹者对股价上涨超过买入成本的口头语，而非金融学中的学术词汇。"溢价"一词体现了筹码博弈者对于持筹收益的预期，这也是持币者愿意转换成持筹者的主要原因，这是投机者的动力所在。对于投资者而言，价值被低估或者价值将增长，则是他们买入并持有的动力所在。投资者因为"低估"而买入，投机者因为"溢价"而买入。

如果股票仅仅具有筹码属性，那么当流动性枯竭的时候，筹码的价格应该趋近于零，但是这种情况并未出现。为什么呢？股票除筹码属性外，还具有价值属性。这就是股票的双重属性。

从股票定价公式来看，价值属性体现为分子因素，跟业绩有关。筹码属性体现为分母因素，与无风险利率和风险偏好有关。题材为什么与筹码关系密切？因为**题材带来了风险偏好的改变。**为什么我们认为筹码就是一种击鼓传花的接力游戏？因为**接力游戏或者说"庞氏骗局"的持续性取决于流动性充裕程度。**

可以再简单一些，**价值体现为业绩，筹码体现为流动性。业绩产生孳息，而流动性带来了溢价。价值与增量相关，主导的产业资本具有非零和博弈特征；筹码与存量有关，主导的金融资本具有零和博弈特征。**

流动性过剩时，或者说过多的资金面对较少的资产时，筹码属性占据上风。流动性不足时，价值属性占据上风。业绩不好的个股，在业绩没有太多变化的情况下，筹码属

《孙子兵法》讲求以正合，以奇胜。那么，价值属性就是正，筹码属性就是奇。大家都了解和普遍运用的东西就是正，这个时候只有出奇才能制胜。

性占据主导。因此，题材和流动性显著改变了分子项，没有业绩基础的小盘股反而成了题材投机的宠儿。

在 A 股市场上，收益率最高的机构投资者往往是此前游资出身的敢死队成员，为什么呢？因为他们非常重视股票的"筹码属性"，这是科班出身的基金经理最为欠缺的。主流金融理论和投资学说花了几乎全部篇幅来论述"价值属性"的分析和运用，却对"筹码属性"嗤之以鼻，直到行为金融学的出现才逐渐改变这一局面。

股票具有价值和筹码双重属性，正如我们在《原油短线交易的 24 堂精品课》中提出的原油双重属性——"资产属性和商品属性"，那么对该标的价格波动的分析就会变得复杂起来。无论是筹码属性还是资产属性，其实都由三个因素决定。换言之，一个标的能够成为筹码或者资产，其筹码属性或者资产属性的强度取决于下面三个因素：

第一个因素是供给在时间维度上的刚性，增加单位供给所需要的时间越长或者说单位时间内能够增加的供给越少，则筹码属性越强。极端情况下，我们假设供给需求是垂直的（见图 5-1），无论价格如何上涨，能够提供的供给量都是固定的。筹码数量越有限，筹码供给在时间维度上

黄金具有三重属性，分析起来比股票和原油还要复杂。

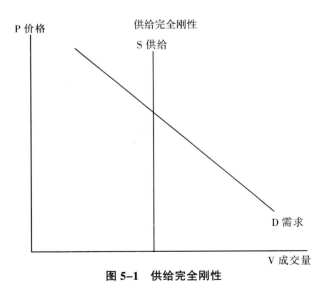

图 5-1　供给完全刚性

资料来源：DINA。

越具有刚性，则需求的边际变化就很容易导致价格显著波动。

相反，如果供给是完全弹性的，也就意味着产量和供给可以迅速响应需求，以至于价格无法上涨（见图 5-2）。

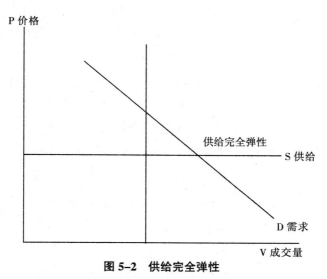

图 5-2　供给完全弹性

资料来源：DINA。

现实资产和筹码的供给特性介于上述两种极端情况之间。股票作为一种筹码，其筹码属性的强弱取决于供给刚性程度，注册制、退市制度、IPO 节奏等增加筹码供给的动作直接影响了股票的筹码属性。小盘股和低流通市值股比起大盘股和高流通市值股而言，其筹码属性更强，也是同样的道理。

2005 年之前，A 股的监管不是很规范，同时缺乏机构投资者，上市公司财务造假的法律成本很低，因此"庄股"盛行。"庄股"是人为大幅减少了筹码数量，增强了供给刚性，股票的筹码属性因此就非常强劲，居于主导地位。

题材投机圈子里面有一个流派被称为"筹码接力"，主要代表是曾经风头无二的"欢乐海岸"。"筹码接力派"基本上都操作流通市值在 50 亿元的小盘股，大多数在 20 亿元以下。这类股票的筹码非常有限，非常符合供给刚性的筹码特性，很容易短期飙涨幅度超过 50% 甚至翻倍。注意短期供给刚性的要点是流通市值，而非总市值。对于短线投机客而言，流通市值越小则筹码越少，很容易换手上去。

除通过流通市值估算筹码数量外，还可以通过历史最大成交量来估算。翻看一下目标个股历史的最大成交量，大致估算一下可以交易的筹码数量。

次新股为什么在熊市是最常见而且是最强势的板块呢？首先是因为次新股的流

通筹码是非常稀少的，上市时间短、筹码干净，新入场的大资金很显眼，潜在的抛压可以清楚预判，即便没有太多题材和逻辑，也符合筹码供给刚性的特征。第二，次新股上市当年业绩爆雷概率很小，因为新股上市经过了会计师等审核且新发行上市获得了资本会正面推动公司发展。因此，很少出现上市当年业绩就大幅下跌的情况。第三，次新股高送转的概率很大，因为上市前往往累积了高的资本公积，具有送股的基础，这也是一个经常被炒作的题材。

第二个影响筹码属性的因素是流动性。宏观流动性、股票市场整体量能、融资和加杠杆的条件、股东开户数目和入市资金数额、板块和个股交易量等，都属于流动性因素。流动性强，筹码少，则筹码价格上涨；流动性弱，筹码多，则筹码价格下降。持币者就是流动性的直接来源，持股者则是筹码的直接来源。股市钱多，则题材投机就容易赚钱；股市钱少，则题材投机就容易亏钱。因此，我们在前面提到的赚钱效应和周期其实与流动性关系密切，最直观的流动性格局就是大盘量能。量能充足，则主线清晰，热点持续性强，赚钱效应强；量能萎缩，则热点散乱，轮动速度快，缺乏持续性，赚钱效应差。

为什么 2015 年夏天 A 股的表现完全脱离了"价值"这个基础，连续集体跌停间或集体涨停呢？这就是双重属性当中的"筹码属性"占据了阶段性主导地位。

为什么当时"筹码属性"会占据主导地位呢？当时的暴跌主要是"大规模去杠杆"引发的流动性紧缩导致的。中国人民银行对股票配资交易进行清理是导火索。首先是 1∶5 的配资盘被清理，引起连锁反应，股价下跌进一步导致 1∶4、1∶3 以及更低杠杆的配资盘和融资盘被迫平仓，在暴跌中基金也被迫赎回，进一步引发去杠杆。流动性紧缩的时候，大家都在追逐流动性，由于跌停板的限制，许多垃圾股反而缺乏流动性，无法卖出，只能卖出没有跌停的优质股票，这就导致了优质股在背离"价值"的大背景

为什么美国金融危机的早期黄金往往也会大跌？因为需要流动性。

下大幅下跌。集体连续跌停使不少上市公司采取了技术性停牌的策略，这就减少了筹码。

其间"国家队"大举进场叠加各种流动性利好政策，股市又集体涨停，难道估值在一夜之间剧变？实际上恰好是大量停牌减少了筹码，同时叠加流动性充裕，使太多的持币者追逐相对较少的筹码，导致了集体涨停。

你从 2015 年股市的戏剧性波动发现了什么规律吗？**流动性是否宽裕决定了是"价值属性"还是"筹码属性"占据主导。如果说题材是"巧妇"，那么流动性就是"米"。没有流动性的支持，再好的题材也只是"无米之炊"的尴尬局面。**

我再说宽泛一些，**美元是否充足决定了国际金融市场上各种标的的筹码属性是否显著，赚钱效应是否充足。因为美元是全球金融市场的第一流动性来源。**

第三个影响筹码属性强度的因素是题材。**题材的作用是提供"溢价预期"。**题材投机的"题材"二字重点强调了筹码三要素的第三个因素，但实际上流动性和供给刚性也很重要，因为它们是题材发挥作用的前提条件。这就是我把供给刚性和流动性充裕放在前面讲的理由之一。**题材提升了风险偏好，起到了乘数的作用，但基础还是供给刚性和流动性，没有这两者，题材就是无源之水、无本之木。**

为什么大盘量能不足，比如低于 7000 亿元的时候，热点散乱，缺乏主线，市场高度被压制在三板以下呢？这个时候热点题材反而多，快速轮动，都起不了高度。这就是题材再多，缺乏流动性，也等于零。因此，我们在《股票短线交易的 24 堂精品课》里面开始的几节课里面花了很大的篇幅讲各种流动性，许多读者认为这跟短线关系不大，这就是没有看透股票的本质——"筹码和价值双重属性"。

我再简单理一下：**价值属性主要看两个因子：业绩预期和贴现因子，贴现因子可以分解为基准利率和风险溢价（风险偏好）。筹码属性主要看三个因子：流动性、供给刚性和题材（风险偏好）。**

关于美元的分析可以参考专著《帝国命门：美元周期的历史和解析》。

发现什么没有？**货币政策直接影响基准利率和流动性，风险偏好同时影响价值属性和筹码属性。所以，题材投机与价值投资其实存在共同影响因子。**

那么，同时具备价值和筹码双重强属性的股票是不是表现更好呢？比如 2019 年 7 月 15 日市共有 1548 只股票发布业绩预告（含中报、快报，预告以中值来计算）。根据两个条件进行选择：第一个条件是基于"价值属性"，要求净利润增幅超 50%；第二个条件是基于"筹码属性"，要求最新股东户数较第一季度末降幅超 3%。

最终有 54 只股票完全符合上述两个条件，其中 47 只股票年内实现上涨，40 只股票跑赢沪指，占比七成以上。具体来看，精研科技、亿纬锂能年内股价翻番；坚朗五金、杰瑞股份年内股价涨幅都超过 70%。另外，从涨幅前 20 只股票来看，12 只股票最新股东户数较第一季度末下降 10%，包括力胜塞车、冀东水泥、中兴商业等。

所以，我们**股价波动的底层逻辑**究竟是什么？我们提出一个大胆的设想：股票双重属性。可以进一步细化为以下几个驱动因子：

第一，流动性；

第二，供给刚性；

第三，风险偏好（题材、风险溢价）；

第四，基准利率；

第五，业绩预期。

无论你是题材投机，还是价值投资，都离不开魏强斌老师的这个五力模型。

第二节　筹码分布的结构和运用

交易最重要底层逻辑之一在于阻力最小路径。阻力最小路径的预判方法可以从周期、逻辑、结构、预期四个角度去思考，前三者属于"格局"，预期相当于对手盘思维，属于"玩家"：

第一，大众一致预期之外的方向就是阻力路径；行情在绝望中诞生；成交量越少，预期越一致。缩量回调就是一致的表现，大众一致看跌，因此没量，与下跌相反的方向就是阻力最小路径。

第二，存在预期差的地方就是阻力最小路径。

第三，大众分歧严重的方向就是阻力最小路径；行情在怀疑和争论中发展。成交量越大，分歧越严重。换手率越高，分歧越严重。

第四，重大基本面变化出现还未被充分吸收的方向就是阻力最小路径；重大基本面就是河床。

第五，让大多数持仓者亏损的方向就是阻力亏损方向。

第六，持筹者众，持币者稀，则持币是阻力最小方向；持币者稀，持筹者众，则持筹是阻力最小方向。物以稀为贵，少有人走的路才是阻力最小方向。众争之地勿往，久利之事勿为。

第七，与指数周期和情绪周期运行阶段一致的方向就是阻力最小路径。

第八，适度放量是阻力最小路径，天量和缩量经常是阻力最大路径。

上述八条是我们的交易精髓所在，其中不少与筹码结构有直接或者间接的关系。因此，理解筹码结构可以帮助我们更好地遵循阻力最小路径的底层逻辑。

理解筹码有许多角度，最简单和直观的角度是从筹码分布指标入手。这比较适合初学者从持筹者的角度理解股价的波动。"筹码分布指标"的全称是"流通股票持仓成本分布"，反映**持筹者在不同价位的持股数量。筹码理论的诞生与K线一样，完全是东方博弈智慧的结晶，它打破了以往技术分析体系都是海外舶来品的历史**。这个指标是根据单位时间内的卖出比例与持有时间和盈亏比例的关系计算出来的，它仅是一个基于概率思维进行统计的公式，并不是一个精确的判断筹码发布的计算方法。在绝大多数股票行情软件当中都存在这个指标，可以在K线图右侧窗口的下方找到它，比如通达信软件，在K线图右下角有一个"筹"字按钮，点击后就出现了"筹码分布指标"（见图5-3）。在通达信中筹码分布有几种表示方式，比如用直线来表达或者用彩色图来表达筹码。

资深投机客"薛定谔的黄老湿"形象而深刻地描绘了股市中的对手盘思维："游资埋伏、点火、拉升的动作完成之后，一看到量化席位参与拉升，第二天开盘营造完情绪后，一把全部出货。甚至当天看到量化扫单，当天就砸掉埋伏盘，直接不做了。等几天把量化洗完之后，再做……游资潜伏好，不管是预判逻辑趋势，还是动用各种自媒体和投资群的资源编造小作文，量化后知后觉参与尾部博弈的时候，游资早已举好镰刀准备收割了。"

股市的交易是一个持币者和持筹者的博弈过程。

图 5-3　通达信的筹码分布指标调用

资料来源：通达信。

筹码分布指标在 K 线走势图的右侧，当我们缩小或者放大 K 线走势图的时候，右侧的筹码分布图也会跟着缩小或者变大，但是并不改变其结构。只有我们选择不同时点或者修改参数之后，筹码分布结构才会发生变化。

除结构外，还有一个比率是比较重要的特征，也就是"获利比例"（见图 5-4）。位于当日收盘价上方的筹码是亏损的，位于当日收盘价下方的筹码是获利的，获利比率体现了持筹者现在的盈亏状况。当然，筹码分布筹码是一种近似的模拟，并不能非常准确地反映持筹者的盈亏。另外，需要注意以下三点：第一，因为筹码粉笔是以日 K 线为单位累计计算出来的，因此用日线分析筹码相对准确；第二，有送配股的股票必须用前复权填补缺口后，才能进行更为准确的筹码分布展示；第三，筹码分布指标也不能展示大股东的解禁股和长期不交换的股份。

筹码分布主要用来分析筹码结构，那么什么是向上阻力最小的筹码结构呢？上涨方向是阻力最小路径，需要筹码结构符合下列条件中的一条：

第一，高位筹码峰值和现价之间的距离足够远，意味着大量套牢盘远离现价，上涨存在足够空间。上涨过程中不会轻易触发套牢盘的抛压。

第二，没有明显的筹码峰值，筹码非常分散。筹码分布离散且没有巨量密集套牢区是一种优质的筹码分布结构。因为里面大多数持筹者都不是题材投机客或者打

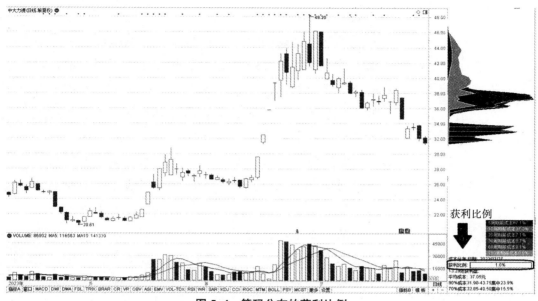

图 5-4　筹码分布的获利比例

资料来源：通达信。

板客，他们既不关心逻辑和周期，也不在乎仓位法管理和龙头战法。这类筹码分布没有明显峰值和密集区域的个股上涨不容易被大资金砸盘。

　　第三，筹码峰值在低位。主力低位锁仓，散户间或者主力间充分换手上涨过程中获利盘抛压少。股价大幅下跌后在低位较长时间震荡形成筹码峰值，如果这个峰值是大资金吸纳筹码形成的，那么这股资金往往不会股价刚一上涨就离场。这里"获利不抛"的资金与部分游资是不同的，前者搭台后，后者可能来唱戏。游资的抛压是比较凌厉的，比如炸板瞬间抛出的筹码大部分来源于这些资金，而低位筹码峰值附近进入资金相对来说更加具有格局，因此会在盈利比较丰厚之后才会考虑出场问题。相比较而言，游资则更加重视次日溢价。

　　第四，不存在限售股解禁和股权质押解除的短期减产风险。限售股解禁的持仓成本极低，大股东在二级市场兑现利润是不计成本的，比如 2019 年很多龙头个股最后就倒在了限售股减持上。因此，作为题材投机客要注意龙头是否近期有限售股解禁或者股权质押解除。这是一把悬在龙头上的利剑。

　　第五，要注意个股的 10 大流通股，看机构占比多不多，因为机构经常在大涨的时候卖出，客观上起了砸盘的作用。流通股东构成简单明了，忌讳信托基金是流通股东。因为信托基金的行动具有很大的不确定性，游资对他们往往敬而远之。

　　满足上述五条之一，就意味着筹码结构具有向上的优势基础，也就是说筹码结构满足了大幅上涨的要求。

接下来，我们会从筹码的几种常见结构入手：筹码峰值、筹码断层和筹码一线。我们先来讲筹码峰值，在某个时点哪个价格水平上成交越密集，则这个价格水平对应的筹码就会出现峰值。这个峰值对应的价格水平就是一个关键点位，有支撑或者阻力的作用。

峰值附近的价格基本行为有四类：向上突破峰值、向下跌破峰值、回调到峰值、反弹到峰值。下面我们分别进行介绍，重在向上突破峰值。

第一类基本行为是向上突破峰值，大多数大牛股和黑马股都会出现这个特征。比如 2023 年 3 月 8 日上海电影向上突破筹码峰值（见图 5-5）、2023 年 5 月 25 日鸿博股份向上突破筹码峰值（见图 5-6）、2023 年 5 月 31 日冠石科技向上突破筹码峰值（见图 5-7）、2023 年 8 月 29 日华力创通向上突破筹码峰值（见图 5-8）和 2023 年 9 月 6 日蓝英装备向上突破筹码峰值（见图 5-9）。

以流通筹码的不同结构和动态为研判对象，通过持筹成本的变化规律，洞察主力大资金的踪迹和动向，进而对人气个股的短期变化趋势进行研判。

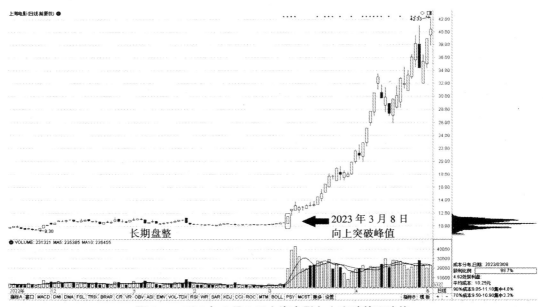

图 5-5　2023 年 3 月 8 日上海电影向上突破筹码峰值

资料来源：通达信，DINA。

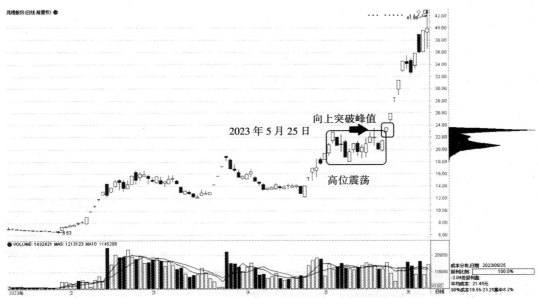

图 5-6　2023 年 5 月 25 日鸿博股份向上突破筹码峰值

资料来源：通达信，DINA。

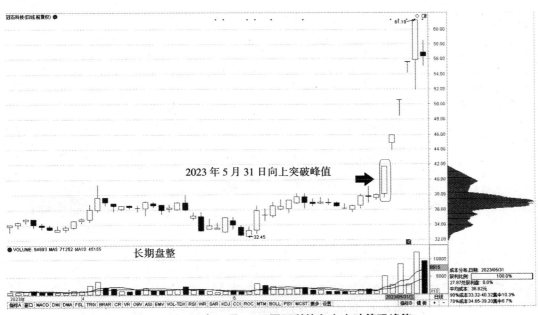

图 5-7　2023 年 5 月 31 日冠石科技向上突破筹码峰值

资料来源：通达信，DINA。

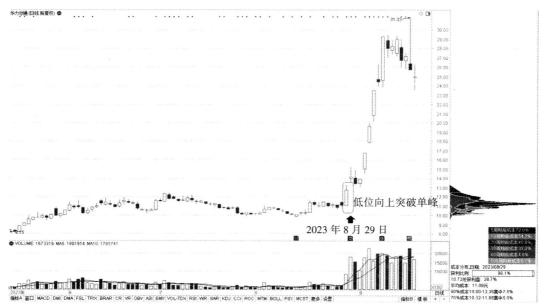

图 5-8 2023 年 8 月 29 日华力创通向上突破筹码峰值
资料来源：通达信，DINA。

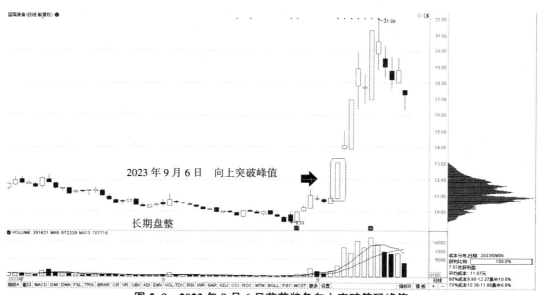

图 5-9 2023 年 9 月 6 日蓝英装备向上突破筹码峰值
资料来源：通达信，DINA。

当股价较长时间在某一价位附近震荡交投时，就会形成筹码峰值。这种震荡有可能是在大幅下跌之后，这就是低位的筹码峰值；也可能是在大幅上涨之后，这就是高位的筹码峰值。这种高低位区分只是相对此前一段走势而言，目前的股价在

"高位"并不意味着接下来不能创新高，目前股价在"低位"并不意味着接下来不能创新低。

为什么筹码峰值在现价附近容易出现大幅上涨的行情呢？

换手率高，筹码峰值就容易出现，平均持仓成本就接近现价，套牢筹码和获利筹码就非常少，上涨时的抛压就轻。换手率高，大资金才容易收集到筹码。大资金在较长时间的横盘震荡过程中吸纳筹码的同时，也充分消化了上方的套牢盘和下方的获利盘，将对手盘的持仓成本平均到目前价格水平，从而减轻了拉升的抛压。为什么换手出龙头，换手出大牛？都是一个道理。"吃独食"往往会把自己"埋了"，以为高位缺少足够对手盘来承接，这就是连续一字涨停板到了高位无法出货，因为中途没有"通气"和"换气"，最终遭遇连续一字跌停被"闷杀"。

当筹码峰值处于低位时，股价向上突破峰值是起涨点。低位筹码峰值是怎么形成的呢？股价从高位大幅下跌后不久筹码峰值往往还在高位。大幅下跌走势当中，如果高位筹码峰值并没有被消化，并且在低位附近形成新的筹码峰值，那么新的一波上涨行情就不会出现，除非处于低位的限价距离上方密集套牢盘非常远，有足够的空间可以开启新一轮上涨。**新一轮上涨行情的必要条件之一是筹码结构让上涨处于阻力最小路径上，这就要求上方没有大量套牢盘或者套牢密集区距离现在的价位有足够的空间。**

只有当股价在低位进行较长时间的筹码交换时，筹码峰值才会从高位逐步下移到低位。高位筹码峰值被消化，低位筹码峰值形成往往意味着低位的筹码密集交换发生了，这个是不是底部，不能只靠筹码分布和结构，还需要看周期和逻辑，以及对手盘思维。本系列讲义的其他章节主要就是讲逻辑和周期，以及对手盘思维。见底的量能特征是持续缩量，比如俗称"百日地量群"，但这也是表象，关键在于玩家是怎么想的？逻辑是不是反转了？周期是不是反转了？是不是成了主线的核心标的？

低位的长期震荡为大资金提供连带充分的筹码交换机会，这期间也是大资金等待大势和逻辑配合的窗口期。长时间的震荡，偶尔的虚假向下破位使持筹者逐渐动摇，交出筹码。同时，大资金也需要周期和逻辑出现有利于个股上涨的格局，横盘待机而已。峰值越大，则筹码交换越充分，此后上涨的基础就下来了。俗称"横有多长，竖有多高"，其实就是**"筹码交换程度制约行情幅度"**的形象说法。**行情发展的幅度，取决于筹码峰值的大小，这就是筹码最粗暴的视角。**简单来讲，筹码峰值越大，则向上突破后的幅度越大。

题材投机 2——对手盘思维和底层逻辑

当筹码峰值位于高位时，股价向上突破峰值是接力上涨点。之所以说是高位，不是马后炮，而是此前有一波显著上涨，接着股价进行高位横盘。**股价结束横盘之后，要么上涨，要么下跌，股价突破的方向有真有假，这个时候就要结合周期、逻辑和对手盘思维来分析。**

如果符合下述条件：大盘仍旧处于量能充裕的上行走势中；该股仍旧是主线板块的核心标的；筹码峰值已经从低位上移到目前价格水平附近；该股人气仍旧旺盛，**经常在同花顺或者东方财富人气排行榜前 100 看到它的身影，**那么向上突破的可能性就大很多。龙头第二波，甚至第三波往往具有这种特征。

无论是低位还是高位，向上突破筹码峰值的这根日 K 线就是起涨点，从"波幅收敛区"到"波幅发散区"的临界点。这根 K 线最好是倍量阳线，如果不是倍量阳线，缩量涨停也可以。什么是最强的向上突破形式呢？涨停突破！人气核心个股以涨停向上突破横盘平台和筹码峰值，突破后往往不会回调确认，而是连续涨停一气呵成走完第一波。

初始停损点一般就放在这根 K 线的最低价下方不远处，初始止损不破，则持股待涨。如果峰值突破买入后，股价大幅下跌破了初始止损点，理性交易者要做的就是止损。

上面就是向上突破筹码峰值的基本结构，优质的筹码结构只是增加了个股成为龙头的可能性，并不能作为唯一的"寻龙诀"。因此，**题材投机盈利不会简单机械地归结为一个"必涨结构"**，我们还要看一些其他要件：

第一，个股是不是强于大盘，这就是横截面动量是不是达标，可以看 RPS。特别是在大盘下跌的过程中，该股是不是强势横盘？

第二，所在板块是不是主线，是不是热点持续板块，该股是不是人气股，这是看情绪周期、赚钱效应和驱动逻辑。选择筹码峰值突破个股时，投机客必须考虑个股的题材和逻辑。个股只有与市场主流热点契合时，大资金才更

游资的目标个股要人气充沛，再则筹码干净。

有可能在短时间内向上突破走飙升行情。因此，个股向上突破筹码峰值短期内有真突破，就不要做与热点没有关系的低人气个股。

投机的题材主要是为了"师出有名"和"聚集人气"，给各路人马一个买入的旗帜和理由，以便"号令诸侯"，让分析师和自媒体大 V 能够打出一杆旗帜，给出一个名号。我们有三个要点：第一，着重短线的题材投机，对于逻辑不必太认真，主要看资金认可与否。第二，着重龙头个股和人气牛股的投机者，则要注重基本面逻辑。毕竟，溢价特别高的个股，除抱团妖股外，往往都有强大的逻辑支持，特别是年度十倍股。其基本面逻辑往往都是能够落地的业绩增量逻辑，包括政策利好、重组、资产注入、股权转让、高送转、技术突破、产品涨价、大订单等，而纯炒概念的题材投机后市溢价往往高度有限，不能期望太高，适合游击战术。第三，活在分歧，死于一致。如果大家都知道并且一直预期哪只票能涨停，必定不好。龙头能上涨，都是不断地制造分歧和弱转强，把散户赶下车。

第三，大盘量能如何，短期动量向上还是向下，这是看指数周期。大盘的成交萎靡，赚钱就难，当然水平高是你自己的优势，但客观条件差一些也要注意。指数周期在暴跌末期或者起涨阶段是比较好的人气龙头介入点，所谓的"龙空龙"战法往往选择大盘冰点或者起涨点介入新题材核心标的。

第四，峰值就是筹码结构当中最长的那条线，但是筹码结构可能有单峰、双峰和躲峰，而峰值就是这些峰当中最长的那一根线。我们优选单峰结构下的峰值作为向上突破的基准。

第五，向上突破峰值之前有一段长时间的横盘整理，这是一个飙升股必备的"地基"，属于结构范畴。连续涨停、涨幅大的龙头个股起涨前基本都是超跌以后长期横盘的。从筹码角度讲就是近期没有上涨过、没有潜伏盘。每

经过大幅下跌和低位长时间震荡之后，高位的筹码全部换手到低位，市场的筹码重新分布，形成新的筹码密集区，这样向上突破都抛压就少，要点就是筹码充分换手，平均持仓成本降低到现价附近。

日可以将横盘整理个股列入观察名单，比如通过同花顺"问财"按条件"1 个月波动幅度不超过 10%，1 个月涨幅大于沪深 300 指数，流通市值小于 50 亿元"搜索（见图 5-10）。

图 5-10 利用"问财"检索目标个股

资料来源：同花顺"问财"。

第六，突破当日最好有上龙虎榜，观察下席位的风格和习惯是不是有利于出龙头个股和接力上涨股。复盘当日涨停板的时候可以查看哪些个股正好向上突破筹码峰值，且龙虎榜上出现了有利的席位，比如 2023 年某些个股的龙虎榜经常同时出现三四个开源证券营业部，这些个股往往会走出高度板，属于"龙空龙"手法的极品操作标的。

第七，流通市值最好小于 50 亿元，这是历年翻倍股的典型特征之一，有大数据的统计基础。这是我们此前提到的筹码刚性的特点。小盘股更容易飙升，盘小基本上是题材投机的必要条件之一。

向上突破筹码峰值且符合上述大多数要件时，我们会进场买入。此后，我们可以根据价格和筹码峰值之间的关系来判断大资金的动向决定继续持仓还是离场观望。

筹码峰值如果仍旧维持在低位，也就是现价之下或者进场点附近，那么股价继续上涨的概率就比较大。在股价上涨过程中，位于进场点附近的峰值如果并未向上移动，那就意味着起涨点附近的主力大概率并未完全离场，仍然作为主要的持筹者存在，甚至还在中途加仓，这个可以通过分时上的脉冲量结合龙虎榜来窥探一二。筹码峰值仍在低位，意味着主力很可能并未在高位完成派发筹码的工作，个股上涨行情持续的概率很大。

在上涨过程中，除筹码峰值外，还会存在峰值稍低的其他筹码峰，这些筹码峰是上升过程中的筹码交换，属于洗盘性质的筹码峰，客观上提高了大多数玩家的平

均持仓成本，可以看作是阶段性的支撑位置。如果主力并未在高位完全派发筹码，那么这类次级筹码峰的最大值仍旧低于低位的筹码峰值。但是，如果高位现价附近的筹码峰成了最大值，也就是筹码峰值完全移到现价附近，则主力高位派发的可能性就很大了。

　　下面我们来看一个具体的实例，简单地从筹码峰值的维度对个股向上突破筹码峰值之后的博弈过程进行分析演示。作为当时新爆发的热门板块的人气标的，由捷荣技术引领的新周期主流题材华为产业链 8 月 30 日启动，启动时该股流通市值低于 50 亿元。2023 年 8 月 30 日捷荣技术向上突破筹码峰值（见图 5-11），相应的筹码峰值在 10.30 元附近，我们可以将其看作是聪明大资金的持仓平均成本。

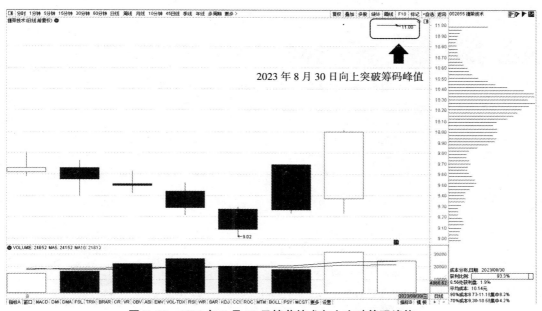

图 5-11　2023 年 8 月 30 日捷荣技术向上突破筹码峰值

资料来源：通达信，DINA。

　　2023 年 8 月 31 日捷荣技术继续一日涨停，这个时候筹码峰值仍旧在 10.30 元附近，这表明此前低位震荡地区介入的大资金此刻并未离场（见图 5-12）。当天该股上了"龙虎榜"，买入前五营业部里面有两个著名游资身影——"宁波和源路"和"西湖国贸"（见图 5-13）。"宁波和源路"有一个重要特征就是干预高位重仓做接力，而"西湖国贸"则是逻辑驱动高手，精通低位趋势牛股的起涨点买入。从这点出发，可以判断出捷荣技术这波走势大概率才开始不久。

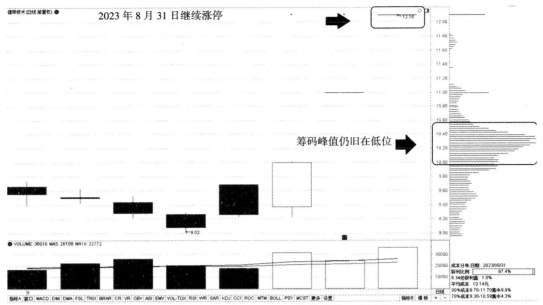

图 5-12　2023 年 8 月 31 日捷荣技术一字涨停

资料来源：通达信，DINA。

上榜历史	捷荣技术	12.10	10.00%	当日成交额4357.94万元	
	连续三个交易日内涨幅偏离值累计达20%的证券				
2023-09-14					
2023-09-13	买入总计：3530.28万	卖出总计：1237.87万		净额：2292.41万	
2023-09-11	买入营业部前五		买入	卖出	净额
2023-09-08	甬兴宁波分公司		984.70万	--	984.70万
2023-09-07	国盛慈溪慈甬路营业部		819.53万	--	819.53万
2023-09-05	甬兴宁波和源路营业部 宁波和源路		709.91万	--	709.91万
2023-08-31	广发天津环湖中路营业部		616.00万	--	616.00万
	财信杭州西湖国贸中心营业部 西湖国贸		400.15万	--	400.15万
	卖出营业部前五		买入	卖出	净额
	中信北京复外大街营业部		0.00	484.00万	-484.00万
	平安深圳深南东路罗湖商务中心营业部 敢死队		0.00	277.48万	-277.48万
	诚通重庆江北城营业部		0.00	201.71万	-201.71万
	申万宏源重庆余溪路营业部		0.00	174.24万	-174.24万
	中国国际金融上海分公司 量化基金		0.00	100.44万	-100.44万

图 5-13　2023 年 8 月 31 日捷荣技术龙虎榜席位数据

资料来源：通达信，DINA。

2023 年 9 月 1 日捷荣技术继续涨停，不过换手"通气"的特征明显（见图 5-14），筹码峰值仍在 10.30 元附近，启动前介入的大资金仍旧在坚定持仓。当日并未进入龙虎榜，但是从筹码角度来看，低位主力筹码锁定良好。

2023 年 9 月 4 日捷荣技术 T 字板涨停（见图 5-15），盘中出现了显著换手，提高了平均持仓成本。筹码峰值仍在 10.30 元附近，低位主力筹码并未高位派发动作。

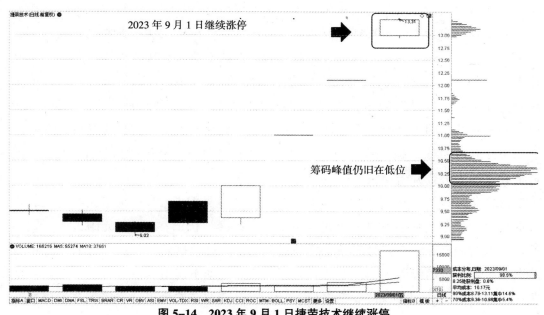

图 5-14　2023 年 9 月 1 日捷荣技术继续涨停

资料来源：通达信，DINA。

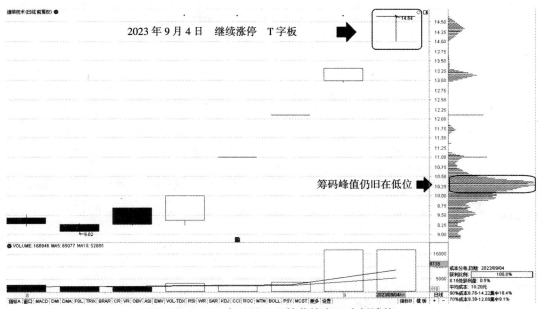

图 5-15　2023 年 9 月 4 日捷荣技术 T 字板涨停

资料来源：通达信，DINA。

2023 年 9 月 5 日捷荣技术一字板涨停，筹码峰值仍在 10.30 元附近，低位主力筹码并未高位派发动作（见图 5-16）。一字板当天是谁在卖出呢？从龙虎榜数据来看，两个量化席位在卖出。A 股上的量化基金习惯于做 T，个股一个涨停板就会出货，因此可以判断是以超短线资金卖出为主（见图 5-17）。而游资"歌神"的操作手法主要以短线为主，擅长打首板，在首板模式中的操作成功率非常高，同时砸盘起来也是很残暴的，一旦个股走势不及预期，他甚至会直接按跌停板出货，因此其还有一个外号叫"砸盘王"，在捷荣科技上的操作源自其此前低位已经介入。但不论是量化还是"歌神"的砸盘操作都并不阻碍个股一字涨停，而且低位峰值稳定。由此判断，真正的大资金并未出逃，从筹码角度来看该股还可以继续看高一线。

2023 年 9 月 6 日捷荣技术换手板涨停（见图 5-18），筹码峰值仍在 10.30 元附近，真正的大资金并未高位大举派发。

2023 年 9 月 7 日捷荣技术日 K 线收天量阴线（见图 5-19）。天量阴线是比较危险的信号，除非此后能够迅速反包。但是，筹码峰值仍旧在 10.30 元附近，这表明低位进入的大资金还在持筹当中，这是看多的一大筹码因素。每一个筹码密集区要鉴别是主力持有的筹码还是散户持有的筹码，并且动态观察这部分筹码的去向。从龙虎榜数据来看，"北京帮""毛老板""作手新一""宁波桑田路"等著名游资买入了（见图 5-20）。

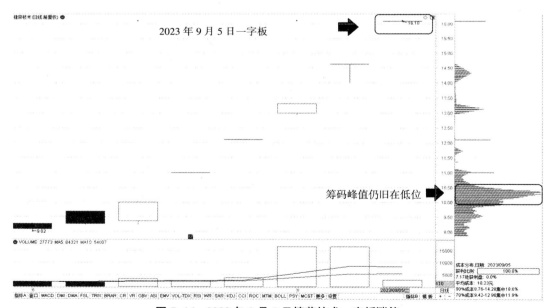

图 5-16　2023 年 9 月 5 日捷荣技术一字板涨停
资料来源：通达信，DINA。

捷荣技术　16.10　9.97%　当日成交额4471.40万元
连续三个交易日内涨幅偏离值累计达20%的证券

买入总计：7443.18万　　卖出总计：5145.16万　　净额：2298.03万

买入营业部前五	买入	卖出	净额
浙商杭州五星路营业部	2626.36万	--	2626.36万
东亚前海苏州留园路营业部	1166.61万	--	1166.61万
申港江苏分公司	1133.83万	--	1133.83万
安信西安曲江池南路营业部	1036.80万	--	1036.80万
华鑫上海莲花路营业部	1025.09万	226.04万	799.05万

卖出营业部前五		买入	卖出	净额
中国中金财富杭州江河汇营业部	歇神	418.76万	1396.76万	-977.99万
中国国际金融上海分公司	量化基金	20.06万	991.22万	-971.16万
华鑫上海分公司	量化打板	14.64万	951.08万	-936.44万
华鑫佛山南海海五路营业部		1.02万	839.46万	-838.43万
广发天津环湖中路营业部		0.00	740.60万	-740.60万

图 5-17　2023 年 9 月 5 日捷荣技术龙虎榜席位数据

资料来源：通达信，DINA。

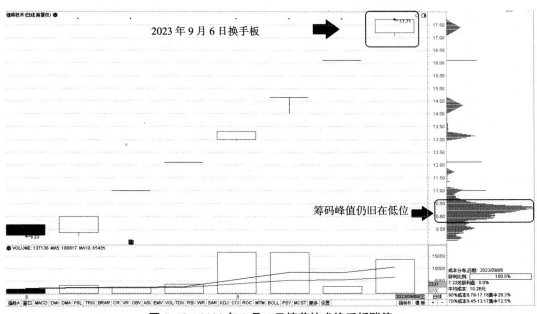

图 5-18　2023 年 9 月 6 日捷荣技术换手板涨停

资料来源：通达信，DINA。

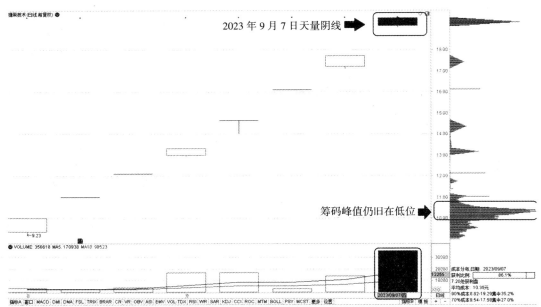

2023 年 9 月 7 日天量阴线

筹码峰值仍旧在低位

图 5-19　2023 年 9 月 7 日捷荣技术天量阴线

资料来源：通达信，DINA。

上榜历史	捷荣技术　19.10　7.85%　当日成交额6.93亿元			
2023-09-14	严重异常期间日收盘价格涨幅偏离值累计达到100%的证券　连续三个交易日内涨幅偏			
2023-09-13	离值累计达20%的证券			
2023-09-11				
2023-09-08	买入总计：1.37亿　卖出总计：1.37亿　净额：-78.44万			
2023-09-07 ◉	买入营业部前五	买入	卖出	净额
2023-09-05	国泰君安北京光华路营业部 北京幫	3897.16万	8850.00	3896.28万
2023-08-31	广发上海东方路营业部 毛老板	2897.31万	16.55万	2880.75万
	国泰君安南京太平南路营业部 作手新一	1972.54万	1188.78万	783.76万
	国盛宁波桑田路营业部 宁波桑田路	1901.27万	958.04万	943.23万
	国联上海分公司	1496.23万	29.75万	1466.48万
	卖出营业部前五	买入	卖出	净额
	浙商杭州五星路营业部	0.00	3344.90万	-3344.90万
	东亚前海苏州留园路营业部	0.00	3136.28万	-3136.28万
	广发深圳深科技城营业部	2.78万	1956.75万	-1953.96万
	华泰苏州分公司	1485.10万	1666.51万	-181.42万
	申港江苏分公司	3870.00	1432.75万	-1432.37万

图 5-20　2023 年 9 月 7 日捷荣技术龙虎榜席位数据

资料来源：通达信，DINA。

"北京帮"的特征是善于做波段，有格局。"毛老板"又被称为"造妖大师"，精于个股逻辑理解，善于操作趋势股。**"作手新一"善于做人气股的弱转强**，不管是低位的弱转强还是高位的弱转强，而游资"上塘路"则基本只做首板和一进二，再高的板也很少碰，因此其接入的个股大多一日游。相比之下，"作手新一"敢于造龙和锁仓，即高位人气股的弱转强。今日捷荣技术收天量阴线，是比较弱的，但是"作手新一"高位大举买入，其意义不言而明。"宁波桑田路"是比较老牌的顶级游资，也是宁波游资的骄傲，他们介入的个股次日溢价普遍都比较高。从买入的游资来看，次日捷荣技术继续走高的概率很高。

2023年9月8日（星期五）捷荣技术天量换手涨停板，筹码峰值上移到现价附近（见图5-21），是主力高位派筹还是主力间换手？当某一大资金在底部收集到足够筹码后，乘势当机将股价拉升到高位进行派发，另外的大资金则认为该股票逻辑和人气仍然有潜力可以挖掘，所以主动接盘，这就是主力间的筹码大交换。

"作手新一"习惯于做四类弱转强：跌停弱转强、日内弱转强、炸板弱转强、趋势股的弱转强。从古至今精于做局者，必然善于顺天应人。

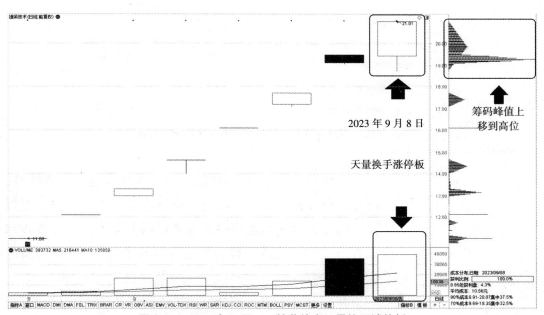

图5-21　2023年9月8日捷荣技术天量换手涨停板

资料来源：通达信，DINA。

一个人最重要的是搞清楚自己是谁。

高位密集的市场含义是低位获利盘大规模在高位获利了，从当日龙虎榜数据（见图 5-22）来看，"北京帮""毛老板""作手新一"继续加码大举买入，格局买家加仓意味着什么？"宁波桑田路"虽然位于卖出席位第五，但实际上还是净买入的。因此，至少是主力间换手了，次日有溢价的概率很大。天量换手要鉴别是由于主力吸筹还是派发带动，缩量调整要鉴别是由于主力的洗盘还是主力派发完成后的散户行为。

上榜历史	捷荣技术	21.01	10.00%	当日成交额7.85亿元		
	涨幅偏离值达7%的证券					
2023-09-14	买入总计：1.06亿	卖出总计：6019.94万		净额：4570.39万		
2023-09-13						
2023-09-11	买入营业部前五			买入	卖出	净额
2023-09-08	安信佛山汾江南路营业部			3406.27万	--	3406.27万
2023-09-07	国泰君安南京太平南路营业部 作手新一			2109.13万	3882.00	2108.74万
2023-09-05	五矿广州华夏路营业部			1642.47万	--	1642.47万
2023-08-31	广发上海东方路营业部 毛老板			1548.19万	1950.00	1548.00万
	国泰君安北京光华路营业部 北京帮			1096.23万	4202.00	1095.81万
	卖出营业部前五			买入	卖出	净额
	广发深圳深科技城营业部			3.07万	2104.15万	-2101.08万
	第一创业厦门分公司			0.00	1679.92万	-1679.92万
	中信建投安徽分公司			1.24万	809.57万	-808.33万
	国信烟台环山路营业部			3.35万	731.93万	-728.58万
	国盛宁波桑田路营业部 宁波桑田路			780.37万	693.37万	87.00万

图 5-22 2023 年 9 月 8 日捷荣技术龙虎榜席位数据

资料来源：通达信，DINA。

2023 年 9 月 11 日（星期一）捷荣技术盘中调整洗筹，但是筹码峰值并未发生变化，恰好在长下影线下方，支撑作用明显，这就是**盘中回调到筹码峰值上方，其支撑作用显著**（见图 5-23）。再看当日龙虎榜数据（见图 5-24），除了"作手新一"，此前买入的"北京帮""毛老板""宁波桑田路"都在卖出，而游资"T 王"则买入，此席位只是博弈个超短溢价，次日往往就会卖出，因此短线免不了调

整。但是，筹码峰值并未跌破，而是起了支撑作用，从筹码角度来看调整后继续上行概率较大。

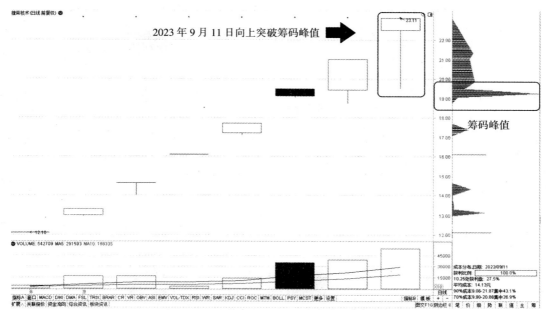

图 5-23　2023 年 9 月 11 日捷荣技术涨停

资料来源：通达信，DINA。

上榜历史	捷荣技术　23.11　10.00%　当日成交额12.02亿元			
2023-09-14	振幅值达15%的证券　　涨幅偏离值达7%的证券　　连续三个交易日内涨幅偏离值累计达20%的证券			
2023-09-13				
2023-09-11	**当日**　连续3日			
2023-09-08	买入总计：6522.42万　　卖出总计：1.57亿　　净额：-9203.34万			
2023-09-07	买入营业部前五	买入	卖出	净额
2023-09-05	安信西安曲江池南路营业部	1637.22万	450.18万	1187.04万
2023-08-31	中信建投安徽分公司 昨卖三	1289.63万	3.67万	1285.96万
	中国银河成都益州大道营业部	1164.48万	19.66万	1144.82万
	东方财富拉萨东环路第二营业部 T王	1160.71万	644.15万	516.56万
	天风成都聚龙路营业部	980.20万	236.65万	743.56万
	卖出营业部前五	买入	卖出	净额
	广发上海东方路营业部 毛老板 昨买四	2.03万	5271.80万	-5269.76万
	安信佛山汾江南路营业部 昨买一	6780.00	4200.36万	-4199.68万
	国盛宁波桑田路营业部 宁波桑田路 昨卖五	260.25万	1677.14万	-1416.88万
	五矿广州华夏路营业部 昨卖三	0.00	1666.78万	-1666.78万
	国泰君安北京光华路营业部 北京帮 昨买五	27.21万	1555.38万	-1528.17万

图 5-24　2023 年 9 月 11 日捷荣技术龙虎榜席位数据

资料来源：通达信。

2023 年 9 月 12 日捷荣技术在筹码峰值上方缩量调整（见图 5-25），上行趋势大概率还未结束。

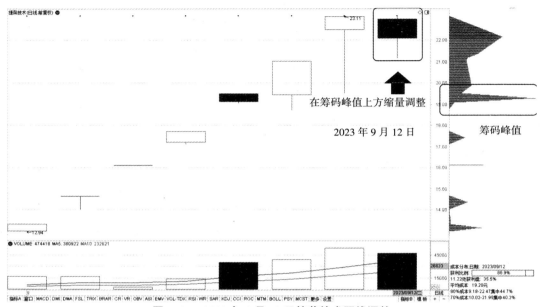

图 5-25　2023 年 9 月 12 日捷荣技术阴线调整

资料来源：通达信，DINA。

2023 年 9 月 13 日捷荣技术突破前高，筹码峰值并未变化，仍在下方，调整结束，向上趋势修复（见图 5-26）。从龙虎榜数据（见图 5-27）来看，游资短线"T王"卖出，"作手新一"和"毛老板"又买入了，"和平路"是新进游资，擅长重仓聚集龙头股和妖股，因此我们继续看好该股会继续上行。

2023 年 9 月 14 日捷荣技术继续涨停，筹码峰值仍旧在 19~20 元（见图 5-28），但是高位的筹码在聚集。观察当日龙虎榜数据（见图 5-29），喜欢做波段的游资"北京帮""毛老板""作手新一"都在大举卖出，只有"桑田路"买入。而喜欢做 T 交易的"T王"又来了，次日调整或者下跌洗盘的概率较大，但从筹码角度来看上行趋势并未结束，因为筹码峰值还在低位。

选股择时，应该多从对手盘的角度考虑问题，思考持币者会怎么想，持筹者会怎么想，再结合指数周期和情绪周期，以及驱动逻辑去预判，做好预案，再结合集合竞价盘面去修正。

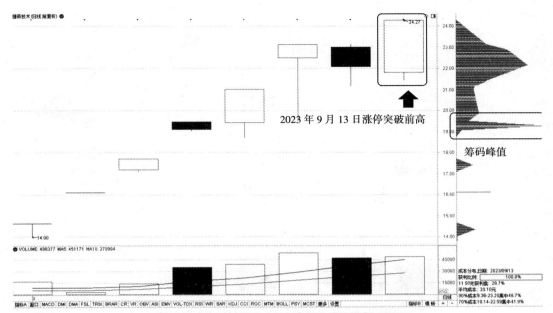

图 5-26　2023 年 9 月 13 日捷荣技术涨停突破前高

资料来源：通达信，DINA。

捷荣技术	24.27	10.02%	当日成交额11.37亿元		
涨幅偏离值达7%的证券					
买入总计：9767.29万	卖出总计：5240.71万	净额：4526.58万			
买入营业部前五			买入	卖出	净额
国泰君安南京太平南路营业部 作手新一			1731.57万	16.77万	1714.80万
广发上海东方路营业部 毛老板			1695.55万	3.26万	1692.29万
东兴福州五四路营业部			1687.89万	--	1687.89万
中信建投福州鳌峰路营业部			1655.87万		1655.87万
东兴晋江和平路营业部 和平路			1653.76万		1653.76万
卖出营业部前五			买入	卖出	净额
东方财富拉萨金融城南环路营业部 T王			1289.08万	1167.34万	121.73万
华福上海宛平南路营业部			1.63万	1092.27万	-1090.64万
机构专用 机构专用			0.00	989.88万	-989.88万
机构专用 机构专用			0.00	989.52万	-989.52万
长城杭州文一西路营业部			51.94万	981.66万	-929.71万

上榜历史
2023-09-14
2023-09-13
2023-09-11
2023-09-08
2023-09-07
2023-09-05
2023-08-31

图 5-27　2023 年 9 月 13 日捷荣技术龙虎榜席位数据

资料来源：通达信。

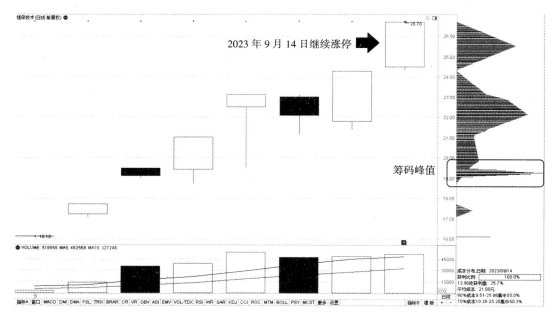

图 5-28　2023 年 9 月 14 日捷荣技术继续涨停

资料来源：通达信，DINA。

上榜历史	捷荣技术	26.70	10.01%	当日成交额13.48亿元		

涨幅偏离值达7%的证券　连续三个交易日内涨幅偏离值累计达20%的证券

上榜历史				
2023-09-14 ◉				
2023-09-13	买入总计：1.03亿　卖出总计：1.64亿　净额：-6160.29万			
2023-09-11				
2023-09-08	**买入营业部前五**	**买入**	**卖出**	**净额**
2023-09-07	甬兴青岛分公司	3209.42万	--	3209.42万
2023-09-05	财通温岭中华路营业部 [广东帮]	2240.16万	17.59万	2222.57万
2023-08-31	东方财富拉萨金融城南环路营业部 [T王] [昨卖一]	1525.00万	1516.22万	8.78万
	国盛宁波桑田路营业部 [宁波桑田路]	1435.25万	290.17万	1145.08万
	中国中金财富晋江世纪大道营业部	1335.47万	17.48万	1317.99万
	卖出营业部前五	**买入**	**卖出**	**净额**
	国泰君安北京光华路营业部 [北京帮]	14.60万	4403.44万	-4388.83万
	安信西安曲江池南路营业部	2650.00	3746.93万	-3746.66万
	广发上海东方路营业部 [毛老板] [昨买二]	2.09万	2273.36万	-2271.27万
	天风成都聚龙路营业部	89.19万	2171.78万	-2082.59万
	国泰君安南京太平南路营业部 [作手新一] [昨买一]	424.60万	1999.38万	-1574.77万

图 5-29　2023 年 9 月 14 日捷荣技术龙虎榜席位数据

资料来源：通达信。

2023 年 9 月 15 日（星期五），捷荣技术出现阴十字星，更为重要的信息是筹码峰值上移到现价 26 元附近（见图 5-30），筹码进行了大交换，但是并未出现天量。如果次日跌破此筹码峰值，则上行趋势结束的概率很大。当日并未上龙虎榜，因此没办法准确地观察游资动向。

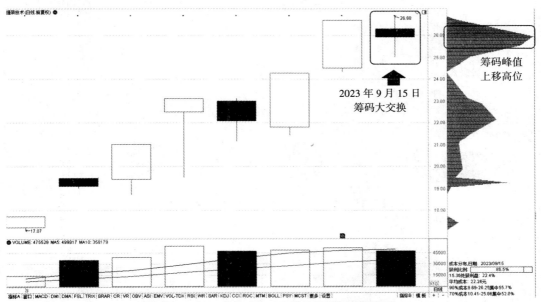

图 5-30　2023 年 9 月 15 日捷荣技术调整小阴线
资料来源：通达信，DINA。

2023 年 9 月 18 日（星期一），捷荣技术缩量收阳十字星，严格说是纺锤线，并未跌破筹码峰值（见图 5-31），仍旧是调整，看能不能修复上行趋势。

2023 年 9 月 19 日，捷荣技术选择向上突破筹码峰值（见图 5-32），"广东帮"估计是先卖了又买入，而"苏南帮"习惯做短线。从筹码来看上行趋势并未结束（见图 5-33）。

2023 年 9 月 20 日捷荣技术涨停，筹码峰值仍旧在 26 元附近（见图 5-34），大概率推测在 26 元附近大换手进来的主力资金并未抛售。再看当日的龙虎榜（见图 5-35），著名游资"陈小群"买入。陈小群从 30 万元起步做到 3 亿元，在 2022 年创下了 32 倍的战绩，成为当年 A 股市场上的新生代游资风云人物。陈小群的席位抓住了很多妖股的主升浪，由此可见他大举介入捷荣技术的预示意义。

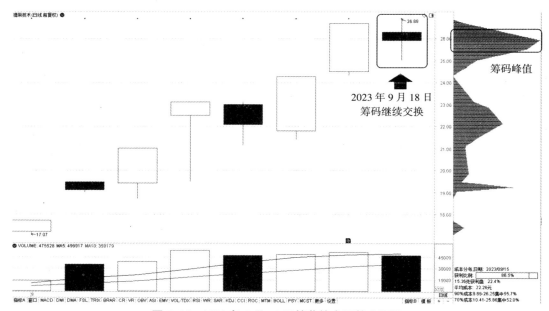

图 5-31 2023 年 9 月 18 日捷荣技术调整小阳线

资料来源：通达信，DINA。

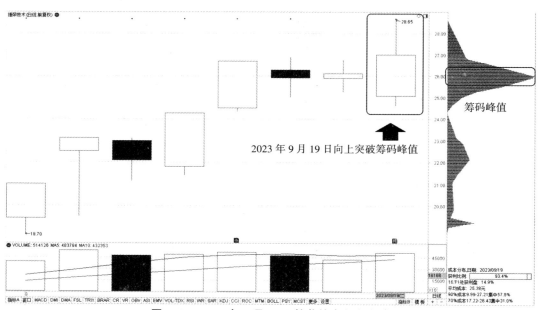

图 5-32 2023 年 9 月 19 日捷荣技术向上突破

资料来源：通达信，DINA。

2023-09-20	**2023-09-19**	2023-09-14	2023-09-13	2023-09-11		历史龙虎榜信息>>

上榜原因：日振幅值达15%的证券　　　　　　　　　　　　　　　　　　　　　　　　更多个股解读>>

营业部名称	买入金额(元)	占总成交比例	卖出金额(元)	占总成交比例	净额(元)
财通证券股份有限公司温岭中华路证券营业部 [广东帮]	2620.64万	1.93%	2485.44万	1.83%	135.20万
华泰证券股份有限公司南京江宁天元东路证券营业部 [苏南帮]	2464.98万	1.82%	406.90万	0.30%	2058.08万
东方财富证券股份有限公司拉萨金融城南环路证券营业部	1952.98万	1.44%	1496.36万	1.10%	456.62万
东方财富证券股份有限公司拉萨东环路第二证券营业部	1556.09万	1.15%	1354.65万	1.00%	201.44万
东方财富证券股份有限公司拉萨团结路第一证券营业部	1532.59万	1.13%	1074.93万	0.79%	457.66万
				买入总计:	**10517.36万元**
东兴证券股份有限公司晋江和平路证券营业部	198.43万	0.15%	4548.99万	3.35%	-4350.56万
财通证券股份有限公司温岭中华路证券营业部 [广东帮]	2620.64万	1.93%	2485.44万	1.83%	135.20万
财通证券股份有限公司普陀山证券营业部	0.00	0.00%	1761.94万	1.30%	-1761.94万
东亚前海证券有限责任公司浙江分公司	191.65万	0.14%	1633.82万	1.20%	-1442.17万
东方财富证券股份有限公司拉萨金融城南环路证券营业部	1952.98万	1.44%	1496.36万	1.10%	456.62万
				卖出总计:	**14763.03万元**
				买卖净差:	**-4245.67万元**

图 5-33　2023 年 9 月 19 日捷荣技术龙虎榜席位数据

资料来源：同花顺。

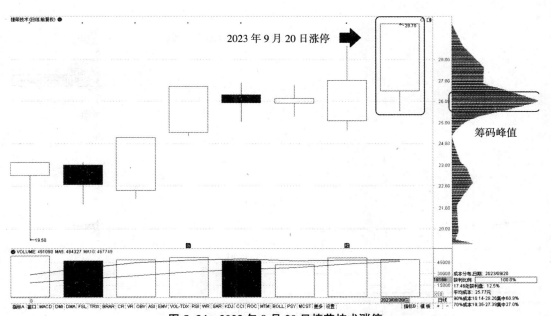

图 5-34　2023 年 9 月 20 日捷荣技术涨停

资料来源：通达信，DINA。

2023 年 9 月 21 日捷荣技术涨停，筹码峰值仍在 26 元附近（见图 5-36）。从龙虎榜数据来看，陈小群继续小幅加码，而"苏南帮"和"北京帮"有大幅减仓动作（见图 5-37）。现价仍旧在筹码峰值之上，从筹码角度来看股价上行趋势基本没有变化。

营业部名称	买入金额(元)	占总成交比例	卖出金额(元)	占总成交比例	净额(元)
广发证券股份有限公司广州马场路广发证券大厦证券营业部	4109.10万	3.00%	1.68万	0.00%	4107.42万
中信证券股份有限公司桐乡振兴东路证券营业部	2296.73万	1.67%	22.05万	0.02%	2274.68万
中国银河证券股份有限公司大连黄河路证券营业部 陈小群	2229.68万	1.63%	10.50万	0.01%	2219.18万
中信证券股份有限公司北京总部证券营业部	2137.89万	1.56%	0.00	0.00%	2137.89万
东兴证券股份有限公司晋江和平路证券营业部	1989.87万	1.45%	748.74万	0.55%	1241.13万
				买入总计:	16802.85万元
甬兴证券有限公司青岛分公司	5200.00	0.00%	2056.03万	1.50%	-2055.51万
东方财富证券股份有限公司拉萨金融城南环路证券营业部	1450.19万	1.06%	1996.60万	1.46%	-546.41万
国盛证券有限责任公司宁波桑田路证券营业部 宁波桑田路	461.62万	0.34%	1886.36万	1.38%	-1424.74万
东方财富证券股份有限公司拉萨团结路第一证券营业部	917.88万	0.67%	1644.67万	1.20%	-726.79万
东方财富证券股份有限公司拉萨东环路第二证券营业部	1209.37万	0.88%	1555.91万	1.13%	-346.54万
				卖出总计:	9922.54万元
				买卖净差:	6880.31万元

图 5-35　2023 年 9 月 20 日捷荣技术龙虎榜席位数据

资料来源：同花顺。

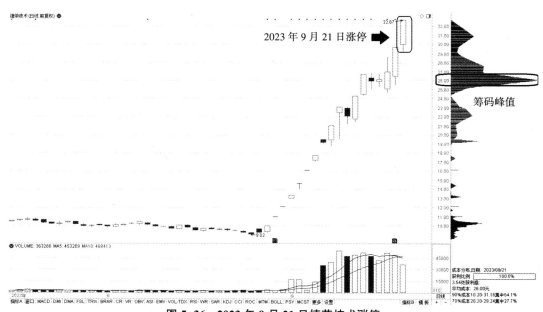

图 5-36　2023 年 9 月 21 日捷荣技术涨停

资料来源：通达信，DINA。

与筹码峰值相关的第二类基本行为是向下跌破峰值。有两种基本情况：第一种基本情况是股价向下跌破低位筹码峰值。股价经过大幅下跌后，在低位横盘整理形成筹码峰值，但是当前位置仍旧没有大资金认可其介入价值，那么筹码其实是散户之间的集中交换，随着逻辑或者周期恶化，股价再度下跌，跌破低位峰值。这就形

2023-09-21	2023-09-20	2023-09-19	2023-09-14	2023-09-13		历史龙虎榜信息>>

上榜原因：日涨幅偏离值达7%的证券　　　　　　　　　　　　　　　　　　　　更多个股解读>>

营业部名称	买入金额(元)	占总成交比例	卖出金额(元)	占总成交比例	净额(元)
中信证券股份有限公司北京总部证券营业部	3622.26万	3.17%	0.00	0.00%	3622.26万
甬兴证券有限公司青岛分公司	1561.33万	1.37%	6300.00	0.00%	1560.70万
财通证券股份有限公司普陀山证券营业部	1516.65万	1.33%	0.00	0.00%	1516.65万
东方财富证券股份有限公司拉萨东环路第二证券营业部	1205.00万	1.05%	1224.13万	1.07%	-19.13万
中国银河证券股份有限公司大连黄河路证券营业部 〔陈小群〕	1152.46万	1.01%	767.34万	0.67%	385.12万
				买入总计：	9449.95万元
广发证券股份有限公司广州马场路广发证券大厦证券营业部	326.16万	0.29%	2080.94万	1.82%	-1754.78万
广发证券股份有限公司上海东方路证券营业部	6.07万	0.01%	1720.44万	1.50%	-1714.37万
东兴证券股份有限公司晋江和平路证券营业部	0.00	0.00%	1686.11万	1.47%	-1686.11万
国泰君安证券股份有限公司北京光华路证券营业部 〔北京帮〕	17.59万	0.02%	1662.86万	1.45%	-1645.27万
华泰证券股份有限公司南京江宁天元东路证券营业部 〔苏南帮〕	42.43万	0.04%	1560.49万	1.36%	-1518.06万
				卖出总计：	10702.94万元
				买卖净差：	-1252.99万元

图 5-37　2023 年 9 月 21 捷荣技术龙虎榜席位数据

资料来源：同花顺。

成了股价向下跌破低位筹码峰值的走势。

　　第二种基本情况是股价在高位跌破筹码峰值。股价经过前期大幅上涨之后，在高位形成筹码交换，通常是主力和散户之间的筹码交换。主力派发筹码，从持筹者变为持币者，散户则从持币者变为持筹者。例如，2023 年 9 月 18 日联合精密天量阴线向下跌破筹码峰值（见图 5-38）。

> 通过筹码结构的分布和变化来揣摩持筹者和持币者的思维，以此作为推断股价涨跌的基础。

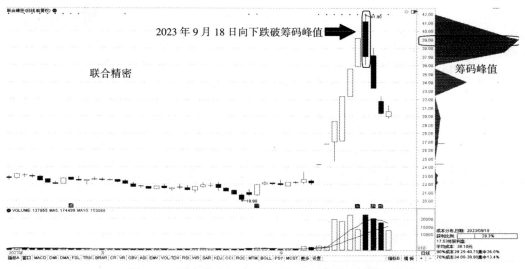

图 5-38　联合精密 2023 年 9 月 18 日高位跌破筹码峰值

资料来源：通达信，DINA。

当大资金在高位派发完筹码以后，从持筹者变成了持币者，股价步入下跌通道。在股价下跌的过程中如果代表被套牢盘平均成本的筹码峰值没有向下转移，则说明大资金并没有吸筹动作，那么股价也并不会见底。

与筹码峰值相关的第三类基本市场行为是回调到峰值。在前面捷荣科技的例子当中，我们已经接触到了股价回调到筹码峰值获得支撑，接着修复上行趋势的情形。股价向上突破筹码峰值，可能会存在回调，也可能行云流水般地继续上行。

股价在低位或者高位向上突破筹码峰值之后，如果出现回调，并且在筹码峰值上方站稳，那么可能一波主升浪就开启了。这个回调点位我们可以通过"斐波那契四度操作法"的框架来进一步锚定，具体来讲就是我们可以通过K线形态、成交量形态、震荡指标和斐波那契点位来确定回撤末端。

我们来看一个具体的实例，鸿博股份在2023年一直位于人气榜前列，基本上东方财富每日的人气前100名都有它的身影，这是长线牛股的标志之一。2023年7月24日该股回调到筹码峰值上方（见图5-39），从筹码结构来看，这是支撑得到了确认。

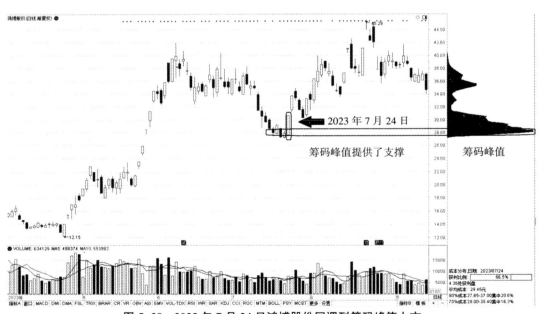

图5-39　2023年7月24日鸿博股份回调到筹码峰值上方
资料来源：通达信，DINA。

从斐波那契四度操作法的结构视角来定位，以最近上升波段AB为单位1，以B点为起点，C点恰好在0.5回撤点位处。当股价跌到0.5回撤点位时，出现了早

晨之星 K 线组合，这是看涨反转形态。相应的震荡指标
KD 处于超卖金叉状态。所有这一切结合筹码来看，鸿博股
份在 7 月 24 日这天都处在一个起涨点上（见图 5-40）。

> 逻辑、周期、K 线图和筹
> 码结构相互参照。持筹者和持
> 币者的态度和动向体现在价量
> 和筹码结构上。筹码结构是否
> 具备上涨基础，是逻辑能够发
> 酵的前提之一。

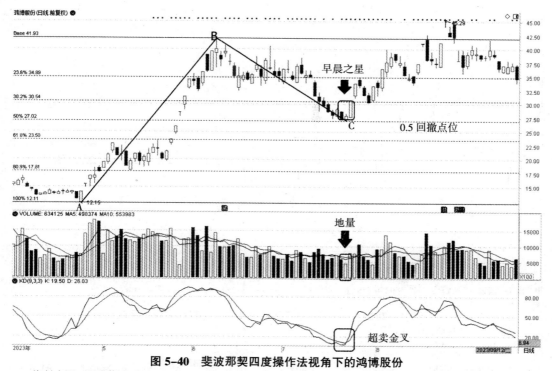

图 5-40　斐波那契四度操作法视角下的鸿博股份

资料来源：通达信，DINA。

其实，本讲义的许多内容，不仅是筹码结构，包括前
面深入讲解的集合竞价和盘中分时，都可以结合到"斐波
那契四度"这个结构视角中。感兴趣的研习者建议进一步
阅读《高抛低吸：股市斐波那契四度操作法》这本教程。逻
辑和情绪周期也可以结合这本书提供的结构去理解。**毕竟，
逻辑、周期和结构都只是理解股市的一个视角而已，如果
能够将这三者与对手盘思维结合起来，则四诊合参是最好的。**

> 毕竟短期内的股票市场是
> 一个更注重短期情绪的博弈场
> 所，因此筹码结构和心理影响
> 因素是紧密联系和相互影响的。

与筹码峰值相关的第四类基本行为是股价反弹到峰值
附近受到阻力。个股在高位完成筹码大交换后，此前观望
的散户从持币者成为持筹者，股价开启下跌趋势。每次当

股价上涨到高位筹码峰值的下沿时将会因为遇到解套盘的沉重抛压而结束反弹，继续下跌趋势。新的行情则需要在低位形成筹码大交换后，大资金从持币者变为持筹者之后才能启动。比如 2023 年 4 月 21 日的万和电气（见图 5-41），当股价反弹到筹码峰值附近时就出现了看跌 K 线。

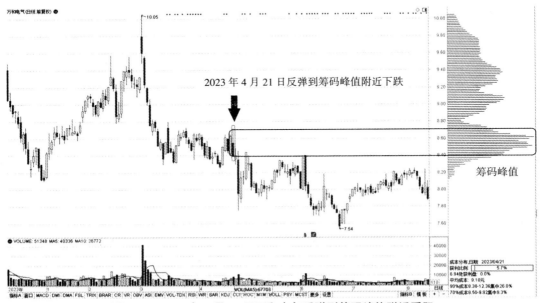

图 5-41　2023 年 4 月 21 日万和电气反弹到筹码峰值附近受阻
资料来源：通达信，DINA。

筹码断层是另一个比较重要的筹码结构。可以简单地分为上行筹码断层和下行筹码断层两种基本类型。筹码断层意味着持币者和持筹者的预期高度一致了，也表明当价格此后再度来到这一筹码空档区域时受到的阻力或者支撑会非常小，也就是阻力最小区域。在日内有筹码断层，在日线上也有筹码断层。相比分时盘口中的筹码断层，日线走势中的筹码断层更值得我们关注和解读。

上行筹码断层是风险累积的标志。向上跳空一字缩量，是比较典型的上行筹码断层。极端缩量代表着市场玩家的乐观预期高度一致，极度一致就会出现一字板。一个一字涨停意味着此前进场的玩家至少是已经有 10% 利润在手了，获利资金兑现欲望强烈，短线抛压就起来了，场外的持币者接力的意愿也就相应下降了，一字涨停板后如果出现快速下杀，则往往缺乏资金承接。

场外的持币者更喜欢选择换手板而非缩量一字板。上行筹码的断层导致场内外交易者买卖意愿出现了失衡。连续的一字涨停板缺乏换手，里面的持筹者"吃独食"，不给外面的持币者任何机会，每上涨一点就会加倍积累巨大的获利盘，平均持仓成本非常低，抛压重，中间空档大承接就差。那么，后期下跌的时候就非常迅速。很多一字涨停板在开板当天就见顶了，欠缺持续性，而持续或者阶段性放量的换手涨停板反而容易出大牛股。

在这种情况下，如果逻辑和周期也不看好，那么场外持币者缺乏买入意愿，场内持筹者则有很强的卖出意愿。**从这点大概也可以推断出什么时候不能去接力缩量涨停板？那就是周期处于接力情绪整体退潮阶段和有同身位放量涨停板竞争格局。**

如果均匀换手，则场内平均持仓成本与现价接近，急于兑现欲望更低，而一字中间的筹码是真空的，场内平均差持仓成本更低，则低位筹码兑现利润的欲望更强，那么场内持筹者和场外持币者的心理状态肯定是不同的，很多个股短线上涨不及预期的重要原因也是短期内筹码结构存在"上行筹码断层"这种阻碍。

当然，极少部分个股由于逻辑和情绪周期的支持可以连续缩量上行，但是要走第二波甚至第三波、第四波则也需要换手来"通气"，具体形式就是日线放量调整、烂板、炸板等，再"弱转强"修复上行趋势。换手的目的就是提高平均持仓成本，合理释放抛压，继续上行势能。

换手越充足，龙头个股就走得越高，持筹者都锁仓反而使风险不断积累，盘子不断变重。风生水起于藏风聚气之处。

如果一只已经涨了翻倍，涨幅高达两三倍甚至更多，突然又一字涨停板缩量加速上行，那么这时候出现的上行筹码断层的接力风险就非常大了。你可以认为这是主力拉高出货的操盘手法，也可以认为这是人气过于亢奋、乐观预期过于一致的表现。这种类型的股票不少，许多打板客都吃过这类亏。

下行筹码断层是机会累积的标志。个股短期内遭遇连续缩量大跌，就会出现下行筹码断层。典型的下行筹码断层就是连续一字跌停。下行筹码断层往往都是因为重大利空消息而导致股价连续的一字跌停缩量下行，在筹码分布

下行筹码断层是超跌黑马股的常见特征之一。

上就形成了一个比较大的空当，也就是筹码断层。在连续一字板缩量大跌下跌过程中，几乎是没有成交，意味着筹码峰值在高位，远离目前价位，中间就是筹码断层，或者说"筹码的真空地带"。

此外，高位被套牢的筹码经过一段时间消耗后，想卖的持筹者已经受不住煎熬抛出了手中的筹码。"躺平"的高位持筹者也要等待价格上涨到持仓成本时才会考虑卖出，使实际流通盘大幅减少了，筹码供给就更具有刚性了，实际的盘子变得更小了，筹码更加干净了。

前期下跌的时候出现了下行筹码断层，意味着后期上涨的时候阻力更小，这就是支撑和阻力的对称性。那么断层就是潜在的上涨空间了。高位筹码密集区锁定，低位筹码密集区换手，中间筹码稀少，如果后市涨升起来，筹码断层和空当的位置就不会有什么抛压，进而有助于股价的拉升。这样就出现了底部易于反上涨的优良筹码结构。

徐翔在重庆啤酒暴跌后抄底就是这个思路。2011年，重庆啤酒宣布乙肝疫苗揭盲数据失败后，其股价遭遇11个连续缩量跌停。因为在下跌过程中缺乏成交量，因此这些位置也没有什么筹码堆积，后市上涨过程中这个筹码空当的抛压就比较轻，股价在这个区域遭遇的阻力较少。

徐翔在24元和20元两次抄底，最终在重庆啤酒重新上涨到35元时卖出。这笔交易在一个月赚了数亿元就是利用了下行筹码断层的底层逻辑（见图5-42）。

那么，如何把握下行断层筹码提供的机会呢？换句话说就是如何在下行断层筹码结构下寻找进场买入机会呢？下行筹码断层抄底需要一些前置条件。

第一，只有形成足够空间的下行筹码断层才能参与抄底。所谓充足空间，要求从高位筹码峰值至少下跌50%，比如2018年的中兴通讯（见图5-43），此后该股大涨（见图5-44）。但是如果下跌过程中有充分换手的话，很容易形成"多杀多"继续下跌，一旦有反弹，往往接着会有更

在筹码分布变化过程中要充分重视两个结构：低位充分换手和高位充分换手。低位充分换手往往是持币者占优的阶段；高位充分换手往往是持筹者占优的阶段。

顶级游资"佛山无影脚"廖先生也善于进行连续一字跌停板后的抄底，也就是"下行筹码断层抄底"战法。廖先生常做的模式，除一字跌停板抄底外，还有反抽首板、次新首板等。

有一股市大咖曾经说过："K线图、分时图背后的核心是筹码结构：持筹人的想法和筹码的主线炒作逻辑是否一致！筹码对股价运行的影响在于：筹码密集区套牢盘的突破压力来自解放前期套牢盘压力对于量能的要求。股价新高的爆量压力主要来自心理上对持筹者和持币者的影响。"

大的下跌。

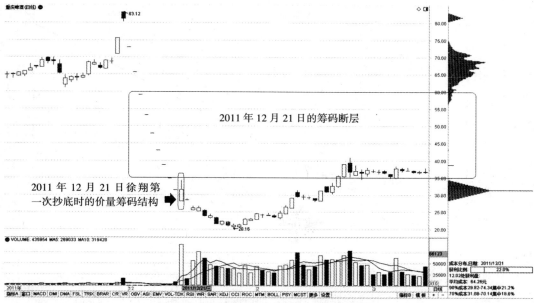

图 5-42　重庆啤酒的筹码断层和徐翔抄底

资料来源：通达信，DINA。

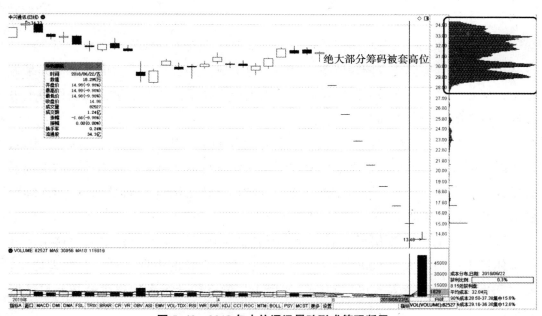

图 5-43　2018 年中信通讯暴跌形成筹码断层

资料来源：通达信，DINA。

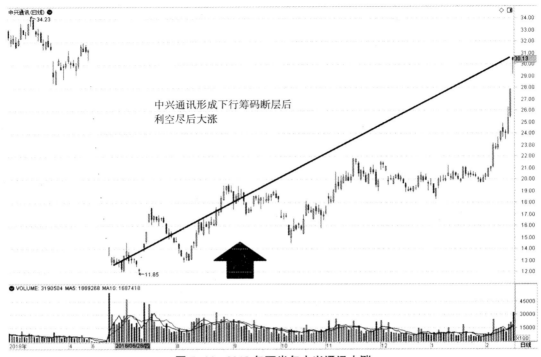

图 5-44　2018 年下半年中兴通讯大涨

资料来源：通达信，DINA。

空间足够的下行筹码断层形成后，有一部分被套大资金或许会自救，而一些场外持币的大资金也会介入撬跌停板。合力一旦形成，则会带来较大的涨幅。如果你不是大资金，那么最好采取跟随策略，等大资金先动手。即便是想要在跌停板上去抄底，也要等大资金先翘板。

第二，个股下跌的原因主要是上市公司突发利空，比如大股东公告减持解禁、终止筹划重大资产重组等或市场周期和情绪周期下行的影响。这样事件驱动的股票每年都会出来很多，股价缩量下跌伴随着连续向下跳空缺口。即将被 ST 而连续跌停的个股，其形成的下行筹码断层不参与。

第三，下行筹码断层形成后，股价要在低位构建一个筹码密集区，这个区域的整体换手率最好大于 100%，这表明充分换手，有新的大资金进场吸纳筹码了。高位扛不住下跌的持筹人也"割肉"卖出了，剩下的套牢者则很少会在断层区域卖出。

第四，资金上攻进入了筹码断层区的下边缘，最好是以换手涨停板的方式反包此前的一字涨停板，深入最小阻力区域后有利于吸引后续接力和跟风资金。如果是以一字板的方式上涨，则不考虑介入抄底。

第五，除关注筹码结构的空当空间外，还需要考虑大势和周期格局。最好在指数周期和情绪周期冰点或者上行的时候介入抄底下行筹码断层。

第六，底部有利多题材的加持最好。能够形成市场合力，人气多寡除取决于大势和周期外，个股逻辑和题材性质也可产生重要影响。当"最后一次利空"兑现后，如果有"连续性利多"出现，那么下行筹码断层足够的个股就很容易大幅上涨。逻辑对筹码结构的加持，足以藏风聚气，吸引众多持币玩家参与和跟风。整体而言，题材投机还要靠市场合力。

我们已经介绍了筹码峰值和筹码断层，最后再介绍一种筹码结构。**"筹码一线"其实是"筹码峰值"的特殊形式，它伴随着涨停板出现。**由于换手量非常大，因此筹码交换程度也很大，只不过这一切基本上发生在涨停价这个位置，因此筹码就是一根顶格的水平线。跌停板的时候也会出现一条水平线，但是由于成交量很小，所以筹码这根线就很短，不会顶格，构不成"筹码一线"。我们来看一个具体的例子，联合精密在 2023 年 9 月 8 日这天的一字涨停板就对应了"筹码一线"（见图 5-45），这一天的成交量接近于前日的两倍。

通常"筹码一线"与倍量的一字涨停板或 T 字涨停板一起出现。T 字涨停板出现"筹码一线"的概率最高，其次是一字涨停板，此外还有一些接近涨停高开 8 点以上的 K 线偶尔也会出现"筹码一线"。

"筹码一线"周围可以有非常稀疏的较短筹码横线，但是"筹码一线"必须是"鹤立鸡群"的。

"筹码一线"与"倍量"的关系也非常密切。量能成倍放大有利于后劲，当然也有"筹码一线"的一字涨停板量能没有明显放大，这就要求后期开板后有持续换手补量的过程。"筹码一线"当日的换手率比较高。所谓的"倍量"

板上放量换手意味着当天买入股票的成本价就是涨停价。

筹码结构叠加题材、预期差和龙虎榜数据、资金流等可以用来辅助判断个股压力位和支撑位以及后续资金的接力意愿和已经持筹者的卖出意愿。

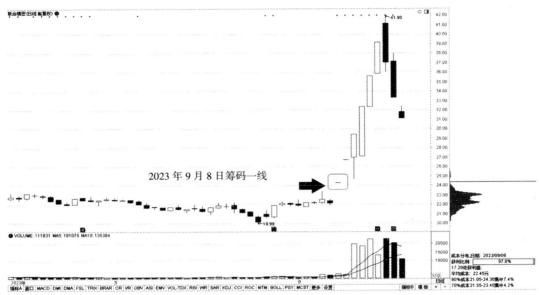

2023 年 9 月 8 日筹码一线

图 5-45 联合精密 2023 年 9 月 8 日的"筹码一线"

资料来源：通达信，DINA。

就是当日的成交量能必须是昨日的至少 2 倍，有些交易者则放宽到了至少 1.9 倍。从倍量涨停就可以大概得出"筹码一线"有大资金在抢筹。**许多妖股或者说飙升股在第一个涨停板启动的时候，都具有"筹码一线"的结构。**

进一步可以推断"筹码一线"是大资金的筹码成本线。一字涨停板和 T 字板的成交价均大致为涨停价，当日筹码集中分布在此线。能够在一字涨停板买入的资金基本上都是"通道党"等聪明大资金，其胜率和赔率都很高。因此，短期内当人气标的跌到这些聪明筹码的成本线时，就会对股价产生强大的支撑力。

此后，当股价回调到这附近的时候，可以提供一定保护是低吸的潜在机会。比如 2018 年 1 月 15 日蓝晓科技"筹码一线"提供低吸机会（见图 5-46）和 2018 年 3 月 22 日的盘龙药业"筹码一线"提供低吸机会（见图 5-47）。筹码断层低吸战法的关键就是"人气标的中聪明筹码未离场"，假设前提是聪明筹码胜率和赔率都高，而且他们会与你共担风险。但是，如果股价跌到这里之后不能迅速拉起，

"筹码一线"涨停时，当日上了龙虎榜，一定要查看资金性质。

414

而是继续下跌，那么意味着趋势向下，筹码断层失去支撑作用后，交易者一定要及时离场。

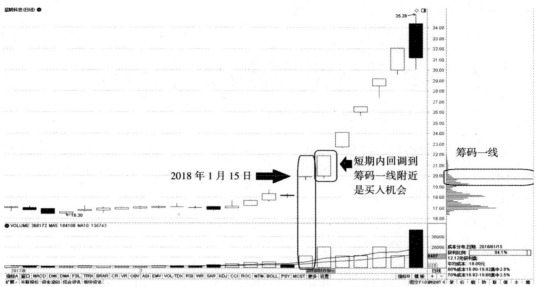

图 5-46　2018 年 1 月 15 日蓝晓科技"筹码一线"提供低吸机会
资料来源：通达信，DINA。

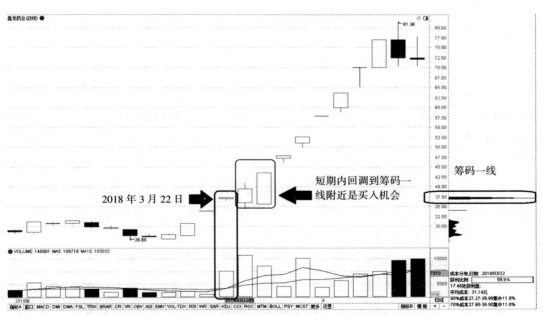

图 5-47　2018 年 3 月 22 日盘龙药业"筹码一线"提供低吸机会
资料来源：通达信，DINA。

本节主要介绍了筹码峰值、筹码断层和筹码一线三个筹码分布结构，你能够将其与赚钱效应结合起来吗？这个功课如果能够深入下去是非常有价值的，暂且不表，留为作业。在后续讲义中我们会深入其中。

第三节 逐鹿中原的玩家博弈风向标

本节我们主要讲的内容是关于各类玩家的，比如股东人数、筹码集中度、龙虎榜和席位等。其实在上一节当中我们就已经在实例中介绍了一些关于龙虎榜和席位的实用知识。

先来讲一讲股东人数和筹码集中的问题。股票价格基本上与股东人数成反比关系，股价大幅下跌，股东人数也会大幅下降。

股东人数越少，则代表筹码集中度越高，从而提高了股价上涨的概率。当股价大涨时，股东人数也会显著增加。最近的人气股或者明星股往往会成为股东人数显著增加的个股。

在《证券时报》一篇名为《筹码集中股回测数据超额收益明显》的文章当中，作者在列出大量数据之后指出："近十期股东户数降幅超过 5% 的股票统计显示，五日超额收益明显，其中九期跑赢相应指数，占比达 90%。整体来看，统计周期后五日平均超额收益率达到 0.67 个百分点。"特别是在蓝筹股板块个股中超额收益特别明显，例如，2014 年市场热炒的"一带一路"行情中中国交建大涨，其在此前 2012 年第一季度报中 A 股股东户数高达 10.22 万户，随后总体上一路下降，一度降至 6 万户以下，2014 年半年报中，也仅 6.13 万户。又比如中国建筑在 2016 年第二季度末企稳，第四季度大幅拉升，在一个多月的时间里最高涨幅超八成。中国建筑在此之前的 2015 年半年报时的股东户数高达 141.41 万户，随后一路下降；截至 2016 年第三季度报时，降至 77.51 万户，较 2015 年半年报时大降 45%。

对于蓝筹股而言，股东人数下降到什么程度股价才会上涨呢？或者说大资金低位收集筹码到什么程度股价才会上涨呢？《证券时报》根据统计数据给出了比较有可信度的结论："主要有两种情况，一是股东户数连续多个季度持续下降，从量变达到质变的效果，而在股价拉升前的一个季度，股东户数并没有明显下降，如中国神华在 2016 年第三季度开始的拉升即属于这种情况。二是股价拉升前，股东户数突

然明显下降，比如中国联通在 2016 年第三季度末股东户数降幅较前一个季度明显增加，随后在 2016 年第四季度，其股价开始大幅拉升。"

股东人数连续几个季度显著下降或者是最近一个季度显著下降的蓝筹个股可能存在中线走牛的基础。这就是我们从股东人数这一指标中得到的"阿尔法"，但是股东人数本身也存在一些缺陷。

第一个缺陷是股本变动会显著影响股东人数数据，如配股、增发、并股、回购等。

第二个缺陷是股东人数报告的时间上很滞后。现在大多数普通 A 股交易者只能从年报、半年报或季报中获取股东户数信息。而年报的数据往往滞后 3 个月，中报也要滞后 1 个月，获取股东人数数据不可避免地会有一段相对较长的滞后期。对于短线交易者而言存在很大劣势，而主力完全可以在这段滞后期里面完成隐蔽的操作。

第三个缺陷是报告中的股东户数并未区分 A 股股东人数、B 股股东人数、职工股股东人数等数据，这些与散户股东户数的性质差别很大。

接着我们来聊本节的重点——"龙虎榜与席位"。龙虎榜这个词最早公开出现在《新唐书·欧阳詹传》："举进士，与韩愈、崔群、王涯、冯宿、庾承宣联第，皆天下选，时称龙虎榜。"

那么，A 股市场的龙虎榜具体是什么含义呢？A 股的交易龙虎榜指的是每日两市中涨跌幅、换手率等由大到小的排名榜单，并且可以看到这些上榜个股在前五营业部的买卖金额。龙虎榜通常在 16：30~17：30 公布。

那么，什么样的股票能够上龙虎榜呢？一共有三大类：第一类属于日常交易，具体包括"日收盘价涨跌幅偏离值达±7%""日振幅达 15%""日换手率达 20%"等，达到上述条件之一在深市分主板、中小板、创业板，每个条件各选前 5 名上榜。沪市每个条件各选前 3 名上榜。如果条件相同，则按成交额和成交量选取。

第二类属于异常波动，具体包括"连续 3 个交易日收盘价偏离值累计达到±20%（ST 和 *ST 为±12%）""连续 3 个交易日累计换手率达到 20%且日均换手率与前 5 个交易日日均换手率的比值达到 30 倍"等。

第三类属于无价格涨跌幅限制的个股，如当天上市的新股等。

那么，龙虎榜上具体有些什么内容呢？符合上述条件的个股上榜时，会公布这些个股当日买入、卖出金额最大的 5 家营业部的名称及其买入、卖出金额。属于异常波动大类的，则会公布异常波动期间，累计买入、卖出金额最大 5 家会员营业部的名称及其买入、卖出金额。

龙虎榜的基础知识我们已经了解，接着谈谈龙虎榜的价值。龙虎榜提供的相关

数据有助于了解当日异动个股的大资金进出情况，包括游资和机构。而上榜的个股基本上就是人气个股，是题材投机客的主要标的。借助龙虎榜，题材投机客可以更好把握有实力的持币者和持筹者的动向，揣摩其意图，从而显著提升自己操作的胜率和赔率。

讲到龙虎榜有什么实际价值，就不得不提赵老哥。赵老哥，原名赵强，1987 年生人。2007 年以 10 万元本金入市，到 2015 年 4 月增长了 1 万倍，达到 10 亿元规模，跻身顶级游资行列。2015 年他在淘股吧以《八年一万倍》为题留下了一段话："今天是值得纪念的一天，资金终于上了一个大台阶，感谢中国神车！"

他每日都认真观察和分析龙虎榜，偶尔透露一些有关龙虎榜的心得和观点，他可以根据个股的涨停方式加上龙虎榜验证推断出背后的游资。比如 2010 年 3 月 19 日他在淘股吧上留了一个帖子，推测当日上榜个股长电科技有游资"章盟主"章建平参与（见图 5-48 和图 5-49）。

图 5-48 "赵老哥"关于长电科技龙虎榜的帖子（1）

资料来源：淘股吧。

图 5-49 "赵老哥"关于长电科技龙虎榜的帖子（2）

资料来源：淘股吧。

关于龙虎榜的价值和意义，有一段话非常精彩："**龙虎榜是市场中最活跃、最顶尖的资金交易行为的集合，机构也好，游资也好，这些活跃在市场最前沿的资金基本代表了国内最顶尖的操盘水平。通过观察龙虎榜，可以尽可能地了解和靠近市场主流资金的交易逻辑，这是龙虎榜最大的意义。**"

那么，是不是买入前一日上榜个股就可以获得较好的胜率和赔率呢？资深量化交易人士刑不行在 2023 年 9 月利用历史数据进行了一个统计分析。基于 157099 次上榜个股数据，他得出了一个上榜后，未来 1 个交易日到 10 个交易日胜率和赔率的分布情况（见表 5-1）。

> 上榜的个股集中于哪些概念板块？背后是什么逻辑和热点？这些板块目前在处于什么样的情绪周期？是否具有赚钱效应？

表 5-1　龙虎榜个股上涨概率和平均收益率（1）

日期（上榜后）	上涨概率（%）	平均收益率（%）
第 1 日	49.92	0.52
第 2 日	45.60	0.67
第 3 日	44.58	0.88
第 4 日	43.57	1.11
第 5 日	43.09	1.32
第 6 日	42.87	1.57
第 7 日	42.49	1.77
第 8 日	41.93	1.94
第 9 日	41.61	2.12
第 10 日	41.40	2.25

资料来源：刑不行。

但实际上有些上榜个股次日直接一字涨停，没办法买入。刑不行去除这类情况后，还剩下 104743 次符合条件的上榜数据，得出一个新的未来 1 个交易日到 10 个交易日胜率和赔率的概率分布情况（见表 5-2），可以看到整体是亏损的。

表 5-2　龙虎榜个股上涨概率和平均收益率（2）

日期（上榜后）	上涨概率（%）	平均收益率（%）
第 1 日	48.78	0.27
第 2 日	44.19	0.02
第 3 日	42.92	−0.18
第 4 日	41.93	−0.31
第 5 日	41.56	−0.46
第 6 日	41.38	−0.55
第 7 日	40.96	−0.67
第 8 日	40.34	−0.79
第 9 日	40.03	−0.87
第 10 日	39.77	−0.96

资料来源：刑不行。

由此看来，虽然龙虎榜数据重要，但是简单地买入上榜个股其实收益期望值还是负的。那么应该如何解读和利用龙虎榜数据呢？

龙虎榜上有两种主要类型席位：机构席位和营业部席位。什么是机构席位？机构席位统一名称为"机构专用"，就是公募、私募等法人账户，他们的资金一般是募集而来的。具体包括基金专用席位、券商自营专用席位、社保专用席位、券商理财专用席位、保险机构专用席位、保险机构租用席位、QFII 专用席位等机构投资者买卖证券的专用通道和席位。

什么是营业部席位呢？通常是自然人账户使用的席位，但能上龙虎榜的基本是资金量较大的游资。这里有个特例就是东方财富证券旗下的众多位于拉萨的营业部，它们经常上龙虎榜，因此被称为"东财拉萨天团"。这些营业部主要有东方财富证券股份有限公司拉萨东环路第一证券营业部、东方财富证券股份有限公司拉萨东环路第二证券营业部、东方财富证券股份有限公司拉萨团结路第二证券营业部、东方财富证券股份有限公司拉萨团结路第一证券营业部、东方财富证券股份有限公司拉萨东城区江苏大道证券营业部等。东方财富收购西藏同信证券之后改名为东方财富证券。东方财富证券利用东方财富强大的网络流量以及低佣金在全国招揽了大量客户，而东方财富又把所有的网络开户全部引导到拉萨这几个营业部席位上了，很快这几个营业部成为全国成交排名最靠前的几个席位。所以，每当龙虎榜上出现"拉萨天团"的时候，也就意味着这只股票是散户在大量买入。

第一步，我们从席位的性质入手分析。上榜的席位当中往往存在几股势力，有游资、有机构，我们要搞清楚他们是各自为政，还是相互打配合。机构也有盯着机构帽子的游资，就是所谓的假机构，2015年假机构席位特别猖獗，往往都是搞一日游的行情，第二次追高买进去的散户往往被套。此后，随着媒体广泛报道，他们也改变战法了。所以，现在"机构溢价"还是存在的。机构席位标注为"机构专用"，买卖都是比较大的金额，优质筹码上龙虎榜时往往会同时看到机构和游资买入的身影，两者达成共识，则胜率和赔率都增加了。卖方席位中，机构席位数量越多越好，因为机构进驻后行情的持续性较强，一日游的情况还是比较少，有了机构席位买入的加持，题材个股就有了溢价，这就是所谓的"机构溢价"。

那么如何挖掘和利用"机构溢价"呢？所谓的"机构溢价"就是龙虎榜上的个股有机构席位买入，那么此后胜率和赔率都比较高。2019年，"机构溢价"特别显著。当时《投资快报》做了一个研究，统计2019年10~11月涨幅较高个股与"机构溢价"的关系。"买入机构席位家数""机构席位合计买入金额""机构席位合计卖出金额"和"机构席位净买入额占比"是比较重要的四个考察维度。他们将这4大指标进行调整并组合可以用来测算出符合不同条件的个股后续上涨的概率及相对涨幅。其中最为有效的一个"必涨指标"是**"买入机构席位家数≥3家"**叠加**"无机构席位卖出"**，当时符合这一条件的个股有9只（见表5-3）。这9只个股龙虎榜公布当天的市场走势不尽相同，有涨停，有跌停，也有微涨。上榜后次日的上涨概率达到100%，且多数收获涨停；上榜后两日累计上涨概率也为100%。

表5-3 机构溢价加持个股（1）

股票名称	上榜时间	当日涨幅（%）	买方机构数	卖方机构数	机构买入总额（万元）	机构卖出总额（万元）	机构净买入额占比（%）	上榜后次日涨幅（%）	上榜后二日累计涨幅（%）
震安科技	10月9日	-9.99	3	0	1824	0	15.36	10	13.4
壹网壹创	10月15日	10	3	0	9882	0	9.5	10	21
工达电声	10月21日	7.5	3	0	5140	0	11.9	10.01	5.3
迪安诊断	10月25日	9.98	4	0	8217	0	13.85	6.65	3.02
国检集团	10月31日	-10.01	3	0	5825	0	28.96	1.58	2.92
诚迈科技	11月1日	10	3	0	6758	0	15.03	10.01	13.57
漫步者	11月1日	9.98	3	0	5520	0	9.56	10.04	17.53
激智科技	11月4日	10.02	4	0	3412	0	27.85	9.98	2.14
惠威科技	11月8日	1.21	3	0	1613	0	5.88	10	17.96

资料来源：东方财富、《投资快报》、拾荒网、DINA。

　　他们统计出的第二个"机构溢价"指标胜率为 93%，该指标公式为"机构席位净买入额占个股成交额之比 ≥10%"。当时符合这一条件的个股有 14 只（见表 5-4）。这 14 只个股上榜次日有 13 只收获上涨，上涨概率为 93%。上榜后两日累计上涨概率也为 93%。不过次日向上跳空的情况下实际上是无法获得当日涨幅代表的收益的，不过这类机构溢价个股往往在中线有更好的表现。正如《投资快报》最后给出的结论："**从中长期维度看，股价涨跌仍将取决于基本面，而龙虎榜机构席位持续介入能够反映部分专业投资者认可相关公司的基本面。**"

表 5-4　机构溢价加持个股（2）

股票名称	上榜时间	当日涨幅（%）	买方机构数（家）	卖方机构数（家）	机构买入总额（万元）	机构卖出总额（万元）	机构净买入额占比（%）	上榜后次日涨幅（%）	上榜后二日累计涨幅（%）
震安科技	10 月 9 日	-9.99	3	0	1824	0	15.36	10	13.4
圣邦股份	10 月 14 日	10	4	1	6940	982	15.8	-2.84	-4.64
华金资本	10 月 15 日	9.97	1	1	499	89	13.45	10.02	20.98
苏试试验	10 月 17 日	10	2	0	3109	0	23.07	3.86	0.56
共达电声	10 月 21 日	7.5	3	0	5140	0	11.9	10.01	5.3
通化东宝	10 月 23 日	-9.54	3	2	38041	11579	24.85	0.6	1.26
迪安诊断	10 月 25 日	-9.98	4	0	8217	0	13.85	6.65	3.02
国检集团	10 月 31 日	-10.01	3	0	5825	0	28.96	1.58	2.92
诚迈科技	11 月 1 日	10	3	0	6758	0	15.03	10.01	13.57
万集科技	11 月 1 日	8.04	2	0	5485	0	13.88	1.03	0.14
万达信息	11 月 4 日	10.02	1	0	11103	0	13.28	6.52	13.03
激智科技	11 月 4 日	10.02	4	0	3412	0	27.85	9.98	2.14
城地香江	11 月 6 日	10	1	0	2187	0	10.54	4.13	2.62
凯撒旅游	11 月 8 日	7.67	2	0	1956	0	16.33	1.23	2.31

　　资料来源：东方财富、《投资快报》、拾荒网、DINA。

　　接着，我们来谈游资席位。混迹在 A 股的游资真正有名的就那么几股势力。游资集中在珠三角、长三角、环渤海、长沙和成都这些地方。每个地方的游资往往都有自己的领军人物和鲜明风格。我们要特别关注一线明星游资营业部，比如光大奉化南山路、财通温岭东辉北路、中信杭州延安路、中信证券上海溧阳路、国泰君安上海福山路、申万宏源上海东川路、华泰证券上海武定路、中信证券上海淮海中路、华泰证券上海威宁路、中投无锡清扬路、中国银河证券绍兴营业部、光大奉化

南山路、中信杭州四季路、光大杭州庆春路、华泰厦门厦禾路、光大佛山绿景路、光大佛山季华路、华泰深圳益田荣超中心等。它们出现在个股龙虎榜上，代表一线游资对这个题材个股的高度认可，接力的溢价就比较高。比如，杭州延安路的风格是首板吸筹，次板换手，三板以上派发，而不是毫无溢价的一日游走势。

游资大多数还是喜欢做波段，当然也有一些喜欢做T的。在观察和分析龙虎榜的过程中，要特别注意游资的操盘风格，很长一段时间内还是比较稳定的。看一下他们席位介入个股的特征，此后的走势，一日游还是波段。如果是一日游的操盘风格，那么至少次日竞价和开盘就不要去接力了。因此，要对知名游资的选股操盘思路和操作风格足够熟悉，你就比其他交易者多了一个信息维度，这就是你的竞争优势。

第二步，则要进行席位买卖双方的整体分析。

第一种情况就是买卖双方的交易席位基本上都是游资，没有机构出现。第一步是查看这些游资的背景是不是知名游资、最近上榜的个股有哪些，风格如何，如果对游资的操盘思路足够理解，当和他们一起买入某只个股时，就需要研究他们的分时路线和筹码成本。总之，作为题材投机者务必要对每个游资的风格有比较透彻的了解。

我们参与人气合力，最忌讳的就是习惯一日游操盘手法的这类游资。通常次日竞价直接离场代表了行情一日游，而次日锁仓说明上涨行情还可持续，而继续加码买入表示后市可期。

对于上榜的游资席位，买方前五尽量是实力较强的知名游资席位，卖方是不知名的席位较好。前五买卖双方的力量对比，买方金额越大越高，买一金额最好不要一家独大。什么是买一一家独大？具体来讲就是买一金额是买二到买五总和的倍数。这种情况下，如果第二天低开可以考虑买入，大幅高开则要当心。而且，买一最好不要一直锁

资深题材投机客 Astra CodeX 说过一段广为流传的话："封板当天看一下龙虎榜，我自己比较喜欢的龙虎榜有炒股养家、赵老哥、小鳄鱼、涅槃、孙哥、苏南帮、宁波桑田路、葛卫东、方新侠、章盟主、牛散唐汉若、著名刺客、隐秀路、瑞鹤仙、一瞬流光、欢乐海岸等。近期比较活跃的中信总部、湖里大道、杭州帮、敢死队、西湖国贸、思明南路也可以关注。很多大牛股在刚启动时或者二波启动时有他们的影子。如果有他们在最近一年内有买过此股更是加分的。"

这些知名游资之前的选股和近期的选股风格上有什么相同？有什么不同？

423

仓，这样别的游资就缺乏接力意愿了，因为这相当于是买一吃独食。如果有一股独大的游资持续锁仓，那么获利就非常大，别的游资就不敢进场接力，这与游资很少去拉机构重仓票一个道理。

毕竟人气个股的大行情都是游资接力完成的，不会是某一个游资来推动整轮行情的发展。这种情况下，只有当一股独大地买一出局后，别的游资才考虑进场接力拉升。因此，人气股首板以后留意买一席位是直接出局、锁仓、继续加码买进还是做差价。锁仓太久，就会打压接力意愿。如果买卖上的知名席位都是游资，还要求买方总资金要大于卖方总金额，最好在 1.5 倍以上。

第二种情况是席位中有机构也有游资。其他条件一样的前提下，买一席位是机构最好，并且卖方的 5 个席位中最好不出现机构。买方席位中机构出现的家数越多越高，他们当日买入金额占总成交金额比例越大越好。机构当日买入金额占总成交金额比例越大越好，一次性锁定筹码集中度越高越好。因为多家机构同时介入的个股且前期有密集调研，则往往会有一波趋势流大涨。但是，如果买方和卖方都有机构席位出现，则卖方席位中机构家数越少越好，当然相对金额也越小越好。通常而言，当日总买入的比例占成交额的 10% 以上就属于主力流入资金比较大，

如果游资均在买方席位，而机构均在卖方席位，那么机构基于估值等基本面因素决定离场，而游资则决定进场，筹码交换后短线爆发力不应小看。

如果游资均在卖方，而机构均在买方，且股价在高位，则有利用"机构溢价"吸引散户高位接盘，从而达到帮助游资顺利出货的目的。

如果买方既有机构，又有知名游资，那么他们很可能达成共识合力推升逻辑和人气俱佳的个股。这类个股不仅短线具有爆发力，中线上涨幅度和概率也很大。

第三种情况是龙虎榜上出现了一些小地方的冷门营业

买入的这只股票处于什么周期？具有什么样的逻辑？筹码分布如何？他们为什么会在这个位置买入？

机构的选股和游资有何不同？他们之间的博弈是什么？

部。特别是这些营业部在该上市公司所在城市的，则要考虑到有重大利好提前泄露。

　　第三步，历史回溯和大格局审视。龙虎榜是一个不错的工具，相当于量化交易中强调的"Alternative Data"（另类数据）。但是，还是要放到周期、逻辑和结构中去观察。比如看目前个股所处的板块是不是主线、逻辑硬不硬、情绪周期和赚钱效应怎么样，把龙虎榜放在大格局中去看，一看就明明白白了。龙虎榜的数据也可以下切，比如将每个席位的交易量放在分时图上去数一下，个股几个交易日的分时图和龙虎榜结合起来数一下，你就对游资的进出路线和意图有非常透彻的了解了。他们是在加仓？锁仓？出货？还是在做价差？

风生水起的运气把握术

最有风险的事情，就是不采取任何行动。一个人的一生，如果没有经历几次失败，就会错过自我挑战极限的机会。人生的历程中总是伴随着无数次的成功与失败。既然我们选择了创新，就不能畏惧失败，而是从每次的失败中去咀嚼事物的本质。通过不断地试验，终能成功。

——埃隆·马斯克

什么是大局观？我个人认为就几个字：钱现在在哪里，未来会去哪里。什么指数、技术指标都不叫大局观，全都叫钱的运动痕迹。

——诚诺之约

关于你们老说的管不住手、缺乏控制力，其实是不存在的。所谓管不住手一定是你的认知不够。所以，你没必要管住手，你只需要提高认知。你说有好票我为啥要管住手呢？无非就是根本看不出好坏票，才会吃大亏，吃完亏归结于管不住手，说自己冲动，你这不是扯淡吗！

——改个 ID 叫梦想

你想要最成功的人生吗？你想要最宏大的事业吗？你想要成为万众瞩目的名流吗？你想要富甲一方吗？名人传记里面谈到的一切真的是灵丹妙药吗？努力就是一切的最终答案吗？

其实，老生常谈并不可靠，因为努力并不是成就这一切的关键。**如果努力能够成就最无上的辉煌和荣光，那么最成功的人应该是那些社会底层干着最辛苦工作的人群。**但残酷的现实却是，那些起早摸黑的人，那些一天工作超过 8 小时的人，往往赚着微薄的收入，还会经常遭受不公平的待遇和别人的歧视。

刻意练习可以造就能力的巅峰，这无可否认，但是能力的附加价值却是不同的。你可以花费十年的工夫来研究如何将自家庭院打扫干净，但是这样的技能能够带来比航天工程师更高的价值吗？劳动无贵贱，这是道德层面的主张，现实的人生却往往由经济法则控制。因此，**刻意练习能够让你拥有一流的技能，但却不能保证你获得巨大的成功与财富**。

随着年月的增长，你或许会意识到选择比刻苦更为重要，风口比努力更为重要，那些不可预知的重要因素和事件塑造了我们的命运，而这些不可知的重要事件就是"黑天鹅"。题材和热点就是一种风口，股票市场上的风口。

如果处在风口，猪也能飞起来。所谓的风口往往是不可预知的重要因素和事件，也可以说风口就是运气，但是运气往往与不可预知和不可应对的事物画上了等号。所以，"运气"就是"黑天鹅"的另外一种说法。

从我们出生到现在，家庭、学校和社会传授给我们许多规范、常识和技能，但是却几乎不会告诉我们如何应对和管理"运气"。换言之，对于我们人生最具决定性的因素之一，我们从未认真地研究过它。

我们所受的教育，我们接受的常识，竟然忽略了最大的一个因素——"运气"，所以我们简单地相信了努力决定论。努力决定论看起来很美，但实际上让我们彻底放弃了对自己命运的主宰。侥幸地致富，是因为我们无意中在一线城市早早地买了几套房；侥幸地成功，是因为我们无意中进入到了一个爆发式增长的共享经济初创企业；侥幸地幸福，是因为我们碰巧遇到了一个能够共度一生的人……而那些不幸的人，仍旧处于财务匮乏、人生低迷的泥沼中。庸庸碌碌或者困苦不堪的人也是因为无意中的所作所为。

我们学了数理化，学了政史地，学了各种专业知识，今天我们知道了"深度工作"，知道了"刻意练习"等，并且我们不遗余力地践行这些知识，**但这只是决定我们命运的 20%！** 另外的 80%，则是"风口"，是"命运"，是我们要讲的"黑天鹅"。

你可以不那么努力，你的智商可以平庸，但是你一定要学会如何管理你的"运气"，管理和应付那些不可预知的重点因素和事件。**如果你不知道"黑天鹅"是什么，如果你不知道如何应付和管理"黑天鹅"，那么你就过不好你的人生！**

读了很多书，仍旧过不好自己的人生——根源在于你从未学过如何应对"黑天鹅"，现在我们就从"黑天鹅"本身谈起。预期之外的因素、超预期、预期差、大众的盲点才是超额利润的来源。黑天鹅就是超预期和预期差的另一种提法。

17 世纪以前欧洲人只见过白天鹅，后来欧洲人登陆澳大利亚，才发现世界上还有黑天鹅，所以柴可夫斯基于 1876 年创造出来的芭蕾舞剧"天鹅湖"里面有"黑天鹅"这个反面角色。

2001 年"9·11 事件"之前，并不出名的华尔街交易员纳西姆·尼古拉斯·塔勒布以"黑天鹅的世界"为标题出版了一本专著，然后在 2008 年次贷危机爆发之前以"黑天鹅"为标题出版了第二本专著。

这两本书都恰好在重大的意外事件爆发之前出版，因此塔勒布很快就在华尔街和知识界声名鹊起，被奉为超级大咖。他管理的几只基金在次贷危机中盈利丰厚，因此证明了他是理论与实践并重的大家，并非简单的学术人士。

塔勒布一针见血地指出：**"社会生活的一切几乎都是由极少发生但是影响重大的剧变和飞跃产生的"**，简而言之就是黑天鹅事件决定了最终的成败。

塔勒布认为我们可以从两个维度来确定什么是"黑天鹅事件"。第一维度是确定性维度，这个维度将因素和事件一分为二——确定性和不确定性。第二个维度是影响力维度，这个维度将因素和事件一分为二——影响力大和影响力小。

上述两个维度划分出四个象限：确定性叠加影响力小是第一象限；确定性叠加影响力大是第二象限；不确定性叠加影响力小是第三象限；不确定性叠加影响力大是第四象限。

"黑天鹅"就位于第四象限，也就是那些不确定同时具有重大影响力的因素和事件。

可以看出，第一象限和第二象限都属于确定性的领域，人类为这些领域发展出了很多有效的研究和管理工具，比如"钟形曲线"、正态分布、清单思维、建模策略等。这些概念和工具是来应对确定性因素和事件的，如果没有搞清楚这个前提，滥用这些工具，将这些工具用来处理不可预知的因素和事物，用来对付"黑天鹅"，就会酿成大祸。

塔勒布认为金融界滥用了这些第一象限和第二象限的工具，例如基于"正态分布"设计金融产品和相应风险管理制度。这样的现象极为普遍，将确定性领域的工具滥用到不确定领域。

例如，长期资本管理公司是一个由顶级的华尔街交易员牵头的超级明星对冲基金，其黄金班子包括诺贝尔经济学奖得主、前美联储副主席等。他们基于历史数据设计出了一个套利模型。但是，却因为俄罗斯债务危机的爆发而失效，结果危及整个美国金融体系，进而危及全球金融稳定，最终美联储不得不出面挽救。欧洲的历史数据表明天鹅都是白的，但是一旦"黑天鹅"出现，那么历史数据就被完全改

写了。

我们的人生大转折就是"黑天鹅"造成的，无论我们在第一象限或第二象限过得多么稳定，多么可以预见，但是真正让我们人生出现重大变动的却是第四象限的"黑天鹅"。为什么呢？

首先，那些位于第一象限的事件缺乏影响力的同时也很确定，例如，每天早上起床穿衣服这件事是非常确定的，也是影响力非常小的事件。

其次，那些位于第二象限的事件则是影响力很大的，是非常确定的事件。例如一个报纸投递员，他每天的工作是否完成对于当月的收入有很大的影响，以至于会影响整个家庭的生活开支，但是他每天的工作完成情况是非常确定的。

对于上述两个高度确定的象限，我们从小就学会了用各种技巧来应对，负责和努力是最常见的要求。

位于第三象限的事件虽然具有较高的不确定性，但是却具有很小的影响力，我们可以不用担心它们，因为其结果的影响力很小，价值自然很小。例如，你每天下班会搭乘地铁回家。有时候一进站，车就来了；有时候，则要等上好几分钟。车什么时候来，你等几分钟几秒，这是不确定的，但是其结果对你影响都不大，所以你不用耗费很大的精力来应对这件事情。

通过清单思维，通过建立模型，通过努力和负责，我们可以很好地管理第一象限和第二象限的事项。第三象限的事项虽然不在完全可控的范围内，但是却无足轻重，因此我们可以采取随遇而安，听之任之，甚至完全忽略的态度。但是第四象限的事项却让我们不得不面对，时常让我们感到很头痛。因为这些事项一方面高度不确定，另一方面影响力又巨大。**人生的转折点基本处于第二象限和第四象限。**

你选择什么职业，这是人生重大的转折点，或者说分叉口。人在年轻的时候，会有几次选择职业的机会，但是一旦过了中年，除非你本来就是斜杠大咖，否则很难转到一个新的行业。

塔勒布将职业分为两类：第一类是单位时间内产出和收入有明确极限的工作，例如，牙医、翻译、银行柜员、超市收银员、环卫工人、出租车司机等；第二类是单位时间内产出和收入无明确极限的工作，例如，小说作家、运动员、股票投资者、互联网创业者、演员等。

第一类职业具有更高的确定性，第二类职业具有较高的不确定性，但是无论你选择哪类职业都会对你的人生产生重要的影响。第一类职业的收入离散程度较小，单个样本不足以改变整个群体的平均收入，第二类职业的收入不平均程度很高，单个样本足以改变整个群体的平均收入。

第一类职业位于第二象限，第二类职业位于第四象限。如果你想要获得非凡的成功和财富，那么你就必须在这两类职业中选择第二类，也就是选择位于第四象限的职业，即你需要与"黑天鹅"打交道了。因为虽然作家、运动员、投资者、创业者和演员的收入天花板可以高到一般人难以企及的程度，但是其不确定性也是很强的，因为收入也很可能比一般职业更低、更不稳定。

带着梦想北漂的人前赴后继，从齐白石到黄渤，都是选择了第四象限的职业，但是真正能够像他们一样功成名就的人少之又少。那么多少人参加了湖南卫视的超级女声，但是又有几个人像李宇春一样能够红。

但是，**如果你选择了稳定，那就永远无法获得超乎常人的成功和财富**。这就是职业选择上的两难困境，不过如果你能够很好地了解"黑天鹅"，了解如何去管理和对付它，那么你在这个两难问题上就会变得更轻松一点，甚至做到游刃有余。

对待"黑天鹅"，第一点我们要"转变频道"，要从"确定性频道"，从常规世界频道转换到非常规世界频道。这种转变需要跨过三重障碍，依次是：认知偏差、预测本身的局限性和伪科学。

我们先讲第一重障碍——认知偏差。很多人无法恰当地对付黑天鹅事件，直接的原因在于人类根深蒂固的认知偏差。我们经过数百万年的进化成为高等灵长类动物，但是真正的文明历史不过万年，文明还不足以抹去基因沉淀下来的力量。

因此，直到今天，身处文明社会中的我们仍旧被某些洞若观火的人类学家称为"裸猿"。换言之，所谓的高等灵长类动物在决策能力上与猿猴相差并不大，我们只不过是褪去了厚重的毛层而已。**在文明社会，我们仍旧使用着前石器时代的思考和决策系统**，这显然存在极大的问题，这就是认知偏差。

黑天鹅如此重要，但是我们却不能正确认识它，这就是认知偏差导致的，这构成了我们认知和处理黑天鹅的第一重障碍。

第一种认知错误是证据谬误。纸币化时代来临之后，金融产品层出不穷，金融体系越来越复杂，自然也就越来越脆弱，再加上全球化与民族国家的冲突加深，我们所处的世界越来越多变且复杂。因此，**现代的世界是一个高度不确定的世界，在无数的白天鹅之后，它会突然抛出一只黑天鹅，让你猝不及防**。

但是，我们往往倾向于只依靠过去的有限经验，或者说证据来生活和处理问题。甚至乎，这些有限的经验还可能是从另一堆有限的经验中被我们挑选出来的，这就变得更加具有局限性。我们天生习惯于寻找能够证明我们信念的例子，这就是

证据本身就具有偏向性。当你不认为存在黑天鹅时，你就会相信并且寻找那些白天鹅例子。

当你在选择职业或者投资标的时，你会忽略那些与你想法不一致的证据和机会，因为**你的信念制约了你的选择，你忽视了那些与你的信念不符的东西**。这些信念来自社会和家庭，绝大多数人都受到这些常规信念的制约。因此，**绝大多数人都会在职业选择和投资抉择时忽略不寻常的"黑天鹅"**。

商人的儿子是商人，农民的儿子是农民，工程师的儿子是工程师，因为儿子受到父亲的影响，而父亲受到社会的影响。社会具有稳定性，**社会大众更多地关注白天鹅，而不是黑天鹅**。但我们受到这种社会意识影响的时候，我们自然会选择与大众为伍的"白天鹅"职业和投资标的，自然也就不会获得超出常人的成就和收益了。**父母的见识是孩子最好的起跑线，因为孩子的成就建立在父母见识的基石之上**。

第二种认知错误是解释谬误。黑天鹅是意外事件，给我们的认知以极大的冲击。"9·11事件"给美国民众以极大的冲击，产生了认知崩溃。美国民众自认为是人权、民主和自由的象征，是人类的希望和灯塔，拥有最强大的军队和国土安全机构，但却在心脏地带受到大规模攻击。

这种冲击让整个美利坚的信心和认知受到了破坏，于是就出现了很多自我安慰的理由来减轻这种冲击。用邪恶力量的阴谋论来解释事情的前因后果可以让美国民众的文明优越感继续存在。**黑天鹅事件发生了，我们不愿意承认，我们倾向于当鸵鸟**。

用白天鹅的理论来解释黑天鹅的出现，我们认为黑天鹅不可能存在，或许是某人搞恶作剧给白天鹅上了色，或者是因为光线和色差的原因，总之我们就不承认存在黑天鹅。这就是解释谬误带来的黑天鹅认知偏差。

极少数人成了商业巨子，我们不承认这里存在格局因素、存在风口、存在运气。我们只愿意用简单的努力程度来解释，这其实是自欺欺人。

比尔·盖茨、李嘉诚、巴菲特等的白手起家的故事就是典型的解释谬误，你知道比尔·盖茨最关键的一笔交易是他母亲作为 IMB 董事会成员促成的吗？你知道李嘉诚的岳父是商业巨子吗？你知道巴菲特的父亲是国会议员吗？

如果伟大的成功仅仅依靠努力就能获得，那么一切都变得太简单了。因为最终成功与否，只跟你工作了多少个小时有关。人中龙凤可以看成是"黑天鹅"，如果我们不能够跨过解释谬误，就不能真正认识到他们成功的原因，最终也无法利用其规律。

第三种认知错误是情绪化。情绪是基因为了让我们在远古的恶劣环境中更好地生存下来而形成的快捷反应程序。

那时候的生存策略非常简单——要么战斗，要么逃跑，愤怒和恐惧只不过就是生存策略的触发机制而已。但是，现在社会变得更加复杂，我们有了礼仪，有了道德，有了法律，有了复杂的组织机构，有了金融市场，近乎一切都货币化了，因此远古的策略就显得有点格格不入了。

黑天鹅在金融市场上突然出现，情绪却妨碍了我们认知和应对它，因为我们的情绪只适合简单的事物。伟大股票投资家总是要求我们在大众恐惧的时候贪婪，在大众贪婪的时候恐惧，因为情绪妨碍了我们理性地决策。当大众恐惧的时候，估值往往已经非常合理了，这当然是买入的机会；当大众亢奋的时候，估值往往已经非常离谱了，这当然是卖出的机会。但是，情绪往往只受到价格波动的影响，当股价节节创出新高的时候，情绪是亢奋的、是乐观的，我们更愿意与大众一起癫狂，争相买入；当股价不断跌出新低的时候，情绪是恐惧的、是悲观的，我们想着如何更快地逃跑，争相卖出。

我们在职业选择上也会犯同样的认知错误。21世纪初，工商管理、市场营销和计算机等专业广受追捧，于是乎很多人的高考志愿报了这些专业，高校也一窝蜂地开设这些专业，导致这些专业到了毕业的时候供过于求。著名的对冲基金经理 Ray Dalio 有一个著名的论断，那就是如果你在商学院的同学们正在大张旗鼓地讨论某个行业，那么你最好避免在这个行业发展。

白天鹅是大众熟知的事物，黑天鹅是大众忽视的事物。作为人类，我们的基因基本一样，而情绪是基因的产物，因此我们的情绪基本也是同步的。**大众有同步的情绪，自然有同步的认知和谬误，这就妨碍了我们认知黑天鹅事件。**

第四种认知错误是幸存者偏差。一个人在几次地震中活了下来，或许只是因为好运的持续叠加而已，并非因为他有什么本事。比如，你或许发现有一家电话荐股机构给你连续推荐了6只股票都是上涨的。但是，你可能需要了解背后的故事，这家机构针对刚进来的100名客户任意选了一只股票，告诉其中的50名客户股票明天会上涨，同时告诉另外50名客户同一只股票明天会下跌。第二天无论股票涨跌，都有50名客户认为荐股机构的预测与实际走势一致。第二天收盘后，荐股机构重复这套把戏，对第三天的股票走势进行预测……这套把戏玩了六次之后，只有一名客户会神奇地发现6只股票都被说中了，其实这名客户不过是幸存者而已。但是这名客户很可能认为是荐股机构技术厉害，进而愿意缴纳高额会员费，这就是幸存者

偏差。

我们只看到白天鹅，也许只不过是很多随机事件叠加的结果，并不能由此认为不存在黑天鹅。次贷危机爆发之前的格林斯潘时期，美联储长期奉行超级宽松的货币政策，恶性通胀没有出现，美国也没有出现大的金融危机和经济危机，一切歌舞升平。于是乎，大家认为美国房地产的按揭贷款不会出现大问题，楼市不会崩盘，黑天鹅不会出现。其实，格林斯潘主导美联储时期的"风平浪静"也只是一种"机缘巧合"而已，并非"天鹅都是白的"。

一些人的成功令人羡慕，比如 2011 年之前的山西煤老板。但是，如果你没有搞清楚其中存在的"幸存者"因素的话，那么就无法认识和应付此后的煤炭行业大萧条和大洗牌，自然就会错误地进入这个行业。

接着，我们讲认知和处理黑天鹅的第二重障碍——预测本身的局限性。影响巴菲特最深的人有两位——格雷厄姆和费雪，两人都或明或暗地强调了能力圈的问题。能力圈就是说人的认知能力是有限的，在这个能力圈之外就是力有不逮了。

除巴菲特外，索罗斯在中国也是家喻户晓。正好索罗斯也有两位老师——波普和哈耶克。波普是哲学家，哈耶克是经济学家，两人都认为人的认知是不完备的，不可避免地存在局限。

巴菲特和索罗斯都因为不遗余力地奉行恩师的教导而创造出辉煌的业绩，而这个教导可以简单归结为：**预测具有局限性**。黑天鹅是预期之外的重大冲击，也即黑天鹅具有天然的不可预测性。

人类倾向于高估自己的预测能力，因此在面对黑天鹅的时候往往不能恰当地认识和处理。只有承认了我们认知和预测能力的局限性，才能够更好地对付黑天鹅。

认知和处理黑天鹅的第三重障碍是伪科学，典型代表是统计学上的"钟形曲线"。统计学当中虽然有概率论，但是那也是处理确定性事物的，对于黑天鹅，我们现有的工具是无能为力的，这就是塔勒布的重要观点之一。事物在一个有限区域内围绕一个均值集中分布，统计学定义为正态分布，形态上表现为一根"钟形曲线"。

中国香港采用货币局制度，因此严格盯住美元，港元兑美元的汇率在一个狭小的区间内波动，这种情况可以用"钟形曲线"来刻画。当价格达到区间的边缘时，买低卖高成了稳赚不赔的生意，因为曲线的两边极端值出现的概率极低，而且这些极端值距离均值也不远。

"钟形曲线"成了金融市场上套利交易者的最简单工具，前面讲到的长期资本管理公司就是认为利差有回归均值的倾向，因而基于这一思想在初期赚了大钱。在商品期货市场中，曾经有一个浙江大学经济学院毕业的年轻学子利用套利交易赚了大钱，最终成了该校历史上单笔捐赠最高的校友。

但是，黑天鹅的出现使"钟形曲线"并不能自洽，因为黑天鹅属于肥尾事件，也就是说那些极端值出现的频率其实大于预期，而且距离均值也非常远。1997 年亚洲金融危机中，包括港币在内的许多货币兑美元的汇率都出现了黑天鹅现象，特别是泰铢。

"钟形曲线"被金融界奉为神明，无论是所谓的"无风险套利"还是风险管理，往往都会采用这一模型的基本原理。这个看似极端科学的东西，其实并不是真正的科学。正是因为绝大多数人将其认定为颠扑不破的真理，所以才妨碍了他们意识到黑天鹅的存在，进而妨碍他们有效应对和利用黑天鹅。

简而言之，认知偏差、预测本身的局限性和伪科学阻碍了我们认知和应对黑天鹅事件，一旦我们在认知上跨过了上述三道门槛，那么就在应对黑天鹅的道路上迈出了第一步。

对付和管理黑天鹅事件的第二步是要分清楚黑天鹅的两大类型，并且针对性地进行准备。黑天鹅事件会带来正面冲击，比如利用 600 万元一年半赚了 20 亿元的林广茂就是利用了郑州棉花期货走势的黑天鹅。黑天鹅事件也会带来负面冲击，比如次贷危机导致 1850 年创立的老字号投行雷曼兄弟破产。

如何应对和利用黑天鹅呢？

第一，在确定性和不确定性上进行分散下注。塔勒布将一切事项分为四个象限，投资标的也可以分为四个象限。他建议我们可以将财富的 85% 左右投资到确定性高的低收益理财产品上，比如国债、优质金融债等。再将剩下的 15% 左右配置到不确定性高的高收益率理财产品上，比如商品期货、股票等。

其实，在个人职业的选择上你也可以利用这一策略。你可以同时干两份工作，一份工作是稳定的，但是却无法带来巨大的财富，另一份工作是非常不稳定的，但是却可能带来超乎寻常的结果，当然也可能一事无成。例如，一个人的主业是经营一家收入稳定的火锅店，但同时他也利用空余时间做期货交易。这样的组合可以在留有一定确定性的情况下，利用不确定性制造大机会。

第二，对于黑天鹅进行准备而不是预测。金融市场不可预测，这是一种较为成熟的观点，无论是随机漫步理论，还是混沌理论，都认为我们到目前为止还难以有效而精确地预测金融市场走势。

黑天鹅经常在金融市场出现，带来意外而重大的冲击。因为意外，所以我们肯

定是不可能有效预测的，因此我们应该着手进行准备而不是费心思去预测。准备的方法有很多，比如下面提到的一些措施。

第三，限制风险，活下来。地震、战争、车祸、疾病等，很多风险我们都无法预测，但是通过购买保险、期权、CDS 等金融工具，我们可以限制这些黑天鹅对我们的负面冲击。这个策略类似于趋势跟踪交易中的"截短亏损"，并可以推广到人生的各个层面。

例如，你要去澳门赌场玩一下，为了防止你染上赌瘾或者失控，你最好将全部赌注做一个提前限制。又比如，由于保险金不能作为清偿债务的资金来源，于是很多商业大佬为了对付破产这只黑天鹅，会用巨额资金提前购买商品保险，以便在破产清算的时候仍能变相保留部分财产，这也是限制风险。

第四，抓住一切机会，或者任何像机会的东西。某些领域更容易出现黑天鹅，比如金融市场。在容易产生极端值的领域下注，这些极端值要远离均值。这样你或许就有更大的可能性一夜暴富。当然，前提是你必须能够限制风险。

第五，不要相信任何必须精确执行才能生效的计划。很多时候，那些完美的计划往往都会泡汤，因为这些计划低估了不确定性因素。如果某一不确定性因素同时具有强大的负面影响力，那么一旦显现必然导致计划流产。

第六，不要浪费时间与伪专家争论，也不要轻易相信他们。社会科学领域不像自然科学领域存在严格的检验和证伪程序，所以充斥着各种伪专家，如证券分析师、经济学家等。塔勒布本人强烈建议废除诺贝尔经济学奖，这是一个瑞典银行假借诺贝尔之名设定的奖项，其获奖者的成就难以客观评定和检验。

第七，采用占优策略。所谓占优策略就是无论情况如何，你采取这个策略的综合收益都是最高的。塔勒布举了一个例子来说明，如果你是一个有神论者，即便神不存在，你的损失也不大，但如果你是一个无神论者，倘若神存在，那么你的损失就大了。因此，无论神是否存在，相信神存在都是一个占优策略。有时候，我们无法预测黑天鹅是否出现，例如，我们不知道自己是否会因为车祸而身故，但是以合理保费购买车祸保险绝对是一个占优策略。

第八，避免过度优化。黑天鹅代表着高度不确定性，或者说随机性。如果我们想要通过不断优化模型来减少随机性的话，基本上是徒劳的，而且会增加使用模型者的额外负担。信息收集和处理是有成本的，过度优化意味着这些成本会不断上升。

第九，低波动性往往是黑天鹅来临的前奏。在格林斯潘主导美联储期间，美国迎来所谓的大缓和时期，低通胀和高增长的组合让大众认为经济周期已经被驯服

了。体现股市风险情绪的 VIX 指数大幅降低，股市波动性变低，黑天鹅似乎远去了。其实，最平静的时候往往也就是黑天鹅快要来临的时候。

第十，坦然接受。黑天鹅现象的随机性体现了"无常"，应对无常的智慧就是全然面对。**所有可能被剥夺的东西都不值得留念，对于一个已经有了最后归宿的人，黑天鹅不会那么轻易地打垮他**，这是塔勒布高调宣布的人生哲学。

面对负面冲击的黑天鹅，截短亏损；面对正面冲击的黑天鹅，让收益奔跑。这是伟大的投机客杰西·利弗莫尔的策略，也是我们每个人在面对一切不可预测的重大冲击时的根本原则。**对于黑天鹅和风口，我们或许不能预测它们，但是可以顺势而为**！截短亏损，让收益奔跑，这就是顺势而为，这就是应对无常的高超智慧！

魏强斌